高速铁路无缝线路服役状态监测理论与实践

余祖俊　史红梅　朱力强　许西宁　编著

科学出版社

北　京

内 容 简 介

无缝线路服役状态监测是高速铁路安全监测中的一项重要环节,本书针对无缝线路服役状态监测中的钢轨温度应力、钢轨完整性、路基沉降、轨道不平顺和砂浆脱空等监测内容,系统地介绍了其理论建模、移动监测和地面监测方法,相关理论和方法在高铁现场进行了实践和应用,形成了一整套适用于我国高速铁路无缝线路服役状态监测的理论方法和技术体系。

本书可作为高等院校相关专业研究生的科研参考书,也可供从事高速铁路安全监测等相关领域专业人员学习参考。

图书在版编目(CIP)数据

高速铁路无缝线路服役状态监测理论与实践/余祖俊等编著. —北京:科学出版社,2016.12
　ISBN 978-7-03-051011-2

Ⅰ. ①高⋯　Ⅱ. ①余⋯　Ⅲ. ①高速铁路-无缝线路轨道-设备状态监测-研究　Ⅳ. ①U213.9

中国版本图书馆 CIP 数据核字(2016)第 302078 号

责任编辑:毛　莹　张丽花/责任校对:郭瑞芝
责任印制:徐晓晨/封面设计:迷底书装

科学出版社 出版
北京东黄城根北街 16 号
邮政编码:100717
http://www.sciencep.com

北京教图印刷有限公司 印刷
科学出版社发行　各地新华书店经销
*
2016 年 12 月第 一 版　开本:787×1092　1/16
2016 年 12 月第一次印刷　印张:15
字数:355 000
定价:88.00 元
(如有印装质量问题,我社负责调换)

前　　言

近年来我国高速铁路飞速发展，不论是里程规模，还是技术水平都已经走在世界前列。由于列车运行速度高，机车车辆和轨道结构间的动态相互作用也日益增强，且中国铁路长期处于超负荷状态，再加上特殊的气候环境与地质条件以及运营条件的不确定性，高速铁路基础设施在服役过程中，其内部结构已暴露出系列病害，主要有锁定轨温改变、钢轨温度应力超限、断轨、扣件松脱、道床暗坑、道床板结、道床松散、轨道几何不平顺、路基沉降以及 CA 砂浆脱空等问题。因此，需要建立科学的无缝线路服役状态监测保障体系，以长期保持高速铁路基础设施优质的服役状态，这是高速列车安全、平稳和舒适运营的坚实基础，其中蕴含着许多亟待解决的重大科学问题，开展高速铁路设备服役状态感知与综合监测理论研究非常迫切。

本书将通过研究高速铁路设备在长期服役过程中的状态演变过程，建立全新的高速铁路服役状态模型，使其既可以描述高速列车及其运行环境的瞬时动态过程，又可以描述瞬态行为累积效应造成的参数长期演变过程。以此为基础，重点研究复杂分布参数系统的状态感知算法，采用地面监测和移动监测等多种监测方式，实现高速铁路设备状态参数的智能感知，形成设备服役状态综合评估方法，为构建我国高速铁路设备服役状态综合监测的基本理论奠定基础，为科学指导养护维修提供理论和方法的支持。

本书作者及其课题组长期从事轨道交通安全检测技术领域的科研与教学，近几年承担了国家"863"重大项目、国家自然科学基金重点项目以及多项省部级项目。攻克了多项轨道交通基础设施安全检测关键技术，在承担国家"863"计划课题"高速铁路基础设施服役状态检测技术(2011AA11A102)"期间，完成了钢轨温度应力、钢轨完整性地面监测方法和理论的研究工作。在国家自然科学基金课题"高速铁路线路安全状态评估理论与关键算法研究(60972092)""高速铁路服役状态智能感知与综合监测(61134003)"的资助下，研究了高速铁路设备服役状态演变基础理论与建模方法，对前期的地面监测、移动监测研究工作进行了汇总，并进行了多方面的后续研究工作，完成了本书的全部内容。

全书共 4 章。第 1 章绪论，系统介绍高速铁路技术与装备体系，分析高速铁路各个核心环节的运营安全要素，重点分析无缝线路服役状态对铁路运营安全的影响，并提出基于理论分析与建模、地面监测和移动监测的服役状态综合监测方法。第 2 章介绍无缝线路服役状态演变基础理论与建模方法。主要研究高速铁路无缝线路、无砟轨道、路基、桥梁等设备在长期服役过程中，由于轮轨冲击、材料疲劳、环境和地质等因素的影响而发生的关键参数变化，通过综合运用机理分析和数据驱动等建模方法，描述设备关键参数的演化规律。第 3 章介绍无缝线路服役状态地面监测方法。重点研究跨多气候带无缝线路钢轨、路基，在扣件阻力变化、道床阻力变化、轨温变化、施工和养护、列车牵引力和制动力、桥梁的伸缩或挠曲变形、钢轨位移等因素的影响下，其服役状态变化规律。第 4 章介绍基于车载式的线路全断面、轨道不平顺、CA 砂浆脱空、钢轨应力的移动检测方法，建立基于车载动态检测的感知理论。

　　在开展本书相关的关键技术研究过程中，得到了国家自然科学基金、国家"863"项目、中国铁路总公司科技管理部、北京市科委项目的大力资助，在此致以诚挚的谢意！感谢中国铁路总公司副总工程师赵国堂研究员、中国铁道科学研究院副院长叶阳升研究员、中国铁道科学研究院柯在田研究员，他们为作者的研究工作提出了宝贵的意见和建议，并为现场试验提供了大量的帮助。

　　本书由北京交通大学余祖俊、史红梅、朱力强、许西宁编著，具体编写分工如下：余祖俊编写第 1 章，并负责全书统稿和定稿工作；史红梅编写第 4 章；朱力强编写第 2 章；许西宁编写第 3 章。在本书撰写过程中，博士生郭一诗、石慧等提供了丰富的数据和算例，本书还参考了国内外相关文献，在此表示感谢。

　　由于作者水平有限，若书中存在疏漏之处，恳请广大读者批评指正。

余祖俊

2016 年 9 月于北京

目　　录

第1章 绪 论

高速铁路始于 1964 年开通的日本东海道新干线，随后，法国、德国、意大利、中国等国家相继发展了高速铁路。我国自 20 世纪 90 年代中期开始高速铁路关键设计技术研究，在较短的时间内，已形成了具有自主知识产权的设计建设标准体系。京津城际铁路的开通标志着我国进入高速铁路时代，武广、郑西、沪杭、吉珲、津秦、湘桂等高速铁路陆续投入运营，截至 2015 年，中国高速铁路运营里程达 1.8 万多千米，位居世界第一位。我国高速铁路不论是里程规模，还是技术水平都已经走在世界前列。

高速铁路技术是当今世界铁路的一项重大技术成就，它集中反映了一个国家铁路牵引动力、线路结构、高速运行控制、高速运输组织和经营管理等方面的技术进步，也体现了一个国家的科技和工业水平。高速铁路在经济发达、人口密集地区的经济效益和社会效益尤为突出。高速铁路是用高新技术改造、更新传统铁路的一项创新工程体系，它凭借快速、安全、舒适、经济、高效的特点，在世界运输市场激烈的竞争中取得了较好的市场份额，推动了国民经济的发展与国土的开发，社会经济效益十分显著。

1.1 高速铁路技术与装备体系

高速铁路系统是一套人、车、路、环、管互相交融的动态复杂巨系统，高速铁路技术综合了工务工程技术、桥梁和隧道技术、轨道技术、信号技术、微电子技术、计算机应用技术、通信技术、控制技术、新型材料技术、安全保障技术、运输组织和管理等多学科、多方向、多系统的前沿技术，高速铁路技术与装备体系是融合固定设备、移动设备、运营控制于一体的高度集成化、技术复杂化、耦合程度高、组织一体化的现代系统工程体系。

1.1.1 高速铁路固定设备

高速铁路固定设备包括路基、桥梁、隧道、轨道、无缝钢轨、车站、接触网等。其中路基、桥梁、隧道都是轨道的基础，它们直接承受轨道的重量，在车辆通过时，还要承受机车车辆及其荷载的压力。路基工程主要由路基本体、路基防护和加固建筑物、路基排水设施三部分组成。路基是为了满足轨道铺设和运营条件而修建的土木工程建筑物，其修建的状态和质量直接决定了轨道线路的状态与质量，尤其对高速铁路而言，对轨道线路的平顺度、稳定性、耐久性要求极高，因此，高速铁路路基应按土工结构物进行设计，其地基处理、路堤填筑、边坡支挡防护以及排水设计等必须具有足够的强度、稳定性和耐久性。

当铁路通过江河、山谷，或要跨越公路、铁路既有线时，就需要修建桥梁、隧道建筑物。另外，随着我国高速铁路的不断发展和技术完善，逐渐形成了以桥代路、控制沉降的设计理念，因此，与传统的既有线路相比，我国高速铁路线路将需要修建大量的长大桥梁。高速铁路全封闭的行车模式和轨道的高平顺性要求也导致桥梁比例明显增大，且以高架长桥居多，以中小跨度为主。

高速铁路隧道大多修筑在山中，从而避免开挖很深的路堑或者修建很长的迂回线，提高线路的平顺度和列车的通过速度。高速铁路隧道设计参数的特殊要求主要是由于车进入隧道诱发的空气动力学效应。当车速超过 200km/h 时，空气阻力成为行车总阻力的主要部分。在隧道中，这种阻力又比在明线运行时有明显的增加，其大小与车速、车头形状、隧道长度和断面大小有关。此外，由于气流的非恒定性，列车在隧道运行过程中，空气阻力并不是常数。通过采取如增大隧道断面尺寸、设置隧道口缓冲区等手段，最大限度地减小由于列车通过隧道而产生的不利情形。

在修建路基和桥梁、隧道建筑物之后，就可以铺设轨道了。轨道是指位于路基面以上、列车车轮以下的线路建筑物。轨道包括钢轨、轨枕、连接零件、道床、防爬设备及道岔等部件。高速铁路的行车特点是高速度、高密度和小编组，为实现列车的高安全性和高乘坐舒适性，轨道结构需具备高平顺性和高稳定性。其中，高平顺性通过建设初期的质量控制和开通运行后的养护维修控制来实现，高稳定性通过轨道部件的高可靠性、提高大机养修作业精度、增加养修作业后的安全储备量来实现。按照有无砟石，轨道可分为有砟轨道和无砟轨道，传统的有砟轨道容易变形，维修频繁且费用较高，列车运行速度受到限制，不适于高速列车行驶。因此，无砟轨道成为高速铁路工程技术的发展方向。其由铁轨、扣件、轨道板组成，具有平顺性高、刚度均匀性好、轨道几何形位保持性持久、维修工作量小等特点。

轨道是一个整体性工程结构，经常处于列车运行的动力作用下，轨道中的钢轨直接承受车轮的巨大压力，并引导车轮的运行方向。我国高速铁路均采用了无缝钢轨这种新的轨道结构形式，无缝钢轨是指在工厂将 25m 的钢轨焊接成长的长轨后，用专门的车辆运到工地，再将其焊接成更长的钢轨。通过将 25m 长的钢轨焊接起来连成几百米甚至几千米长，无缝线路减少了接头鱼尾板和螺栓，节省钢材的同时，消除了车轮对钢轨轨头的冲击，从而提高了列车运行的速度和平稳性，减少了环境污染和养护维修工作量，延长了线路设备和机车车辆的使用寿命，是高速铁路轨道结构现代化发展的重要方向。

高速车站的分布主要取决于城市分布和市场需求情况，并结合沿线城镇和重要居民点的分布。我国高速铁路的运输组织模式为本线旅客列车和跨线旅客列车共线运行，车站有与既有站分设和合设两种布置。我国现有火车站进站模式均为等候式，国外车站则是通过式，即到即走。高速铁路车站可分为越行站、中间站、始发站、终到站，以及通过兼始发、终到站。车站与既有客运站合设的布置方案的优点是吸引更多的旅客乘坐高速列车，充分利用既有客运站的站场、站房及其他旅客服务设施，节省工程投资和城市用地，有利于旅客换乘。其原则包括高、普速列车宜分场分线使用，在跨线列车车站需设联络线或渡线，客运站房共用。

高速接触网要求接触线受流、稳定、抗张、导电性能好及电流强度大。国外高速铁路的运营经验表明，复链形悬挂、弹性链形悬挂、简单链形悬挂均能满足高速运行要求，我国采用全补偿简单链形悬挂，采用综合接地系统，具有一级负荷的变配电所，采用 SCADA 系统对各供电设备进行一体化监控管理。

1.1.2　高速铁路移动设备

高速铁路移动设备主要有动车组和摆式列车两种。

动车组是指由两辆或两辆以上带动力的车辆和客车固定编组在一起的列车。动车组具有成组存在，由带动力的车辆和不带动力的客车组成，多用于客运，以固定编组进行运营，运营时不能解编，多采用电力牵引的特点。按最高运行速度分为准高速、高速和超高速动车组；按动力配置方式分为动力集中型和动力分散型高速动车组；按牵引动力分为高速电动车组、高速内燃动车组和磁悬浮动车组；按转向架连接方式分为独立式动车组和铰链式动车组。我国高速铁路线上运行的动车组是拥有完全自主知识产权、具有世界先进水平的国产"和谐号"高速列车，列车系统有很多关键技术的创新，在牵引系统、制动系统、高速转向架、车体空气动力学等方面的技术处于当今世界领先地位。

摆式列车是指一种车体转弯时可以侧向摆动的列车，以补偿列车不同的离心力，能够在普通路轨上的弯曲路段高速驶过而无需减速。摆式列车具有路途舒适度高、环境影响最小、使用灵活和拥有高效安全的刹车系统等特点。其原理就是将车体设计成能在不同速度条件下可实时倾摆的车体，当车辆向左转时，车体向左倾摆，让重力抵消向右推的离心力。摆式列车于 20 世纪 70 年代首先由英国研制成功，并成功运行在芬兰、德国、西班牙、瑞典、葡萄牙和意大利的高速铁路上。

1.1.3　高速铁路运营控制

高速铁路运营控制通过运营组织和列车运行控制等管理手段，实现高速列车的高效、稳定、安全、可靠运行。高速铁路运营组织系统覆盖旅客旅行服务的全过程，最大限度地满足不同层次的旅客出行需要，适应客流变化，制定运输计划和旅客列车开行方案，建立以高新技术为基础的安全保障体系和以调度中心为中枢的运营管理总体系统，实现了运营组织管理的高水平和高效益。

高速铁路基于运营调度指挥系统实现高速列车的运行控制，实现高速列车高效、安全运行。铁路运营调度指挥系统是集计算机、通信、网络等现代化技术为一体的综合系统，主要是帮助铁路管理部门对运力资源进行动态调配优化，并完成列车的计划、运行、设备维修等一系列任务，是完成高速铁路运输组织特别是高速铁路系统日常运营的根本保证。

1.2　高速铁路运营安全要素分析

与传统铁路相比，高速铁路的列车运行速度得到了极大提升，列车运营过程中潜在的不安全因素增多，安全问题尤为重要。高速列车运行速度高达 300～350km/h，任何灾害的发生都可能引发较大的损失，威胁人民群众的生命和财产安全。以德国高铁为例，1998 年 6 月 3 日早上 10:59，德国高铁 ICE884 号列车行经接近艾须得路桥时，以 200km/h 的速度脱轨，第三节车厢撞击艾须得路桥右侧第一根梁柱，造成梁柱坍塌，引发后续车厢的连续撞击，共造成 101 人死亡，这是高铁史上最为惨痛的一次事故。因此，安全管理是高速铁路运营管理的重中之重，通过分析高速铁路运营安全要素，充分了解和掌握各安全要素的特点和安全管理方法，是构建运营安全保障技术体系、实现安全运营的重要技术手段。

高速铁路运营体系是由多个子系统组成的复杂动态巨系统，它涉及铁路工作人员、线路、机车车辆、通信信号、监控、故障检测、维修等各个领域，根据系统工程原理，高速铁路运营安全要素可归纳为人员、机车车辆、线路、环境和管理 5 个方面。

1.2.1　人员安全要素

高速铁路运营安全贯穿了铁路建设、运营和管理的各个环节，从最初的勘测、设计，到施工、新技术的研究开发、设备的生产制造、运营管理和日常维护监测等都直接或间接与安全相关，而这其中的每个环节都需要人员的参与和管理。因此，人员安全要素渗透到了铁路的各个部门、专业和工种，可以说人员安全要素是一个复杂的综合性要素。根据日本高速铁路 30 多年安全运行的管理经验，为保证高速铁路的运输安全，必须要处理好人的问题、机器设备的问题以及人与机器两者间的协调问题。

1.2.2　机车车辆安全要素

影响机车车辆安全的因素有设计制造风险、维护保养风险以及机车车辆的运行风险等。设计制造风险包括是否有设计制造缺陷，是否采用了新技术和新材料。维护保养风险是指在维护保养过程中，是否能及时发现机车车辆内部早期缺陷，是否按照保养规定按时维护和保养，是否达到维护保养的技术水平等。机车车辆的运行风险是指车辆超载运行、机车车辆未按照线路规定的限速行驶，以及司机未按照操作规程操作机车等。

1.2.3　线路安全要素

高速铁路线路是由路基、桥隧建筑和轨道组成的一个复杂的整体工程结构，其中轨道又包含无缝钢轨、轨枕、连接零件、道床、防爬设备和道岔等。因此线路安全要素涉及路基沉降、桥梁裂纹、隧道形变、无缝钢轨应力超限、断轨、扣件缺失、CA 砂浆脱空以及轨道不平顺等多个方面。与传统铁路相比，高速铁路列车运行速度快，列车车轮与无缝钢轨间的作用力更大，列车对钢轨的冲击力又进一步传导至扣件、道床、路基和桥梁，当车辆对线路结构的动力破坏作用超过一定限度时，就会产生一系列病害问题。因此，必须加强对高速铁路线路服役状态的综合监测，在复杂多变的运行环境下准确感知车辆和线路的关键参数变化，从而保证高速列车持久、安全运行。

1.2.4　环境安全要素

环境安全要素包括社会环境要素和自然环境要素两方面。社会环境因素主要指社会政治和经济形势、安定团结的局面、社会治安情况等，良好的社会环境对高速铁路的运行安全起到良好的促进和保障作用。自然环境因素中的自然灾害是影响铁路运输安全的重要因素之一，尤其对高速铁路而言更为突出。自然灾害种类繁多，如暴雨、冰雹、大风、暴风雪、台风、龙卷风、洪水、泥石流、山体塌陷以及地震等，都将严重危害高速铁路行车安全。除了灾害性天气，酷暑、严寒也会对高速铁路的场外作业和维护工作带来安全隐患，其他一些影响观察视野的情况，如大雾、沙尘暴、大雨、大雪等，也会严重影响行车安全。另外，我国国土辽阔，高速铁路具有跨多个气候带的特点，长达数十、上百千米的无缝线路，处于非常复杂的环境温度场作用下，因此，在环境安全要素中，温度场分布情况也是必须要考虑的一个重要环节。

1.2.5　管理安全要素

安全管理就是以安全为目的，进行有关的决策、计划、组织和控制方面的活动。控制事故可以说是安全管理工作的核心，而控制事故最好的方式就是实施事故预防，即通过管理和技术手段的结合，消除事故隐患，控制不安全行为，保障劳动者的安全。但由于受到技术水平、经济条件、客观因素等方面的制约，有些事故是难以避免的，因此，控制事故后果的另外一种手段就是应急措施，通过抢救、疏散、抑制等手段，在事故发生后控制事故的蔓延，把事故的损失减少到最小。建立完备的检修制度、制定预防灾害的措施、提高列车运行的可靠性、完善高速铁路应急管理体制等，均是保障高速铁路安全运营的重要管理内容。

1.3　无缝线路服役状态对铁路运营安全影响的分析

影响高速铁路运营安全的各因素可归纳为"人-车-路-环-管"关系的一个综合体系，其中"路"是高速铁路运行必不可少的线路基础，是高速铁路系统运营安全的重要安全因素。高速铁路无缝线路消灭了大量的钢轨接头，因而具有行车平稳、乘坐舒适、车辆和轨道寿命长、维修费用小等特点。但是，由于无缝线路受到扣件、道床的阻力约束作用而不能自由伸缩，当温度变化时在钢轨内部产生很大的温度应力。同时钢轨还要受到来自下部的轨道板、路基、桥梁等的作用力。在服役过程中，由于扣件阻力变化、道床阻力变化、轨温变化、施工和养护、列车牵引力和制动力、桥梁的伸缩或挠曲变形、钢轨位移等因素的影响，一根长距离无缝钢轨在长期服役过程中的纵向应力分布是非常复杂的，且我国国土辽阔，高速铁路具有跨多个气候带的特点。由于特殊的气候环境与地质条件以及运营条件的不确定性，高速铁路基础设施在服役过程中，其内部结构已暴露出系列病害，主要有锁定轨温改变、钢轨温度应力超限、断轨、扣件松脱、道床暗坑、道床板结、道床松散、轨道几何不平顺、路基沉降以及 CA 砂浆脱空等问题。下面将以钢轨应力超限、断轨以及轨道几何不平顺为例，分析相关病害的成因及对高速铁路运行安全的严重危害。

1.3.1　无缝钢轨温度应力

由于无缝线路轨缝的消失，钢轨无法在温度改变时自由伸缩，根据胡克定律计算可知，长钢轨的温度相对于锁定轨温每变化 1℃，钢轨固定区内纵向应力变化 2.478MPa，若轨温变化 50℃，则钢轨内应力变化为 123.9MPa。以国内高铁普遍采用的 CHN60 钢轨为例，其横截面积为 77.47cm^2，若轨温变化 50℃，则在钢轨内部产生的温度力将达 960kN。可见无缝线路长钢轨所承受的温度应力要比普通钢轨大得多，当温度应力超过钢轨的承受限度时，就会在扣件阻力小或路基条件差的区域释放能量，当压应力过大时，会发生胀轨、跑道；当拉应力过大时，会发生断轨。历史上胀轨、断轨导致的事故时有发生，造成了巨大的生命财产损失。断轨事件除了与焊接质量等人为因素有关，钢轨纵向温度应力也有着直接影响。

除了温度应力，钢轨内部缺陷也是影响无缝线路运输安全的一个重要因素。随着我国铁路运输事业的发展，提速、快速客运和重载线路的运营里程逐年快速增长，列车运行速度快、密度大、轴重高这些特点使得服役钢轨在快速直线地段出现交替侧磨、波磨和斜裂纹等缺陷，在重载曲线地段出现严重侧磨、压溃、斜裂纹、剥离掉块甚至断轨等伤损缺陷，不同线路上的钢轨表现出了不同的伤损特点。这些内部缺陷在高速列车的动态载荷作用下不断发展，直至出现较大的表面裂纹，甚至断轨，严重威胁高速列车的行车安全。

1.3.2　轨道不平顺

在无缝线路上运行的列车，速度越高，车辆对轨道的动态作用力越大，运行安全性与平稳性问题越显突出，既要保证列车高速安全通过各种复杂线路时不发生脱轨，又要保证列车在轨道不平顺的作用下能有良好的运行平稳性和舒适性；同时运载重量的增加也会使车辆与轨道结构的作用力增大，导致线路下沉变形严重；反过来线路系统对列车振动的影响增强，列车运行动态环境恶化。根据国内外的计算机仿真和动态测试试验等研究，幅值 10mm（波长 40m）连续的高低不平顺，在 120km/h 速度条件下引起的车体振动和轮轨动力作用都很小，但是当速度达到 300km/h 时，就可使车体垂向产生频率为 2Hz、加速度幅值为 1.76m/s^2 的持续振动。又如，幅值仅 5mm（波长 40m）的方向不平顺，在低速时引起的振动很小，而在 300km/h 时，可能使车体横向产生频率为 2Hz、加速度为 0.65m/s^2 的振动。国际振动环境标准 ISO2631 规定，对于振动频率为 1～2Hz、累计持续时间为 4h 的车体振动环境，保持舒适感不减退的允许加速度为：横向 0.17m/s^2，垂向 0.34～0.49m/s^2，可以看出当速度提高时，产生的振动加速度已经超过了标准规定值。

由于列车载荷的反复作用以及自然因素的影响，线路经常发生永久性几何变形，形成轨道几何偏差，又称为轨道几何不平顺。轨道几何不平顺是车辆轨道振动的主要激励源，使轮轨作用力发生变化，是影响列车运行安全性和平稳性的控制因素，也是轨道结构部件损伤和失效的重要原因。某些轨道不平顺会引起车辆轨道性能的快速恶化，甚至运载货物的损坏。轨道不平顺的产生有很多原因，既有轨道几何状态的影响，如钢轨接头、列车运行作用下引起的钢轨波浪形磨耗、钢轨焊接不良形成的焊缝凸台、车辆动力冲击、路基不均匀沉降，又有施工过程中带来的偏差以及轨下基础结构的缺陷，其中很多因素都具有随机性。

轨道不平顺分为轨道几何不平顺和轨道刚度不平顺。轨道几何不平顺按检测方式分为静态不平顺和动态不平顺。无轮载作用时，人工或轻型测量小车测得的不平顺称为静态不平顺；

用轨检车测得的在列车车轮载荷作用下完全显现出来的轨道不平顺称为动态不平顺。轨道动态不平顺等于轨道静态不平顺与轨道的动态位移响应之和。另外，轨下基础结构发生变化或存在缺陷也会引起轨道沿纵向的弹性不均匀现象，称为轨道刚度不平顺。轨道刚度不平顺从表面上是无法获知的，当车辆通过刚度不平顺的区段时，会使钢轨、轨枕和道床产生不同于正常线路的振动位移和冲击，振动位移累积会使轨道产生局部永久变形，导致轨道几何不平顺条件恶化，反过来又作用给车辆，引起轮轨更大的振动。轨道不平顺会影响列车通过时的平稳性，给乘车人员带来不适，当不平顺超限严重时，还可能威胁行车安全，造成不可挽回的严重后果。

1.3.3 无缝线路服役状态综合监测方法

高速铁路的列车运行速度快，轮轨之间的动力作用加大，列车与线路、桥梁之间的动态相互作用加强，使得车辆对线路结构的动力破坏作用加大，同时车辆对于来自线路的各种约束力变化、不平顺激扰更为敏感。因此，必须加强对高速铁路设备服役状态的综合监测，建立相应的状态评估理论，在复杂多变的运行环境下准确感知车辆和线路的关键参数变化，为保证大规模高速列车持久、安全运行奠定基础。

我国高速铁路经历了引进、消化、再创新的跨越式发展过程，在高速铁路设计、建造方面积累了大量的经验，取得了一些世界领先的技术成果。目前，最为缺少的是在运营维护方面的经验，在列车、线路等设备的服役状态演变规律、状态监测、养护维修、能力保持等方面缺少理论和技术上的储备。目前还没有相关的理论和手段可以分析、预测、监测，给高铁运营安全带来隐患。虽然高速铁路已经安装了各种地面、车载监测设备，还有各种动态检测设备可以获取检测数据，但如何合理配置这些监测设备，如何利用这些海量数据准确获取需要的信息，目前还缺乏完整的理论和技术支持。我国高速铁路目前还广泛采用无砟轨道和以桥代路的结构形式，这些新的结构形式在提高线路平顺性、稳定性上具有明显优势，但长期服役过程中出现的基础沉降、疲劳损伤、环境侵蚀等会给这些结构带来不可逆转的伤害，造成参数劣化、服役性能持续下降。如何有效监测这些性能变化过程，目前也缺乏综合感知和监测理论的指导。

目前已有大量的学者利用较为细致的车-路-桥耦合模型理论研究高速铁路各种设计参数对系统性能的影响。车辆-无砟轨道-桥梁耦合动力学方程通常包含集中参数的车辆模型和分布参数的轨道桥梁模型，采用模态分解法化简后，又可以表示成：$[M]\{\ddot{X}\} + [C]\{\dot{X}\} + [K]\{X\} = \{P\}$，其中，$[M]$、$[C]$、$[K]$ 分别为广义质量、阻尼、刚度矩阵；$\{X\}$ 为耦合系统的广义位移矢量；$\{\dot{X}\}$ 为耦合系统的广义速度矢量；$\{\ddot{X}\}$ 为耦合系统的广义加速度矢量；$\{P\}$ 为耦合系统的广义载荷矢量，难于显示表示，是与 $\{\dot{X}\}$、$\{\ddot{X}\}$ 有关的非线性过程量。这是一个大型复杂非线性动力学微分方程组。例如，对于车辆轨道垂向耦合动力学问题，系统自由度一般在 450~500，系统还具有悬挂非线性、轮轨接触几何非线性等多种复杂非线性因素。这类模型适合分析典型结构耦合特征，可以在一定程度上满足设计阶段的需求。在高速铁路运营期，需要分析长大铁路网设备的服役状态及其变化过程，而这类模型缺少对高速铁路设备服役状态演变的描述，更无法描述这些状态变化与耦合系统的相互作用关系和过程。因此，需要建立全新的高速铁路服役状态模型，使其既可以描述高速列车及其运行环境的瞬时动态过程，又可以描述瞬态行为累积效应造成的参数长期演变过程，同时模型还需在复杂程度和计算量上可控，适合实际应用。

长期保持高速铁路基础设施优质的服役状态，建立科学的基础设施健康服役状态保障体系，是高速列车安全、平稳和舒适运营的坚实基础，其中蕴涵着许多亟待解决的重大科学问题，开展高速铁路设备服役状态感知与综合监测理论研究非常迫切。本书将通过研究高速铁路设备在长期服役过程中的状态演变过程，建立全新的高速铁路服役状态模型，使其既可以描述高速列车及其运行环境的瞬时动态过程，又可以描述瞬态行为累积效应造成的参数长期演变过程。以此为基础，重点研究复杂分布参数系统的状态感知算法，采用地面监测和移动监测等多种检测方式，实现高速铁路设备状态参数的智能感知，形成设备服役状态综合评估方法，为构建我国高速铁路设备服役状态综合监测的基本理论奠定基础，为科学指导养护维修提供理论和方法的支持。

1.4　本书主要内容

本书主要针对安全要素中的无缝线路服役状态这一环节，分析无缝线路服役状态对铁路运营安全的影响，并展开和深入论述高速铁路线路服役状态演变基础理论与建模方法，以及地面监测和移动监测方法。

全书分为4个章节。第1章绪论，系统介绍了高速铁路技术与装备体系，分析了高速铁路各个核心环节的运营安全要素，重点分析了无缝线路服役状态对铁路运营安全的影响，并提出了基于理论分析与建模、地面监测和移动监测的服役状态综合监测方法。

第2章介绍无缝线路服役状态演变基础理论与建模方法。主要研究高速铁路无缝线路、无砟轨道、路基、桥梁等设备在长期服役过程中，由于轮轨冲击、材料疲劳、环境和地质等因素的影响而发生的关键参数变化，通过综合运用机理分析和数据驱动等建模方法，描述设备关键参数的演化规律。将其引入车辆-无砟轨道-路基/桥梁动态耦合模型中，构建能够多尺度描述设备状态的仿真模型，主要包括以下3类模型。

(1)线路设备服役状态演变模型：跨多个气候带的长距离无缝线路钢轨在温度、结构附加力、制动力等作用下位移爬行、纵向应力、刚度、阻尼系数等宏观参数分布的演变过程模型；无砟轨道在温度、弯曲荷载、基础约束等作用下平顺度、刚度、阻尼系数等宏观性能参数演变模型。

(2)车-路-桥动态耦合模型：研究基于高速列车集中参数系统模型、路桥分布参数系统模型和非线性轮轨关系模型的动态耦合模型建模。

(3)多尺度混合模型及其仿真方法：综合线路设备服役状态演变模型与车-路-桥动态耦合模型，构建既可以描述高速列车及其运行环境的瞬时动态行为，又可以描述瞬态行为累积效应造成的参数变化行为的多尺度混合模型。

第3章介绍无缝线路服役状态参数智能感知地面监测方法。重点研究跨多气候带无缝线路钢轨、路基，在扣件阻力变化、道床阻力变化、轨温变化、施工和养护、列车牵引力和制动力、桥梁的伸缩或挠曲变形、钢轨位移等因素的影响下，其服役状态变化规律。通过获取大量现场数据，为线路设备服役状态演变模型提供样本数据，为构建我国高速铁路设备服役状态综合监测的基本理论奠定基础。

地面监测方法的主要内容如下。

(1)钢轨纵向应力地面监测方法。

基于超声波传播速度对材料内部应力的敏感性原理，研究无缝钢轨应力、温度、材质、残余应力等因素对超声波传播速度的影响，采用超声导波技术和光纤光栅温度补偿与应力检测方法，实现多传感器融合的钢轨纵向应力长期在线监测。

(2)钢轨完整性地面监测方法。

超声导波具有传播距离远、可覆盖波导介质整个横截面、检测效率高的特点，基于超声导波方法，通过灵活运用反射式和对射式超声检测原理获得钢轨现场焊缝裂纹早期预警和大区间钢轨断裂报警，实现高速铁路无缝线路钢轨完整性在线监测。

(3)路基沉降变形地面监测方法。

分析长期服役过程中路基与各结构间过渡、特殊结构路基、特殊土路基以及桥梁桩基等工后沉降变形特性及其对上部轨道结构服役状态的影响规律，研究基于自动全站测量的智能移站沉降变形监测系统，研究针对高速铁路的全站测量方式、站间走行方式、动力及电源供给方式、观测标设置、远程控制和远程数据传输技术，完善线路沉降评估方法，开发工后沉降变形分析评估系统。

第 4 章介绍无缝线路服役状态参数智能感知移动检测方法。以线路全断面动态检测为例，详细论述线路几何安全状态的非接触式动态检测和高精度动态测量基准获取的原理方法。利用车辆动态响应来识别轨下缺陷，解决轨道安全服役过程中轨道几何不平顺、刚度不平顺、CA 砂浆脱空及钢轨应力集中多种病害耦合关系复杂的问题。研究列车在轨道多种病害激扰下的响应特性，研究病害解耦方法和智能识别算法，建立基于车载动态检测的感知理论，形成基于地面监测和移动检测一体化的高速铁路设备服役状态综合监测理论模型和综合评估方法。

移动检测方法的主要内容如下。

(1)线路全断面与形变移动检测方法。

充分利用线路、车辆、陀螺仪和加速度计的已知特性，研究基于车路振动模型的惯性基准滤波算法，采用数学仿真研究算法的收敛性和鲁棒性。通过 KF/UKF 滤波算法，极大提高了传统惯性基准的测量精度。仿真数据表明，这种新算法具有收敛性好、实时性高等优点。利用惯性基准算法结合全断面动态检测的不同应用模式，研究轨道交通基础设施全断面的高精度动态检测系统方案，以及在铁路和城市轨道交通中的应用模式。

(2)轨道几何不平顺移动检测方法。

为实现利用运营车辆的车辆振动响应感知轨道几何静态不平顺，提出一种基于微种群遗传算法和车辆轨道耦合模型相结合的轨道几何静态不平顺估计算法，将轨道几何静态不平顺看成车辆、轨道耦合模型非线性系统的一个参数，进而将轨道不平顺求解转换为模型参数的估计方法。参数估计准则采用车辆轨道耦合模型与车辆测量模型输出之差平方和最小，利用遗传算法在解空间内直接搜索轨道静态不平顺的最优解。由于车辆轨道耦合模型动力学方程为大型非线性方程组，为缩短计算时间和计算量，研究改进的微种群遗传算法，摒弃一般微种群遗传算法中的重启步骤，增大变异概率，在进化过程中使用最优保留策略。

在获得了轨道几何静态不平顺的基础上，如果已知车辆参数，则可以构建较为真实的车辆轨道耦合模型，通过求解该模型可获得钢轨动态位移，与几何静态不平顺叠加即可获得列车通过时的轨道动态不平顺。由于测量模型和理论模型都存在误差，为了提高轨道不平顺的估计精度，提出了一种基于遗传算法和无迹卡尔曼滤波(UKF)技术相嵌套的轨道动态不平顺优化算法。借助车辆轨道耦合模型、测量传感器的已知特性，优化轨道振动响应，提高轨道动态不平顺的估计精度。

(3) 轨道刚度突变移动检测方法。

通过对轨道结构在列车载荷、轨道几何不平顺、环境温度场等多载荷场耦合作用下刚度不平顺、CA 砂浆脱空病害演化规律开展研究，建立适合仿真列车和轨道在刚度不平顺、CA 砂浆脱空病害激扰下响应特性的车轨耦合模型，分析多载荷场病害激扰下车辆和轨道动态响应时域、频域变化规律，对病害危害进行评估。并在此基础上提出一种基于支持向量机的利用车辆振动响应进行刚度不平顺、CA 砂浆脱空的车载动态检测感知算法，能够实现对刚度不平顺故障的识别和 CA 砂浆脱空故障的整体识别，建立基于车载动态检测的轨道运行安全综合感知理论。

(4) 钢轨应力移动检测方法。

钢轨的应力变化会改变轨道结构的固有振动特性，进而在一定程度上影响车辆通过时的动态响应。通过对应力作用下的轨道结构进行模态分析，再将受应力改变的轨道振动特性引入车轨耦合模型的计算中，就可以从模型动态响应的时域、频域分析中总结钢轨应力影响的规律性，从而为应力估计提供理论基础。

由于这种频域特征往往被由轨道不平顺引起的剧烈振动所干扰，尤其是在列车运行速度较高时，因此，将应力大小作为耦合模型的其中一个参数，利用非线性系统参数估计的方法，同时估计轨道不平顺和应力大小，再将轨道不平顺与已知轨道谱进行比较、修正。多次计算下，测量模型能够在一定程度上滤除不平顺引起的变化，实现对应力等级的粗略估计。

参 考 文 献

高亮. 2012. 高速铁路无缝线路关键技术研究与应用. 北京：中国铁道出版社.
贾利民. 2013. 高速铁路安全保障技术. 北京：中国铁道出版社.
卢耀荣. 2004. 无缝线路研究与应用. 北京：中国铁道出版社.
佟立本. 2012. 铁道概论. 北京：中国铁道出版社.

第2章 无缝线路服役状态演变理论与建模

高速铁路是一个复杂的大系统，列车与线路设备的服役状态受到多种因素影响。各种动态、静态载荷作用过程相互耦合，局部设备变形与整体结构响应相互影响，同时伴随着各种非线性因素。因此为了研究无缝线路在长期服役过程中的状态演变，需要建立既能反映瞬变过程和缓变过程，又能兼顾局部和整体结构特点的多尺度建模理论。无砟轨道本身结构紧凑，线路平顺性好，无缝线路又使得不同区段之间的相互作用得到了加强。线路中的钢轨应力分布就可以作为评估无缝线路健康状态的重要指标。本章以轨道应力的形成和分布问题为切入点，针对长大线路建立无缝线路静力模型以及车轨耦合动态模型，模拟线路在气候变化和车辆载荷影响下的轨道参数变化过程，为轨道基础设施状态检测与评估提供理论依据，也为大型结构的模型仿真做方法上的探索。

2.1 无缝线路的研究背景

无缝线路加强了不同区段之间的相互联系，使钢轨应力的形成和分布机制变得更为复杂。同一线路中存在的涵洞、桥梁、路基等不同轨道区段本身存在结构上的较大差异，其钢轨应力状态的演变路径各不相同。"以桥代路"是我国客运专线普遍采用的设计形式，而在桥上线路中，由于桥梁伸缩挠曲变形大，梁轨相互作用更为突出，因此桥梁轨道结构一直都是研究无缝线路应力分布的核心课题。

2.1.1 桥上无缝线路基础理论与模型的发展

桥上无缝线路的设计目标是在环境温度的变化下始终保持一定的轨道阻抗力以满足线路平稳运行要求。桥身跨度、截面构型、墩台约束形式、轨道各部分材料热特性等，影响梁轨作用关系的因素众多，因此，桥上无缝线路的设计核算理论比较复杂。世界各国对此进行了大量细致的研究，并制定了具体的规定。

1. 国外桥上无缝线路

日本于 20 世纪 50 年代末开始进行桥上无缝线路的研究，并不断建立和完善桥上无缝线路伸缩力的计算原理和计算方法，根据理论研究和工程建造经验，日本铁路先后颁发的《国铁构造物设计标准》和《全国新干线网建筑物设计规范》就对桥上无缝线路的铺设条件与结构设计作了具体的规定。这些技术成果普遍应用在了新干线的各处桥梁轨道的建设中。

标准中的计算方法是建立在梁轨位移关系及钢轨力与位移的平衡原理的基础之上，其中将钢轨与桥梁间通过扣件、轨枕或轨枕板相连，组成一个相互作用的力学平衡体系。将梁轨相互间的作用力笼统地看成钢轨与桥梁之间的纵向阻力，计算时按常量阻力进行考虑。

日本铁路在桥上铺设无缝线路时，为了减小桥梁墩台以及钢轨纵向力，大量采用小阻力扣件。并且要求在桥上无缝线路设计时，根据墩台支座以及梁长确定钢轨伸缩调节器的布置。通常情况下，对于 60kg/m 标准的钢轨线路，每轨的纵向阻力是 5kN/m。这类基于摩擦力估算的常量阻力模型，由于无法分析制动、启动荷载向下部结构的传递，不能反映墩顶位移等对纵向力的影响，目前已经较少应用。

1974 年，国际铁路联盟试验研究所成员国捷克的 Fryba 提出了"制动力和启动力在桥梁、钢轨中的准静态分析"理论，最早建立了梁、轨纵向相互作用整体分析模型，如图 2-1 所示。该模型将钢轨和梁体简化成杆，按纵向连续分布的线弹性支承连接钢轨和梁跨、路基，并建立了相应的纵向平衡微分方程。但是模型中未考虑钢轨及桥梁的挠曲作用，在长跨度情况下并不准确。

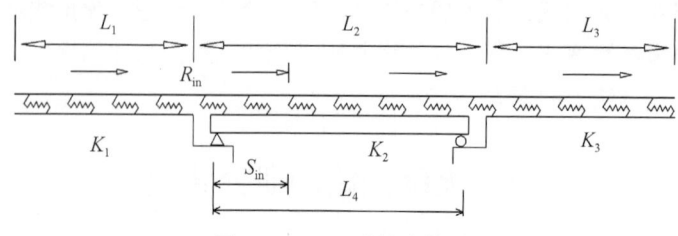

图 2-1　Fryba 准静力模型

1985 年德国铁路管理局颁布的《铁路新干线桥梁的特殊规程》(DS899/59)是对德国多年的纵向力研究经验的总结，提出了模拟轨-梁(地基)纵向力传递过程的模型。其中假定钢轨与梁体结构的连接为承受纯纵向力或者承受纯弯曲的连杆。德国建立了图 2-2 中的钢轨与梁之间连接的两种计算模型：图 2-2(a)为用线性桁杆单元(抗拉杆件)模拟钢轨与桥梁之间的连接；图 2-2(b)为用抗弯杆件模拟钢轨与桥梁之间的连接。

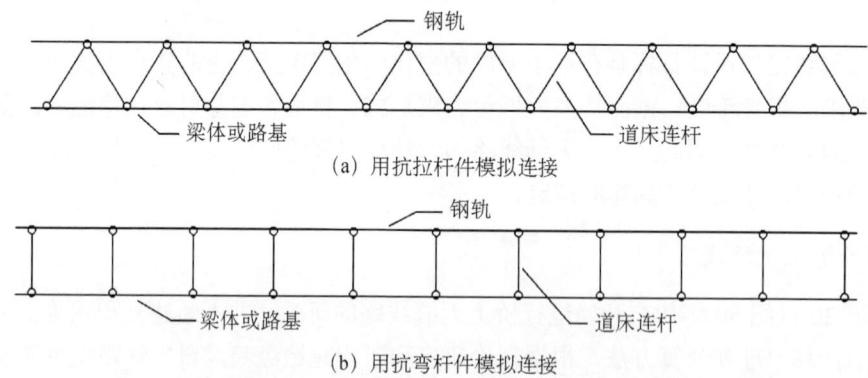

（a）用抗拉杆件模拟连接

（b）用抗弯杆件模拟连接

图 2-2　桁架式以及剪力杆式桥梁轨道有限元模型

采用连杆模拟道床的力学模型，能较好地模拟桥的弯曲和车辆载荷对桥轨的竖向作用，但在模拟非线性的纵向作用时，采用连接弹簧模拟道床的力学模型则更灵活。1995 年，欧洲国际铁路联盟颁布了"车桥耦合计算模型(UIC Code 774-3)",如图 2-3 所示,给出了桥上无缝线路静力计算模型,采用非线性弹塑性模型模拟轨道纵向阻力。规范中给出了钢轨伸缩力、挠曲附加力和制动力的计算建议与设计限值。

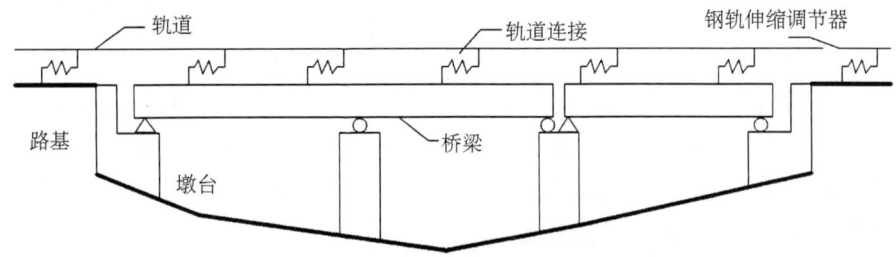

图 2-3　UIC 规范中桥上无缝线路梁轨相互作用模型

2. 我国桥上无缝线路

我国 20 世纪 60 年代开始铺设桥上无缝线路后,即开展对梁轨相互作用的研究。同国外同行的理论发展历程类似,也经历了从基于微分方程的解析方式计算到采用有限单元法分析的过程。中国铁道科学研究院、西南交通大学、北京交通大学、东南大学、长沙铁道学院、兰州铁道学院等多家单位都系统地对桥上无缝线路开展了理论研究、模型试验和现场测试,逐步形成了一套比较完善的桥上无缝线路计算设计理论体系。

1)基于解析法的研究

1987 年,中国铁道科学研究院卢耀荣通过试验归纳得到非线性阻力函数,建立了以梁轨相对位移为基本未知量的非齐次微分方程,通过假定边界条件进行校核求解。该方法求解简单,但对于长连续梁和其他复杂条件下的梁计算有局限性。1993 年,蒋金洲提出了以钢轨位移为未知量的伸缩力和挠曲力微分算法,通过将钢轨离散成多个小段,分别解出每个钢轨单元含待定系数的解析解,利用节点位移和内力连续的条件,联立方程解出待定系数。

2003 年,中南大学谢晓辉通过拟合钢轨纵向力的形函数,根据其位移和伸缩力的微分关系得到钢轨的位移函数,结合轨道结构的边界条件和变形协调条件,运用广义变分原理求解桥上无缝线路纵向附加力。2004 年,徐庆元等以梁轨纵向相互作用力的微分算法为基础,编制了桥上无缝线路纵向附加力的计算程序,论证了建立综合考虑钢轨、轨枕、梁体、墩顶共同作用的桥上无缝线路附加力力学计算模型的必要性,并对主要计算参数进行了讨论。

2)基于有限单元法的研究

1997 年,中国铁道科学研究院庄军生等完成了"高速铁路桥梁纵向力传递体系的研究",模型如图 2-4 所示。在整体模型中对桥梁采用矩形单元,轨道和水平拉杆为杆单元,用 ALGOR 黏合后采用线性阻力进行计算,分析了阻力、跨度、跨数及不同支座类型等因素对纵向相互作用的影响。

1998 年,从既能反映真实纵向阻力规律又能便于计算的建模角度,西南交通大学卜一之采用理想弹塑性的纵向位移阻力规律力学模型,建立了针对简支梁桥、连续梁桥、大跨度钢桁梁桥的有限元静力模型,如图 2-5 所示。模型采用非线性连杆模拟道床层,并通过总结国

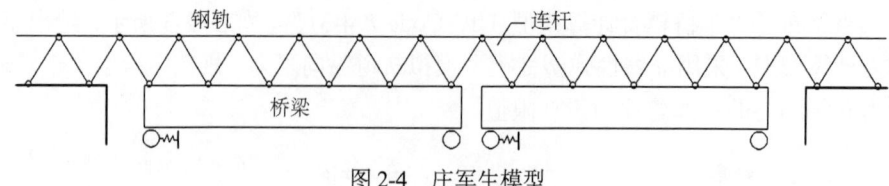

图 2-4　庄军生模型

外建设经验以及试验不同模型参数取值对纵向力传导的影响，提出了纵向位移阻力系数等各项参数的取值、纵向力计算载荷的选取和加载方式的指导建议。北京交通大学李宏年建立的线桥一体化力学计算模型，针对制动力作用下的线桥相互作用进行了深入研究，提出了多点制动力在线桥系统中传递的静力计算方法。

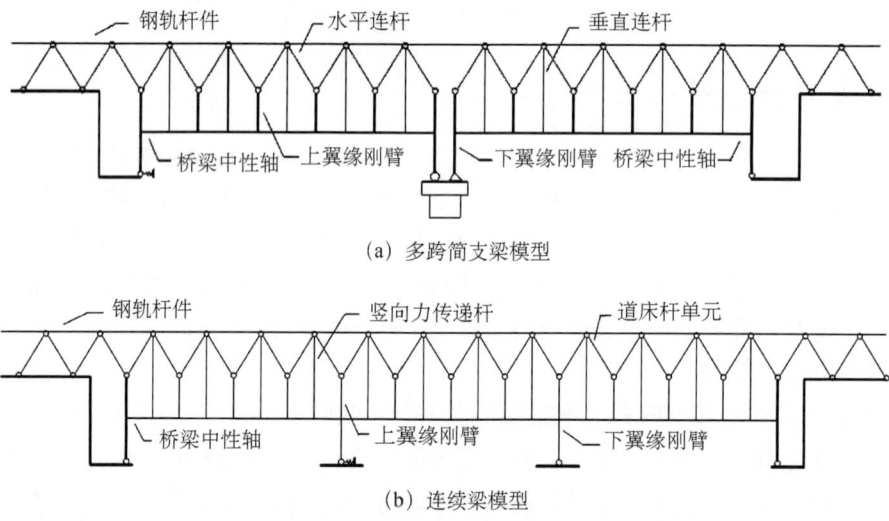

(a) 多跨简支梁模型

(b) 连续梁模型

图 2-5　卜一之轨道桥计算模型

同样采用一体化建模思想，将墩台、桥梁、钢轨及轨下基础作为整体，2001 年，杨梦蛟等利用平面杆系结构建立了梁轨相互作用计算模型，采用折线型弹簧关系模拟了扣件阻力，同时采用钢臂模拟梁跨高度。

2003 年，同济大学江海波用非线性杆件模拟梁轨间非线性阻力的性质，建立了城市轨道交通桥梁无缝线路纵向力的空间一体化力学模型。2004 年，潘自立也采用一体化的建模思路，将桥墩、扣件等作为外加约束施加到杆单元上，并利用非线性弹塑性连接模拟梁轨相互作用，建立了桥上无缝线路的有限元方程组。

2005 年，中南大学徐庆元等提出了高速铁路桥三维有限元模型，对影响附加力的多种因素(如扣件阻力、支座布置形式、桥跨数目、温度变化、钢轨性质、墩台刚度等)在梁轨相互作用中的影响进行了深入的分析对比；建立了空间耦合动力学模型，研究了相关因素对制动力、断轨力、伸缩附加力动态效应的影响。

2007 年，北京交通大学高亮等建立了桥上无缝线路连续梁的计算模型，计算了连续梁上无缝线路的纵向附加力，考虑了固定支座布置位置、不同线路纵向阻力、跨长、跨数等对纵向附加力的影响，并总结了相应的变化规律。2012 年，曲村等针对长大线路简支梁建立了桥上无缝线路纵垂向空间耦合模型，计算了在列车荷载和温度荷载共同作用下，钢轨附加力、钢轨横向变形、桥梁竖向挠度、梁端转角等指标，实现了桥上无缝线路的精细化建模，解决了高速道岔、长大桥梁无缝线路以及高架站无缝道岔设计的一系列关键问题。

　　此外，对于桥上无缝线路的状态监测，也逐渐成为近年来多家研究机构的研究热点。2010 年，华东交通大学冯绍敏等对高速铁路无砟轨道长大桥梁无缝线路进行了监测技术的研究，形成了一套长期、远程监测体系，通过现场试验、远程监控、数据分析来获取相关轨道的安全状态。2010 年，北京交通大学许西宁等研制的超声导波钢轨应力检测技术，用来检测钢轨的内部应力、断轨以及疲劳损伤，能够实现对无缝线路的缓冲区、伸缩区以及固定区的定点检测，从而及时跟踪了解钢轨内部的应力变化情况。

　　总体来看，桥上无缝线路轨桥相互作用的理论方面已经取得了相当的成就，不管是理论分析还是仿真计算方面，与实际的试验结果都能取得一定的一致性。计算模型方面，大量采用非线性弹簧模拟轨道各层的纵向阻力，对轨道各层、桥梁、墩台的精细化模拟，已经成为进一步分析长期轨道应力变化、梁体结构变形的模型基础，也是本章建立轨-板-桥耦合模型的理论依据和参考。

3. 静态模型与动态模型的区别和联系

　　无缝线路的静态模型适用于研究缓变过程。在传统的设计过程中，通常选择列车载荷、温度载荷的极端情况作为模型激励，以计算轨道设施的变形量、线路沉降等，作为线路安全性设计中的指标。

　　对于无砟轨道的静力学分析，早期针对列车载荷作用，德国 Eisenmann 最早建立了基于叠合梁理论的结构设计计算方法。首先根据 Winkler 弹性地基梁模型计算列车荷载传递到各扣件支座上的反力，作为作用在叠合梁上的载荷，再计算轨道板和道床板组合的弯矩及应力，作为设计依据。对于温度载荷，则使用连续的轨道阻力函数来近似。

　　随着有限元计算的普及，精确的板式无砟轨道有限元模型得以建立，也越来越接近实际的结构及受力特点。通过有限元可以将钢轨更加具体地考虑成一个有截面的点支承长梁，对于轨道板、道床、路基和桥基则可以根据需求采用板单元或实体单元模拟，对于砂浆调整层的特性、路基和墩台的支撑作用等关系都可以采用分布式非线性弹簧进行模拟，模型更加接近真实的条件。2007 年，北京交通大学的研究人员就以新型Ⅱ型板式无砟轨道结构为主要研究对象，分别建立了无砟轨道的叠合梁模型、梁板模型及梁体模型，对无砟轨道静力学特性做了深入系统的研究，完善了"无砟轨道设计理论与方法"这一研究课题。

　　对于轨道动力学问题的研究，其中轨道结构经历了由最早简单的等效集总参数模型发展到多层支撑的弹性地基梁模型或弹性点支撑梁模型的过程。车辆部分由最早的单自由度正弦载荷模拟，发展到质量集中的半车模型，充分考虑了车辆轨道作为一个相互作用的整体的动力耦合效应。以轨道不平顺为激励，翟婉明等建立了车辆轨道垂向及横向动力学研究体系，这一相关模型被行业内广泛接受，并指导了我国高速铁路的设计建设。随着轮轨接触关系方面的研究取得了一系列重大进展，通过加入各类轮轨接触模型，使得车轮擦伤、扁疤、波形磨耗等轮轨病害的动态效应研究成为可能，车辆轨道相互作用问题分析得更加准确。

随着我国高速铁路的发展，人们对轨道结构振动特性及列车运行的安全性、舒适性等问题的认知显得越来越迫切，车辆轨道耦合模型更加复杂化和系统化。高亮研究团队基于纵横垂向空间耦合模型提出了高速铁路无缝线路道岔的设计方法及车岔动力学模型，并对长大桥梁的伸缩调节器设置、CRTS Ⅱ型板式无砟轨道台后锚固体系的力学特性做了相关研究。大型有限元计算平台的发展与普及，使得许多过去分析困难的工况，如土质路基、曲线桥梁等条件下的系统动力响应计算，成为了可能。

轨道结构理论上是由多部分组合而成的弹塑性系统，通过动力学模型得到的动态响应虽然是瞬态过程，但在长期条件下，振动会导致关键设备的工作性能下降，使轨道本身的刚度发生不可逆的变化，容易形成累积效应。综合轨道结构的国内外研究现状可见，传统上主要只是通过无砟轨道静力模型进行计算分析来指导设计。随着轮轨系统动力学的迅速发展及动力学仿真技术的逐步推广应用，无砟轨道动力特性的研究对于了解各类轨道设备的性能演化过程、安排维修周期及延长使用寿命，以及给无砟轨道准静态设计参数的选取提供参考等方面起到了越来越重要的作用。

2.1.2　梁、轨纵向相互作用机理简介

1. 梁轨之间的相互作用力

在温度变化、列车载荷的作用下，桥梁、道床、钢轨之间会产生相对位移的趋势，但由于轨道结构层层阻力的约束，梁轨之间就会形成一个相互制约的力学平衡体系，各自产生变形、作用力及反作用力。梁轨纵向相互作用包括温度引起的伸缩附加力、列车竖向载荷引起的挠曲附加力，以及其他附加力。

1）温度引起的伸缩附加力

以处于无缝线路固定区的简支梁桥为例，当温度发生变化时，梁体将发生伸长或者缩

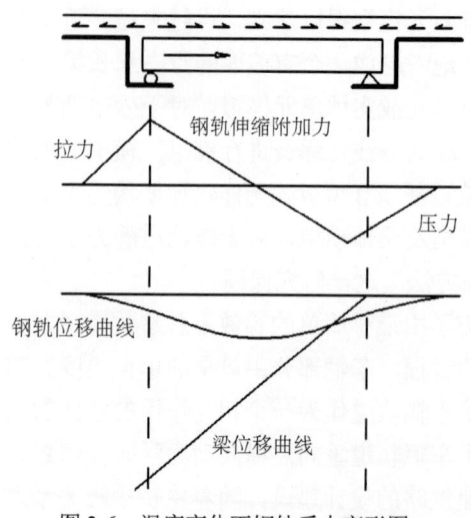

图 2-6　温度变化下钢轨受力变形图

短的变形，并带动轨道层产生位移，从而带动钢轨在其内部产生纵向力，这一作用力就是伸缩附加力。当梁体收缩时，梁体活动支座一端带动钢轨移动，与路基提供的线路纵向阻力相互平衡，活动端附近的钢轨受拉。梁固定端附近的钢轨受路基纵向阻力的抵抗使钢轨受压。同样，由于钢轨的连续性，梁体两端的变形也会受到钢轨的约束，轨道、桥梁和地面基础会形成一个相互约束的平衡。对于简支梁来说，降温引起的钢轨受力变形如图 2-6 所示。

2）列车竖向载荷引起的挠曲附加力

当列车通过桥梁时，梁体会发生挠曲变形，使得上翼缘缩短、下翼缘伸长。梁上翼缘与轨道

相接触的各点会通过轨道层连接件对钢轨施加纵向力，称为挠曲附加力。同时，由于梁下翼缘一端固定支座的约束，当梁体下翼缘伸长时会使梁整体向活动端发生偏移，在两侧路基纵向阻力的作用下，梁上钢轨本身将会产生纵向力。对于简支梁来说，由于列车竖向载荷引起的钢轨纵向受力变形如图 2-7 所示。

3) 其他附加力

除了主要的伸缩力与挠曲力，纵向附加力还有制动力和断轨力。制动力是由于列车在桥梁上启动或制动时给钢轨施加了水平分布载荷，并由此带动轨道产生相对于桥梁的水平位移，而产生的纵向力。

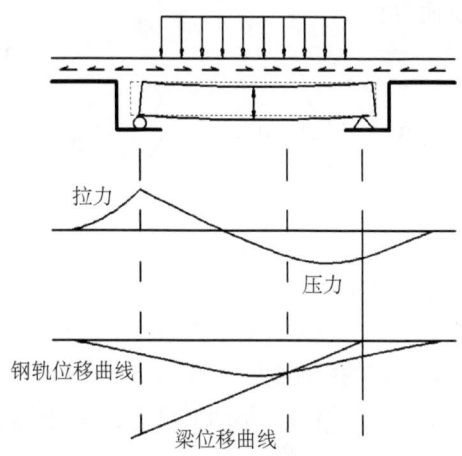

图 2-7　列车竖向载荷引起的钢轨纵向
受力变形图

在极端气候条件下，例如气温骤降时，钢轨有可能受拉断裂产生轨缝，在梁轨相互作用下形成新的应力平衡，称为断轨力。断轨一般可能发生在无缝线路的固定区，最大温度应力的位置。因此开展钢轨纵向力分布的研究、对重点位置加强监测、提前预防是保障线路安全十分重要的举措。

对各种附加力进行分析可以看出：附加力的产生都是由于长钢轨受到了线路纵向阻力的约束，并通过梁体、支座将作用力传递到桥墩上，桥梁和墩台又反作用于梁体和钢轨，从而形成了一个线-桥-墩相互联系又相互影响的力学平衡系统。

2. 基本微分方程

梁轨相互作用的研究中主要分析钢轨纵向附加力、梁轨相对位移以及墩顶位移之间的关系，传统上通过简化的微分方程进行轨道强度和稳定性的检算。

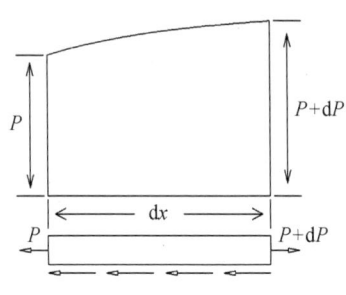

图 2-8　钢轨微元受力示意图

如图 2-8 所示，在钢轨变形范围内，任取一微分段 dx 长的钢轨，对其进行平衡条件分析。设钢轨以受拉为正；x 坐标系以向右为正。梁的位移 Δ 和钢轨位移 y 均以向右为正。梁轨相对位移 $z = y - \Delta$。

梁轨之间的纵向约束阻力用 $p(z)$ 表示，p 是关于 z 的函数。在梁轨之间产生相对位移时，$p(z)$ 可以看作梁轨之间的纵向分布载荷。考虑钢轨的受力情况，当 z 为正时，$p(z)$ 取为正，指向左侧。

根据钢轨微元的受力情况可得

$$\frac{\mathrm{d}P}{\mathrm{d}x} = p(z)$$

由胡克定律可得

$$\frac{\mathrm{d}y}{\mathrm{d}x} = \frac{P}{EA}$$

从而得到

$$\frac{\mathrm{d}^2 y}{\mathrm{d}x^2} = \frac{1}{EA} p(z)$$

又有 $\dfrac{\mathrm{d}^2 y}{\mathrm{d}x^2} = \dfrac{\mathrm{d}^2 \Delta}{\mathrm{d}x^2} + \dfrac{\mathrm{d}^2 z}{\mathrm{d}x^2}$，代入上式可得

$$\frac{\mathrm{d}^2 z}{\mathrm{d}x^2} = \frac{1}{EA} p(z) - \frac{\mathrm{d}^2 \Delta}{\mathrm{d}x^2}$$

上式即根据梁轨纵向受力的平衡条件分析得到的梁轨相对位移基本微分方程。其中梁位移 Δ 为已知函数。对于高墩桥梁，Δ 的计算中应减去墩顶位移 δ，在分析桥头路基或挠曲力无荷载作用的桥跨时，$\Delta=0$ 或 δ。在粗略计算时，阻力函数 $p(z)$ 选用的函数类型不同，可以近似地表达线路阻力不同工况下的非线性特征。

（1）双直线型。

$$p(z) = \begin{cases} kz, & z < z_0 \\ kz_0, & z \geqslant z_0 \end{cases}$$

当 z_0 取零，k 取无穷大时，即为常阻力。

（2）幂函数型。

$$p(z) = \omega[S - \beta \mathrm{e}^{-cz^\mu}]$$

其中，ω、β、c、μ 为常系数。

（3）指数函数型。

$$p(z) = a - bz + cz^{\frac{1}{n}}$$

其中，a、b、c、n 为常系数。

（4）代数型。

$$p(z) = a_0 + a_1 z + a_2 z^2 + a_3 z^3 + \cdots$$

其中，a_0、a_1、a_2、$\cdots$为常系数。

从桥梁延伸到路基段一定长度范围的线路都会受到桥上无缝线路附加力的影响。假设两侧受影响区段的边界端点分别为 M 和 N，则钢轨力和钢轨位移应满足如下的边界条件：

$$\begin{cases} P\big|_{x=M,x=N} = 0 \\ y\big|_{x=M,x=N} = 0 \end{cases}$$

当桥上设置有伸缩调节器或者出现断轨情况时，断缝处的边界条件为

$$P\big|_{x=x_b^-,x=x_b^+} = P_j$$

其中，x_b 为断缝或者伸缩调节器位置；P_j 为接头阻力，一般为零（断缝）或某个小值（伸缩调节器）。

相邻桥跨上的钢轨还要满足在桥墩处纵向力和位移连续变化的条件：

$$\begin{cases} y\big|_{x=l_i^-} = y\big|_{x=l_i^+} \\ P\big|_{x=l_i^-} = P\big|_{x=l_i^+} \end{cases}$$

其中，l_i 为桥墩处钢轨纵向坐标。

根据钢轨变形微分方程和梁轨相对位移微分方程在边界条件以及变形协调条件下求解，

就可以简单算出钢轨附加力。理论上附加力引起的钢轨各处变形的总和,应该是与温度变化引起的钢轨自然变形相对应的。

实际中线路各处分别受到温度场分布载荷的影响,路基段、过渡段、桥梁段轨道结构也各不相同,阻力函数并不确定,因此钢轨内部应力的分布情况十分复杂,需要更精细的模型来分析。

3. 梁轨纵向相互作用的有限元模型

微分解析法不能很好地反映轨道梁体桥墩之间复杂的空间力学特性,有限元法可以灵活地处理多体建模问题,利用虚功原理和最小势能平衡原理建立求解方程,计算速度快,准确性好,因而在桥上无缝线路的计算分析中被广泛采用。目前,在进行桥上无缝线路精细化分析时,梁轨相互作用的力学模型已由平面、立面模型向三维、精细化模型转变。对包括钢轨截面、轨道板类型以及扣件等联结单元在内的结构细节都开始有了特殊的建模考虑,能够比较好地反映工程实际情况。

无砟轨道的基本有限元模型类型有叠合梁模型、梁板模型及梁体模型三种,根据研究对象的复杂程度和设备的计算能力来选择。在如图 2-9 所示的线墩叠合梁模型中,无砟轨道结构主要由钢轨、轨道板、道床层、地基(桥梁)构成。模型通常沿线路纵向取半宽轨道结构进行计算。钢轨、轨道板、道床层用梁单元模拟,作为叠合梁置于弹性地基上或者桥梁段的梁体上。扣件采用固定点之间的弹簧模拟,砂浆层用分布弹簧模拟。固定支座处设置成各向固定约束或者刚度足够大的弹簧单元,活动支座处没有纵向约束,仅有横向、垂向固定约束。通过改变支座布置形式,模型可以用于简支梁桥或者连续梁桥的模拟。

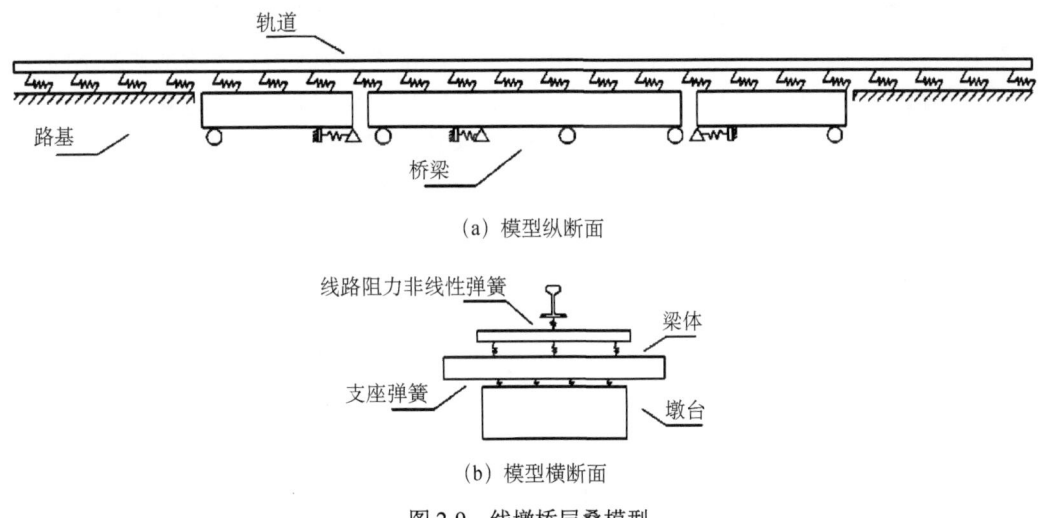

(a) 模型纵断面

(b) 模型横断面

图 2-9　线墩桥层叠模型

在如图 2-10 所示的梁板有限元模型中,钢轨采用弹性点支承梁模型,扣件采用弹簧模拟,轨道板与道床层由于在其厚度方向上的尺寸远小于长度和宽度方向上的尺寸,采用弹性薄板进行模拟,砂浆调整层采用均布线性弹簧或实体模拟(便于砂浆压应力的输出)。而在梁体模型中,轨道板、CA 砂浆、底座板及桥梁则根据其实际形状采用实体单元进行模拟,地基采用线性弹簧单元进行模拟,刚度根据地基系数等效得到。

图 2-10　梁板有限元模型

在三种有限元模型中，梁板模型与梁体模型比较符合无砟轨道实际的结构特点和受力情况。从工程应用上讲，三种理论均能满足无砟轨道的设计要求，相比较而言，叠合梁轨道模型计算量小，但计算结果需要进行适当修正；梁体模型计算量最大，但在面对局部复杂结构的分析中是必要的。综合考虑建模方法的简易性及结果的合理性，在设计中一般情况下建议采用梁板模型和梁体模型进行计算。

2.1.3　长大线路应力分布模型的建立

桥上高速铁路设计中的一系列关键问题，如钢轨伸缩调节器的设置、支座布置形式、轨下力的传导机制设置及桥梁墩台的设计荷载控制等，都涉及长钢轨与桥梁相互作用引起的纵向力。因此，纵向力分布规律的研究具有十分重要的工程意义。

无缝线路的钢轨附加力主要考虑两大因素：一是温度引起的附加力；二是动载时的牵引力和制动力引起的附加力。温度因素不管是以年为单位的季节性变化，还是以昼夜为单位的温度变化，都属于相对较缓慢进行的静力作用。各地区桥梁结构形式、支承形式的不同，都会使其上的钢轨纵向分布规律有明显的差异。列车的制动及牵引，尤其是高速重载列车，对轨道的动态影响很大。通常各节车辆在同时制动 2s 内的瞬态作用最显著，会引起很大的钢轨附加力和梁轨位移。

目前轨道模型研究的一些特点如下。

(1)从理论研究的趋势可以发现，计算模型随着工程实践的进步更加具有针对性，对于复杂工况和特殊轨道区段的研究更加细致，研究内容的侧重点更加突出，模型也更加呈现出多样性和复杂性。新的施工工艺会带来新的线路工况，如小阻力扣件、道床板下两布一膜等，都会使线路整体动、静力学特性变得不同，国外的研究成果不能完全照搬到我国高速铁路，与以往相比，各项技术指标也需要与时俱进地完善。有限元模型计算能力的进步，使得能够通过包含更多细节的模型来深入了解轨道阻力的形成和演化。

(2)桥上无缝线路具有很强的空间连续性，区段之间(桥基、路基、隧道等)结构差异大，彼此相互作用又非常紧密。影响钢轨内部应力的不仅有垂向上轨道各层的约束，纵向上不同区段间的约束也不容忽视。尤其是当地区之间日照时间、线路走向、桥面遮盖物等情况不尽相同，线路上各处温度载荷本身就呈一定分布时，这种长大线路空间上的内部应力形成机制还需要进一步展开研究。

(3)桥上无缝线路是由多部分组成的复杂构成体，在桥台沉降、温度变化等多重因素影响下，梁轨相互作用主要通过扣件等连接部件依次传递。在车桥振动的长期作用下，会造成轨道设备的疲劳、失效，直至发展为可以观测到的轨道病害；轨道设备性能发生异常以轨道刚度的变化为直接的表现形式。将轨道设备的劣化过程通过模型仿真出来，使得在早期就能够关注这种异常变化趋势，对于轨道安全防护有着非常重要的意义。

(4)轨道本身具有一定的弹塑性特性，在长期运营环境下，车辆载荷以及温度的循环载荷对轨道不仅有瞬态的动力学作用，还会有长期的变形累积，如引起线路不均匀沉降、导致轨道不平顺发展等。现有的研究成果都较少考虑循环载荷对梁、轨相互作用的影响。

因此，建立轨板桥墩耦合静力有限元模型和车桥耦合动力学模型，是开展桥上无砟轨道无缝线路长期状态研究的基础。而对于在长大线路中的梁轨结构关系的建模，则需要注意以下几个问题。

1. 线路纵向阻力模型

在传统解析方法中，线路纵向阻力的模拟是线桥相互作用的关键。用于计算纵向附加力的总位移阻力包括轨道板与道床之间的道床阻力和钢轨与轨道板之间的爬行阻力。当扣件纵向阻力大于道床纵向阻力时，线路纵向阻力常按道床纵向阻力取值。对于特殊设计(如桥面上)，为了减少梁轨相互作用，常使扣件阻力低于道床阻力，线路纵向阻力常按扣件纵向阻力取值。由于纵向阻力的形成因素多且复杂，纵向阻力的实际大小是很难准确表达的。传统上出于简化计算的方便，常根据试验拟合的结果提出线路纵向阻力经验模型进行检算，分为常量纵向阻力模型和变量纵向阻力模型。

我国《新建铁路桥上无缝线路设计暂行规定》对常量阻力模型的规定是，当桥上无缝线路采用与桥梁两端路基无缝线路一致的轨道结构时，纵向阻力取值如下：计算伸缩附加力时，纵向阻力取 70(N/cm/轨)；计算挠曲附加力时，轨面无载情况下，纵向阻力取 70(N/cm/轨)；轨面有载时，机车下纵向阻力取 110(N/cm/轨)，车辆下纵向阻力取 70(N/cm/轨)；计算断轨附加力时，线路纵向阻力取 110(N/cm/轨)。

变量阻力模型中比较常见的是理想弹塑性模型，是对道床阻力和扣件阻力的理想化模拟，如图 2-11 所示，又称为双折线模型。德国高速铁路桥梁设计的特殊规程与 UIC(国际铁路联盟)774-3 规范都采用了如图 2-11 所示的理想弹塑性阻力模型。

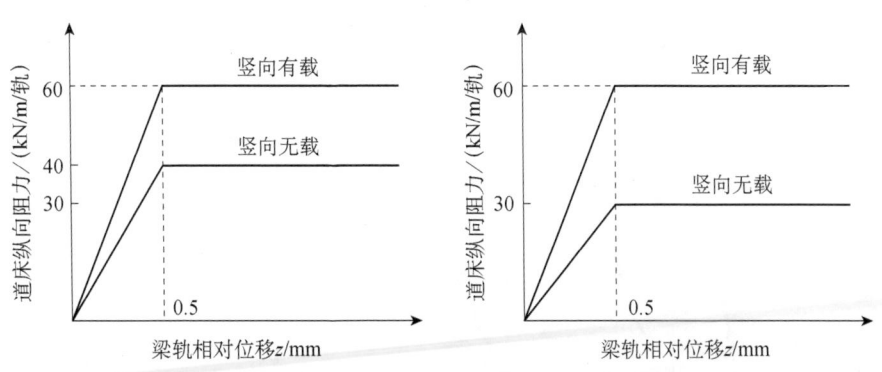

图 2-11　德国高铁与 UIC774-3 规范采用的道床纵向阻力模型

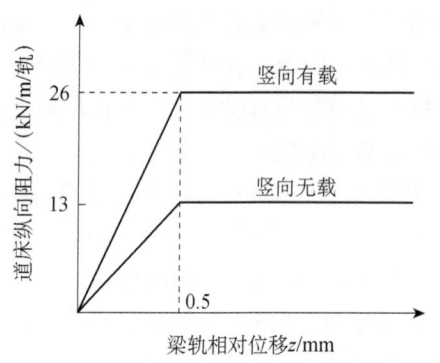

图 2-12　我国采用的小阻力扣件道床纵向阻力模型

UIC 规范中除了无载时的纵向阻力比德国规范有所提高，其余道床纵向阻力两个规范均相同。我国《铁路无缝线路设计规范》中规定采用的小阻力扣件道床纵向阻力模型，如图 2-12 所示。

常量纵向阻力模型简单易用，但是变量纵向阻力模型更符合材料的实际情况。实际大多数的工况下，道床及扣件的阻力曲线是工作在弹性阶段的。理想弹塑性模型由于本构关系比较简单，容易编制高效的算法，计算结果基本满足工程精度要求，因而被广泛采用。但是对于长大跨度铁路桥梁，在温度变化极端情况下，可能会出现没有力学意义解的情况。长距离线路各部分结构不同，阻力分布情况也有明显的不同，具体表现在变量阻力模型的参数上，桥梁段、过渡段、路基段各有不同。现在利用有限元法就可以针对不同区域的结构特点，建立各个局部基础设施的离散化模型。其中扣件、道床的材料特点也可以由弹塑性模型来表示，从而将扣件的弹压特性、轨道板的伸缩特性、砂浆层的黏结特性接近真实地一一体现。

由于扣件的纵向阻力曲线的弹塑性特性，在加载-卸载过程中，由于塑性变形的产生，根据扣件材料的硬化特点，卸载时的阻力-位移关系会与弹性阶段不同，如图 2-13 所示。在循环加载时尤为明显，会出现各类失效形式，如图 2-14 所示。

此外，德国 20 世纪 80 年代就对运行有砟线路做过纵向滑移阻力规律的测定。试验发现，在反复加载情况下，线路的滑移次数越多，滑移量越大，纵向位移阻力下降得越大，且最小值约为最大值的 40%。桥上小阻力扣件的使用使得极端情况下扣件滑移的可能性大大增加，长期需要考虑扣件滑移阻力特性的变化。

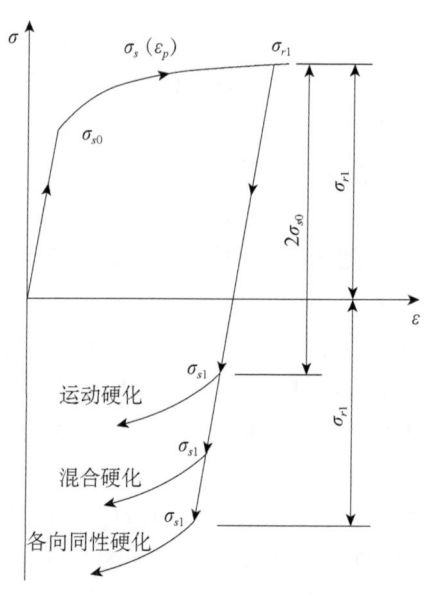

图 2-13　弹塑性材料特性

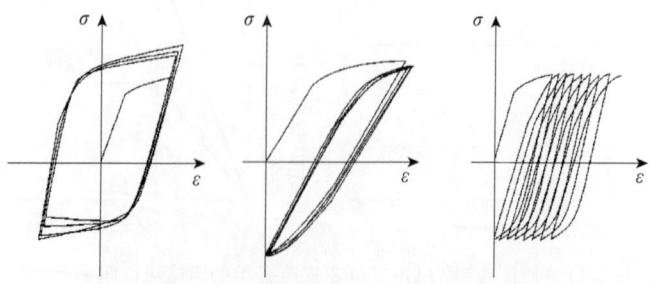

图 2-14　循环加载时的几种典型失效曲线

2. 演化分析中轨道设备的性能劣化问题

高速铁路扣件系统作为铁路轨道结构的重要组成部分，主要功能是连接钢轨和轨道板，利用弹性变形缓解线路上的机械振动和冲击作用，防止钢轨的纵向、横向偏移。在长期运载作用下，扣件系统会承受长期、周期性的弯曲及扭转等交变应力作用，存在一系列的疲劳失效隐患。

我国客运专线无砟轨道设计中广泛采用 WJ-7、WJ-8 型小阻力扣件，WJ-7 型小阻力扣件如图 2-15 所示。如图 2-16 所示，WJ-7、WJ-8 型小阻力扣件的弹塑性临界点为 0.5～1mm，每组扣件的滑移阻力为 4～5kN。换算成每股钢轨单位长度的阻力，从无载到有载取值为 6.5～10kN/m/轨。

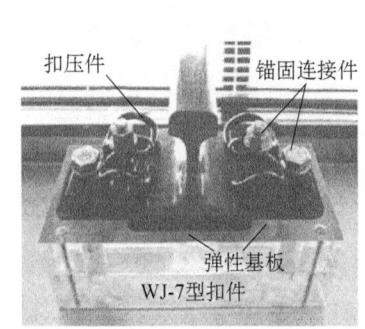

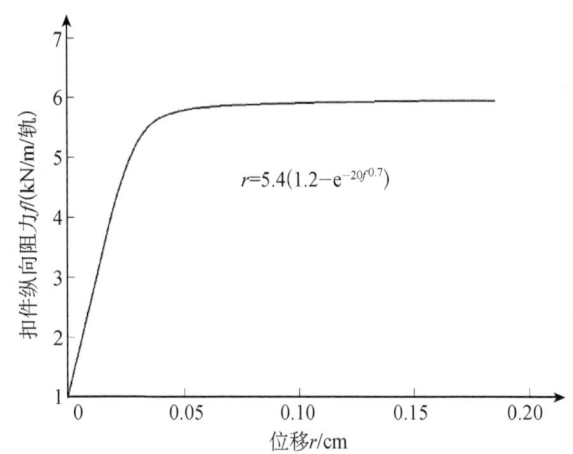

$$r=5.4(1.2-e^{-20r^{0.7}})$$

图 2-15　WJ-7 型小阻力扣件　　　　图 2-16　无砟轨道 WJ-7、WJ-8 型小阻力扣件纵向阻力-位移曲线

无论有载还是无载，小阻力扣件的阻力-位移曲线基本由弹性阶段和平稳阶段组成。随着位移与载荷的线性增加，当载荷到达峰值后，钢轨产生滑移，纵向阻力值迅速下降至轨下垫板的滑动摩擦力，此时钢轨位移不断增加，而阻力值基本稳定不发生改变。

扣件系统主要依靠扣压件将钢轨固定在弹性基板上，通过施加一定的扣压力，使钢轨能够稳固地抵抗来自横向、垂向、纵向的冲击作用。锚固螺栓的紧固力、弹条弹性、基板(胶垫)的支承刚度决定了扣件对钢轨的整体刚度的大小。

线路运营环境下，对扣件的载荷主要以低周疲劳载荷为主，传统的疲劳分析方法是针对扣件材料发生应力集中部位的疲劳进行分析，认为破坏的发生是由于设备上的危险点产生塑性变形引起的。之前有文献对 X2 型弹条进行了循环应力疲劳寿命试验，根据弹条材料的疲劳寿命曲线(图 2-17)，对弹条上多处关键点进行循环载荷的疲劳试验，以计算不同螺栓扣压力下弹条上各点的疲劳寿命。

从图 2-18 和图 2-19 可以看出，随着螺栓扣压力增加，各点疲劳寿命基本呈现降低的趋势，因此，弹条在实际使用中应避免过拧。

弹条扣压力直接作用于钢轨，决定轨道对钢轨的纵向横向约束能力。长期运营下，扣件松动、弹条疲劳劣化等工况都会造成弹条扣压力的不足，进而造成扣件刚度(垂向、纵向)降低，纵向上无法提供足够的轨道阻力。图 2-20 是 V 形扣件系统弹条弹程、弹条扣压力、螺栓头部压强之间的关系。一般情况下，在扣压力为 9kN，弹程为 15.71mm，螺栓头部压强为 9.36MPa 时，弹条达到预定安装位置。由图中可以看出，弹条弹程与弹条扣压力基本上是同向变化关系。

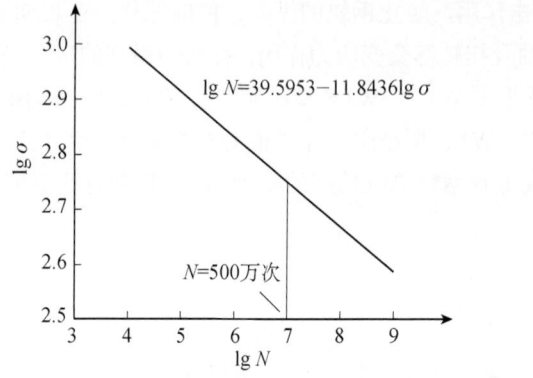

lg N=39.5953−11.8436lg σ

N=500万次

图 2-17　X2 型弹条最大载荷应力与疲劳寿命曲线

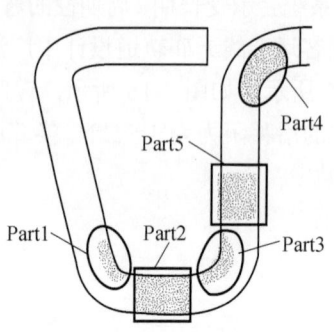

Part5
Part4
Part1
Part2
Part3

图 2-18　弹条疲劳危险点位置

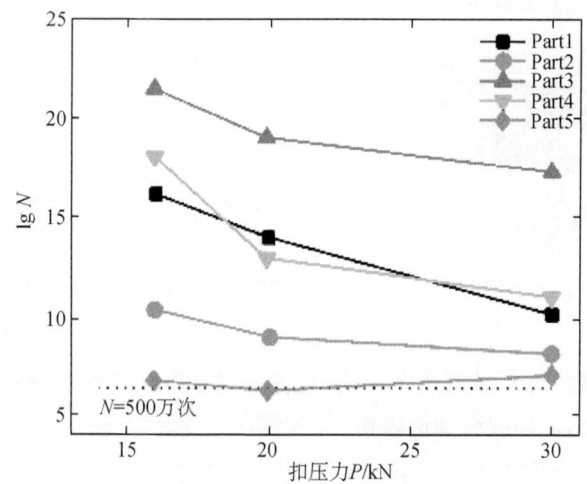

N=500万次

图 2-19　各种不利位置在不同扣压力下的疲劳寿命

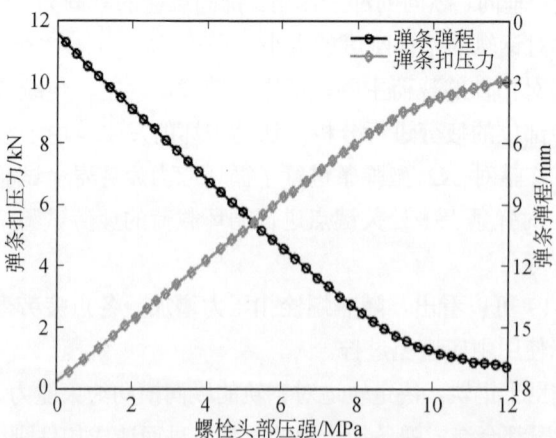

图 2-20　弹条弹程、弹条扣压力和螺栓头部压强关系曲线

列车运行过程中的振动荷载是高速铁路扣件系统疲劳的计算依据，其主要振动频率为20～200Hz，且随着车速的提高，高频振动区的能量增加。垂向上，扣件刚度整体过大会加剧车辆振动，会加速轮对及构架的疲劳损伤。扣件刚度整体过小会导致轨道和车辆的静位移过大，对轨道的冲击作用较大。局部的扣件支承失效会破坏钢轨支承间距的周期性，与前后毗邻的支承点形成刚度差，会形成较长范围的线路动态不平顺。为了保证轨道运行安全，在模型研究中考虑扣件系统的性能下降引起的变化，从长期看是非常必要的。

3. 长大线路模型的载荷

为了保证模型分析的可靠性和准确性，对线路模型所施加载荷的种类、大小、频度的选择上需要真实地反映线路可能遇到的情况。

1) 温度载荷

轨道是纵向长度远大于竖向以及横向长度的狭长形结构，在沿线路方向上，短距离内轨道的温度变化主要受周边遮蔽物的影响，长距离上主要受气象条件影响。在垂直方向上，轨道上层的钢轨受到光照影响，在夏季日温差较大，在冬季日温差较小；而轨道下层的梁体温差变化则相对比较缓慢。国外可参考的高速铁路建设规程中，一般采用年温差载荷来校核伸缩附加力，如德国建议取值±30℃。

一般认为，列车在桥上运行产生的振动会帮助桥上无缝线路伸缩力的放散，较长时间的温差如年温差，对钢轨伸缩力的影响并不大。因此，我国无缝线路设计时一般采用最大日温差作为设计荷载，我国的《新建铁路桥上无缝线路设计暂行规定》对无砟轨道混凝土梁日温差建议取 20℃来计算。实际中，列车振动对无缝线路不均匀钢轨温度力的放散机理和作用效果还没有相关研究报告，为了安全起见，年温差载荷的校核计算还是应该考虑的，取值则可以根据地域性试验研究后确定。

我国因为地域辽阔，高铁线路跨越温度带，从而遭遇极端气候条件的情况比较突出，沿线温差分布比较大，例如，哈沪高铁是目前世界上通行气温反差最大和穿越气候带最多的高铁线路，12h 内跨越 3 个气候带，单线运行温差就接近 30℃。此外，通行在高寒地区的哈大高铁、穿越高温地区的兰新线等都会经历全年运行环境温差达到 80℃的极端情况。因此，对于长大线路的温度力计算还必须考虑沿线温度分布差异对纵向附加力的影响。

2) 列车载荷

列车载荷对轨道的作用，一般采用静载荷计算，主要分为竖向活载荷和纵向制动力载荷。竖向活载荷是形成挠曲力的重要载荷，在计算冲击载荷作用时，对桥梁结构使用静载荷乘以冲击系数。根据自身铁路特点，国外高速铁路活载图式大体上分为，欧洲各国主要采用的 UIC荷载图式和日本按轴重确定的专用荷载图式两种体系。UIC 活载概括了欧洲主要的轻型和重型运营列车载荷，我国暂规采用 0.8UIC（ZK 荷载）作为客运专线和高速铁路桥梁竖向设计活载，如图 2-21 所示。

制动力通过轮轨摩擦直接作用于轨面，是引起钢轨纵向附加力的主要原因之一。制动力载荷的计算主要取决于列车荷载以及轮轨黏着系数（轨面摩擦系数）。根据中国铁道科学研究院在京沪高速铁路线桥隧站设计中的暂行规定，制动载荷计算采用 0.8UIC 列车活载模式和

0.164 轮轨黏着系数的计算方法，铁路桥制动载荷的计算结果为

$$f_b = 80 \times 0.8 \times 0.164\xi = 10.5\xi \, (\text{kN / m})$$

其中，ξ 为折减系数，取决于桥梁下部结构的纵向水平刚度。

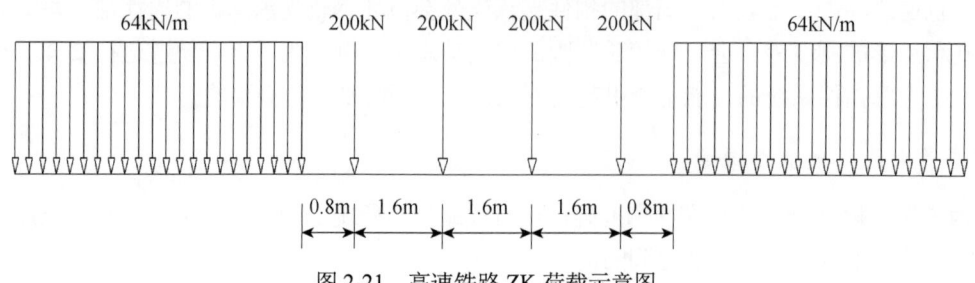

图 2-21　高速铁路 ZK 荷载示意图

4. 线路两端的边界约束

在有限元建模中，边界影响的处理是必须考虑的问题。目前，对于无限延伸的物理问题，可采用无限元、边界元及建立人工边界等方法进行边界的处理。对局部问题边界效应进行分析处理的过程较为烦琐，且一些边界处理方法所必需的参数较难确定，因此较简便的方法是使所分析的模型与边界保持一定距离即可，无需对边界进行处理，但这将使得模型规模有一定增加。对于动力学问题，有研究指出轨道在某种脉冲激扰源作用下引起的振动大体可影响前后 10 跨轨枕范围，超出该范围后，振动传播极弱，可认为无影响。车辆的第一轮对激振点与最后轮对激振点分别至前后钢轨端部不低于 30m 即可。对于温度引起的静力学问题，需要在桥梁模型两侧建立足够长的路基，并依照线路类型(有砟轨道或无砟轨道)建立正确的路基纵向阻力提供约束。

两侧线路长度的选取需要根据所关注的线路段规模来确定。由于当温度变化时，无缝线路中钢轨会有拉伸和压缩的趋势，在轨道阻力的作用下，会分为固定区和伸缩区，固定区的钢轨在两端约束和轨道阻力的作用下，与温度力基本平衡，因而基本没有形变，其中的温度力可以通过轨温的变化幅度来概算。伸缩区的钢轨则会通过伸缩变形释放一部分温度力，由于桥上单位扣件阻力较小，钢轨的端头力需要相对较长的伸缩区提供阻力来平衡。因此，如果只是研究固定区的应力-温度变化关系或者只是研究轨道的垂向静动力关系，那么为了保证计算结果收敛，可以仅建立短距离模型(几百米至几千米长)，在模型两端都进行纵向约束即可。对于应力分布的研究，则需要建立长距离的桥梁轨道模型，在桥梁段两侧分别建立一段距离的地基段，仅靠地基的轨道阻力就可以对所关注桥梁段的钢轨提供足够的侧向约束力。经过反复试验比较，建议选择包括过渡段构造在内的地基段的计算距离大于 200m。

本章的后面内容将从静、动力学方面入手，就桥上无砟轨道无缝线路在长期载荷作用下的钢轨的纵向力分布规律展开研究。

2.2　长大线路无砟轨道应力分布模型

本节以高速铁路特大连续桥为研究对象，依据实际线路区段结构参数，通过有限元与均匀化

方法的结合，建立特大桥以及周围延伸区段的无缝线路纵向力计算模型。并结合现场实测与模型仿真，通过分析桥梁轨道在实际温度载荷下的位移和受力状态，揭示梁轨之间的相互作用规律。

2.2.1　桥梁轨道结构的多尺度有限元模型

　　桥梁轨道的结构特点是：无砟轨道在全桥范围内，底座板连续铺设，并延长至路基；桥梁范围内，底座板与桥梁间设置滑动层(土工布+薄膜)，以减弱桥梁伸缩引起的板内纵向附加力；在桥梁固定支座附近，底座板和桥梁间设置固结机构，以便将制动力及时向墩台上传递。过渡段内连续底座板下铺设钢筋混凝土摩擦板；桥台后设置端刺锚固及摩擦板，通过端刺将底座板内的纵向力传递到路基。

　　从模型角度，桥上无缝线路垂向上可以划分成以钢轨、轨道板、道床板(底座板)、桥梁、墩台为主的基本结构。桥梁、轨道板、道床板(底座板)和钢轨各层随温度变化产生伸缩位移，并且受扣件、CA砂浆、限位器、间隔铁、固结机构及桥梁固定支座等部件约束而发生相互作用。因此，在垂向方向上，模型需要考虑各层次结构之间的相互耦合。而在沿轨道的纵向方向上，模型必须能够模拟包含路基到桥基之间的过渡段、基本的跨梁区段以及特大多跨梁区段等长距离范围内线路上存在的各类结构，才能得到整体线路温度造成的应力分布规律。

　　对于长大线路而言，整体响应与关键位置的局部响应在分析尺度上相差很大，而且局部部位或者构件往往在局部应力集中下呈现非线性的变化，需要对局部进行细致的塑性分析和损伤分析。因此，需要对线路中的不同区域采用不同的建模策略。

　　如图 2-22 所示，根据实际线路的物理尺寸和环境条件可以将线路划分成结构各异的若干区段(桥基段、路基段等)，对各区段按各自的结构特点建立不同规模的局部轨道模型，仅对其中重点关注的特殊区域(特大桥、过渡段等)和关键的轨道设备进行细节建模。将不同规模的区域模型，依据区域之间的边界耦合条件融合成整体的系统模型。

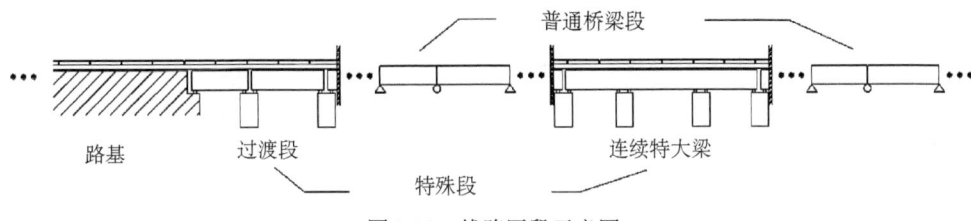

图 2-22　线路区段示意图

1. 钢轨单元的位移场

　　轨道沉降会引起钢轨纵垂向位移的多重变化，完整的钢轨单元变形应当包括轴向的拉压变形和弯曲变形。拉压变形的存在导致了梁两端结点纵向位移的不同，但它对横向位移和转角的影响很小；而弯曲变形不仅导致了单元两端结点横向位移和转角的不同，对纵向位移的影响也不可忽略。因此，需要对模型中的长钢轨单元在欧拉梁的基础上进行修正。

　　由单元的弯曲变形造成的横向位移场，可以表示为

$$u_{B,z}(x) = [N]_z \{\delta\}^e \tag{2-1}$$

其中，$[N]_z$ 为单元轴线横向位移场的形函数矩阵；$\{\delta\}^e$ 为单元两结点 i、j 的位移向量，$\{\delta\}^e = \{u_i \ v_i \ \theta_i \ u_j \ v_j \ \theta_j\}^{\mathrm{T}}$。

通过引入单元的边界条件，可以得到形函数矩阵的元素：

$$\begin{cases} N_{y1} = 0, \quad N_{y2} = (l^3 - 3lx^2 + 2x^3)/l^3, \quad N_{y3} = (l^2x - 2lx^2 + x^3)/l^2 \\ N_{y4} = 0, \quad N_{y5} = (3lx^2 - 2x^3)/l^3, \quad N_{y6} = -(lx^2 - x^3)/l^2 \end{cases}$$

其中，l 为单元长度，$0 \leqslant x \leqslant l$。

根据几何变形关系，因弯曲变形产生的纵向伸缩变形增量，可以表示成关于 $u_{B,z}$ 的表达式：

$$\Delta = \int_0^{x-x_i} \frac{1}{2}\left(\frac{\partial u_{B,z}}{\partial x}\right)^2 \mathrm{d}x \tag{2-2}$$

由单元的轴向拉压造成的纵向伸缩位移有

$$u_{R,x}(x) = [N]_x \{\delta\}^e \tag{2-3}$$

其中，$[N]_x$ 为单元形心轴的轴向拉压位移场的形函数矩阵。

$$[N]_x = \frac{1}{l}\left[(x_j - x) \quad (x_i - x)\right] \tag{2-4}$$

因此，完整的单元形心轴的位移场可以表示为

$$\begin{Bmatrix} u_x \\ u_z \end{Bmatrix} = \begin{Bmatrix} u_{R,x} - \int_0^{x-x_i} \frac{1}{2}\left(\frac{\partial u_{B,z}}{\partial x}\right)^2 \mathrm{d}x \\ u_{B,z} \end{Bmatrix} = \begin{Bmatrix} [N]_x\{\delta\}^e + \frac{1}{2}(\{\delta\}^e)^{\mathrm{T}}[H]_x\{\delta\}^e \\ [N]_z\{\delta\}^e \end{Bmatrix} \tag{2-5}$$

其中，在单元局部坐标系下，$[H]_x$ 为附加形矩阵。

$$[H]_x = \begin{bmatrix} 0 & \cdots & & & & \cdots & 对称矩阵 \\ 0 & -\frac{36}{5}\frac{x^5}{l^6} + \frac{18x^4}{l^5} - \frac{12x^3}{l^4} & & \ddots & & & \vdots \\ 0 & -\frac{18}{5}\frac{x^5}{l^5} + \frac{21}{2}\frac{x^4}{l^4} - \frac{10x^3}{l^3} + \frac{3x^2}{l^2} & -\frac{9}{5}\frac{x^5}{l^4} + \frac{6x^4}{l^3} - \frac{22}{3}\frac{x^3}{l^2} + \frac{4x^2}{l} - x & \ddots & & \\ 0 & 0 & 0 & 0 & & \ddots \\ 0 & \frac{36}{5}\frac{x^5}{l^6} - \frac{18x^4}{l^5} + \frac{12x^3}{l^4} & \frac{18}{5}\frac{x^5}{l^5} - \frac{21}{2}\frac{x^4}{l^4} + \frac{10x^3}{l^3} - \frac{3x^2}{l^2} & 0 & -\frac{36}{5}\frac{x^5}{l^6} + \frac{18x^4}{l^5} - \frac{12x^3}{l^4} & \ddots \\ 0 & -\frac{18}{5}\frac{x^5}{l^5} + \frac{15}{2}\frac{x^4}{l^4} - \frac{4x^3}{l^3} & -\frac{9}{5}\frac{x^5}{l^4} + \frac{9}{2}\frac{x^4}{l^3} - \frac{11}{3}\frac{x^3}{l^2} + \frac{x^2}{l} & 0 & \frac{18}{5}\frac{x^5}{l^5} - \frac{15}{2}\frac{x^4}{l^4} + \frac{4x^3}{l^3} & -\frac{9}{5}\frac{x^5}{l^4} + \frac{3x^4}{l^3} - \frac{4x^3}{3l^2} \end{bmatrix}$$

单元总体应变能包括纵向伸缩应变能和弯曲应变能，伸缩应变能的扩展形式可以写成式(2-6)。当应变量很小时，表达式中的高阶项可以略去。假设广义虚拟轴向力载荷 $P_x = EA(u_{R,x})'$，则 V_a^e 的表达式可以写成：

$$\begin{aligned} V_a^e &= \int_0^l \frac{1}{2} EA(u_x')^2 \mathrm{d}x \\ &= \frac{1}{2}\int_0^l E\left[A\left(\frac{\mathrm{d}u_{R,x}}{\mathrm{d}x}\right)^2 + \frac{A}{4}\left(\frac{\partial u_{B,z}}{\partial x}\right)^4 + A\left(\frac{\mathrm{d}u_{R,x}}{\mathrm{d}x}\right)\left(\frac{\partial u_{B,z}}{\partial x}\right)^2\right] \mathrm{d}x \\ &\approx \frac{1}{2}\int_0^l \left[EA\left(\frac{\mathrm{d}u_{R,x}}{\mathrm{d}x}\right)^2 + P_x\left(\frac{\partial u_{B,z}}{\partial x}\right)^2\right] \mathrm{d}x \end{aligned} \tag{2-6}$$

其中，E 表示钢轨的材料弹性模量；A 表示钢轨单元的截面积。

因此，单元的伸缩应变能对应的刚度矩阵可以划分成两部分，分别对应线性项和非线性项。

$$\begin{cases} [K_a] = \int_l [B_x]^{\mathrm{T}} EA [B_x] \mathrm{d}x \\ [K_b] = \int_l [B_z]^{\mathrm{T}} P_x [B_z] \mathrm{d}x \end{cases} \tag{2-7}$$

其中，$[B_x]$ 表示单元形函数 $[N_x]$ 关于 x 的导数矩阵，$[B_x]=[N_x]_x$；$[B_z]$ 表示单元形函数 $[N_z]$ 关于 z 的导数矩阵，$[B_z]=[N_z]_z$；$[K_b]$ 取决于初始的应力状态，称为初应力刚度矩阵。

弯曲应变能可以写成：

$$V_b^e = \int_0^l \frac{1}{2} EI (u_z'')^2 \mathrm{d}x \tag{2-8}$$

然后，其对应的刚度矩阵可以写成：

$$[K_c] = \int_l [C]^{\mathrm{T}} EI [C] \mathrm{d}x \tag{2-9}$$

其中，$[C]=[N_z]_{xx}$，$[C]$ 表示单元形函数 $[N_z]$ 对 x 的二阶导数矩阵。

综上，单元的总体刚度矩阵可以写成：

$$[K_0]^e = [K_a] + [K_b] + [K_c] \tag{2-10}$$

上述位移场从几何变形角度出发，全面考虑了梁单元截面转动对纵向和横向位移场的影响，从而在单元刚度矩阵中包含非线性项，更适合长钢轨单元的变形变化。

2. 连接件的非线性模拟

模拟轨桥相互作用的前提条件是确定各个构件之间的纵向位移阻力的规律。模型中为了减小桥梁对轨道的影响而在箱梁与底座板之间布设的底座板膜，以及为了减轻钢轨应力集中而采用的小阻力扣件，都允许在极限情况下连接件之间发生轻微滑动，因而可以采用同一类型能够反映滑动工况的非线性弹簧连接来模拟。以扣件为例，模型中采用的扣件节点间距为 625mm，扣件阻力的弹塑性临界点在 0.5～1mm，阻力曲线如图 2-23 所示。小阻力扣件的阻力曲线可以简化成如图 2-24 所示的理想的弹塑性双折线形式。在弹性阶段加载时，纵向阻力随位移的增加而增加，大致呈线性分布，直到纵向阻力到达极限阈值，钢轨与扣件之间产生滑移，位移仍正向增大，阻力稳定在某个量值不再变化。

在实际工况中，弹簧单元需要承受循环载荷的反复加载-卸载。在实际计算时，假设弹簧工作点处在滑移阶段即图中的 B 点，随着逆向载荷的施加，阻力逐渐减小直到逆向阻力极限 F_N。在这个过程中，阻力曲线 BC 可以通过假设新的坐标系 x–y' 计算得出。在这个新坐标系 x–y' 中，点 B 看作滑移阶段的临界点。d_n 表示第 n 次循环，阻力折线新旧坐标系的偏移量。因此可见，第 n 次的加载或者卸载时，弹簧单元的阻力和刚度取决于第 $(n-1)$ 次加载后弹簧的状态和位移。其弹簧阻力 $F(\Delta x, d_n)$ 和刚度 $K(\Delta x, d_n)$ 可以表示为

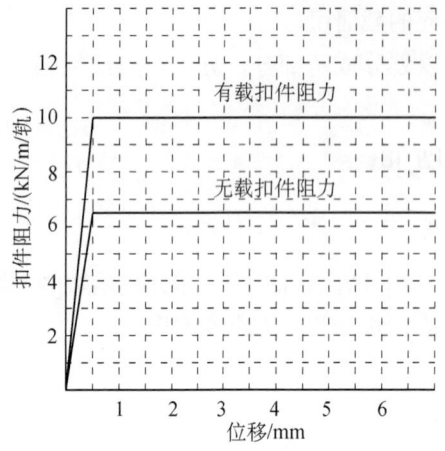

图 2-23　无砟轨道小阻力扣件纵向阻力

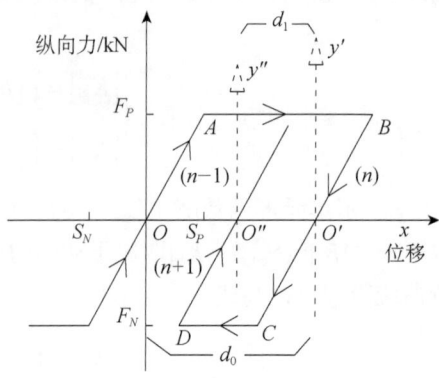

图 2-24　滑移特性的位移-阻力曲线

$$F_n = \begin{cases} K_l S_P & (\Delta x - d_{n-1} \in (S_P, +\infty)) \\ K_l(\Delta x - d_{n-1}) & (\Delta x - d_{n-1} \in [S_N, S_P]) \\ K_l S_N & (\Delta x - d_{n-1} \in (-\infty, S_N)) \end{cases} \tag{2-11}$$

$$K_n = \frac{F_n}{(\Delta x - d_{n-1})} \tag{2-12}$$

其中，Δx 表示每一载荷步的位移差；S_P、S_N 表示扣件弹性位移上、下限；K_l 表示弹性阶段刚度。

3. 基于子结构的轨道桥有限元方程的建立

板式无砟轨道由钢轨、扣件、轨道板、砂浆层、底座层、桥体等部分构成。建模时，钢轨采用改进的梁单元模拟。扣件、滑动层、锚固机构等采用非线性弹簧单元模拟。实体单元桥梁模型能更好地反映梁体的力学特性，高速铁路箱形梁中间部分是空的，其实体部分并不大，且对于实体单元桥梁模型，每个节点只有三个自由度，综合来看计算规模是可以接受的。因此，梁体、桥墩、路基、底座板、轨道板均以实体单元模拟，如图 2-25 所示。此外，模型中不考虑桥梁自身重力引起的挠曲。梁跨之间彼此独立互不接触。考虑到无缝线路上有设置伸缩调节器的情况，接头处纵向阻力假定为零。墩体变形简化成桥梁墩台之间的纵向刚度，计为线性且足够大。

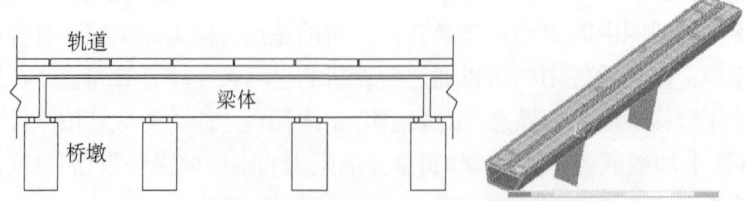

图 2-25　局部有限元模型图的平面示意图与立体效果图

根据上述的多层轨道模型，每段梁跨都具有结构上的相似性，可以将轨道按梁跨划分成独立的梁-板-弹簧连接的多层混合结构。轨道板与混凝土底座板由固结机构和砂浆层弹性连接，材料属性近似且在纵向方向上相对位移较小，为简化计算，在模型中仅考虑成道床板。在温度载荷作用下，钢轨、道床板、桥梁的合成平衡方程如下：

$$\begin{bmatrix} K_{\mathrm{rail}} - K_{RP}^{(1)} & -K_{RP}^{(2)} & \\ -K_{PR}^{(1)} & K_{\mathrm{plate}} - K_{PB}^{(2)} - K_{PB}^{(1)} & -K_{PB}^{(2)} \\ & -K_{BP}^{(1)} & K_{\mathrm{bridge}} - K_{BP}^{(2)} \end{bmatrix} \begin{bmatrix} u_{\mathrm{rail}} \\ u_{\mathrm{plate}} \\ u_{\mathrm{bridge}} \end{bmatrix} = \begin{bmatrix} F_{\mathrm{rail}} - P_{r,\mathrm{add}} \\ F_{\mathrm{plate}} - P_{p,\mathrm{add}} \\ F_{\mathrm{bridge}} - P_{b,\mathrm{add}} \end{bmatrix} \quad (2\text{-}13)$$

其中，K_{rail}、K_{plate}、K_{bridge} 分别表示区段内钢轨、道床板、桥梁的刚度矩阵；K_{RP}、K_{PR} 表示钢轨与道床板之间的连接刚度矩阵（包含非线性弹簧项）；K_{PB}、K_{BP} 表示道床板与箱梁之间的连接刚度矩阵；u_{rail}、u_{plate}、u_{bridge} 表示钢轨道床板箱梁的广义位移向量；F_{rail}、F_{plate}、F_{bridge} 表示钢轨道床板箱梁的广义载荷向量；P_{add} 表示非线性连接单元引起的附加项。扣件连接和滑动层连接等非线性环节由于阻力-位移关系是非线性的，故刚度矩阵不是常数，而是与位移有关的函数。由于局部模型中的扣件、滑动层、摩擦板等约束环节应力-应变关系是非线性的，故刚度矩阵是与位移有关的函数矩阵。

将每一区段的所有节点用子结构的方式划分成内部节点和边界节点。边界节点包括：每个梁跨段内的桥墩支承点、区段两侧钢轨端点、道床板端点和箱梁端点。通过将节点编号，使子结构的刚度矩阵以及相应的节点广义位移和载荷矩阵写成式(2-14)所示的分块形式，建立准备凝聚的子结构的系统方程：

$$\begin{bmatrix} K_{ii} & K_{ib} \\ K_{bi} & K_{bb} \end{bmatrix} \begin{bmatrix} q_{\mathrm{interior}} \\ q_{\mathrm{boundary}} \end{bmatrix} = \begin{bmatrix} Q_i \\ Q_b \end{bmatrix} \quad (2\text{-}14)$$

凝聚掉内部节点，可以得到仅包含边界节点的平衡方程：

$$(K_{bb} - K_{bi}K_{ii}^{-1}K_{ib})q_b = P_b - K_{bi}K_{ii}^{-1}P_i \quad (2\text{-}15)$$

可以简单地写成：

$$K_{bb}^* q_b = P_b^* \quad (2\text{-}16)$$

如图 2-26 所示的轨道桥结构模型，每个区段最终能凝聚成关于有限少量的边界节点的平衡方程。延线路方向，各类区段包括路基过渡段、道岔、隧道段等都可以凝聚成类似的子结构，然后将各区段依据边界节点位移一致、能量一致的原则，列出约束方程，组合即可得到全线路整个系统的有限元方程。更小尺度的轨道结构也可以通过多级凝聚的形式，纳入子结构计算中。

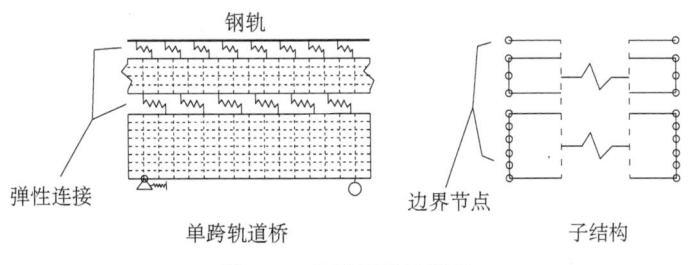

图 2-26　轨道桥结构模型

2.2.2　根据均匀化理论估算宏观性能

长距离的桥上无缝线路是我国高速铁路的主要建筑形式。轨道桥的架设方式具有结构上的重复性，这种线路结构宏观上可以看成由梁跨为基本单元构成的一维无限延伸多点支承的简化梁。在每个梁跨的局部尺度上，又是由钢轨桥梁不同属性材料复合构成的，具有异质性。对于这类结构的受力变形问题，数学上有平均化和渐进分析的理论，它根据局部细观周期性特点，将宏观结构中一点的位移和应力等物理量展开为表征细观结构尺度的小参数渐近级数，并用摄动法建立一系列控制方程，依据这些方程可求解出周期结构单元的弹性模量和热膨胀系数等均匀化参数。这些周期单元就可以用于建立线路中跨越范围广的重复部分的宏观模型。

1. 基于均匀化理论的长线路等效纵向性能的计算方法

宏观上，线路可以看成如图 2-27 所示的一维无限延长的多点约束简化梁杆结构，不同长度的跨梁交错布置，由图 2-27 中的单元构成。根据渐进分析，可以将最终响应分离成关于尺度因子 e 的渐进级数：

$$u(x,y) = u^{(0)}(x,y) + eu^{(1)}(x,y) + e^2u^{(2)}(x,y) + e^3u^{(3)}(x,y) + \cdots \tag{2-17}$$

其中，$u^{(0)}(x,y)$ 是宏观响应；$u^{(1)}(x,y)$ 是一阶细观响应；宏观尺度 x 坐标和细观尺度 y 坐标有关系：$y=x/e$，$e \ll 1$。

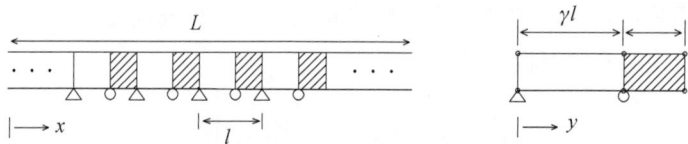

图 2-27　线路均匀化模型与子单元

将每个桥梁段简化成一个特殊单元，从细观上将单元简化成两层不同材料的节点，上层表面节点表示钢轨的材料特性，下层表面节点代表道床和混凝土箱梁的特性。

特殊单元的应变量包括顶层钢轨应变、底层混凝土道床应变和两层之间的剪切应变。

$$[\varepsilon_{rail}, \varepsilon_{concrete}, \tau_{layer}]^{T} = \left[\frac{\partial u(x,y)\big|_{z=h}}{\partial x}, \frac{\partial u(x,y)\big|_{z=0}}{\partial x}, \frac{\partial u(x,y)}{\partial z} \right]^{T} \tag{2-18}$$

其中，z 方向表示垂向方向，剪切应变表示由钢轨到箱梁之间的各连接层的连接作用，其剪切模量 G 由扣件刚度和滑动层刚度确定，是关于位移的非线性函数，需要在每步计算中根据上一步位移结果进行相应的修正；h 表示特殊单元的垂向厚度，用来区分顶层单元和底层单元不同的性质。

对于任意函数 $\Phi(x,y)$ 都有式 (2-19) 所示的微分形式：

$$\frac{\partial}{\partial x}\big[\Phi(x, y = x/e)\big] = \frac{\partial \Phi}{\partial x} + \frac{1}{e}\frac{\partial \Phi}{\partial y} \tag{2-19}$$

通过对 $u(x,y)$ 的表达式求微分，可以得到广义应变 $\varepsilon(x,y)$ 的表达式：

$$\varepsilon(x,y) = \frac{\partial u(x,y)}{\partial x} = \frac{1}{e}\frac{\partial u^{(0)}}{\partial y} + \left(\frac{\partial u^{(0)}}{\partial x} + \frac{\partial u^{(1)}}{\partial y}\right) + e\left(\frac{\partial u^{(1)}}{\partial x} + \frac{\partial u^{(2)}}{\partial y}\right) + e^2\left(\frac{\partial u^{(2)}}{\partial x} + \frac{\partial u^{(3)}}{\partial y}\right) + \cdots \tag{2-20}$$

广义应力-应变的关系为 $\sigma = D[\varepsilon(x,y) - \alpha t(x,y)]$。其中，$D$ 表示单元本身的刚度矩阵，它包括钢轨、轨道、桥的弹性模量以及各层之间的剪切模量 G；α 表示单元中各层材料的热膨胀系数矩阵。

因此，广义应力有表达式：

$$\sigma(x,y)=\frac{1}{e}\left[D\frac{\partial u^{(0)}}{\partial y}\right]+\left[D\left(\frac{\partial u^{(0)}}{\partial x}+\frac{\partial u^{(1)}}{\partial y}\right)\right]+e\left[D\left(\frac{\partial u^{(1)}}{\partial x}+\frac{\partial u^{(2)}}{\partial y}\right)\right]$$

$$+e^2\left[D\left(\frac{\partial u^{(2)}}{\partial x}+\frac{\partial u^{(3)}}{\partial y}\right)\right]+\cdots-D\alpha t(x,y) \tag{2-21}$$

$$\sigma(x,y)=\frac{1}{e}\sigma^{(-1)}+\sigma^{(0)}+e[\sigma^{(1)}]+e^2[\sigma^{(2)}]+\cdots-D\alpha t(x,y) \tag{2-22}$$

把式(2-22)代入单元的力的平衡方程$\partial\sigma/\partial x+X=0$，可以得到关系式：

$$\frac{1}{e}\left[\frac{\partial\sigma^{(-1)}}{\partial x}+\frac{1}{e}\frac{\partial\sigma^{(-1)}}{\partial y}\right]+\left[\frac{\partial\sigma^{(0)}}{\partial x}+\frac{1}{e}\frac{\partial\sigma^{(0)}}{\partial y}\right]+e\left[\frac{\partial\sigma^{(1)}}{\partial x}+\frac{1}{e}\frac{\partial\sigma^{(1)}}{\partial y}\right]$$

$$+e^2\left[\frac{\partial\sigma^{(2)}}{\partial x}+\frac{1}{e}\frac{\partial\sigma^{(2)}}{\partial y}\right]+\cdots-\left[\frac{\partial D\alpha t(x,y)}{\partial x}+\frac{1}{e}\frac{\partial D\alpha t(x,y)}{\partial y}\right]+X=0 \tag{2-23}$$

把式(2-21)代入式(2-23)，得到关于位移的关系式：

$$\frac{1}{e}\left[\frac{\partial}{\partial x}\left(D\frac{\partial u^{(0)}}{\partial y}\right)+\frac{1}{e}\frac{\partial}{\partial y}\left(D\frac{\partial u^{(0)}}{\partial y}\right)\right]+\left[\frac{\partial}{\partial x}D\left(\frac{\partial u^{(0)}}{\partial x}+\frac{\partial u^{(1)}}{\partial y}\right)+\frac{1}{e}\frac{\partial}{\partial y}D\left(\frac{\partial u^{(0)}}{\partial x}+\frac{\partial u^{(1)}}{\partial y}\right)\right]$$

$$+e\left[\frac{\partial}{\partial x}D\left(\frac{\partial u^{(1)}}{\partial x}+\frac{\partial u^{(2)}}{\partial y}\right)+\frac{1}{e}\frac{\partial}{\partial y}D\left(\frac{\partial u^{(1)}}{\partial x}+\frac{\partial u^{(2)}}{\partial y}\right)\right]+e^2\left[\frac{\partial}{\partial x}D\left(\frac{\partial u^{(2)}}{\partial x}+\frac{\partial u^{(3)}}{\partial y}\right)\right]$$

$$+\frac{1}{e}\frac{\partial}{\partial y}D\left(\frac{\partial u^{(2)}}{\partial x}+\frac{\partial u^{(3)}}{\partial y}\right)\bigg]+\cdots-\left[D\frac{\partial\alpha t(x,y)}{\partial x}+\frac{1}{e}D\frac{\partial\alpha t(x,y)}{\partial y}\right]+X=0 \tag{2-24}$$

通过比较含e的系数项，可以得到一系列关于宏观量$u^{(0)}$和一阶细观量$u^{(1)}$的关系式，其中定义微分算子$(\varPhi)_{,x}\equiv\partial(\varPhi)/\partial x$。

e^{-2}项：

$$\frac{\partial\sigma^{(-1)}}{\partial y}=0,\quad\left(D\frac{\partial u^{(0)}}{\partial y}\right)_{,y}=0 \tag{2-25}$$

e^{-1}项：

$$\frac{\partial\sigma^{(-1)}}{\partial x}+\frac{\partial\sigma^{(0)}}{\partial y}-\frac{\partial D\alpha t(x,y)}{\partial y}=0$$

$$\left(D\frac{\partial u^{(0)}}{\partial y}\right)_{,x}+\left(D\frac{\partial u^{(0)}}{\partial x}+D\frac{\partial u^{(1)}}{\partial y}\right)_{,y}-D\frac{\partial\alpha t(x,y)}{\partial y}=0 \tag{2-26}$$

e^0项：

$$\frac{\partial\sigma^{(0)}}{\partial x}+\frac{\partial\sigma^{(1)}}{\partial y}-\frac{\partial D\alpha t(x,y)}{\partial x}+X=0$$

$$\left(D\frac{\partial u^{(0)}}{\partial x}+D\frac{\partial u^{(1)}}{\partial y}\right)_{,x}+\left(D\frac{\partial u^{(1)}}{\partial x}+D\frac{\partial u^{(2)}}{\partial y}\right)_{,y}-D\frac{\partial\alpha t(x,y)}{\partial x}+X=0 \tag{2-27}$$

对式(2-25)乘以$u^{(0)}$，并在子域y范围作积分，可以得到：

$$\int_Y u^{(0)}(\sigma^{(-1)})_{,y}\mathrm{d}Y = \int_{\partial Y} u^{(0)}\sigma^{(-1)}n\mathrm{d}s - \int_Y D([u^{(0)}]_{,y})^2\mathrm{d}Y = 0 \tag{2-28}$$

考虑到 $u^{(0)}$ 的周期性，式(2-28)的第一项为零。并且由于 D 矩阵的正定性，可以得出 $u^{(0)}$ 与 y 无关，$u^{(0)}(x,y)=U^{(0)}(x)$。

分析式(2-26)，它的第一项为零，看出 $u^{(1)}$ 的解可以由两部分组成：

$$u^{(1)} = u_v^{(1)} + u_t^{(1)} \tag{2-29}$$

其中，$u^{(1)}v$ 和 $u^{(1)}t$ 分别对应式(2-30)中两个式子的解：

$$\left(D\frac{\partial u^{(1)}}{\partial y}\right)_{,y} = -\left(D\frac{\partial u^{(0)}}{\partial x}\right)_{,y} \tag{2-30}$$

$$\left(D\frac{\partial u^{(1)}}{\partial y}\right)_{,y} = D\frac{\partial \alpha t}{\partial y}$$

由此，可以构造周期函数 $\chi(y)$ 和 $\Psi(y)$，$u^{(1)}$ 可以表示成：

$$u^{(1)}(x,y) = \chi(y)\left(\frac{\partial u^{(0)}}{\partial x}\right) + \psi(y)T(x) \tag{2-31}$$

其中，$\chi(y)$ 表示这一特殊单元在小尺度 y 坐标系下的广义位移，取决于单元内部的材料属性和内部结构。$\chi(y)$ 和 $\Psi(y)$ 都属于虚拟的函数矩阵并不对应实际的物理量。$\chi(y)$ 和 $\Psi(y)$ 的计算是求解均匀化参数的关键。

对于子域 y 内的任意函数 Φ，假设均匀化操作有如下的表达式：

$$\{\Phi\} = |Y|^{-1}\int_Y \Phi\mathrm{d}Y \tag{2-32}$$

将 $u^{(1)}$ 的表达式(2-31)代入式(2-26)中，并取 Y 周期内均匀化操作，得

$$\frac{1}{|Y|}\int_Y \left(D\frac{\partial u^{(0)}}{\partial x} + D\frac{\partial u^{(0)}}{\partial x}\frac{\partial \chi(y)}{\partial y}\right)_{,y}\mathrm{d}Y + \frac{1}{|Y|}\int_Y \left(DT\frac{\partial \psi(y)}{\partial y} - D\alpha T(x,y)\right)_{,y}\mathrm{d}Y = 0 \tag{2-33}$$

由式(2-33)可知，$\chi(y)$ 和 $\Psi(y)$ 分别是满足式(2-34)的周期解：

$$\begin{cases}\dfrac{1}{|Y|}\int_Y D\left(1 + \dfrac{\partial \chi(y)}{\partial y}\right)_{,y}\mathrm{d}Y = 0 \\[3mm] \dfrac{1}{|Y|}\int_Y D\left(\dfrac{\partial \psi(y)}{\partial y} - \alpha\right)_{,y}\mathrm{d}Y = 0\end{cases} \tag{2-34}$$

通过对式(2-27)均匀化操作，可以得到如下关于 $u^{(0)}$ 的均匀化方程：

$$\frac{1}{|Y|}\int_Y \left[D\left(1 + \frac{\partial \chi(y)}{\partial y}\right)\frac{\partial^2 u^{(0)}}{\partial x^2} + D\left(\frac{\partial \psi(y)}{\partial y} - \alpha\right)\frac{\partial T}{\partial x}\right]\mathrm{d}Y + X = 0 \tag{2-35}$$

式(2-35)可以表示成宏观尺度 x 坐标下的关于 $u^{(0)}$ 的静态平衡方程，宏观位移 $u^{(0)}(x,y)$ 可以在全结构的约束条件下求得定解。

$$\left[D^H\frac{\partial u^{(0)}}{\partial x} - B^H\bar{T}\right]_{,x} + f_X = 0 \tag{2-36}$$

其中，$[.]_x$ 表示对空间求导的算子；D^H 和 B^H 分别表示均匀化等效弹性模量矩阵和均匀化热膨胀系数矩阵。B^H 可以推导成关于 $\chi(y)$ 的函数。

$$D^H = \frac{1}{|Y|} \int_Y \left[D \left(1 + \frac{\partial \chi(y)}{\partial y} \right) \right] \mathrm{d}Y \tag{2-37}$$

$$B^H = \frac{1}{|Y|} \int_Y \left[D \left(\alpha - \frac{\partial \psi(y)}{\partial y} \right) \right] \mathrm{d}Y = \frac{1}{|Y|} \int_Y \left[D\alpha \left(1 + \frac{\partial \chi(y)}{\partial y} \right) \right] \mathrm{d}Y \tag{2-38}$$

对于一个周期结构 y 子域内材料性质变化较大的情况时，例如，在线路周期中一个单元由两种不同长度的梁体组成的情况，则可以将其子域分成 $V^{(1)}$ 和 $V^{(2)}$ 子域，假定体积分数 $0 \leqslant \gamma \leqslant 1$，子域 $V^{(1)} = [y|0 < y < \gamma L_0]$，$V^{(2)} = [y|\gamma L_0 < y < L_0]$。由此，等效弹性模量 D^H 的表达式可以改写成：

$$D^H = \frac{1}{|Y^{(1)} + Y^{(2)}|} \left[\int_Y \left[D^{(1)} \left(1 + \frac{\partial \chi^{(1)}(y)}{\partial y} \right) \right] \mathrm{d}V^{(1)} + \int_Y \left[D^{(2)} \left(1 + \frac{\partial \chi^{(2)}(y)}{\partial y} \right) \right] \mathrm{d}V^{(2)} \right] \tag{2-39}$$

其中，$Y^{(1)}$ 和 $Y^{(2)}$ 表示局部尺度下子单元中材料、结构分别不同的梁段的域；D 表示局部轨道结构的刚度矩阵，在不同 Y 域有所区别；α 表示局部轨道结构的热膨胀系数矩阵。

另外，根据式(2-36)，可以定义单元的宏观等效应力为

$$\sigma^H = D^H \frac{\partial u^{(0)}}{\partial x} - B^H \bar{T} \tag{2-40}$$

另外，在式(2-21)中，对应力 $\sigma(x,y)$ 的表达式只保留一阶项，得

$$\sigma(x, y) \approx \tilde{\sigma}(x, y) = \left[D \left(\frac{\partial u^{(0)}}{\partial x} + \frac{\partial u^{(1)}}{\partial y} \right) \right] - D\alpha T(x, y) \tag{2-41}$$

代入 $u^{(1)}$ 的表达式，得

$$\tilde{\sigma}(x, y) = D \frac{\partial u^{(0)}}{\partial x} + D \frac{\partial u^{(0)}}{\partial x} \frac{\partial \chi(y)}{\partial y} + D\bar{T} \frac{\partial \psi(y)}{\partial y} - D\alpha\bar{T} \tag{2-42}$$

在单元内作均匀化，得

$$\frac{1}{|Y|} \int_Y \tilde{\sigma}(x, y) \mathrm{d}Y = \frac{1}{|Y|} \int_Y D \left(1 + \frac{\partial \chi(y)}{\partial y} \right) \mathrm{d}Y \frac{\partial u^{(0)}}{\partial x} - \frac{1}{|Y|} \int_Y D\bar{T} \left(1 - \frac{\partial \psi(y)}{\partial y} \right) \mathrm{d}Y$$

$$\frac{1}{|Y|} \int_Y \tilde{\sigma}(x, y) \mathrm{d}Y = D^H \frac{\partial u^{(0)}}{\partial x} - B^H \bar{T} \equiv \sigma^H \tag{2-43}$$

由此，也可以说明内部各点的一阶近似应力在单胞周期上的平均值就等于宏观等效应力。

$\chi(y)$ 是局部尺度下的子胞广义位移函数，由局部单元的材料和结构决定。$\chi(y)$ 的计算依据式(2-34)的微分方程，同时还需满足子单元的边界周期性条件和内部连续性条件。

分析式(2-34)，可以发现式(2-34)表达式具有类似单元平衡微分方程的形式。其中，$\chi(y)$ 可以看成是一个弹性问题中的位移场，受体力 $\partial(D)/\partial y$ 作用。由于 D 在相同材料内部相同，只有在不同材料边界才是奇异的，这个弹性问题不能直接通过添加体力来求解。因此将式(2-34)写成等效积分形式。

$$\int_Y v \left\{ \frac{\partial}{\partial y} \left[D \frac{\partial \chi(y)}{\partial y} \right] + \frac{\partial D}{\partial y} \right\} \mathrm{d}Y = 0$$

$$\int_Y v\left\{\frac{\partial}{\partial y}\left[D\frac{\partial \chi(y)}{\partial y}\right]\right\}+v\left\{\frac{\partial D}{\partial y}\right\}\mathrm{d}Y=0 \tag{2-44}$$

对第一项分部积分，化成弱积分形式：

$$\int_Y v\left\{\frac{\partial}{\partial y}\left[D\frac{\partial \chi(y)}{\partial y}\right]\right\}\mathrm{d}Y+\int_Y v\frac{\partial D}{\partial y}\mathrm{d}Y=0$$

$$\int_Y v\left\{\left[D\frac{\partial^2 \chi(y)}{\partial y^2}\right]\right\}\mathrm{d}Y+\int_Y v\frac{\partial D}{\partial y}\mathrm{d}Y=0$$

$$Dv\frac{\partial \chi}{\partial y}\bigg|_{Y_1}^{Y_2}-D\int_Y \frac{\partial v}{\partial y}\frac{\partial \chi}{\partial y}\mathrm{d}Y+\int_Y v\frac{\partial D}{\partial y}\mathrm{d}Y=0 \tag{2-45}$$

由于第一项一般消去不考虑或者令其等于 0，所以有

$$D\int_Y \frac{\partial v}{\partial y}\frac{\partial \chi}{\partial y}\mathrm{d}Y-\int_Y v\frac{\partial D}{\partial y}\mathrm{d}Y=0 \tag{2-46}$$

不妨设任意函数 v 是位移函数的一阶变分，$v=\delta\chi$，且在边界上满足周期性。所以，式(2-46)可以化成：

$$D\int_Y \frac{\partial v}{\partial y}\frac{\partial \chi}{\partial y}\mathrm{d}Y-\int_Y \delta\chi\frac{\partial D}{\partial y}\mathrm{d}Y=0 \tag{2-47}$$

对式(2-47)第二项进行分部积分，可以整理得到：

$$D\int_Y \frac{\partial \delta\chi}{\partial y}\frac{\partial \chi}{\partial y}\mathrm{d}Y+D\int_Y \frac{\partial \delta\chi}{\partial y}\mathrm{d}Y=0 \tag{2-48}$$

式(2-48)是如下单元总势能的一阶变分：

$$\Pi(\chi)=\int_Y \frac{1}{2}D\frac{\partial \chi}{\partial y}\left(\frac{\partial \chi}{\partial y}\right)\mathrm{d}Y+\int_Y D\frac{\partial \chi}{\partial y}\mathrm{d}Y \tag{2-49}$$

又由于广义应变 $\varepsilon(\chi)=\partial(\chi)/\partial y=Bq^e(\chi)$，$q^e(\chi)$ 表示对应单元位移 χ 的广义节点位移，式(2-49)可以改写成矩阵形式：

$$\Pi(\chi)=\sum_e\left(q^e(\chi)^{\mathrm{T}}\int_{\Omega_e}\frac{1}{2}B^{\mathrm{T}}DB\mathrm{d}Vq^e(\chi)\right)+\sum_e\left(q^e(\chi)^{\mathrm{T}}\int_{\Omega_e}B^{\mathrm{T}}D\mathrm{d}V\right) \tag{2-50}$$

对式(2-50)求一阶变分，并令 $\delta\Pi=0$，则有

$$\sum_e\left(\int_{\Omega_e}\frac{1}{2}B^{\mathrm{T}}DB\mathrm{d}V\right)q^e(\chi)=-\sum_e\left(\int_{\Omega_e}B^{\mathrm{T}}D\mathrm{d}V\right) \tag{2-51}$$

因此，可以得到细观尺度均匀化问题的有限元正则方程：

$$K^e\bar{\Psi}=R^e \tag{2-52}$$

其中，Ψ 是广义位移函数 $\chi(y)$ 的结点位移矩阵。单元节点刚度矩阵可以表示成：

$$K^e=\int_{\Omega_e}\frac{1}{2}B^{\mathrm{T}}DB\mathrm{d}V \tag{2-53}$$

单元节点等效载荷可以表示成：

$$R^e=\int_{\Omega_e}B^{\mathrm{T}}D\mathrm{d}V \tag{2-54}$$

其中，应变矩阵 B 只与单元本身的形函数有关。

在实际的计算过程中，还需要满足单元的约束条件。周期单元边界上位移要相等，每个特殊单元内部各节点要保证位移的连续性。

周期单元边界周期性条件：

$$u^{(1)}(x,y)\Big|_{y=0} = u^{(1)}(x,y)\Big|_{y=Y} , \quad \sigma^{(0)}\Big|_{y=0} = \sigma^{(0)}\Big|_{y=Y}$$

子胞内部连续性条件：

$$u^{(1)}(x,y)\Big|_{y=\gamma L_0^-} = u^{(1)}(x,y)\Big|_{y=\gamma L_0^+}$$

由正则方程和约束条件计算得到 $\chi(y)$ 矩阵后，根据式 (2-37) 和式 (2-38) 就可以得到单元的均匀化等效弹性模量矩阵 D^H 和均匀化热膨胀系数矩阵 B^H。根据均匀化参数利用特殊单元在整体上建立线路中长距离重复结构部分的有限元模型，可以极大降低计算规模。计算一阶宏观位移 $u^{(0)}$ 后，进一步分别计算每个单元的内部微观位移 $u^{(1)}$，两者叠加构成全结构的完整位移。

2. 单元平均参数

对于由每段梁跨轨道简化而成的特殊单元，都可以按材料属性简化成两层节点，上层表面节点表示钢轨的材料特性，下层表面节点包括道床与桥梁，道床与桥梁之间有固结机构和滑动层，在每一段内的相对位置固定，不会出现较大的相对位移，且混凝土结构的材料属性近似，因此简化成用一层节点来代表道床和混凝土箱梁的特性。

上层节点的弹性模量采用钢轨材料的弹性模量 E_r。下层节点道床板与箱梁固定在一起没有相对位移时，下层节点的平均弹性模量近似表示为

$$\tilde{E}_{\text{below}} = \frac{A_s E_s + A_b E_b}{A_s + A_b} \tag{2-55}$$

其中，A_s 和 A_b 分别表示道床板及混凝土箱梁的截面积；E_s 和 E_b 分别表示道床板及箱梁的钢筋混凝土弹性模量。

同样，下层节点的平均热膨胀系数可以由道床板与箱梁的属性表示：

$$\tilde{\alpha}_{\text{below}} = \frac{E_s \alpha_s + E_b \alpha_b}{E_s + E_b} \tag{2-56}$$

其中，α_s 和 α_b 分别表示道床板和箱梁的混凝土热膨胀系数。

对于单元内钢轨节点与混凝土节点之间的连接，假设成宏观单元内的剪切关系。

剪切应变：

$$\gamma = \frac{\Delta \tilde{l}_c}{h_c} \tag{2-57}$$

剪切应力：

$$\tau = \frac{\sum F_f}{\tilde{S}_c} \tag{2-58}$$

其中，$\sum F_f$ 是单元内的扣件阻力的合力，需要根据每个扣件的状态计算约束阻力；$\Delta \tilde{l}_c$ 是两

层节点的平均相对位移；h_c 表示单元高度；$\tilde{S}_c$ 表示两层之间的接触面积。

剪切模量：

$$G = \frac{\tau}{\gamma} = \frac{h_c \sum F_f}{\Delta \tilde{l}_c \tilde{S}_c} \tag{2-59}$$

单元刚度矩阵包含非线性因素，会随着载荷变化和位移变化而发生改变。因此需要根据载荷加载情况，在每步计算前根据上一步的位移变化重新计算宏观参数。在实际的计算中，单元尺寸与整体系统尺寸相差越大，用均匀法计算的结果准确度越高。尺度因子 e 一般取 0.01～0.1，这样的单元数量和模型的计算规模不至于太高，结果的精度也可以接受。当 e 取 0.1 以内时，必须搭配 e 的更高阶平衡方程的求解来计算结果才更准确。

3. 不同尺度局部模型间的界面约束

在不同尺度的局部区段之间，如路基过渡段与普通桥基段之间，还有局部细尺度区段缩减后与粗尺度的结构主体之间，交界面两边的结构尺寸、材料性质差异较大，边界节点网格大小不同，所以需要考虑不同区域之间的变形协调以及能量平滑传递的过渡问题。

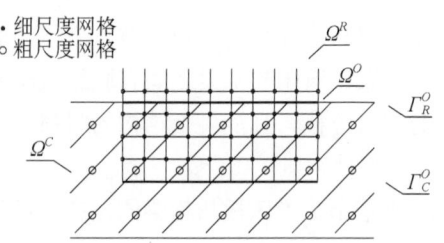

图 2-28　不同尺度结构的耦合界面

不同尺度结构耦合的描述如图 2-28 所示，其中小尺度网格区域表示为 Ω^R，粗尺度网格区域表示为 Ω^C，两区域之间设置交叉过渡部分表示为 Ω^O，过渡部分既包含小尺度区域又包含粗尺度区域。过渡区域与小尺度区域的边界定义为 Γ_R^O，与粗尺度区域的边界定义为 Γ_C^O。

体系的总体势能等于不同尺度区域和重叠区域能量的线性组合。通过过渡区域，能量从一个尺度区域递减，从另一个尺度区域递增，从而完成平滑过渡。假设过渡区域内节点 i 距边界 Γ_R^O 的正交映射距离为 $d_i(x_i)$，过渡区域的正交宽度为 d_0，定义能量过渡系数 $\alpha(x_i) = d_i(x_i)/d_0$。其中，$x_i$ 表示该节点的坐标。则重叠区域的总体势能等于小尺度区域势能和粗尺度区域势能的组合：

$$U = \sum_i^{\Omega_R^O} [1 - \alpha(x_i)] U_e^R + \sum_i^{\Omega^O} \alpha(x_i) U_e^C \tag{2-60}$$

过渡区域的小尺度节点和粗尺度节点要满足一定的变形协调条件：

$$\sum_i^{\Omega^O} \{u_R(x_i) - u_C(x_i)\} = 0 \tag{2-61}$$

矩阵形式为

$$[G_R(x_i) \quad G_C(x_i)] \begin{Bmatrix} \{q\}_R^e \\ \{q\}_C^e \end{Bmatrix} = [S]$$

其中，$\{q\}_R^e$ 和 $\{q\}_C^e$ 分别为叠加区域两种尺度各自节点的位移向量；$[G(x_i)]$ 为形函数构成的约束矩阵。

单元受外力和变温作用而发生变形时，应力产生的应变能为

$$U_{te} = \frac{1}{2} \iint_e \{\sigma\}^T (\{\varepsilon\} - \{\varepsilon_0\}) \overline{t} \mathrm{d}x \mathrm{d}y \tag{2-62}$$

矩阵形式为

$$U_{te} = \frac{1}{2} (\{q\}^e)^T [K]^e \{q\}^e - (\{q\}^e)^T \{L\}^e + C_e$$

其中，$[K]^e$ 为单元刚度矩阵；$\{L\}^e$ 为单元的热负荷向量；C_e 为常数，大小与初应变和弹性矩阵有关。

单元的总体势能 U_e 等于应变势能 U_{te} 与外力做功 W_e 之和：

$$U_e = U_{te} - W_e = \frac{1}{2} (\{q\}^e)^T [K]^e \{q\}^e - (\{q\}^e)^T (\{L\}^e + \{R\}^e) + C_e \tag{2-63}$$

因此，根据式 (2-60)，用拉格朗日乘子法求在协调方程约束下的重叠区域总势能的极值，构造泛函：

$$\varPi = (1 - \alpha)[U_{te}^R - W_e^R] + \alpha[U_{te}^C - W_e^C] + \lambda^T [G_R \{q\}_R^e + G_C \{q\}_C^e] \tag{2-64}$$

其中，λ 是拉格朗日乘子。

根据势能最小原理，要使泛函变分为 0，可以推导重叠区域的平衡方程：

$$\begin{aligned}
\frac{\partial \varPi}{\partial \{q\}_R} &= (1 - \alpha)[K]_R \{q\}_R - (1 - \alpha)\{F\}_R + G_R \{\lambda\} = 0 \\
\frac{\partial \varPi}{\partial \{q\}_C} &= \alpha[K]_C \{q\}_C - \alpha\{F\}_C + G_C \{\lambda\} = 0 \\
\frac{\partial \varPi}{\partial \lambda} &= G_R \{q\}_R + G_C \{q\}_C = 0
\end{aligned} \tag{2-65}$$

矩阵形式表达为

$$\begin{bmatrix} (1-\alpha)[K]_R & 0 & G_R \\ 0 & \alpha[K]_C & G_C \\ G_R & G_C & 0 \end{bmatrix} \begin{Bmatrix} \{q\}_R \\ \{q\}_C \\ \lambda \end{Bmatrix} = \begin{Bmatrix} (1-\alpha)[F]_R \\ \alpha[F]_C \\ [S] \end{Bmatrix}$$

过渡区域的平衡方程与其他单纯网格划分区域的方程合并，构成体系位移的求解方程。

2.2.3　利用多尺度线路模型进行应力计算的数值方法

对于线路中的周期性结构和特异结构，本章采用了不同的建模手段，都是采用先局部分析得到在整体尺度上的性质，再嵌入整体模型中，从而实现局部尺度和整体尺度的连接。利用线路模型进行应力计算的求解过程则正好相反，是先求出整体的响应再逐步细化到各个子区域，在整体响应的计算中对结果影响较大的因素就是结构中的非线性因素的处理。

在模型中各个局部结构中的连接件大多采用非线性弹簧模拟，其大部分的应力-应变关系需要分段函数来表达，使得刚度矩阵包含位移量却又无法显式地表示成位移的函数。以滑移情况为例，长期作用下应力的变化依赖于变形及载荷的历史，因此，本节采用增量法与 N-R 迭代法结合的方式。将载荷细分成若干步增量形式，在每个增量步内进行迭代计算，再将每步的变形作为计算下一载荷步的初始条件。

假设外部载荷共分成 m 个载荷步分步施加，每个载荷步外载荷为$[Q_m]$，对应位移为$[q_m]$，载荷增量为$[\Delta Q_{m-1}]$，位移增量为$[\Delta q_{m-1}]$，每个增量步再分成 n 个计算迭代步，每步的增量关系可以表示为

$$Q_{m-1} + \Delta Q_{m-1} = Q_m$$

载荷 Q_{m-1} 作用下：

$$\begin{cases} q_{m-1}^0 + \Delta q_{m-1}^0 = q_1^1 \\ \quad\quad \vdots \\ q_{m-1}^{n-1} + \Delta q_{m-1}^{n-1} = q_{m-1}^n \\ q_{m-1}^n + \Delta q_{m-1}^n = q_{m-1} = q_m^0 \end{cases}$$

载荷 Q_m 作用下：

$$\begin{cases} q_m^0 + \Delta q_m^0 = q_m^1 \\ \quad\quad \vdots \\ q_m^n + \Delta q_m^n = q_m \end{cases}$$

每个增量步共分 n 个迭代步，假设基本式 $\psi = K*q - Q$，ψ 在第 $n+1$ 次迭代步的位移处有表达式：

$$\varphi(q_{m+1}^{n+1}) = K(q_{m+1}^{n+1}) * q_{m+1}^{n+1} - Q_{m+1} \equiv 0 \tag{2-66}$$

根据牛顿法，第 $m+1$ 增量步的第 $n+1$ 次迭代步的位移有展开式：

$$\varphi(q_{m+1}^{n+1}) = \varphi(q_{m+1}^n) + K_T(q_{m+1}^n)\Delta q_{m+1}^n \equiv 0 \tag{2-67}$$

因此，有增量位移的表达式：

$$\begin{cases} \Delta q_{m+1}^n = K_T(q_{m+1}^n)^{-1}[Q_{m+1} - K(q_{m+1}^n) * q_{m+1}^n] \\ q_{m+1}^{n+1} = q_{m+1}^n + \Delta q_{m+1}^n \end{cases} \tag{2-68}$$

其中，K_T 是结构的切线刚度矩阵。

$$K_T(q_{m+1}^n) \equiv \left(\frac{\partial \varphi(q)}{\partial q} \right)\Bigg|_{q=q_{m+1}^n} \tag{2-69}$$

其中，$[\partial/\partial q]$表示矩阵空间求导算子。

将区段节点分成线性节点和非线性节点，则每个区段系统方程的增量形式可以表示成：

$$\begin{bmatrix} K_{T,nl}(q_{m+1}^n, d_{nl,m+1}) & K_{T,l}^{(12)} \\ K_{T,l}^{(21)} & K_{T,l}^{(22)} \end{bmatrix} \begin{bmatrix} \Delta q_{nl} \\ \Delta q_l \end{bmatrix}_{m+1}^n = \begin{bmatrix} F_1 \pm P_{add} \\ F_2 \end{bmatrix} - \begin{bmatrix} K_{nl}(q_{nl}^n, d_{nl,m+1}) & K_l^{(12)} \\ K_l^{(21)} & K_l^{(22)} \end{bmatrix} \begin{bmatrix} q_{nl} \\ q_l \end{bmatrix}_{m+1}^n \tag{2-70}$$

其中，P_{add} 表示由非线性量引入的附加项，$P_{add} = K_{nl}(q_{nl}, d_{nl}) * d_{nl}$；$d_{nl}$ 表示每个非线性弹簧每计算步的滑移量；扣件滑移刚度 $K_{nl}(q_{nl}, d_{nl})$ 根据上一载荷步结束时的滑移量 d_{nl} 决定。

关于线性节点的矩阵方程可以整理为如下形式：

$$K_T^* \Delta q_{l,m+1}^n = F_{all}^* \tag{2-71}$$

每个子区段的线性节点包括边界节点和部分内部节点，而涉及非线性环节的节点基本都存在于区段内部。根据 2.2.2 节中子结构的计算式，得到用边界线性节点表示的迭代式：

$$(K_T^*)_{bb}^* (\Delta q_{l,m+1}^n)_b = (F_{all}^*)_b^* \tag{2-72}$$

将各子区段关于边界节点的增量位移方程根据位置组合装配，组成线路总体的系统迭代

方程。

　　载荷步长的选取对求解时间和解的收敛性有重要的影响。采用"本步刚度参数"可以用来衡量载荷步长对结构本身刚度性质的影响，从而实现步长的自动选取。合适的增量步长可以保证每一个非线性滑移环节的计算都要经历从弹性上限到弹性下限缓慢过渡的过程，以避免载荷急剧变化引起局部刚度矩阵的突变，造成迭代算法的失效。

　　定义第 m 步增量步的刚度度量式如下，其表示非线性节点的载荷增量与位移增量的比值为

$$S_m^* = \frac{\Delta Q_{nl,m}^T \Delta Q_{nl,m}}{\Delta q_{nl,m}^T \Delta Q_{nl,m}} \tag{2-73}$$

则初始线弹性状态下的刚度度量可以表示为

$$S_0^* = \frac{Q_{nl,0}^T Q_{nl,0}}{q_{nl,0}^T Q_{nl,0}} \tag{2-74}$$

其中，$Q_{nl,0}$ 和 $q_{nl,0}$ 为载荷向量和按弹性分析得到的位移向量。若用比值参数 S_m 表征第 m 步的结构刚度的变化，则有

$$S_m = \frac{S_m^*}{S_0^*} \tag{2-75}$$

上式即定义为第 m 步的"本步刚度参数"，它度量每步结构本身的刚度变化，与载荷变化无关。当结构处于完全弹性时，$S_m=1$。随着载荷变化，每个非线性环节刚度都近似为 0 时，S_m 达到极限值为 0。

　　假设载荷增量程度用 λ_m 表示，$\lambda_m \in [0,1]$。总载荷表示为 Q'，每步载荷表示成 $\lambda_m Q'$，载荷增量为 $\Delta \lambda_m Q'$。式(2-75)可以简化为

$$S_m = \frac{\Delta \lambda_m}{\lambda_0} \frac{q_{nl,0}^T Q'}{\Delta q_{nl,0}^T Q'} \tag{2-76}$$

　　在给定第一步载荷步 $\Delta \lambda_0$，利用 $\lambda_1 = \lambda_0 + \Delta \lambda_0$ 求解第一增量步载荷。给定以后各步的刚度参数变化基准值 ΔS_t，可以在 0.05~0.2 选择，并给定每步刚度的最小允许值 S_{min}（接近于零的正数），则每步载荷步增量为

$$\Delta \lambda_m = \Delta \lambda_{m-1} \frac{\min\{\Delta S_t, S_{m-1} - S_{min}\}}{|S_{m-2} - S_{m-1}|} \tag{2-77}$$

然后，利用 $\lambda_m = \lambda_m + \Delta \lambda_m$ 求解第 m 增量步载荷。

　　综上，由于模型体系比较复杂，计算过程中需要多次迭代，采用结构缩减方法可以在保证结构计算精度的情况下，降低计算规模以提高效率。上面给出了多尺度建模方法和计算方程，其求解过程可以总结为以下几步。

　　(1)根据线路的纵断面工程图，确定沿线桥梁、涵洞等构造物以及工程地质特征。按结构特点划分周期性区域和特殊区域的计算里程，分别对存在周期性结构特征的区段求取等效宏观性质参数，对特异性局部结构进行细观子结构的建模。

　　(2)根据各区域的温度载荷分布，建立各子区域的平衡方程以及不同区域间的变形协调方

程，综合成宏观尺度下整体线路的有限元方程组。

（3）计算均匀化路段和子结构路段的迭代切线刚度矩阵，列出各子区段的增量迭代式，组合成整个系统的迭代方程。

（4）逐步施加外载荷增量，利用整体迭代方程求解每步宏观模型的位移和应力。对重复性区段根据各区段的宏观位移和约束条件，二次计算各子单元的一阶细观位移。对特殊区段根据子结构模型计算内部节点位移。比较多次迭代的计算结果，判断收敛性。

（5）计算本步刚度系数以确定下一步载荷增量的步长。同时根据细化计算结果，确定各单元内部非线性弹簧的应变状态，修正弹簧模型参数，进行下一步长的计算。

2.2.4　试验对比以及计算结果分析

1. 特大桥

以京杭运河特大桥的中部连续梁段为例进行分析，建立如图 2-29 所示的轨-板-梁墩垂纵向耦合模型。线路全长 1.8km，位于直线路段，其中桥梁轨道全长 1.4km。桥梁段中间是 60m+100m+60m 的特大梁，两边由 32m 和 24m 规格连续梁跨交替布设延伸到路基段。中部的特长连续梁采用缩减子结构的方式细部建模，两侧的周期性交错梁采用均匀化方法简化成重复性的单胞结构，共 22 个周期。局部细节模型嵌入结构宏观模型中同步参与计算，细观尺度和宏观尺度模型之间采用包含多点约束的边界层相联系。交错箱梁的底部约束采用一端固定一端滑动的形式，特大连续梁的底部约束则是中间固定两端滑动的形式。轨道参数采用新型 II 型板式无砟轨道结构的设计参数，桥梁参数采用无砟轨道预应力混凝土简支箱梁的结构参数，整体结构的部分计算参数见表 2-1。

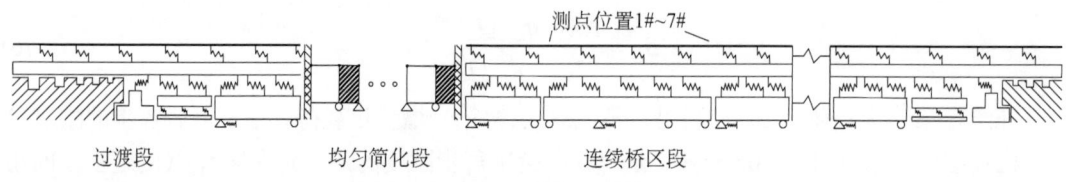

图 2-29　特大桥的结构以及测点布置

表 2-1　轨道模型计算参数

参数	计算值	参数	计算值
钢轨	CHN60kg/m	道床板弹性模量	3.57×10^{10}N/m²
钢轨横截面积	7745mm²	道床板线膨胀系数	1×10^{-5} m/℃
钢轨水平轴惯性矩	3.22×10^{-5}m⁴	道床板密度	2700kg/m³
钢轨弹性模量	210×10⁹N/m²	道床板泊松比	0.167
钢轨线膨胀系数	1.2×10^{-5}m/℃	箱梁厚度	7m
钢轨密度	7.85×10^{3}kg/m³	箱梁弹性模量	3.7×10^{10} N/m²
轨道板混凝土强度	C60	箱梁线膨胀系数	1×10^{-5} m/℃
轨道板大小	6.45m×2.55m×0.2m	箱梁密度	2500kg/m³
道床板厚度	0.6m	箱梁泊松比	0.2

续表

参数	计算值	参数	计算值
单轨扣件	wj-7 型	滑动层位移上限	0.5mm
扣件最大纵向阻力	无载 6.5kN	滑动层纵向刚度	13×10^3N/m
	有载 15kN	滑动层垂向刚度	1.25×10^9N/m
扣件最大弹性位移	无载 0.5mm	端刺刚度	100MN/mm
	有载 1.4mm	固结机构	1000MN/mm
扣件垂向刚度	6×10^7N/m	地基模量	120MPa
扣件间距	0.65m	桥墩顶纵向水平刚度	20kN/mm
滑动层摩擦系数	0.3	桥台顶纵向水平刚度	150kN/mm

如图 2-30 所示，现场试验在双线轨道桥中部特大连续梁上进行，试验数据来自特大梁上包括每个桥墩位置和跨中位置共 7 个分布测点。测量内容包括：轨温、无砟轨道的温度，各测点位置处的轨道板相对位移、钢轨相对位移和梁体伸缩位移，钢轨、轨道板应变等。钢轨的温度传感器粘贴于钢轨轨腰位置，无砟轨道的温度传感器埋设于混凝土板中，如图 2-31 所示。如图 2-32 所示，以无砟轨道表面为固定点，位移传感器指针指向钢轨底面以测量钢轨的相对位移，而将传感器布置在轨

图 2-30　主桥体上的测试场地

道板侧面与底座之间测量轨道板的相对位移。如图 2-33 所示，将应力传感器分别由夹持件固定于轨底和轨道板表面，用于测量钢轨和轨道板的纵向应力。梁体纵向位移测量以固定支座处梁端为固定点，指针指向连续梁活动端。这里规定钢轨受拉应力为正值，压应力为负值。轨板位移以钢轨相对轨道板向右移动为正，向左移动为负。

1）实测数据与仿真数据对比

图 2-34 所示为连续梁各层结构的 24h 实测温度变化。轨道板温度测点分别埋置于轨道板下方 20cm、15cm、10cm 及 5cm 处。由图中的温度变化可知，轨温、轨道板的温度与气温变化趋势一致，具有明显的相关性。钢轨的温度受日照影响很大，而轨道板的深度越深，受环境温度影响越缓慢，具有一定的滞后性。

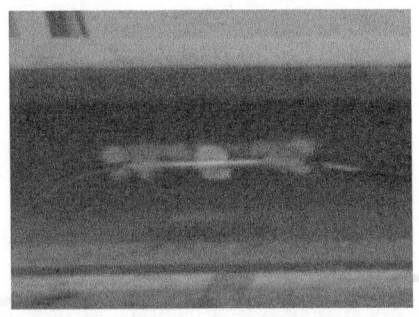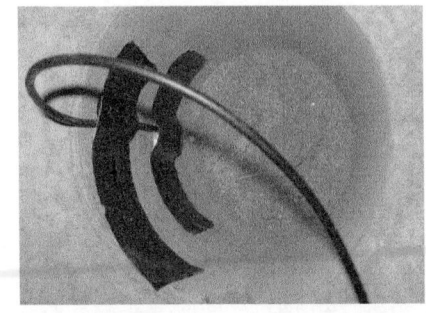

图 2-31　钢轨和无砟轨道的温度检测

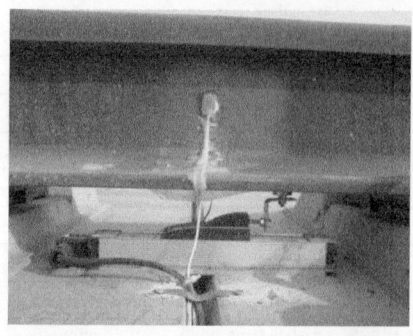
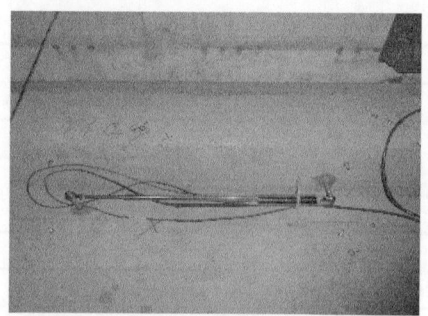

图 2-32　钢轨相对位移和轨道板纵向位移的测量

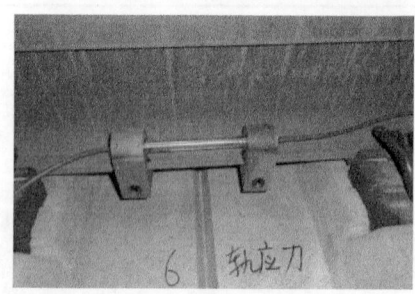
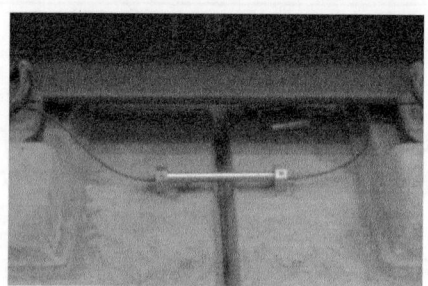

图 2-33　钢轨纵向应力和轨道板纵向应力的测量

　　施加到模型的温度载荷是按照实测的温度数据拟合而成的，按时间变化逐步加载到模型上。由于实际线路两端无限远距离上的端部约束不确定，仿真中特殊段和周期段的排列位置，以及仿真区段是处于线路的伸缩区、固定段还是缓冲区对仿真结果都有略微影响，经过试验条件的多次仿真比较，这里假设中间特大梁处于固定区，两侧的普通梁段自然延伸经历伸缩区。

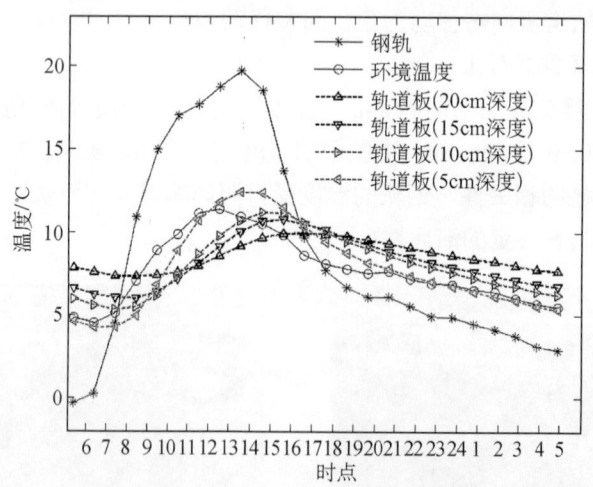

图 2-34　连续梁各层结构的 24h 实测温度

　　图 2-35 是 24h 钢轨纵向应变实测的数据与多尺度模型仿真结果的对比，单位是 $\mu\varepsilon$。仿真结果比试验数据整体偏大，趋势基本一致，$1^{\#}$ 和 $2^{\#}$ 测点仿真与实测略有不同，可能是由于线

路维护或者偶发载荷引起的局部结构参数与模型差异造成的，说明模型参数也需要根据实际现场条件的变化随时修正。图 2-36 是在几个不同温度时不同测点位置处钢轨应变的变化图。实测数据中跨中位置处数据波动比较剧烈，仿真结果则比较平缓。

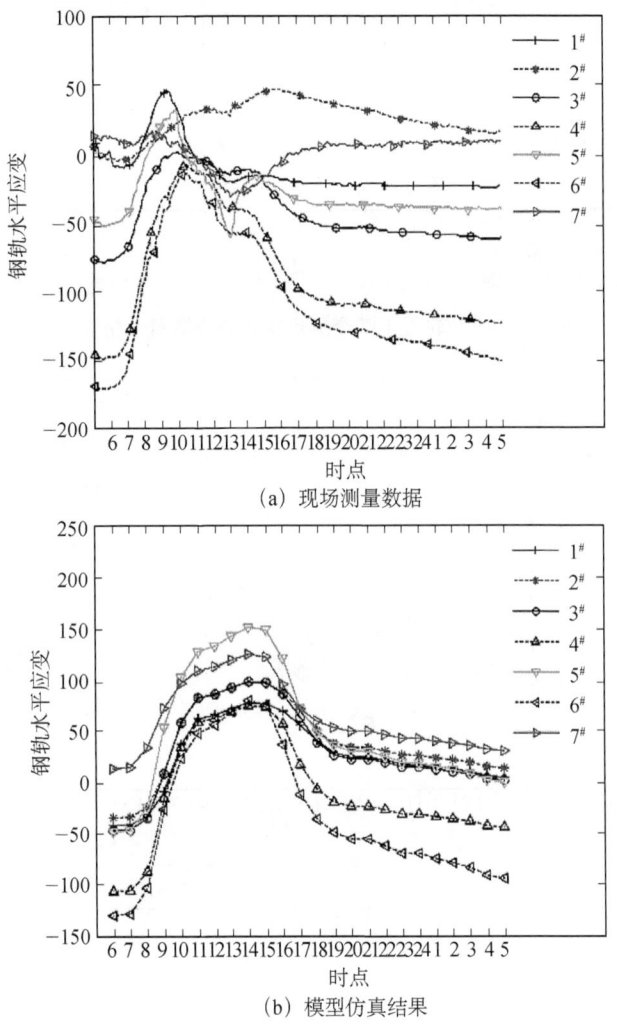

（a）现场测量数据

（b）模型仿真结果

图 2-35　7 个测点 24h 钢轨应变测量与仿真对比

　　图 2-37 是关于钢轨相对轨道板位移的实测数据与多尺度模型仿真结果的对比。实际线路的锁定轨温在 21℃左右，随着温度的降低不同测点的位移变化情况不同，跨中位置处相对位移的变化比墩台处的变化大。实测数据中特大梁中部梁跨中位置处相对位移变化最大，而仿真数据 4 号位置升温过程中正向位移较大，但是降温过程中负向位移却与实测数据不一致，分析原因可能是在温度缓慢变化过程中，二维模型对梁体重力作用的考虑不如实际情况中的明显。从图 2-38 中也可以看出，梁跨中部的相对位移变化较大。

　　图 2-39 和图 2-40 是梁板相对位移的实测数据与多尺度模型仿真结果的对比。由于滑动层刚度较小且提供的阻力上限不高，因此梁板相对位移的数量级与轨板位移相比较大。实际

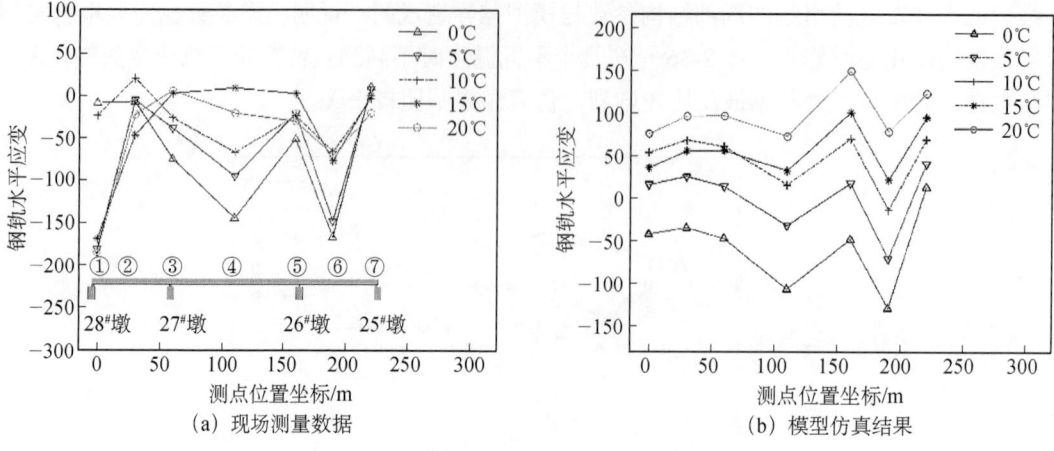

图 2-36　不同轨温下 7 个测点钢轨应变测量与仿真对比

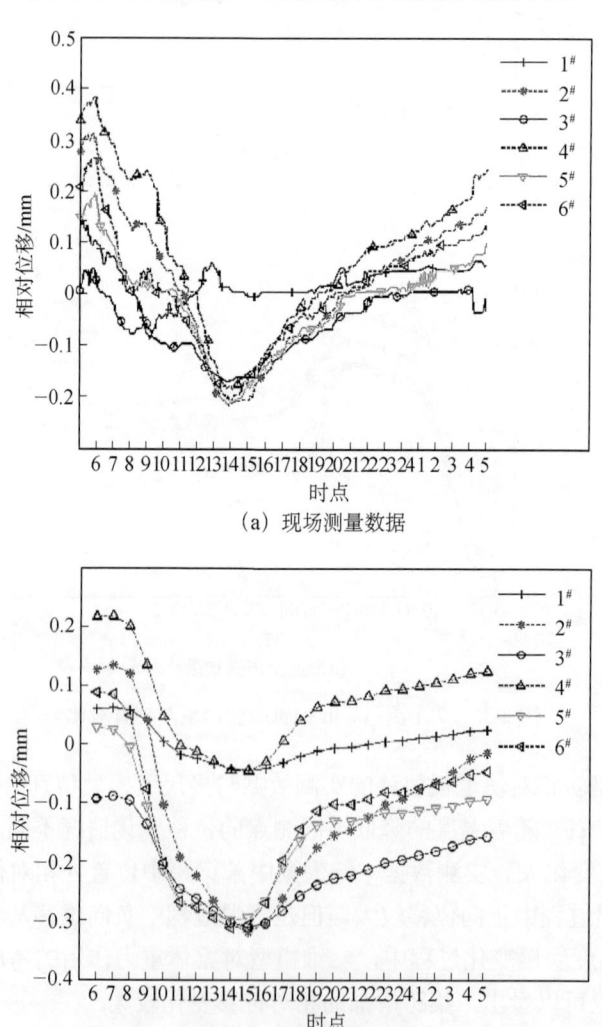

图 2-37　不同测点 24h 轨板相对位移测量与仿真对比

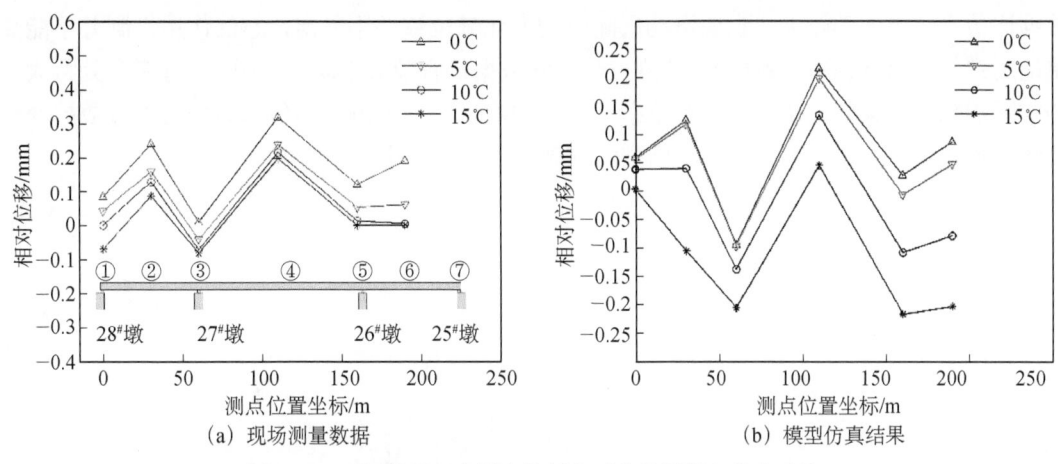

（a）现场测量数据　　　　　　　　　　（b）模型仿真结果

图 2-38　不同轨温下各测点轨板相对位移测量与仿真对比

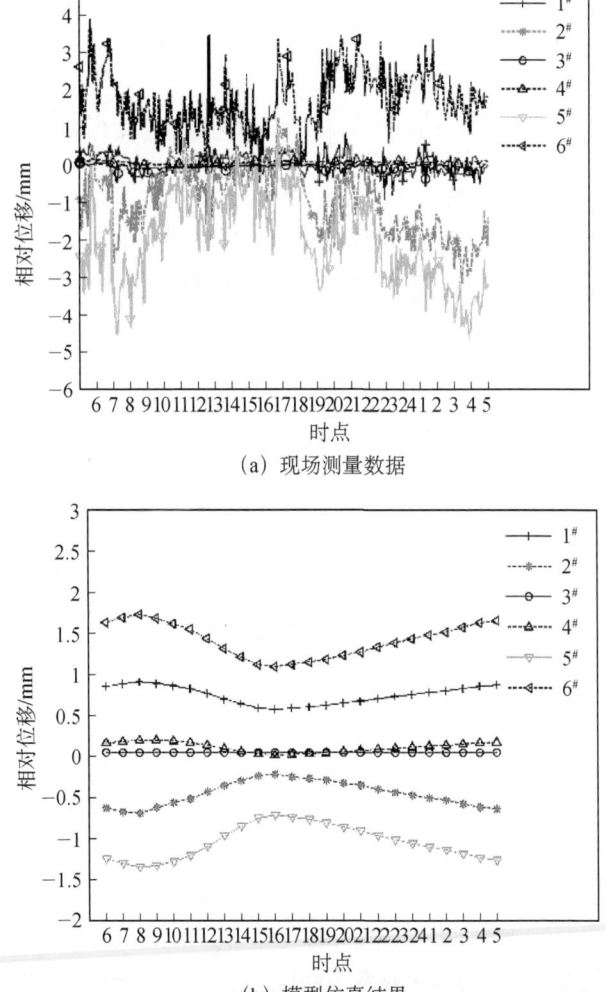

（a）现场测量数据

（b）模型仿真结果

图 2-39　不同测点 24h 梁板相对位移测量与仿真对比

数据比仿真结果波动较大，说明滑动层随时间变化其位移并不稳定，它的作用机制并不能简单地用弹簧来拟合。仿真数据的 1# 测点与实测数据仍有较大不同，说明 28 号墩台处特大梁的实际端部约束条件比仿真条件更复杂。从图中看出，其他测点的仿真数据与测量数据变化趋势一致，数量级相差不大。计算模型的准确性得到一定程度的验证。

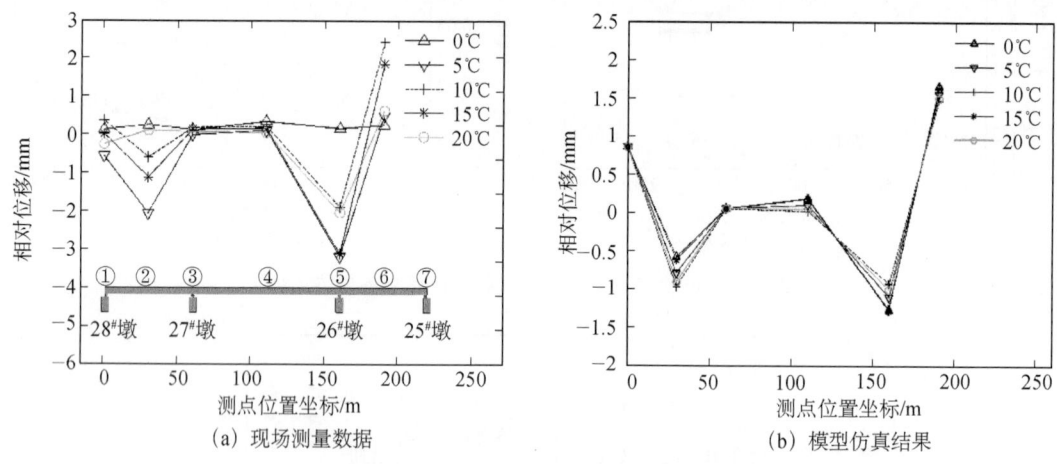

(a) 现场测量数据　　　　　　　　　　　　(b) 模型仿真结果

图 2-40　不同轨温下各测点梁板相对位移测量与仿真对比

2) 均匀化方法的仿真结果分析

通过模型，可以得到监测点覆盖不到的区段的轨道应力和变形的分布形态。图 2-41 是路基到特大桥区段内，在一天中轨温 15℃时，钢轨位移、应力、轨道板应力以及梁体的应力分布。

图 2-41 中，400m 与 500m 之间是过渡段与桥梁的交界处，900m 附近是特大桥所在区域，中间是普通桥梁段。从图中可以看出，特大桥段的钢轨应力和位移幅值明显超过其他区段。对于普通梁跨，由于桥梁伸缩力的影响，应力分布有明显的周期性。

在运用均匀化方法的模型中，对于桥梁线路区段，将两种规格梁体看成一个周期单元。每个单元的内部变形，是通过在线路宏观位移的基础上对各单元进行二次计算得到的。各单元的内部结构和墩台约束形式基本相同，各单元的性质在非大位移变形的工况下也相差不大。图 2-42 是一天中不同温度时，普通桥段多个梁跨单元的钢轨应力分布情况。

随着一天中轨温的变化，墩台附近的单元节点的应力值相应变化，周期单元内部的应力形态也发生改变。从分布形态上看，各梁跨的应力分布有一定的相似性。

3) 均匀化方法的计算效果

通过简化具有重复性特征的线路区段，均匀化的线路模型能够极大降低一般有限元建模的计算规模。以单跨有限元轨道桥结构为例，钢轨采用节点自由度为 3(纵向、垂向、转角) 的杆梁复合单元，道床板和箱梁墩台路基等均采用实体单元。假设每个扣件间距内钢轨单元的单元最小长度约为 0.2m，其他部分按相应的尺寸划分单元，则单跨多层的轨道桥结构的总节点数根据不同梁体长度将达到 2000 或者 3000 以上。通过子结构缩减后，单跨轨道桥模型仅包含 100 多个边界节点，而均匀化的梁段仅包含几十个端部节点。虽然建模流程复杂了，

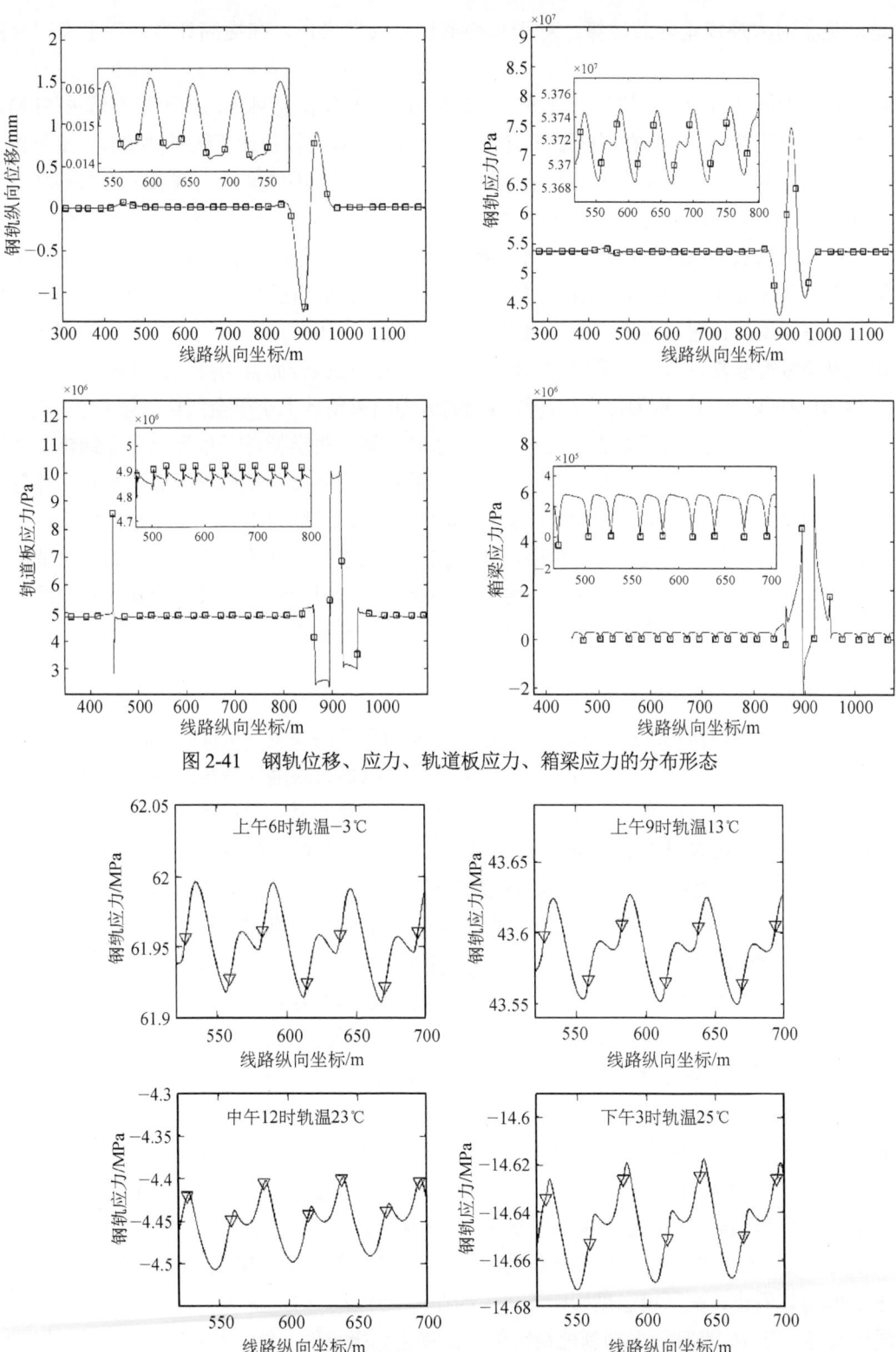

图 2-41 钢轨位移、应力、轨道板应力、箱梁应力的分布形态

图 2-42 不同温度下普通桥段多梁跨单元的钢轨应力分布形态

但是避免了对大规模矩阵的运算，对于长距离线路模型来说，在提高计算效率上有明显的优势。

在计算准确性方面，对模型分别采用均匀化方法(HM)和全网格划分的有限元法(FEM)两种方法建模计算，并提取右侧伸缩区交错梁段的1~8号梁段的计算结果做比较。如图2-43所示，分别是两种方法下钢轨位移和钢轨纵向应力的比较，不同颜色曲线表示不同的测点位置，线型区分所采用的不同方法。从图2-43(a)中可以看出，1~8号墩台的位移变化幅度较大，表明靠近端点伸缩区的墩台处的钢轨滑移现象比靠近中间的梁段处的要更为明显。采用全网格有限元法的1~4号墩台位移计算结果要大于采用均匀化方法的结果，而对于5~8号墩台则正好相反。说明随测点位置从端点向中间变化，采用普通有限元方法计算的钢轨位移变化幅度递减得非常迅速，而采用均匀化方法的计算结果相较而言则降低得比较缓和。而从图2-43(b)中可以看出，均匀化方法计算得到的应力结果整体上小于全网格有限元法的结果。造成这些结果差异的原因可能是，在均匀化方法的计算中决定特殊子单元上表面钢轨位移的主要因素是均匀化后子胞单元的剪切刚度 G，它的状态会随每步载荷的计算而更新，并且直接影响宏观模型中整个子单元长度内的材料性质，因此，其纵向阻力的变化是以周期单元长度为变化单位的。而在普通有限元法中，相邻扣件的状态是独立的，纵向阻力的变化是精确到每个扣件的。总体来看，均匀化的计算结果与全网格有限元法的结果有较好的一致性，均匀化方法避免了全尺寸计算耗时长的不足，并在一定范围内满足精度要求。

2. 过渡段

由于路桥两种结构物刚度不同，会引起轨道竖向刚度的突变。因此，在路基和桥梁之间会设置一定长度的过渡段，使轨道的刚度逐渐变化，以最大限度地减少路桥间的相互影响。过渡段包括一部分桥台与路堤，桥台后面路基下设置混凝土材质的端刺，以增加路基对剩余载荷的承受能力。过渡段由于结构特殊，所以采用精细化建模。而对于两端桥梁重复段和普通路基段采用均匀化建模，以设立稳定的边界条件。

过渡段处的实测数据来自京沪高速铁路宿州东站新汴河大桥过渡段(工点里程为DK757+350)，过渡段监测工点以及测点布置分别如图2-44和图2-45所示。测点监测内容除了轨道结构的应力及位移，还包括桥台处的梁端纵向位移和梁端转角。

提取冬季2月份一昼夜的温度变化作为仿真试验的激励，其中环境温度变化范围是3~16℃。图2-46是主端刺处底座板在24h内的位移变化。图2-47和图2-48是过渡段一侧简支桥支座处钢轨和轨道板的位移以及应力变化。仿真数据与实测数据变化趋势基本相同，仿真数据的位移波动更大且平均值比实测值更低。原因可能是模型中的过渡段处于整个线路的伸缩区，钢轨受一侧桥梁段的纵向影响较大，模型中对于过渡段的阻力因素考虑得比较简单，而实际条件下过渡段的约束阻力构成更复杂，抵抗纵向作用的能力更强。

纵向单元400~500m是端刺所在位置，它的应力变化与一般桥梁段的变化趋势有所不同。从图2-49可以看出，在环境温度影响下，大约在一天中7点时，主端刺范围内钢轨单向位移出现极大值，在16点时，主端刺处钢轨单向位移达到极小值，然而右侧普通桥梁段则在12点轨温最大时，位移达到负向最大值。这与整体温度荷载效应相符，在整体升温工况下，梁

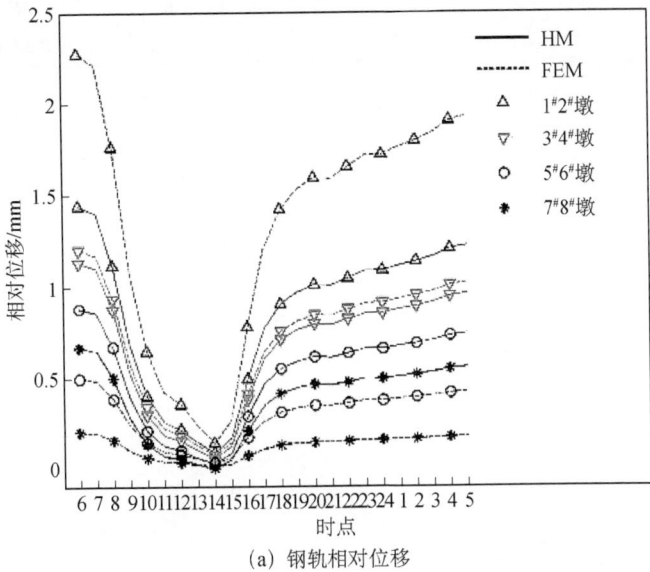

（a）钢轨相对位移

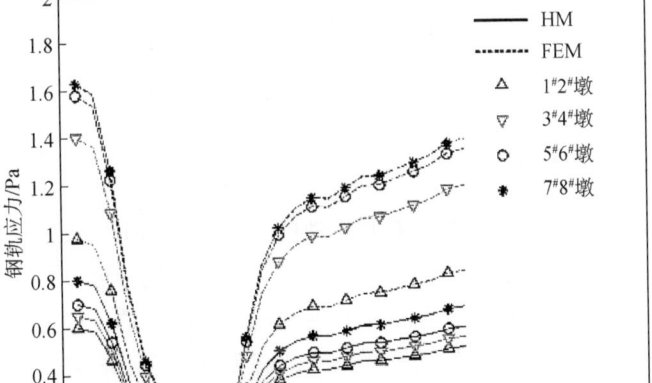

（b）钢轨纵向应力

图 2-43　两种方法的计算结果对比

图 2-44　监测工点

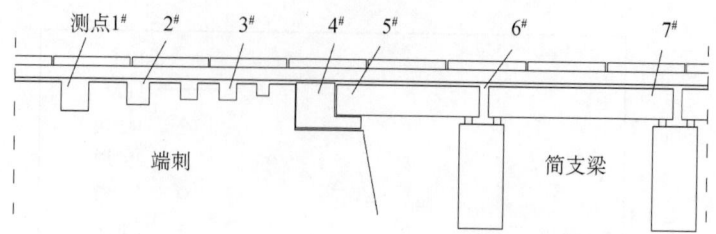

图 2-45　过渡段双柱形端刺结构的测点布置图

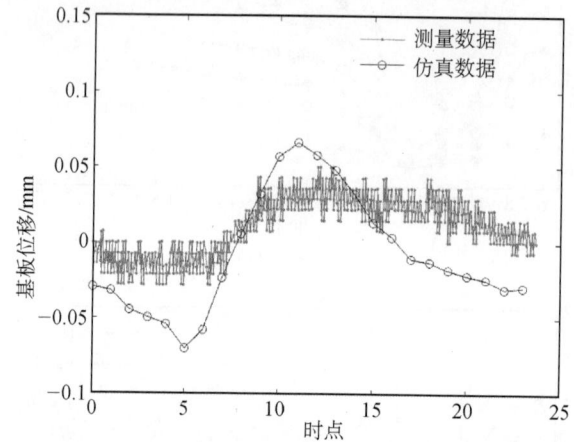

图 2-46　24h 内主端刺道床板位移的实测值与仿真值的对比

体有向两侧伸长的趋势，又由于路基侧对长钢轨的纵向约束作用较大，过渡段轨道在梁跨侧处于受拉状态，在靠近路基侧处于受压状态。两侧的结构差别导致过渡段位移的峰值情形与普通段不一样，波动范围也小很多。在中午轨温最高时，两侧的位移差距最大。桥梁与桥台相接处是钢轨应力最不利的位置，然而该极值点的应力突出程度相对于温度变化所造成的影响并不显著，过渡段的设置对减轻桥梁到地基的应力变化有积极的作用。

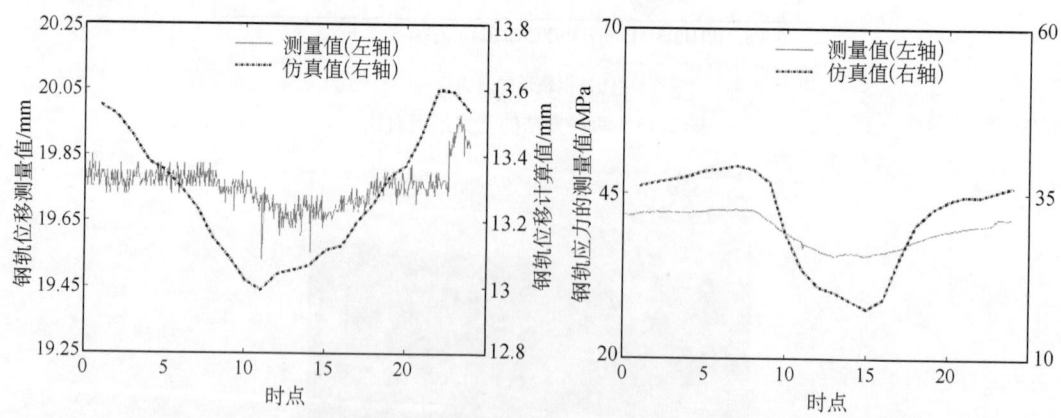

图 2-47　24h 内简支梁支座处钢轨纵向位移和钢轨纵向应力的实测值与仿真值的对比

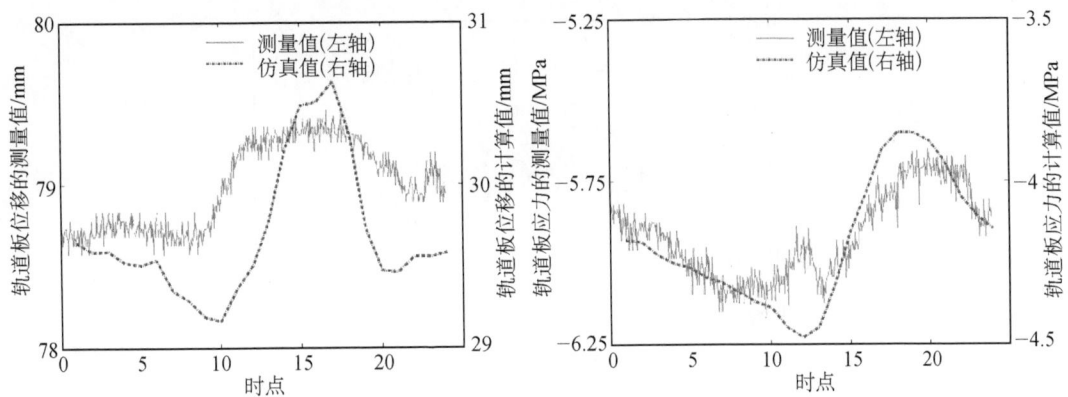

图 2-48　24h 内简支梁支座处轨道板纵向位移和轨道板纵向应力的实测值与仿真值的对比

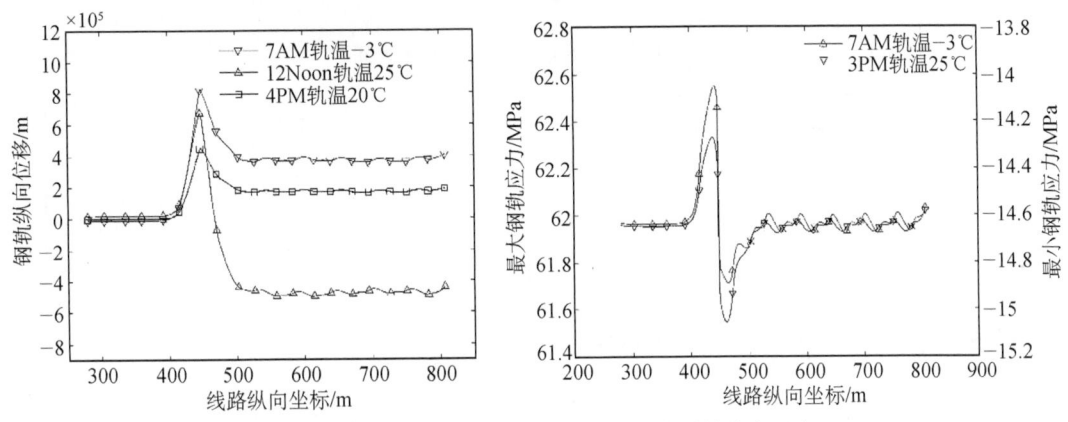

图 2-49　主端刺处钢轨位移和应力在极值时的分布形态

3. 长期测试数据分析

分析线路模型的受力与变形随季节的变化规律，选取 2012 年 1～12 月特大桥每天的监测温度作为模型输入的温度载荷，如图 2-50 所示。

在实践中，轨温通常能够大致反映钢轨应力的大小，但是不能作为衡量准确应力的唯一标准。从图 2-51 中可以看出，在不同的月份，环境温度不同而轨温相同的条件下，钢轨的应力大小是有差别的，尤其是对于轨下结构较复杂的特大桥，由于桥梁附加力受环境温度的影响很大，因此作用于钢轨上造成钢轨的应力波动更明显。而对于一般的短跨度的桥梁，环境温度越接近轨温，钢轨应力均值则越低。

特大桥的梁跨中部和过渡段的桥台一侧都是轨道应力最不利的位置。如图 2-52 所示，随着季节的变化，极值点处的应力变化范围随环境温度发生相应改变，过渡段和普通桥梁段的应力范围比较接近，而特大桥段由于伸缩力的作用，应力波动比普通区段的波动幅度更大，尤其是在夏季和冬季。从长期数据看，线路中的最大压应力与最大拉应力的绝对值相差不大，这在设计上有利于预防断轨。

线路模型在经历了一年时间的升温降温的激励过程后，线路各部分产生了一定的内部应力和变形。在已有计算结果的基础上，通过仿真试验再继续施加一月相同的温度激励，比较

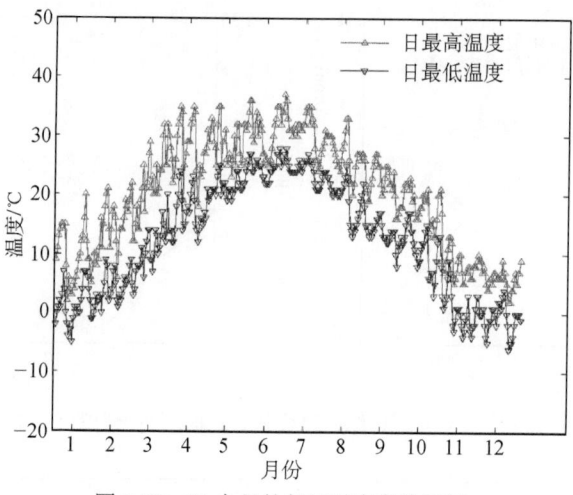

图 2-50　12 个月的每日温度变化区间

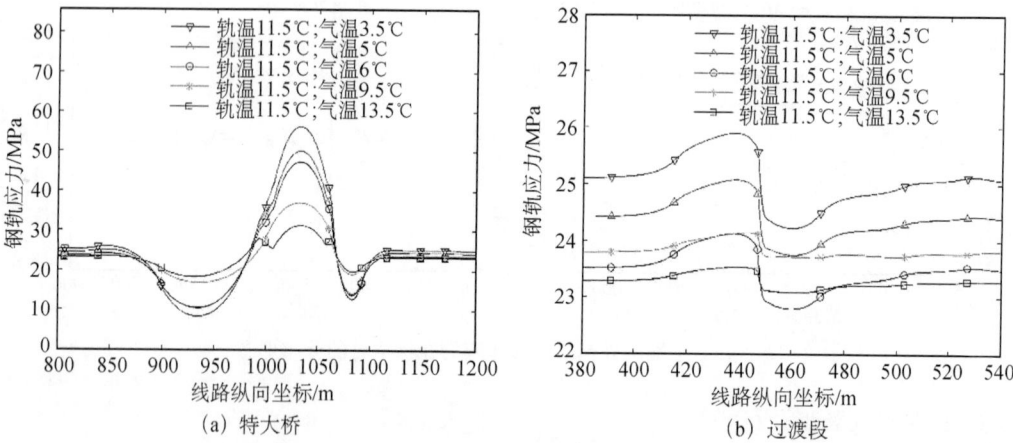

（a）特大桥　　　　　　　　　　　　　　　（b）过渡段

图 2-51　特大桥和过渡段在不同日期相同轨温条件下的应力分布形态

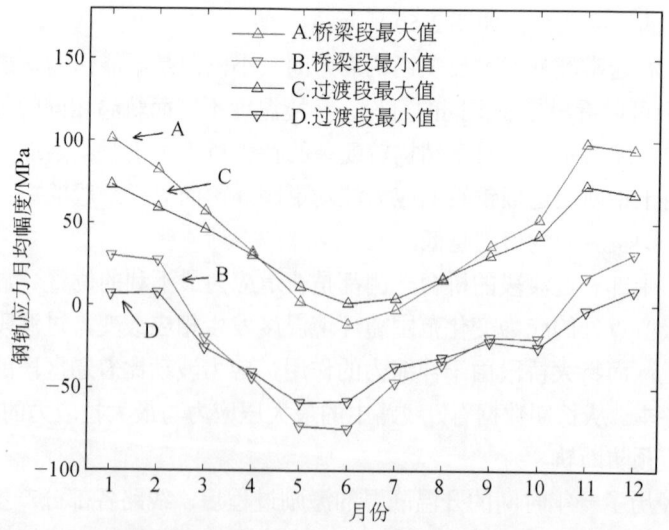

图 2-52　一年内每月特大桥与过渡段各自的钢轨应力变化范围的对比

一年前后同一线路在相同的激励下的计算结果。模型中部固定区，钢轨相对轨道板位移较小，大部分扣件都工作在弹性区域，滑移情况发生较少。而路桥过渡段处于伸缩区，扣件滑移情况较多，在反复载荷作用下，计算结果受变形历史的影响较大。如图 2-53 所示，是前后时间下线路一侧伸缩区的路桥相接处的应力对比。在扣件滑移过程影响下，在相同的昼夜温度载荷作用下，新的应力仿真结果略大于一年前的应力值。通过仿真试验看出，一年期的载荷反复施加过程并没有引起扣件等非线性环节的明显刚度劣化，线路的应力分布仅在数值上略微有所不同。通过人为的对仿真模型桥梁中部的 20m 距离上的扣件的刚度进行修改，模拟不同程度的局部扣件损坏对应力造成的影响，如图 2-54 所示。可以看出，由于桥梁中部属于固定区，在两侧约束的作用下，即使当扣件劣化导致刚度变大或者变小时，钢轨应力整体上波动并不明显。说明对于固定区的钢轨来说，温度变化才是决定应力的主要因素，所采用的扣件主要保证横向稳定性即可，提供钢轨纵向方向上约束的需求并不显著。

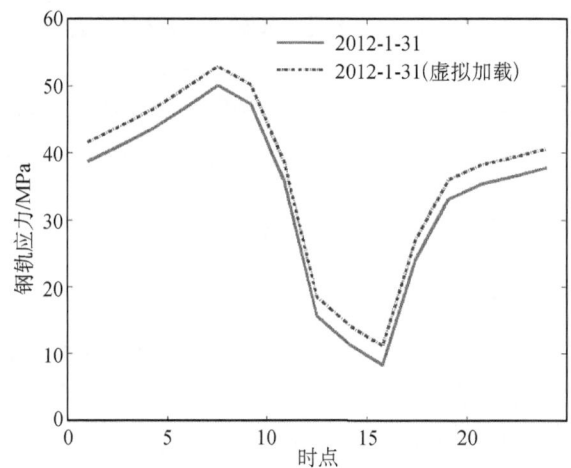

图 2-53　两个日期的路桥相接处在相同加载条件下的应力变化

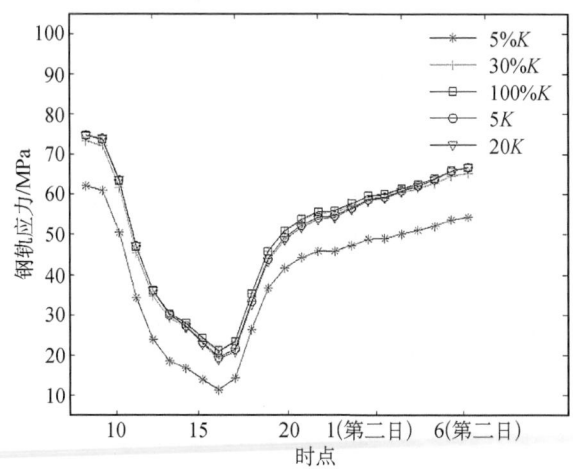

图 2-54　不同扣件刚度下桥梁中部钢轨应力的变化

2.3　钢轨纵向应力作用下的车辆轨道动力响应分析

通过分析车辆与轨道桥之间的动力关系，可以得到钢轨的振动响应：一方面通过获得轨道动态不平顺，有助于分析钢轨磨耗的产生；另一方面通过计算轨板振动频次，可以作为分析扣件的服役变化程度的依据。传统的车轨动力学分析模型以翟-孙车轨耦合模型为代表，一般侧重于垂向横向的轨道因素以及轮轨接触关系，对于长钢轨下的纵向应力分布对车轨动力响应的影响则少有分析。

在实践中，目前有研究利用兆赫兹级的高频超声导波技术来检测钢轨的内部应力，但存在准确度不够的局限。文献表明，根据声弹性原理钢轨的低频模态对应力变化敏感程度更为显著。车轨振动的动力学分析主要集中在轨道振动的低频段，频率研究范围一般在 1.5kHz 以下，因此从原理上可以通过轨道模型的动力学响应来反映钢轨内部应力的大小。动力分析必须考虑轨下结构造成的影响，传统轨道轨下条件复杂，不利于试验与理论的验证。无砟轨道结构统一性好，材料性质稳定，便于模型研究。本节运用经典的车辆–轨道–桥梁耦合模型的建模原则，通过将钢轨纵向应力的影响引入车轨耦合动力模型中，分析轨道纵向应力与车轨振动响应的关系。

2.3.1　纵向应力影响下板式轨道模型的振动特性

1. 板式轨道模型的固有特性的计算

在用解析法分析车辆–轨道耦合动力系统的过程中，主要采用模态叠加法来列出系统的动力方程，因而无砟轨道本身的振动特性是一个重要的影响因素，需要求解轨道结构的振动模态以及自然频率。传统分析中仅考虑垂向作用，对轨道模型的振型假设是基于理想条件下的欧拉梁，其余扣件支撑等均采用弹簧阻尼质量块来模拟。而在有轨道应力作用时，钢轨与轨道板之间有扣件连接，中间弹性支承会带来各部分振型的变化，因此有必要求出满足几何条件的板式无砟轨道的振型函数。

板式轨道因其结构左右对称，在研究垂向动态相互作用中，可以建立如图 2-55 所示的垂向双层轨道模型。模型中，钢轨视为连续点支撑基础上的欧拉梁，轨道板视为支撑在连续分布的线性弹簧阻尼结构上的有限长自由梁，钢轨与轨道板之间的连接看作弹性扣件连接。

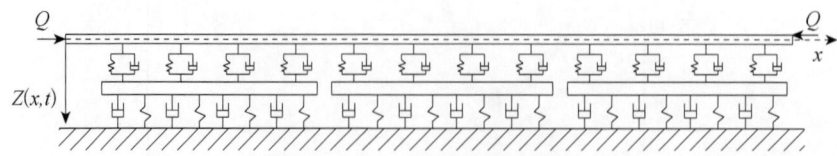

图 2-55　垂向双层轨道模型示意图

假设轴向应力沿钢轨的纵向分布为 $Q(x)$，在临近扣件之间的应力值不变。可以将板式轨道双层模型划分成如图 2-56 所示的基本单元结构，假设钢轨与轨道板之间的竖向刚度为 K_p，轨道板与地基之间的分布刚度为 K_s。以各支承点为端点，整个轨道划分成 $(k+1)$ 段，各段长度分别为 $L_i(i=1,2,\cdots,k+1)$。各段垂向位移用 $Z_i(x,t)$ 表示，其中 $x\in[0,L_i]$。

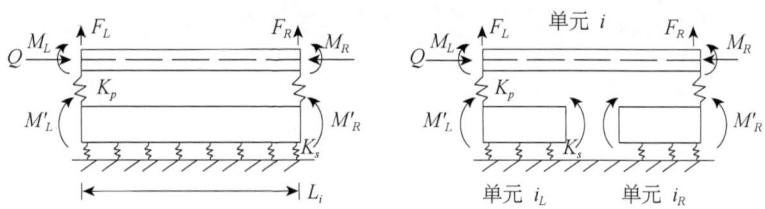

图 2-56　扣件间距的轨道单元受力示意图

在忽略纵向力对钢轨的偏心作用影响的情况下，单元梁弯曲自由振动的运动方程和弹性地基下轨道板弯曲振动方程为

$$\begin{cases} EI\dfrac{\partial^4 Z(x,t)}{\partial x^4}+Q\dfrac{\partial^2 Z(x,t)}{\partial x^2}+m_r\dfrac{\partial^2 Z(x,t)}{\partial t^2}=-F_{rs}(t)\delta(x-L) \\ \tilde{E}\tilde{I}\dfrac{\partial^4 \tilde{Z}(x,t)}{\partial x^4}+m_s\dfrac{\partial^2 \tilde{Z}(x,t)}{\partial t^2}+K_s\tilde{Z}(x,t)=F_{rs}(t)\delta(x-L) \end{cases} \tag{2-78}$$

其中，EI 和 m_r 分别表示抗弯刚度和单位长度的质量；Q 表示纵向力分布函数(压力取正，拉力取负)；下标 r 表示钢轨的相关变量；上标~和 s 均表示轨道板的相关变量；K_s 表示轨道板与底座之间的分布刚度；δ 表示单位脉冲函数，用以表示扣件的作用位置；L 表示扣件间距；F_{rs} 表示弹簧扣件的作用力，可以表示为

$$F_{rs}(t)=K_p[Z(x,t)-\tilde{Z}(x,t)]+C_p[Z'(x,t)-\tilde{Z}'(x,t)] \tag{2-79}$$

采用分离变量法，上下部分的振型函数分别表示为

$$\begin{cases} Y(x)=A\sin\lambda_2 x+B\cos\lambda_2 x+C\mathrm{sh}\lambda_1 x+D\mathrm{ch}\lambda_1 x \\ \tilde{Y}(x)=\tilde{A}\sin\lambda_3 x+\tilde{B}\cos\lambda_3 x+\tilde{C}\mathrm{sh}\lambda_3 x+\tilde{D}\mathrm{ch}\lambda_3 x \end{cases} \tag{2-80}$$

其中，$\lambda_2=\sqrt{\dfrac{Q+\sqrt{Q^2+4\omega_n^2 m_r EI}}{2EI}}$；$\lambda_1=\sqrt{\dfrac{-Q+\sqrt{Q^2+4\omega_n^2 m_r EI}}{2EI}}$；$\lambda_3=\sqrt[4]{\dfrac{\omega_n^2 m_s-K_s}{\tilde{E}\tilde{I}}}$。

式(2-80)中振型函数系数 A、B、C、D 取决于单元的边界条件。当单元两端截面的位移和弯矩保持为零时，单元会产生一类特殊的振动形态，其振型函数和自然频率可以表示为

$$Y(x)=A\sin\lambda_2 x$$

$$\omega_n=\sqrt{\dfrac{EI}{m_r}}\left(\dfrac{n\pi}{L}\right)^2\sqrt{1-\left(\dfrac{L}{n\pi}\right)^2\dfrac{Q}{EI}}\qquad(n=1,2,\cdots) \tag{2-81}$$

由以上分析可以看出，$(\pi^2 EI/L^2)$ 就是梁在轴向压力作用下失稳的临界压力值，本节的纵向应力分析仅限于 $Q<\pi^2 EI/L^2$。

根据单元之间的协调方程，关于垂向位移、角位移、弯矩以及切向力，单元交界处需要满足如下的平衡方程：

$$Z_i^R=Z_{i+1}^L,\quad \tilde{Z}_i^R=\tilde{Z}_{i+1}^L \tag{2-82}$$

$$\frac{\partial Z_i^R}{\partial x} = \frac{\partial Z_{i+1}^L}{\partial x}, \quad \frac{\partial \tilde{Z}_i^R}{\partial x} = \frac{\partial \tilde{Z}_{i+1}^L}{\partial x} \tag{2-83}$$

$$E_i I_i \frac{\partial^2 Z_i^R}{\partial x^2} = E_{i+1} I_{i+1} \frac{\partial^2 Z_{i+1}^L}{\partial x^2}, \quad \tilde{E}_i \tilde{I}_i \frac{\partial^2 \tilde{Z}_i^R}{\partial x^2} = \tilde{E}_{i+1} \tilde{I}_{i+1} \frac{\partial^2 \tilde{Z}_{i+1}^L}{\partial x^2} \tag{2-84}$$

$$E_i I_i \frac{\partial^3 Z_i^R}{\partial x^3} - K_p[Z_i^R - \tilde{Z}_i^R] + Q_i \frac{\partial Z_i^R}{\partial x} = E_{i+1} I_{i+1} \frac{\partial^3 Z_{i+1}^L}{\partial x^3} + Q_{i+1} \frac{\partial Z_{i+1}^L}{\partial x}$$

$$\tilde{E}_i \tilde{I}_i \frac{\partial^3 \tilde{Z}_i^R}{\partial x^3} - K_p[\tilde{Z}_i^R - Z_i^R] = \tilde{E}_{i+1} \tilde{I}_{i+1} \frac{\partial^3 \tilde{Z}_{i+1}^L}{\partial x^3} \tag{2-85}$$

其中，Z_i^R 和 Z_{i+1}^L 表示第 i 个单元的右截面位移和第 $(i+1)$ 个单元的左截面位移。对于如图 2-56(b) 中所示的相邻轨道板交界处，将轨道板分成左右段落分别参与左右相邻单元的协调方程中。

定义向量 $\eta_i = [A_i\ B_i\ C_i\ D_i]^T$，$\xi_i = [\eta_i\ \tilde{\eta_i}]^T$，根据方程的振型表达式 (2-80)，代入协调方程 (2-82)～方程 (2-85) 中，则协调方程可以改写成矩阵方程的形式：

$$\begin{bmatrix} M_E & 0 \\ 0 & M_F \end{bmatrix} \xi_{i+1} = \begin{bmatrix} M_A & M_B \\ M_D & M_C \end{bmatrix} \xi_i, \quad [M]_{8\times16} \begin{bmatrix} \xi_i \\ \xi_{i+1} \end{bmatrix} = 0 \tag{2-86}$$

其中，方程内各子矩阵有

$$M_A = P_r M_{\text{lin}R}^{x=L_i}, \quad M_B = P_k M_{\text{lin}S}^{x=Ls_i}, \quad M_E = P_q M_{\text{lin}R}^{x=Ls_{i+1}}$$

$$M_C = P_r M_{\text{lin}S}^{x=Ls_i}, \quad M_D = P_k M_{\text{lin}R}^{x=L_i}, \quad M_F = P_q M_{\text{lin}S}^{x=L_{i+1}}$$

这里，振型函数的微分形式简写成关于 A、B、C、D 的表达式：

$$\begin{bmatrix} Y(x) \\ \dfrac{\partial Y(x)}{\partial x} \\ EI \dfrac{\partial^2 Y(x)}{\partial x^2} \\ EI \dfrac{\partial^3 Y(x)}{\partial x^3} \end{bmatrix} = M_{\text{lin}R} \begin{bmatrix} A_i \\ B_i \\ C_i \\ D_i \end{bmatrix}, \quad \begin{bmatrix} \tilde{Y}(x) \\ \dfrac{\partial \tilde{Y}(x)}{\partial x} \\ \tilde{E}\tilde{I} \dfrac{\partial^2 \tilde{Y}(x)}{\partial x^2} \\ \tilde{E}\tilde{I} \dfrac{\partial^3 \tilde{Y}(x)}{\partial x^3} \end{bmatrix} = M_{\text{lin}S} \begin{bmatrix} \tilde{A}_i \\ \tilde{B}_i \\ \tilde{C}_i \\ \tilde{D}_i \end{bmatrix}$$

系数矩阵 P_k、P_r 和 P_q 中包含刚度 K_p 和纵向力函数 Q。

考虑位移和载荷边界条件，将钢轨两端考虑为简支条件，道床板两端考虑为自由端。则认为钢轨首尾段的位移和弯矩为零，轨道板首尾段的弯矩和剪力为零，则有方程：

$$[M_E]_{\text{row}1,3} \eta_1 = 0, \quad [M_E]_{\text{row}1,3} \eta_{k+1} = 0$$

$$[M_F]_{\text{row}3,4} \tilde{\eta}_1 = 0, \quad [M_F]_{\text{row}3,4} \tilde{\eta}_{k+1} = 0$$

以双层轨道模型为例，每个轨道板分成 7 个普通小段和首尾特殊小段，从式 (2-86) 可以看出，每个小段的协调方程可以归纳成 8 个方程。假设轨道板数量为 m 时，线路各小段共归纳方程数为 $[8\times8m+4\times(m-1)]$。结合线路首尾段的 8 个边界条件方程，则整体系统的方程数为 $(68m+4)$。每个轨道小段包含 8 个型函数系数作为未知变量，而在相邻轨道板交界处额外多出 4 个变量。因此，总的方程数和未知量数目是相等的。

若将所有单元振型函数系数 ξ_i 组合写成向量形式 $\{\Phi\}$，其系数矩阵便可使用类似于有限元素法中刚度矩阵的组合方法，组合成：

$$\big[\bar{M}\big]_{(68m+4)\times(68m+4)}[\varPhi]=0 \tag{2-87}$$

总体矩阵 M 是由多个 8×8 的子矩阵组成的分块对角矩阵。式(2-87)存在非零解的条件是系数矩阵的行列式为 0。由于矩阵维度很高，求根不便。而且矩阵方程求导不易，一般的数值迭代方法不适用。采用二分法来划分有无根的区间，利用遗传算法全局收敛速度快的特点来寻找根，求解得到各阶频率后，代回振型表达式，即可确定模态函数的实常数系数。在轨道模型确定的条件下，该精确形函数是唯一的，且振型之间有良好的正交性，图 2-57 是各频率对应的振型之间的正交情况。

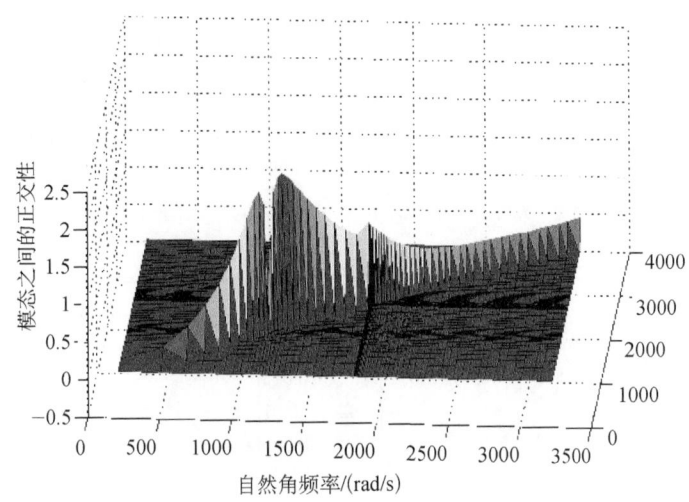

图 2-57　各频率对应的振型之间的正交性

2. 轨道在不同轴向压力下的模态分析

以长度 120m 标准无砟轨道为例，计算在不同轨道纵向力下的固有频率以及振型。我国高铁大量使用 60kg/m 的钢轨，横截面积为 $77.45\mathrm{cm}^2$，抗拉强度在 880MPa 以上。当轨温变化 10℃时，钢轨温度力约变化 190kN。根据我国大部分地区的气象资料，我国钢轨最大轨温变化幅度约为 50℃，由此引起的最大拉压应力约 130MPa，因此试验加载的轴向力数量级为 $10^5\sim10^6\mathrm{N}$。所加载的应力范围没有达到结构失稳的条件。

图 2-58 是在 6 种不同应力加载条件下，轨道振型阶次和固定角频率的计算结果的比较。由图中可以看出，最低阶次振型出现在角频率 1700rad/s 左右，在更低频的区间出现一个高阶次振型的区域；在角频率 1200rad/s 以下时，随着轴向应力的增大，相同阶次振型对应的角频率增大；在角频率 1200rad/s 以上时，随着轴向应力的增大，相同阶次振型对应的角频率向低频区域移动；角频率随轴向力增大而前移的程度，随阶次变高而更明显。

图 2-59 显示了在不同轴向压力下的低阶振动模态的形态对比。从图中可以看出，越是低阶模态，应力引起的模态变化就越显著，对于图 2-59(f)中的高阶模态，仅有钢轨两端能观察到有微小的不同。图 2-59(f)中，在纵向力 $10^6\mathrm{N}$、$5\times10^5\mathrm{N}$、$10^5\mathrm{N}$、0N 条件下对应的第 35 阶

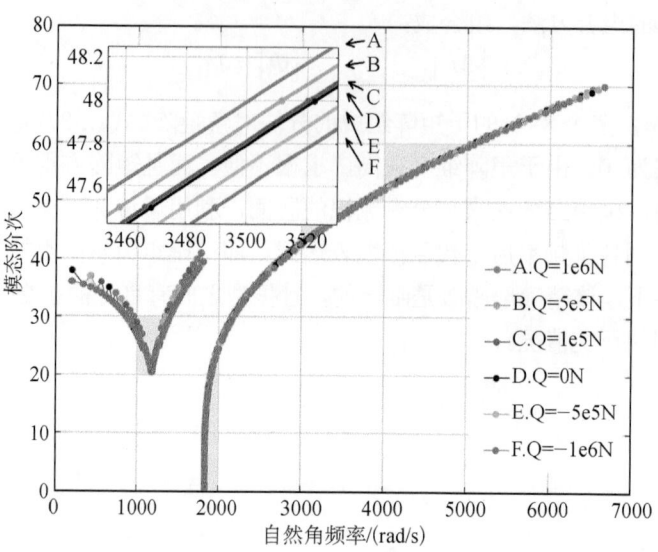

图 2-58 不同纵向力下的轨道振动特性(纵向力范围$-10^6 \sim +10^6$N)

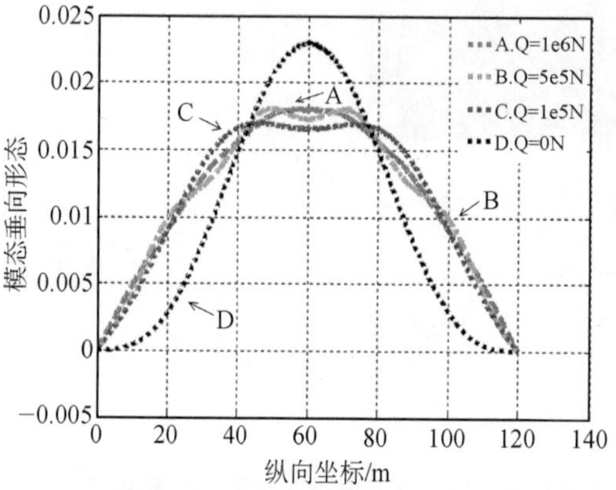

（a）1阶钢轨振型

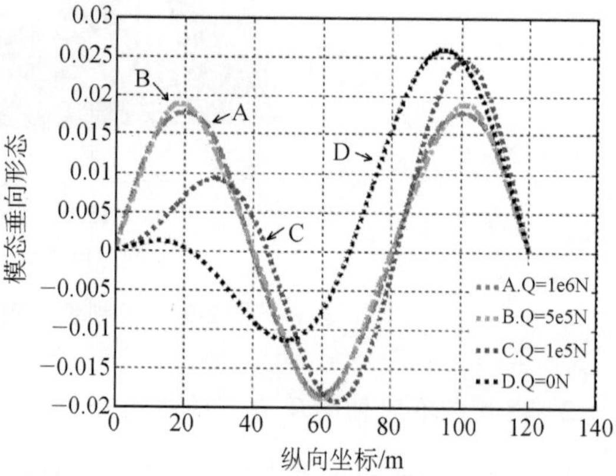

（b）3阶钢轨振型

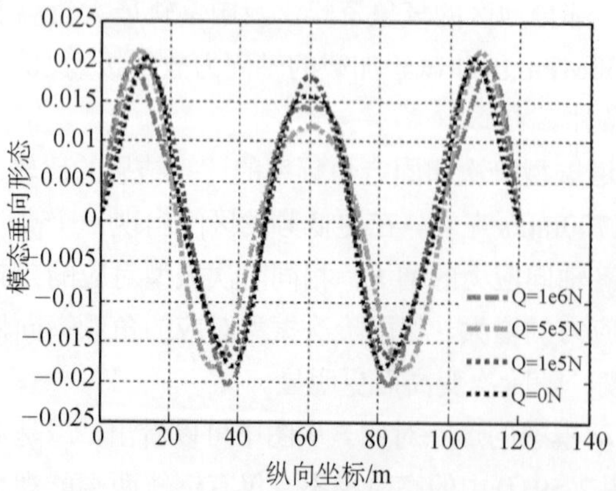

（c）5阶钢轨振型

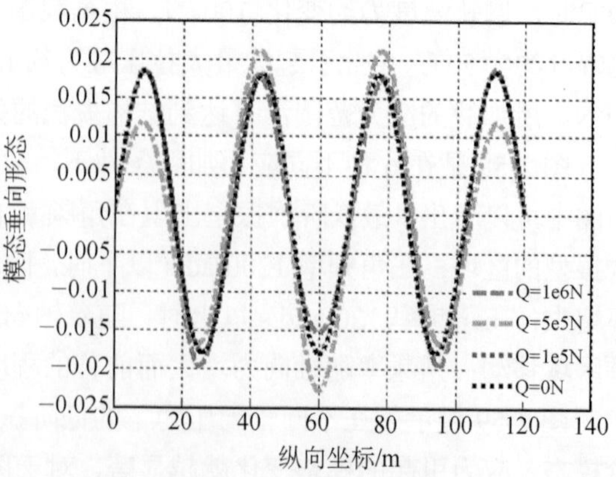

（d）7阶钢轨振型

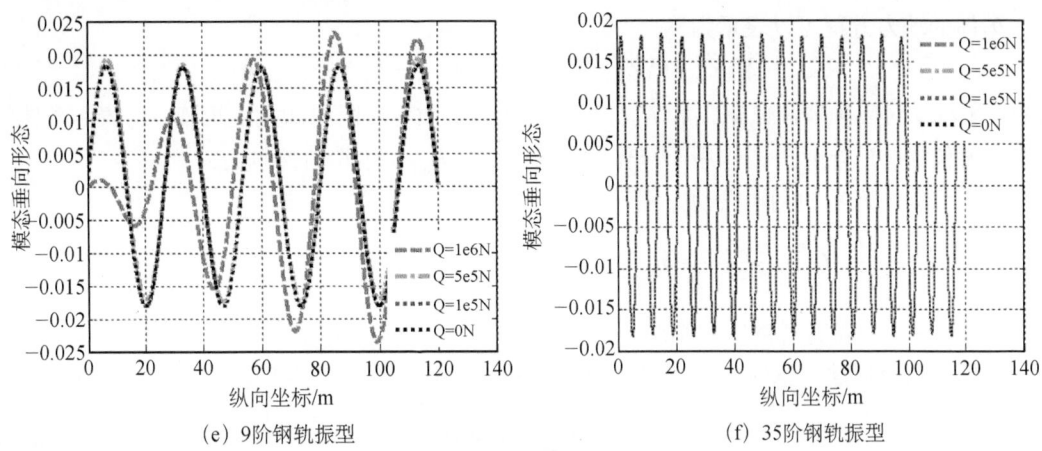

(e) 9阶钢轨振型　　　　　　　　　　　(f) 35阶钢轨振型

图 2-59　不同加载条件下低阶钢轨振型

角频率分别是 1867.56rad/s、1869.80rad/s、1871.59rad/s、1872.06rad/s；对于高阶模态，频率在应力影响下的变化相对低阶模态略微明显一些。

2.3.2　车轨耦合动力学模型

经典的翟-孙车轨耦合模型将车体各部分结构看成刚体，通过多体动力学建模，把轨道看成多层弹簧阻尼结构，再通过轮轨关系模型将车体和轨道联系在一起。建模理论既充分反映了车辆轨道系统各部分的功能特点与相互作用关系，又比较简洁且计算复杂度不高，便于仿真验算，在实践中得到了广泛的应用与验证。

车体与轨道模型按轨道中心线对称，车辆轨道垂向耦合模型如图 2-60 所示。典型的车轨耦合动力学模型包括车体模型、轨道模型以及轮轨接触模型。仿真条件车辆以一恒定速度沿轨道方向运行。轨道采用受纵向力作用的双层轨道垂向模型。轮轨接触力采用赫兹非线性接触模型。车辆模型包括车体、前后转向架和 4 个轮对，考虑成严格的刚体，4 个一级悬挂和 2 个二级悬挂由弹簧阻尼结构仿真。考虑车体和前后构架的沉浮运动和点头运动，以及 4 个轮对的垂向振动，车辆总的垂向自由度为 10。

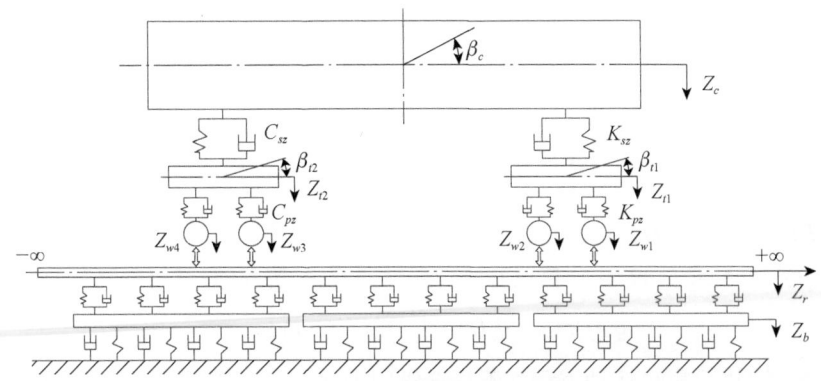

图 2-60　车辆轨道垂向耦合模型

车体的动力方程可以表示为

$$M_v \ddot{Z}_v + C_v \dot{Z}_v + K_v Z_v = E_v (M_v g - F_{wr}) \tag{2-88}$$

其中，下标 v 对应车体，M_v、C_v 和 K_v 分别表示车体的质量、阻尼和刚度矩阵；Z_v 表示车体的各自由度位移；E_v 表示外力作用于车体的位置信息；F_{wr} 表示轮轨接触力。

考虑纵向力影响的钢轨振动方程可以表示为

$$EI \frac{\partial^4 Z_r(x,t)}{\partial x^4} + Q \frac{\partial^2 Z_r(x,t)}{\partial x^2} + m_r \frac{\partial^2 Z_r(x,t)}{\partial t^2} = -\sum_{i=1}^{N} F_{rsi}(t)\delta(x-x_i) + \sum_{j=1}^{4} p_j \delta(x-x_{wj}) \tag{2-89}$$

其中，p_j 表示 4 个轮对对钢轨的作用力。

根据分离变量法，钢轨位移可以展成模态坐标下型函数的线性组合，表示为

$$Z_r(x,t) = \sum_{r=1}^{\infty} Y(x)\Phi(t) \tag{2-90}$$

将式(2-90)代入式(2-89)，模态方程可以写为

$$EI \sum_{r=1}^{NM} \frac{\mathrm{d}^4 Y_r(x)}{\mathrm{d}x^4} q_r(t) + Q \sum_{r=1}^{NM} \frac{\mathrm{d}^2 Y_r(x)}{\mathrm{d}x^2} q_r(t) + \sum_{r=1}^{NM} m_r Y_r(x)\ddot{q}_r(t) = f(x,t) \tag{2-91}$$

其中，下标 r 表示钢轨模态的阶次；q_r 表示第 r 阶模态坐标。

根据模态函数的正交性，式(2-91)两边乘以模态函数 $Y_s(x)$，并在钢轨长度上积分。

$$EI \sum_{r=1}^{NM} Y_s(x)\frac{\mathrm{d}^4 Y_r(x)}{\mathrm{d}x^4} q_r(t) + Q \sum_{r=1}^{NM} Y_s(x)\frac{\mathrm{d}^2 Y_r(x)}{\mathrm{d}x^2} q_r(t) + \sum_{r=1}^{NM} m_r Y_s(x)Y_r(x)\ddot{q}_r(t) = Y_s(x)f(x,t)$$

$$\sum_{r=1}^{NM} \left[q_r(t)\int_0^l Y_s(x)\frac{\mathrm{d}^4 Y_r(x)}{\mathrm{d}x^4} + \frac{Q}{EI} q_r(t)\int_0^l Y_s(x)\frac{\mathrm{d}^2 Y_r(x)}{\mathrm{d}x^2} + \frac{m_r}{EI}\ddot{q}_r(t)\int_0^l Y_s(x)Y_r(x)\mathrm{d}x \right]$$

$$= \frac{1}{EI}\int_0^l Y_s(x)f(x,t)\mathrm{d}x \tag{2-92}$$

根据模态函数的性质，当下标 $r \neq s$ 时，不同阶次模态函数有如下的关系：

$$\int_0^l Y_r(x)Y_s(x)\mathrm{d}x = 0 \tag{2-93}$$

$$\int_0^l Y_s(x)\left[\frac{\mathrm{d}^4 Y_r(x)}{\mathrm{d}x^4} + A\frac{\mathrm{d}^2 Y_r(x)}{\mathrm{d}x^2} \right] = 0 \tag{2-94}$$

当 $r = s$ 时，模态函数的归一化方程可以写成：

$$\int_0^l Y_r^2(x)\mathrm{d}x = \frac{1}{m_r} \tag{2-95}$$

并且各模态都需满足方程：

$$\int_0^l Y_r(x)\left[\frac{\mathrm{d}^4 Y_r(x)}{\mathrm{d}x^4} + A\frac{\mathrm{d}^2 Y_r(x)}{\mathrm{d}x^2} \right] = B_r \frac{1}{m_r} \tag{2-96}$$

其中，$A = Q/EI$；$B_r = (\omega_{nr}^2 \times m_r)/EI$，$\omega_{nr}$ 表示自然频率。

将式(2-96)代入式(2-89)，由广义模态坐标表达的振动方程可以写成：

$$q_r(t)\varpi_{nr}^2 + \ddot{q}_r(t) = \int_0^l Y_s(x)f(x,t)\mathrm{d}x \tag{2-97}$$

由式(2-97)可以看出，运动方程并不显含纵向力 Q，是因为纵向力的作用主要隐含在轨

道的振型和固定频率的变化中。要考虑轴向力对动力方程的影响，就必须引入受轴向力影响的振型特性。

同理，考虑纵向力影响的钢轨振动方程可以表示为

$$E_s I_s \frac{\partial^4 Z_s(x,t)}{\partial x^4} + m_s \frac{\partial^2 Z_s(x,t)}{\partial t^2} + c_s \frac{\partial Z_s(x,t)}{\partial t} + k_s Z_s(x,t) = \sum_{j=1}^{n_0} F_{rsj}(t)\delta(x-x_j) \qquad (2\text{-}98)$$

其中，下标 s 表示轨道板；$E_s I_s$ 和 m_s 表示轨道板的抗弯刚度和单位长度质量；n_0 表示轨道板上的扣件数。

根据轨道板的正交特性，不同阶次模态关系有

$$\begin{cases} \int_0^l X_r(x)X_s(x)\mathrm{d}x = 0 \\ \int_0^l X_s(x)\dfrac{\mathrm{d}^4 X_r(x)}{\mathrm{d}x^4} = 0 \end{cases} \qquad (r \neq s) \qquad (2\text{-}99)$$

其中，$X_r(x)$ 表示第 r 阶轨道板模态。不妨假定模态函数有归一化方程：

$$\begin{cases} \int_0^l X_r^2(x)\mathrm{d}x = L_s \\ \int_0^l X_r(x)\dfrac{\mathrm{d}^4 X_r(x)}{\mathrm{d}x^4} = L_s B \end{cases} \qquad (r = s) \qquad (2\text{-}100)$$

其中，L_s 表示轨道板的长度；$B = (m_s \times \omega_{nr}^2 - k_s)/E_s I_s$。

定义 T_n 为 n 阶轨道板的模态坐标，则由广义模态坐标表达的振动方程可以写成：

$$\ddot{T}_n(t) + \frac{c_s}{m_s}\dot{T}_n(t) + \varpi_{nr}^2 T_n(t) = \sum_{j=1}^{n_0} \frac{1}{m_s L_s} F_{rsj}(t)X_n(x_j) \qquad (2\text{-}101)$$

轮轨力可以由非线性的赫兹接触理论描述，表示为

$$p_j(t) = \begin{cases} \left\{ \dfrac{1}{G}[Z_{wj}(t) - Z_r(x_{wj},t) - Z_0(t)] \right\}^{3/2} \\ 0 \qquad (Z_{wj}(t) - Z_r(x_{wj},t) - Z_0(t) < 0) \end{cases} \qquad (2\text{-}102)$$

其中，G 表示根据轮对轮廓选择的赫兹接触系数；Z_{wj} 和 Z_r 分别表示第 j 个轮对和钢轨在接触位置处的垂向位移；Z_0 表示轨道在第 j 个轮对处的垂向不平顺。当 $Z_{wj}(t) - Z_r(x_{wj},t) - Z_0(t) < 0$ 时，轮轨之间脱离接触，且轮轨力为 0。钢轨不平顺的生成可以通过实际线路的轨道功率谱采样得到，本节不做展开。

综合方程(2-88)、方程(2-97)、方程(2-101)和方程(2-102)，可以得到完整的车轨耦合系统的动力学方程式。通过翟-孙模型中提出的精确数值积分方法来求解，可以有效地求解出该非线性系统的各项响应。

2.3.3　动态响应的数值分析

本节通过仿真试验，分析动力学模型在不同的纵向力环境下的响应结果。仿真条件中，车辆轨道系统在启动后达成稳定状态约 1s 以后，车辆以一恒定车速行驶过轨道。部分车辆模型参数见表 2-2。

表2-2　提速列车部分车辆参数

参数	数值	参数	数值
车体重量	39500kg	一级悬挂刚度	2.13×10^3kN/m
转向架重量	2200kg	二级悬挂刚度	0.8×10^3kN/m
轮对质量	1900kg	一级悬挂阻尼	1.02×10^3kN·s/m
车体俯仰转动惯量	2.31×10^6kg·m^2	二级悬挂阻尼	2.17×10^2kN·s/m
转向架俯仰转动惯量	2200 kg·m^2	车体中心距离	18m
轮对轴距	2.4m	轮对半径	0.4575m

1. 与传统动力学模型的比较

当纵向力为 0 时，对比本节所提出的方法与传统动力学模型（翟-孙模型）的计算结果。采用低干扰轨道谱拟合高低不平顺作为激励。传统的动力学模型中，钢轨看成两端简支的欧拉梁，其振型函数总结为

$$Y_k(x) = \sqrt{\frac{2}{m_r l}} \sin\frac{k\pi x}{l} \tag{2-103}$$

从图 2-61 中可以看出，车辆启动后在轨道起始端达成稳态振动后开始以匀速移动，两种模型的结果略有差异。从图 2-61（a）中可以看出，两种方法的结果比较接近，新方法的轮对位移结果略小一些。从钢轨振动响应来看，新方法的结果中钢轨上一点在轮对通过时的峰值略小，一般的振动幅度却略大。原因主要是修改后的轨道振型在引入了轴向力因素的同时，对轨道结构的描述更细致，在钢轨振动特性的计算中考虑了双层轨道的结构特点，结构中轨下多点支撑对模态的改变得到了体现。宏观上的表现近似于提高了轨道刚度，尤其在低频振动时表现明显。总体来看，两种方法的计算结果比较接近，修改振型法更适合于工况复杂的轨道条件。

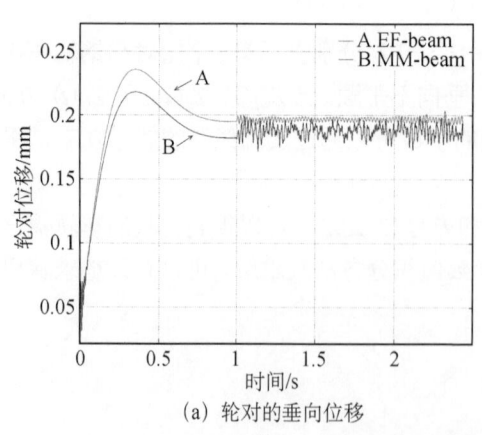
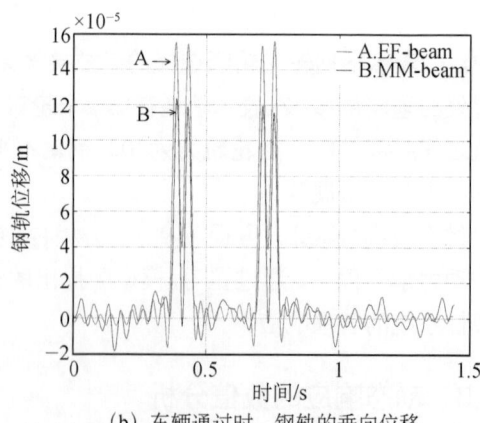

(a) 轮对的垂向位移　　　　　　　(b) 车辆通过时，钢轨的垂向位移

图 2-61　两种计算模型的结果对比

EF-beam 表示采用传统方法中的欧拉梁振型；MM-beam 表示采用改进的受应力影响的轨道振型

2. 不同纵向应力下的计算结果分析

通过仿真试验，比较不同应力下车轨耦合的动态响应。试验中施加的纵向力范围是在合理温度变化时钢轨内产生的温度力范围，限定在 10^6N 以内。同时发生屈曲或者破裂时的钢轨受力机制原理不同，故不在讨论范围。

图 2-62 和图 2-63 分别显示了耦合系统时域和频域的响应结果。从图 2-62(a) 和 (b) 中可以看出，总体来说，正向纵向力增强了耦合系统的不稳定性，对轮对和钢轨的振动位移有增幅的作用。图 2-62(d) 中，轮轨接触点的峰值位移也是随纵向力的增大而变大的。图 2-62(c) 中，截取车辆驶过后轨道振动趋于稳定后的时域加速度结果计算方差，可以看出，随着纵向力的增大，稳定后响应的方差变小。图 2-62(d) 中的钢轨位移方差也随纵向力增大而变小。时域结果说明，随着纵向力的引入，高频振动强度减小，动能更多地从低频域振动中释放，低频振动部分位移明显随轴力增大。

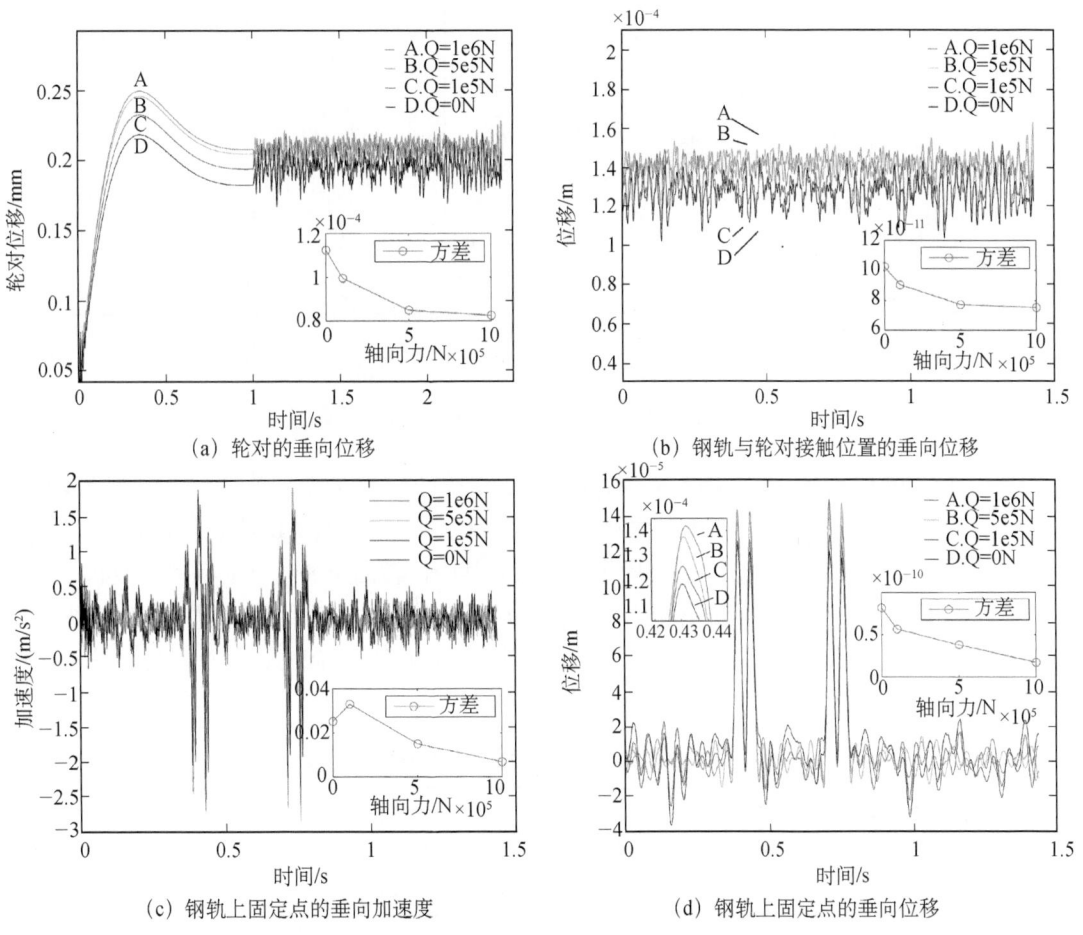

(a) 轮对的垂向位移　　　　　　　　　(b) 钢轨与轮对接触位置的垂向位移

(c) 钢轨上固定点的垂向加速度　　　　　(d) 钢轨上固定点的垂向位移

图 2-62　不同纵向力大小对动态响应时域下的影响

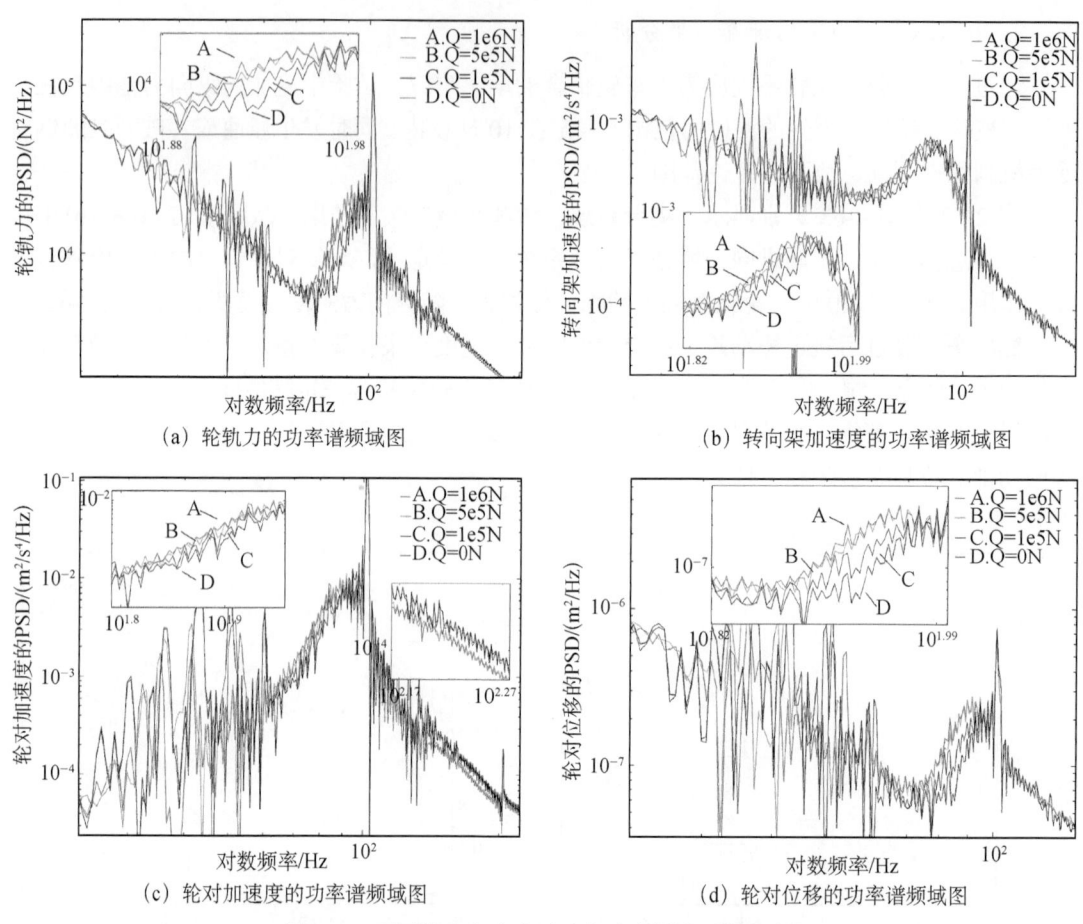

图 2-63　不同纵向力大小对动态响应频域下的影响

从图 2-63 的频域响应看，随着纵向力的增大，轮轨力、转向架加速度、轮对加速度和轮对位移的功率谱密度都趋向于向低频区域下移。偏移现象在频域 100Hz 附近位置处尤其明显。表 2-3 列出了各响应的峰值随纵向力变化的数值。其中，转向架加速度的频率扩散状况最不明显，原因可能是多极悬挂对轨下变化的滤振作用引起的。从以上结果可以总结出，纵向力的引入会引起耦合系统振动能量向低频域集中，并且当加载的纵向力比较小时这种趋势比较容易观察到。

表 2-3　钢轨纵向压力作用下频域响应峰值的变化

钢轨纵向正压力 Q/N	转向架加速度功率谱密度的峰值频率/Hz	轮对加速度功率谱密度的峰值频率/Hz	轮对加速度功率谱密度的峰值频率/Hz	轮对位移功率谱密度的峰值频率/Hz
10^6	93.73	87.28	89.47	91.55
5×10^5	94.24	87.89	90.28	91.89
10^5	96.51	88.5	91.35	93.6
0	98.37	90.94	93.18	94.6

3. 轨道不平顺对应力下动态响应的影响

在实际的运营环境中，轨道不平顺是车轨动态系统的主要影响因素。不同等级轨道不平顺和不同纵应力大小的共同作用会对车轨的动态响应有影响。仿真研究中，加载的钢轨不平顺是分别根据德国轨道谱和中国三大干线轨道谱(京沪、京广、京哈)拟合而成的。通过逆傅里叶变换法，取 0.1~80m 波长范围的轨道谱，按 0.0001s 的积分步长，拟合时域和空间域的钢轨不平顺。如图 2-64 所示，中国三大干线轨道谱和德国高干扰、低干扰谱的对比，其中德国低干扰谱的线路质量略优于中国三大干线。

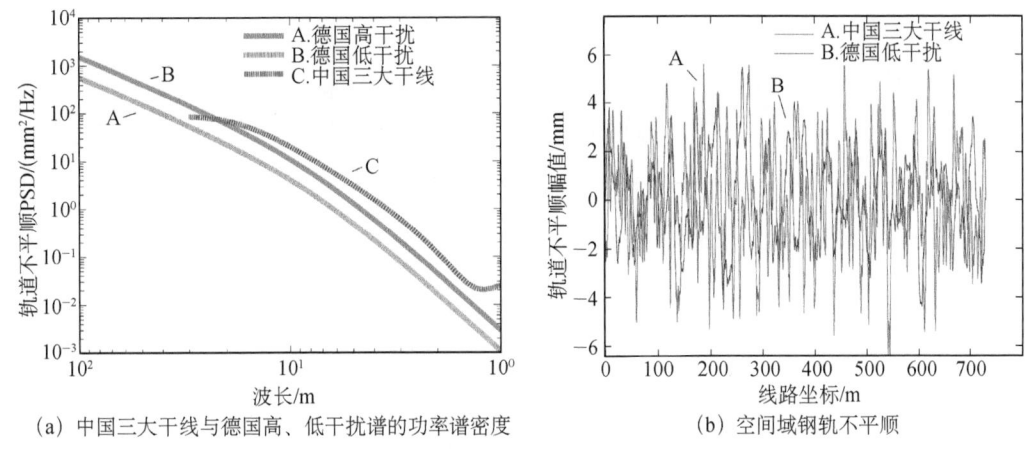

(a) 中国三大干线与德国高、低干扰谱的功率谱密度　　　　(b) 空间域钢轨不平顺

图 2-64　钢轨不平顺的拟合

图 2-65 和图 2-66 分别是两种不平顺下轮轨系统随不同加载纵向力的动态响应。不平顺作为影响车轨动态响应的主要因素，严重的不平顺会整体加剧线路的振动响应幅度。相比之下，纵应力对振动响应带来的改变较小，变得更难以识别。不平顺激励的影响通常会对低频域响应影响更大，从图 2-66(a)和(b)可以看出，德国低干扰谱的线路质量更好，引起的轮对加速度的低频振动能量更小。从图 2-65(a)和(b)也可以看出，在三大干线不平顺条件下的钢轨位移峰值更大。从图 2-66(c)和(d)可以看出，低频域响应由于受不平顺影响较大，应力带来的改变被覆盖，而高频域下应力作用引起的变化仍可以识别。因此，只有在良好的轨道不平顺条件下的线路高频域响应可以作为识别纵向钢轨应力的依据。

4. 车速对应力下动态响应的影响

车辆行驶速度也是对动态响应影响比较大的因素之一。图 2-67 中比较了车速在 80km/h 和 300km/h 时的响应结果。图 2-67(b)和(d)轮对加速度和位移的频域结果中，300km/h 下原本可能被应力影响而出现频率偏移的范围被剧烈的扰动所覆盖，原有的规律性变得不明显，仅有高频域的特征仍有保留。与图 2-63 中 200km/h 的计算结果一起比较可以发现，较低的车速条件下，应力引起的响应变化比较明显，规律性比较突出，而高速条件下则比较难以分辨。说明在相同的不平顺条件下，较高的车速加剧了系统的整体振动强度，并覆盖了动态响应对纵向应力敏感的频率区域，纵向力的影响变得更加难以观察。从图 2-67(e)~(h)中的时域结果可以看出，钢轨位移的峰值在高速和低速下的差别不大，从轮对和钢轨稳定状态下的振动位移平均值仍能看出应力作用的改变。这表明纵向力的影响更多地能够从低频域的振动中体现。

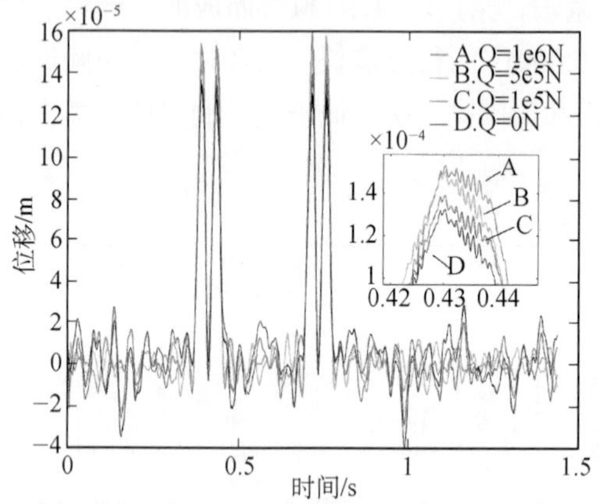

（a）三大干线不平顺下钢轨上一点的垂向振动位移 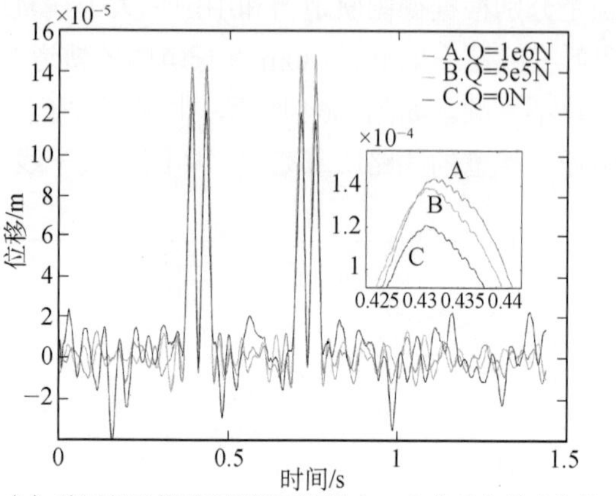　　（b）德国低干扰谱不平顺下钢轨上一点的垂向振动位移

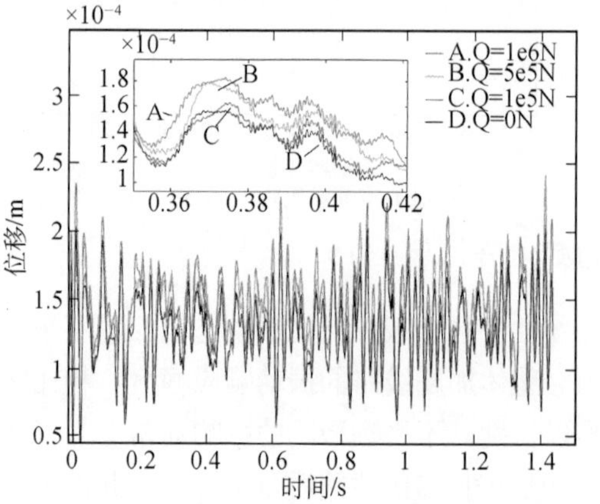

（c）三大干线不平顺下钢轨上轮轨接触点的振动位移 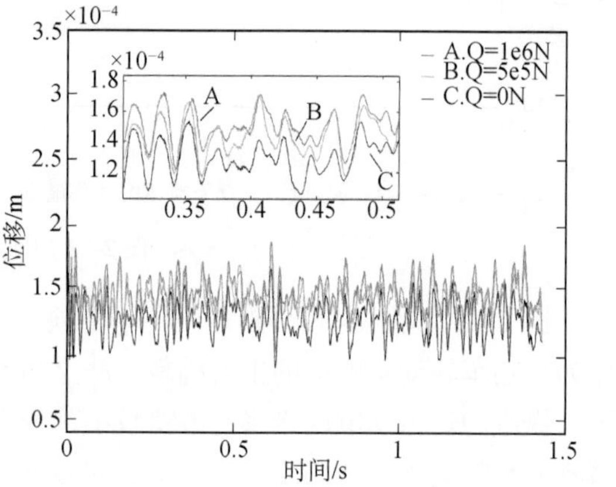　　（d）德国低干扰谱不平顺下钢轨上轮轨接触点的振动位移

图 2-65　不同钢轨不平顺下的动态响应随应力变化的时域结果

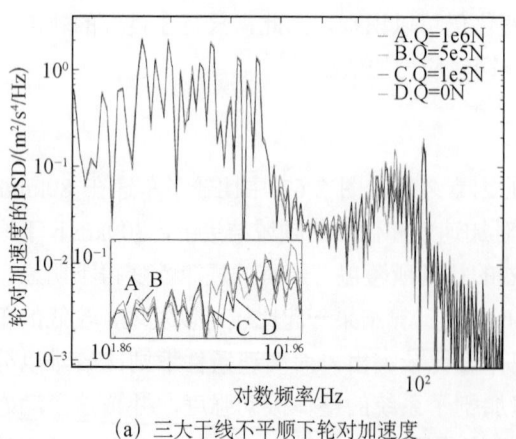

（a）三大干线不平顺下轮对加速度

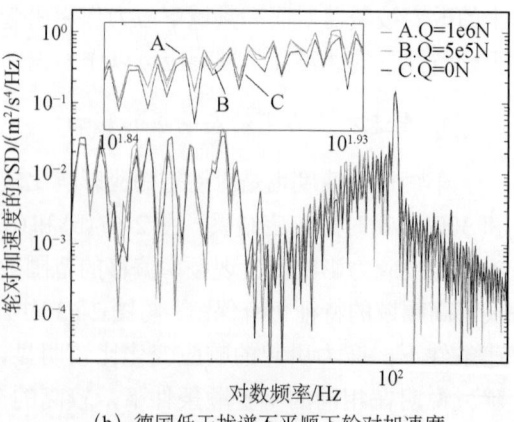

（b）德国低干扰谱不平顺下轮对加速度

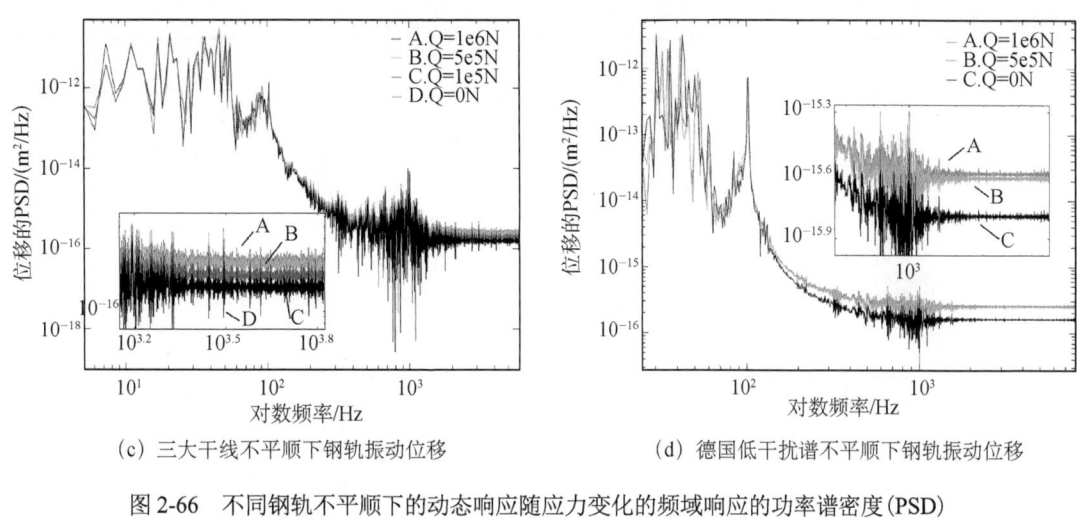

(c) 三大干线不平顺下钢轨振动位移　　　　　(d) 德国低干扰谱不平顺下钢轨振动位移

图 2-66　不同钢轨不平顺下的动态响应随应力变化的频域响应的功率谱密度(PSD)

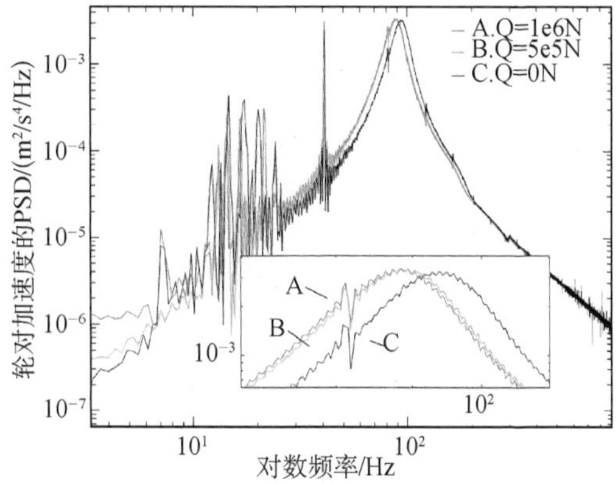

(a) 车速80km/h轮对加速度的PSD 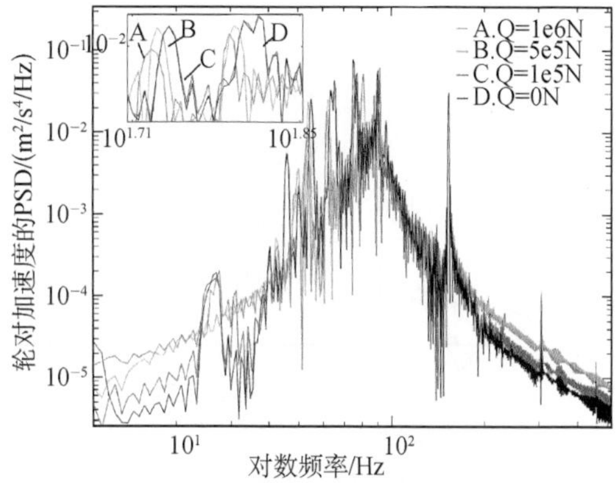　　　　　(b) 车速300km/h轮对加速度的PSD

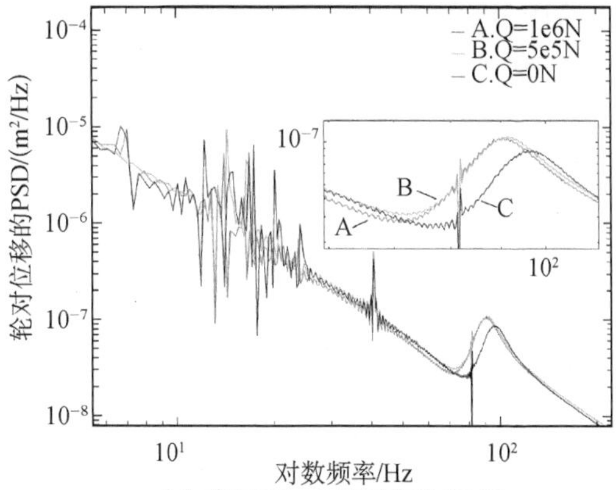

(c) 车速80km/h轮对位移的PSD 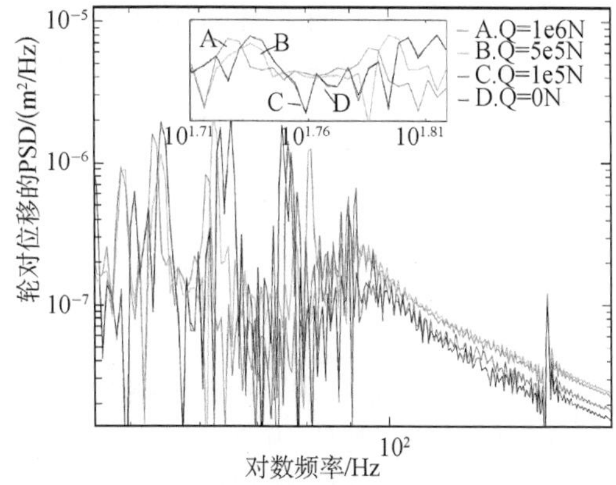　　　　　　(d) 车速300km/h轮对位移的PSD

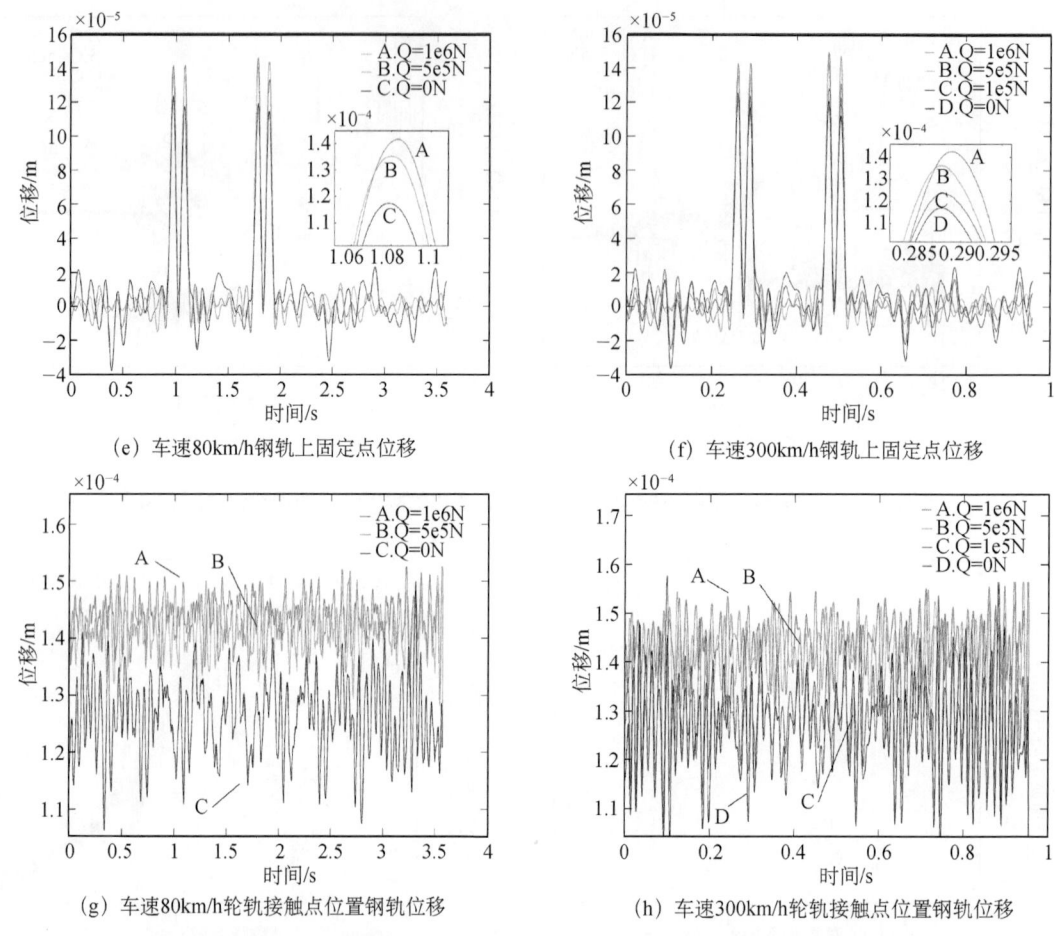

（e）车速80km/h钢轨上固定点位移　　　　（f）车速300km/h钢轨上固定点位移

（g）车速80km/h轮轨接触点位置钢轨位移　　（h）车速300km/h轮轨接触点位置钢轨位移

图2-67　80km/h和300km/h车速下动态响应随应力变化的时域和频域结果

　　综上来看，高速下的轮轨作用更强烈，轮轨系统中更多的振动模态被激发和增强。车速与不平顺的共同作用会引起动态响应的较大变化，使得对应力影响的识别更加困难。较低的车速和良好的不平顺状况对通过动态响应来识别应力的大小有更加积极的作用。同时，系统中各部分振动对应力的敏感程度不同，需要多种响应指标的综合分析才能够比较准确地得到钢轨纵向力的水平。

参 考 文 献

陈鹏. 2008. 高速铁路无砟轨道结构力学特性的研究. 北京：北京交通大学.

冯绍敏. 2012. 高速铁路长大桥梁无砟轨道无缝线路纵向力监测与分析. 南昌：华东交通大学.

高亮. 2012. 高速铁路无缝线路关键技术研究与应用. 北京：中国铁道出版社.

贾菁. 2012. 既有斜拉桥无缝线路梁轨纵向相互作用分析. 长沙：中南大学.

李明广，禹海涛，王建华，等. 2015. 离散-连续多尺度桥域耦合动力分析方法. 工程力学，32(06)：92-98.

李兆霞. 2013. 大型土木结构多尺度损伤预后的现状、研究思路与前景. 东南大学学报(自然科学版)，(05)：1111-1121.

李兆霞，王滢，吴佰建，等. 2010. 桥梁结构劣化与损伤过程的多尺度分析方法及其应用. 固体力学学报，

31(06)：731-756.

李中，郭瑞琴，武帅. 2016. 弹条偏转和扣件松动对弹条扣压力的影响. 铁道标准设计，(2)：47-52.

刘学毅，赵坪瑞，杨荣山，等. 2010. 客运专线无砟轨道设计理论与方法. 成都：西南交通大学出版社.

刘舟. 2012. 收缩徐变和日照温差对高铁连续梁桥梁轨纵向力影响研究. 长沙：中南大学.

吴佰建，李兆霞，汤可可. 2007. 大型土木结构多尺度模拟与损伤分析——从材料多尺度力学到结构多尺度力学. 力学进展，37(3)：321-335.

夏拥军，陆念力. 2007. 梁杆结构二阶效应分析的一种新型梁单元. 工程力学，24(7)：39-43.

徐庆元. 2005. 高速铁路桥上无缝线路纵向附加力三维有限元建模. 长沙：中南大学.

徐庆元，陈秀方. 2003. 小阻力扣件桥上无缝线路附加力. 交通运输工程学报，3(1)：25-29.

徐帅. 2008. 日照下混凝土箱梁的温度场研究. 北京：北京交通大学.

杨艳丽. 2010. WJ7-WJ8 型扣件纵向阻力现场试验与研究. 铁道标准设计，(2)：51-52.

游林涛. 2014. 无缝钢轨纵向温度力的仿真分析与实验研究. 大连：大连理工大学.

余自若，袁媛，张远庆，等. 2014. 高速铁路扣件系统弹条疲劳性能研究. 铁道学报，36(7)：90-95.

禹海涛，袁勇. 2012. 地下结构多尺度动力分析方法. 力学学报，44(6)：1028-1036.

张洪武，张盛，毕金英. 2006. 周期性结构热动力时间-空间多尺度分析. 力学学报，38(2)：226-235.

张生延. 2010. 桥隧相连地段 CRTS Ⅱ型板式无砟轨道端刺的设置研究. 南昌：西南交通大学.

张钰，潘鹏. 2013. 考虑子结构间相互作用的结构地震反应并行计算方法研究. 工程力学，30(5)：118-124.

Battini J M, Ulker-Kaustell M. 2011. A simple finite element to consider the non-linear influence of the ballast on vibrations of railway bridges. Engineering Structures, 33(9): 2597-2602.

Bensoussan A, Lions J L, Papanicolau G. 1978. Asymptotic Analysis for Periodic Structures. US: AMS Chelsea Publishing.

Bergan P G, Horrigmoe G, Brakeland B, et al. 1978. Solution techniques for non-linear finite element problems. International Journal for Numerical Methods in Engineering, 12(11): 1677-1696.

Blanco J, Santamaria J, Vadillo E G, et al. 2011. Dynamic comparison of different types of slab track and ballasted track using a flexible track model. Journal of Rail and Rapid Transit, 225: 574-592.

Cai C B, Zhai W M, Wang Q. 2000. Research on vertical interactions between high-speed train and ballastless track on bridge. Journal of Railway Engineering Society, 17(3): 29-32.

Chen D W, Wu J S. 2002. The exact solution for the natural frequencies and mode shapes of non-uniform beams carrying multiple various concentrated elements. Structural Engineering and Mechanics, 255(2): 299-322.

Chen G, Zhai W. 1999. Numerical Simulation of the Stochastic Process of Railway Track Irregularities. Journal of Southwest Jiaotong University, 34(2): 138-142.

Cui J Z, Yang H Y. 1996. A dual coupled method of boundary value problems of PDE with coefficients of small period. Journal of Computational Mathematics, 14(2): 159-174.

Ding Y L, Li A Q, Du D S, et al. 2010. Multi-scale damage analysis for a steel box girder of a long-span cable-stayed bridge. Structure and Infrastructure Engineering, 6(6): 725-739.

Feng Q S, Lei X Y. 2013. Railway ground vibration with track random irregularities based on 2.5D finite element-boundary element method. Journal of Vibration and Shock, 32(23): 3-9.

Fish J, Chen W, Nagal G. 2002. Non-local dispersive model for wave propagation in heterogeneous media: one-dimensional case. International Journal for Numerical Methods in Engineering, 54(54): 331-346.

Freire A M S, Negrao J H O, Lopes A V. 2006. Geometrical nonlinearities on the static analysis of highly flexible steel cable-stayed bridges. Computers & Structures, 84(31): 2128-2140.

Fryba L. 1996. Dynamics of railway bridges. London: Thomas Telford.

Garcia-Palacios J, Samartin A, Melis M. 2012. Analysis of the railway track as a spatially periodic structure. Journal of Rail and Rapid Transit, 226(2): 113-123.

Gavric L. 1995. Computation of propagative waves in free rail using a finite element technique. Journal of Sound and Vibration, 185(3): 531-543.

Jenkins H H, Stephenson J E, Clayton G A. 1974. The effect of track and vehicle parameters on wheel/rail vertical dynamic forces. Railway Engineering Journal, 3(1): 2-16.

Knothe K L, Grassie S L. 1993. Modelling of railway track and vehicle/track interaction at high frequencies. Vehicle System Dynamics, 22(3): 3-4.

Lei X, Noda N A. 2002. Analyses of dynamic response of vehicle and track coupling system with random irregularity of track vertical profile. Journal of Sound and Vibration, 258(1): 147-165.

Naguleswaran S. Transverse vibration of an Euler-Bernoulli uniform beam on up to five resilient supports including ends. Journal of Sound and Vibration, 2003, 261(2): 372-384.

Scalea F L, McNamara J. 2010. Wavelet transform for characterizing longitudinal and lateral transient vibrations of railroad tracks. Research in Nondestructive Evaluation, 15(2): 87-98.

Spiryagin M, Polach O, Cole C. 2013. Creep force modelling for rail traction vehicles based on the fastsim algorithm. Vehicle System Dynamics, 51(11): 1765-1783.

Thompson D J. 1993. Wheel-rail noise generation, part II: wheel vibration. Journal of Sound and Vibration, 161(3): 421-446.

Thompson D J, Verheij J W. 1997. The dynamic behaviour of rail fasteners at high frequencies. Applied Acoustics, 52(1): 1-17.

Wagner G J, Liu W K. 2003. Coupling of atomistic and continuum simulations using a bridging scale decomposition. Journal of Computational Physics, 190(1): 249-274.

Xiao X, Xu Y L, Zhu Q. 2014. Multiscale modeling and model updating of a cable-stayed bridge: I Modeling and Influence Line Analysis. Journal of Bridge Engineering, 20(10): 04014112.

Zienkiewicz O C. The Finite Element Method. 3rd ed. London: McGraw-Hill, 1977.

第3章　无缝线路服役状态地面监测方法

安全是铁路的生命线，影响高速铁路运营安全的各因素可归纳为"人-车-路-环-管"关系的一个综合体系，其中"路"是高速铁路运行必不可少的线路基础，是高速铁路系统运营安全的重要安全因素。轨道和路基共同构筑了高速铁路的运营线路，我国高速铁路轨道均采用无缝钢轨这种新型轨道结构，无缝钢轨消除了大量的钢轨接头，具有行车平稳、乘坐舒适、车辆和轨道寿命长、维修费用小等特点。但是，由于无缝线路受到扣件、道床的阻力约束作用不能自由伸缩，当温度变化时在钢轨内部会产生很大的温度应力。此外，路基作为无缝线路轨道的基础设施，其服役状态和质量直接决定高速铁路整体线路的平顺度和完整性。实时监测无缝钢轨应力、完整性以及路基沉降情况，可以为施工和养护提供可靠的现场数据，并有效预防胀轨、断轨以及路基沉降的出现，对于长期保持高速铁路无缝线路的高平顺性及高稳定性具有重要的意义。地面监测是一种常规的实时监测方法，具有实施方便、可长期在线监测、不占用行车区间以及可实现联网监控等优点，基于地面监测方法，可实时在线监测无缝线路内部应力、钢轨完整性以及路基的沉降情况。

3.1　无缝线路应力检测技术

3.1.1　背景与研究现状

铁路是国家的重要基础设施、国家的大动脉、大众化交通工具，在综合交通体系中处于骨干地位。我国以"四横四纵"为主骨架的快速铁路网基本建成，营业里程将达 4×10^4 km 以上，基本覆盖 50 万人口以上的城市。截至 2015 年底，我国投入运营的高铁总里程达 1.9×10^4 km。

我国高速铁路及主要干线均大量采用全区间、跨区间超长无缝线路这种新型轨道结构，无缝线路在一定程度上消除了钢轨接缝，减少了列车振动，降低了噪声，使列车运行平稳、线路设备和机车车辆的使用年限延长。但随着轨缝的消失，由于钢轨接头阻力和道床纵向阻力的作用，被焊接在一起的数十根甚至更多钢轨在轨温变化时不能自由伸缩，于是钢轨中将产生纵向温度应力。无缝线路长钢轨所承受的温度应力要比普通钢轨大得多，当温度应力超过钢轨的承受限度时，就会在扣件阻力小或路基条件差的区域释放能量，当压应力过大时，会发生胀轨、跑道；当拉应力过大时，会发生断轨。过去由于胀轨、断轨导致的事故时有发生，造成了巨大生命财产损失。实时在线监测高速铁路无缝线路的内部应力状态，在应力超限时及时预警，对于保障高速铁路安全运营和提高我国无缝线路基础设施检测水平具有重要的理论和现实意义。

目前，国内针对无缝线路应力超限的问题，主要采用应力放散的方法解决。应力放散是指改变长轨条原有的长度，在其伸长或缩短后，重新锁定线路从而改变锁定轨温。在夏季高温到来之前，为防止无缝线路内部压应力超限，铁路养护部门要对一定区间的无缝线路钢轨进行应力放散，依据长轨条的放散量来确定锯轨量，释放钢轨应力，然后将钢轨端部焊接起来，避免胀轨、跑道发生。

目前测量长钢轨温度应力的方法主要有：观测桩法、标定轨长法、应变计法、光纤光栅法、巴克豪森法、X射线法和超声波法等。

1) 观测桩法

为了准确掌握无缝线路锁定后的实际锁定轨温和线路爬行情况，目前主要采取埋设位移观测桩的方法进行监控。新线一次铺设无缝线路后，单元轨节一般设置5对观测桩。由于位移观测桩之间的距离比较长，监控时不能准确地反映实际锁定轨温分布的真实情况，必须借助其他方法。

2) 标定轨长法

标定轨长法在国内已经有比较成熟的应用，常用的方法有普通钢尺标定法和铟钢尺标定法。采用标定轨长法时，首先在出厂前在轨头外侧进行标准轨设标，标点为0.5mm的冲眼，一般是25m的轨，24m的标距。然后将此标准轨焊接在无缝线路中。线路运营后，通过测量标长，就可以推算零应力轨温值。

运用测标测量无缝线路实际锁定轨温的方法，可以比较真实、准确、可靠地反映长轨条内部的实际锁定轨温的分布状况。但标定轨长法测量、使用不方便，效率低，实时性差，造成误差的人为因素较大。

3) 应变计法

在长钢轨施工锁定前，采用点焊机将应变计及轨温计焊在轨腰表面，施工锁定的同时，记录应变初值和轨温，每次测量应变和轨温，和初值比较，换算成当前钢轨纵向力。

应变计法通过监测应变计的相对变化，推算出钢轨长度的变化量，从而得到当前的钢轨内部的应力值。如果此时钢轨的实际锁定轨温发生漂移，则应变计法无法得到真实的钢轨应力值。

4) 光纤光栅法

通过光纤光栅法测量，入射的宽带光进入刻有Bragg光栅的光纤，会被有选择地反射，其被反射窄带光的中心波长会随着光栅的温度变化和轴向应变发生漂移，通过测量漂移量，可以获取温度和应变的信息。

光纤光栅反射回的中心波长漂移是应变和温度的耦合结果，这种耦合关系直接影响了应力测量的准确度，同时光纤光栅成本高、制作加工困难、现场施工工艺要求高，也制约了该方法的大规模推广应用。

5) 巴克豪森法

随机取向的一系列小磁畴组成了铁磁材料，当不施加任何外界因素时，铁磁材料的总体磁化效果趋近于零。当应力改变或施加磁场时，磁畴会发生有规律的移动，此时通过在铁磁材料外部安装传感器，可以检测到脉冲信号，这种脉冲信号称为巴克豪森噪声。巴克豪森法测量钢轨应力，主要利用巴克豪森信号随拉应力的增加而增强、随压应力的增加而减弱的特性。这种方法快捷、方便，但其受钢轨内部组织结构的影响大，因此准确度和普及率不高。

6)X 射线法

通过 X 射线衍射可以测出晶格应变，当被测物体的应力改变时，按弹性理论求出的宏观应变和晶格应变是一致的，这是 X 射线检测应力的基本原理。

X 射线测量应力的方法，只能测出浅表层温度应力，测量深度在几十微米左右，无法实现长距离无缝线路内部平均温度应力的检测。

7)超声波法

超声波有很强的穿透能力，在物体内部传播时有较好的方向性，基于这些优势，超声波在无损检测的多个领域都有广泛的应用，采用超声波检测钢轨应力，利用的是声弹性原理，即超声波在弹性体中传播时，波速会随着弹性体的应力变化发生微小变化。

针对现有钢轨纵向应力检测技术实施困难、检测精度低、不适合长期在线监测的现状，基于超声波传播速度对材料内部应力的敏感性原理，研究基于超声导波技术的无缝线路温度应力在线监测技术与应用方法。通过获得钢轨的纵向温度应力值，结合钢轨的实际温度值，可以得到当前线路的实际锁定轨温值，根据实际锁定轨温，有针对性地指导应力放散等线路的养护工作，可以极大减少人工工作量，降低维护成本，同时，通过实时在线监测无缝线路钢轨的温度应力，当应力超限时，实时预警，对确保无缝线路的安全运营具有重要的意义。

3.1.2　超声导波技术

人耳能够听见的声音频率为 20Hz～20kHz，低于 20Hz 的为次声波，高于 20kHz 的为超声波。通常把在无限均匀介质中传播的波称为体波，体波分为横波(S 波)和纵波(P 波)两种，这两种波以各自的特征进行传播，没有波形耦合。横波根据偏振方向为水平和垂直，分别称为 SH 波和 SV 波。当超声波被局限于在杆、管、板等结构的波导介质中传播时，不断与介质的上下边界发生折射、反射及纵波—横波之间的波形转换而产生的波称为超声导波。导波和体波的主要区别就是介质是否有边界。

当超声波在有限介质内传播时，如果把该介质视为无限均匀弹性介质，在介质的上下交界面处会产生各种类型的反射波、透射波等，其以恒定速度传播，反射后超声波的特性只取决于固体弹性参数，而与波的自身性质无关，传播速度也只与介质本身材质有关。因此，当超声波倾斜入射到有限介质上下边界内时发生不停断的反射，如图 3-1 所示，而传导方向是沿着几何边界导向的，波动变为轴向运动和径向运动的合成，使得超声波被拘束在介质的边界内，因此几何体对波的行为有很强的影响，这就是超声导波产生的原理。

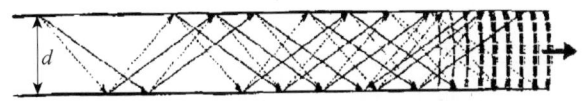

图 3-1　超声导波产生的原理

导波主要分为圆柱体中的导波以及板中的 SH 波、SV 波、兰姆波以及漏兰姆波等。圆柱体中的导波又可分为轴对称纵向模式、轴对称扭转模式和非轴对称弯曲模式等。在波导介质中传播时，超声导波比超声体波传播的距离更远，其传播过程可以覆盖整个波导介质的横截面，因此超声导波的检测效率比超声体波更高，更适于长距离的无损检测。从图 3-1 可以看出，超声导波是沿着而不是透过被测结构传播的，管壁作为波导的向导，引导导波沿着纵向方向传播下去。当导波遇到管壁横截面改变时，会向传感器发射一个反射信号，这样便可以检测出缺陷的位置。

图 3-2　超声导波在管道检测中的应用

与传统的超声体波技术相比，利用超声导波实现材料和结构的无损检测，具有快捷、经济、灵敏的特点，是无损检测领域中一个新近发展的重要课题。例如，要检测一根附有隔离层的管道，只需要在一端安装发射探头，另一端安装接收探头，通过接收到的波形，就可以检测出这一区间内管道的状况。图 3-2 为超声导波在管道检测中的应用。

群速度和相速度是导波的两个最基本的特性，也是最重要的特性。所谓群速度是指弹性波的包络上具有某种特性(如幅值最大)的点的传播速度，它是波群的能量传播速度。群速度是一群频率相近的波的传播速度。而相速度是指弹性波上相位固定的一点传播方向的传播速度，如图 3-3 所示，t_1 代表的是相位相同的两个点之间的时间差，而 t_2 则代表了以群速度传播的时间差。需特别指出的是，导波是以其群速度向前传播的。

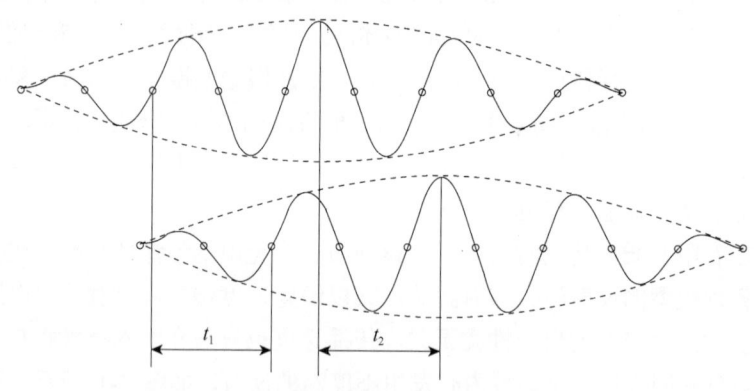

图 3-3　相速度和群速度

群速度与相速度之间并不是简单的正比关系，根据群速度经典定义 $c_g = \dfrac{\mathrm{d}\omega}{\mathrm{d}k}$ 和 $c_p = \dfrac{\omega}{k}$ 有

$$c_g = \frac{\mathrm{d}\omega}{\mathrm{d}\left(\dfrac{\omega}{c_p}\right)} = \frac{\mathrm{d}\omega}{\dfrac{\mathrm{d}\omega}{c_p} - \omega\dfrac{\mathrm{d}c_p}{c_p^2}} = \frac{c_p^2}{c_p - \omega\dfrac{\mathrm{d}c_p}{\mathrm{d}\omega}} \tag{3-1}$$

由于 $\omega = 2\pi f$，式(3-1)可以写成：

$$c_g = \frac{c_p^2}{c_p - fd\dfrac{\mathrm{d}c_p}{\mathrm{d}(fd)}}$$
(3-2)

式(3-2)就是相速度和群速度的关系。其中，c_g 为群速度；c_p 为相速度；fd 为频率-厚度积；f 为导波的频率；d 为测试件的厚度。

超声导波的传播特性很复杂，如频散特性、多模态等，在一定程度上制约了超声导波技术的应用。

频散是超声导波的重要特性之一，有几何频散和物理频散两种。所谓几何频散是指频散是由于波导介质的几何形状引起的，当波导介质存在多个边界时，在其内部传播的超声波会发生多次来回的反射，继而产生更为复杂的干涉，导致波速随着频率的改变而变化。由波导介质的固有特性引起的是物理频散，如各向异性的波导介质，其内部传播的超声波波速与传播方向有关。

多模态是指在同一频率下，波导介质中可以激发出多个导波模态，即存在多个不同的振动形态。而且随着频率的增加，导波模态的数量也快速增多。多模态特性将会给后续导波信号的分析处理带来很大的困难。

在近十几年，国内外科研人员对超声导波技术的研究有了很大的进展。1999 年，Joseph 在 *Ultrasonic Waves in Solid Media* 一书中详细分析了导波在板、杆、圆柱体中的传播特性，并给出了兰姆波频散曲线的数值求解方法，奠定了超声导波研究的理论基础。

2002 年，英国 Imperial College 的 Cawley 应用超声导波技术实现了管道和钢轨的长距离检测，图 3-4 为其设计的管道的导波传感器。

2002 年，南非 RAILSONIC 公司利用超声导波技术实现了无缝线路的断轨检测，其检测区间可以达到 1.75km。图 3-5 为该公司使用的超声导波换能器。

图 3-4　安装于 8 英寸(1in=0.0254m)管道的
　　　　导波传感器

图 3-5　超声导波换能器

国内研究学者针对兰姆波、杆中的导波和管中的导波开展了多方面的研究，并取得了一定的进展，其中，超声导波技术检测石油管道在国内已经有成熟的产品应用。针对超声导波在钢轨检测中应用，兰州交通大学进行了基于超声导波的断轨检测技术研究，南昌航空大学的卢超采用半解析有限元软件对在我国高铁线路上铺设的 60 型钢轨轨底的超声导波的传播特性进行了分析研究。

　　到目前为止，导波检测缺损的例子在国内与国外还都处于实验室研究阶段，成功应用于实际的还很少，且集中于管道缺损检测方面，管道的结构比较简单，其中传播的模态也较少，较易控制，由于钢轨横截面形状复杂，其内部可传播的超声导波模态很多，基于超声导波实现无缝线路温度应力检测，首先要分析钢轨中存在的导波模态，研究各模态的振动特性和传播规律，选取最适于钢轨温度应力检测的导波模态，并在钢轨中激励出该模态的超声导波信号。即首先需要解决钢轨中超声导波的模态分析、模态选取和模态激励问题。

3.1.3　半解析有限元方法

　　基于超声导波的无缝线路钢轨温度应力的检测方法，即以无缝线路钢轨为波导介质，研究超声导波在其内部的传播特性，选取适于应力检测的超声导波模态。因此，首先要对无缝线路钢轨进行模态分析，获取无缝线路钢轨的频散特性曲线，进而深入研究超声导波在其中的传播特性。半解析有限元方法是快速获得频散特性曲线的便捷方法。

　　半解析有限元(Semi-Analytical Finite Element, SAFE)方法，在有的文献中也称为谱有限元方法或波导有限元方法，最初用于导波传播的数值建模，以替代基于体波叠加的精确求解方法。

　　通过传统的有限元模态分析方法，无法求解得到钢轨中超声导波完整的频散曲线。半解析有限元方法是国际上普遍采用的求解任意横截面波导介质中超声导波频散曲线的一种有效方法，通过半解析有限元方法，可以求解任意截面波导介质中导波的频散曲线，在对波导介质横截面进行有限元离散后，可以推导出导波在其中传播的波动方程，通过特征方程求解可得到波数和频率的关系，进而得到导波的频散特性曲线。半解析有限元方法可以简化计算步骤，尤其对于群速度的求解，不需要进行模态跟踪，通过特征值和特征向量可以直接求解获得群速度。

　　定义 CHN60 钢轨的横截面为 y-z 平面，波沿 x 方向传播，如图 3-6 所示。

　　波导介质中每个点的简谐位移、应力和应变场分量表示为

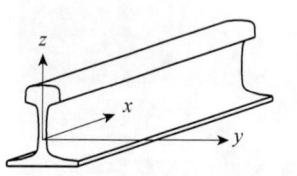

图 3-6　钢轨中波传播的 SAFE 模型图

$$\boldsymbol{u} = \begin{bmatrix} u_x & u_y & u_z \end{bmatrix}^{\mathrm{T}}$$

$$\boldsymbol{\sigma} = \begin{bmatrix} \sigma_x & \sigma_y & \sigma_z & \sigma_{yz} & \sigma_{xz} & \sigma_{xy} \end{bmatrix}^{\mathrm{T}}$$

$$\boldsymbol{\varepsilon} = \begin{bmatrix} \varepsilon_x & \varepsilon_y & \varepsilon_z & \gamma_{yz} & \gamma_{xz} & \gamma_{xy} \end{bmatrix}^{\mathrm{T}}$$

应力和应变的关系为 $\boldsymbol{\sigma} = \boldsymbol{C\varepsilon}$，其中，$\boldsymbol{C}$ 为波导介质的弹性常数矩阵。

应变和位移的关系为

$$\boldsymbol{\varepsilon} = \left[\boldsymbol{L}_x \frac{\partial \boldsymbol{u}}{\partial x} + \boldsymbol{L}_y \frac{\partial \boldsymbol{u}}{\partial y} + \boldsymbol{L}_z \frac{\partial \boldsymbol{u}}{\partial z} \right] \tag{3-3}$$

其中，

$$\boldsymbol{L}_x = \begin{bmatrix} 1 & 0 & 0 \\ 0 & 0 & 0 \\ 0 & 0 & 0 \\ 0 & 0 & 0 \\ 0 & 0 & 1 \\ 0 & 1 & 0 \end{bmatrix}, \quad \boldsymbol{L}_y = \begin{bmatrix} 0 & 0 & 0 \\ 0 & 1 & 0 \\ 0 & 0 & 0 \\ 0 & 0 & 1 \\ 0 & 0 & 0 \\ 1 & 0 & 0 \end{bmatrix}, \quad \boldsymbol{L}_z = \begin{bmatrix} 0 & 0 & 0 \\ 0 & 0 & 0 \\ 0 & 0 & 1 \\ 0 & 1 & 0 \\ 1 & 0 & 0 \\ 0 & 0 & 0 \end{bmatrix} \tag{3-4}$$

假定导波沿 x 方向传播时的位移场是简谐振动，波导介质中任意一点的位移可用空间分布函数表示为式(3-5)的形式：

$$\boldsymbol{u}(x,y,z,t) = \begin{bmatrix} u_x(x,y,z,t) \\ u_y(x,y,z,t) \\ u_z(x,y,z,t) \end{bmatrix} = \begin{bmatrix} U_x(y,z) \\ U_y(y,z) \\ U_z(y,z) \end{bmatrix} \mathrm{e}^{\mathrm{i}(\xi x - \omega t)} \tag{3-5}$$

其中，ξ 为波数；ω 为频率。

采用 PDE 工具对钢轨的横截面做有限元离散，离散后的结果如图 3-7 所示，每个单元有 3 个节点，每个节点有 3 个自由度，分别对应 3 个方向的位移：U_x、U_y、U_z。

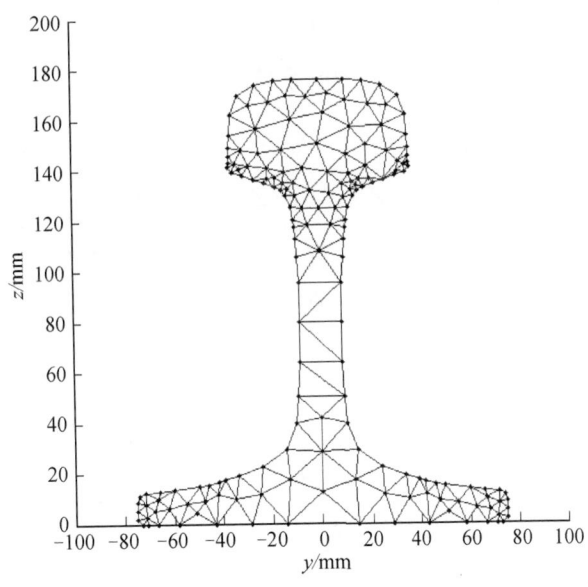

图 3-7　采用三角形单元离散的钢轨横截面

离散后的横截面共有 177 个节点，255 个单元。

对波导介质的横截面作有限元离散后，单元内任意一点的位移通过形函数的形式可以表示为

$$u^{(e)}(x,y,z,t) = \begin{bmatrix} \sum_{k=1}^{n} N_k(y,z)U_{xk} \\ \sum_{k=1}^{n} N_k(y,z)U_{yk} \\ \sum_{k=1}^{n} N_k(y,z)U_{zk} \end{bmatrix}^{(e)} e^{i(\xi x - \omega t)} = N(y,z)q^{(e)}e^{i(\xi x - \omega t)} \tag{3-6}$$

其中，$N(y,z)$ 为形函数矩阵；$q^{(e)}$ 为节点位移矢量；对于三角形单元 $n=3$。

$$N(y,z) = \begin{bmatrix} N_1 & & N_2 & & \cdots & & N_n & & \\ & N_1 & & N_2 & & \cdots & & N_n & \\ & & N_1 & & N_2 & & \cdots & & N_n \end{bmatrix} \tag{3-7}$$

$$q^{(e)} = \begin{bmatrix} U_{x1} & U_{y1} & U_{z1} & U_{x2} & U_{y2} & U_{z2} & \cdots & U_{xn} & U_{yn} & U_{zn} \end{bmatrix}^{T} \tag{3-8}$$

其中，N_i 为有限元单元的形状函数。

图 3-8 为节点 i、j、k 组成的三角形单元。各个节点的坐标分别为 (Y_i, Z_i)、(Y_j, Z_j)、(Y_k, Z_k)，其形函数为

$$N_i = \frac{1}{2A}(\alpha_i + \beta_i Y + \delta_i Z)$$

$$N_j = \frac{1}{2A}(\alpha_j + \beta_j Y + \delta_j Z)$$

$$N_k = \frac{1}{2A}(\alpha_k + \beta_k Y + \delta_k Z)$$

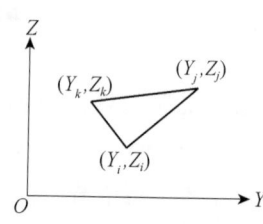

图 3-8　三角形单元

其中，A 是三角形的面积；α、β、δ 为中间系数。

$$A = \frac{1}{2}[Y_i(Z_j - Z_k) + Y_j(Z_k - Z_i) + Y_k(Z_i - Z_j)]$$

$$\alpha_i = Y_j Z_k - Y_k Z_j, \quad \beta_i = Z_j - Z_k, \quad \delta_i = Y_k - Y_j$$

$$\alpha_j = Y_k Z_i - Y_i Z_k, \quad \beta_j = Z_k - Z_i, \quad \delta_j = Y_i - Y_k$$

$$\alpha_k = Y_i Z_j - Y_j Z_i, \quad \beta_k = Z_i - Z_j, \quad \delta_k = Y_j - Y_i$$

将式 (3-6) 代入式 (3-3) 中，单元的应变矢量可以用节点的位移表示为

$$\varepsilon^{(e)} = \left[L_x \frac{\partial}{\partial x} + L_y \frac{\partial}{\partial y} + L_z \frac{\partial}{\partial z} \right] N(y,z)q^{(e)}e^{i(\xi x - \omega t)} = (B_1 + i\xi B_2)q^{(e)}e^{i(\xi x - \omega t)} \tag{3-9}$$

其中，L_x、L_y、L_z 由式 (3-4) 给出；B_1、B_2 为

$$B_1 = L_y N_y + L_z N_z, \quad B_2 = L_x N \tag{3-10}$$

其中，N_y、N_z 分别为形函数矩阵在 y、z 方向的导数。将各个单元的位移和应变代入运动方程中，可得到下面的等式：

$$\left[K_1 + i\xi K_2 + \xi^2 K_3 - \omega^2 M \right]_M U = 0 \tag{3-11}$$

其中，

$$K_1 = \bigcup_{e=1}^{n} k_1^{(e)}, \quad K_2 = \bigcup_{e=1}^{n} k_2^{(e)}, \quad K_3 = \bigcup_{e=1}^{n} k_3^{(e)}, \quad M = \bigcup_{e=1}^{n} m^{(e)} \tag{3-12}$$

其中，

$$k_1^{(e)} = \int_{\Omega_e} \left[\boldsymbol{B}_1^{\mathrm{T}} \boldsymbol{C}_e \boldsymbol{B}_1 \right] \mathrm{d}\Omega_e , \quad k_2^{(e)} = \int_{\Omega_e} \left[\boldsymbol{B}_1^{\mathrm{T}} \boldsymbol{C}_e \boldsymbol{B}_2 - \boldsymbol{B}_2^{\mathrm{T}} \boldsymbol{C}_e \boldsymbol{B}_1 \right] \mathrm{d}\Omega_e$$

$$k_3^{(e)} = \int_{\Omega_e} \left[\boldsymbol{B}_2^{\mathrm{T}} \boldsymbol{C}_e \boldsymbol{B}_2 \right] \mathrm{d}\Omega_e , \quad m^{(e)} = \int_{\Omega_e} \left[\boldsymbol{N}^{\mathrm{T}} \rho_e \boldsymbol{N} \right] \mathrm{d}\Omega_e \tag{3-13}$$

在进行有限元离散时，将无缝钢轨的横截面域记作 Ω，用三角形单元对钢轨横截面进行有限元离散，离散后的单元记作 Ω_e。

式(3-11)中有虚数项 $\mathrm{i}\xi\boldsymbol{K}_2$，为了消去虚数项，简化特征方程的求解，引入了辅助矩阵 $\boldsymbol{T}$：

$$\boldsymbol{T} = \begin{bmatrix} i & & & & & & \\ & 1 & & & & & \\ & & 1 & & & & \\ & & & \cdots & & & \\ & & & & i & & \\ & & & & & 1 & \\ & & & & & & 1 \end{bmatrix} \tag{3-14}$$

辅助矩阵 $\boldsymbol{T}$ 具有以下性质：

$$\boldsymbol{T}^{\mathrm{T}} \boldsymbol{K}_1 \boldsymbol{T} = \boldsymbol{K}_1 , \quad \boldsymbol{T}^{\mathrm{T}} \boldsymbol{K}_3 \boldsymbol{T} = \boldsymbol{K}_3 , \quad \boldsymbol{T}^{\mathrm{T}} \boldsymbol{M} \boldsymbol{T} = \boldsymbol{M} , \quad \boldsymbol{T}^{\mathrm{T}} \boldsymbol{K}_2 \boldsymbol{T} = -\mathrm{i}\hat{\boldsymbol{K}}_2 \tag{3-15}$$

通过引入辅助矩阵，式(3-11)变为

$$\left[\boldsymbol{K}_1 + \xi\hat{\boldsymbol{K}}_2 + \xi^2 \boldsymbol{K}_3 - \omega^2 \boldsymbol{M} \right]_M \hat{\boldsymbol{U}} = 0 \tag{3-16}$$

由式(3-16)，通过一般特征值问题的求解方法，可获得 $\xi - \omega$ 的关系，通过 MATLAB 求解得到的无缝线路 CHN60 钢轨中超声导波的相速度频散曲线，如图 3-9 所示。

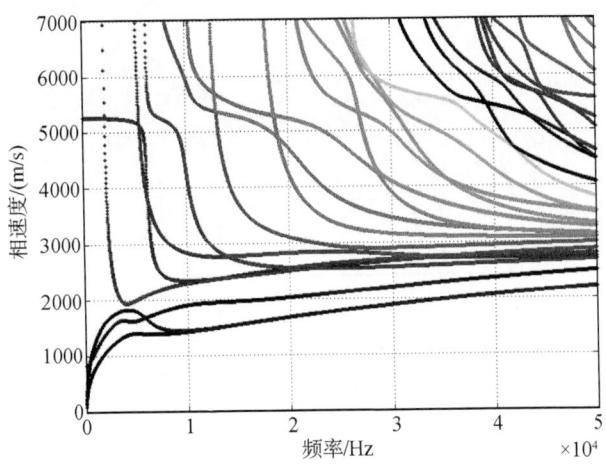

图 3-9 钢轨中超声导波的相速度频散曲线

根据群速度的定义可知：

$$C_g = \frac{\mathrm{d}\omega}{\mathrm{d}\xi} \tag{3-17}$$

传统的群速度计算方法，是通过同一模态下相邻点 A、B 的差分值近似求解的，即

$$C_g = \frac{\omega_B - \omega_A}{\xi_B - \xi_A} \qquad (3\text{-}18)$$

这就要求对所有 ξ、ω 的解进行模态分离,在同一模态下进行微分运算,求出相应的群速度值。

半解析有限元法在求解群速度值时,不依赖于相邻两点的 ξ、ω 值,不需要进行模态分离,可以通过公式直接求解。

对式(3-16)求导有

$$\frac{\partial}{\partial \xi}\left(\left[\boldsymbol{K}_1 + \xi \hat{\boldsymbol{K}}_2 + \xi^2 \boldsymbol{K}_3 - \omega^2 \boldsymbol{M}\right]\hat{\boldsymbol{U}}_R\right) = 0 \qquad (3\text{-}19)$$

将式(3-19)展开,并在前面乘上左特征向量的转置矩阵得

$$\hat{\boldsymbol{U}}_L^{\mathrm{T}}\left[\frac{\partial}{\partial \xi}\left(\boldsymbol{K}_1 + \xi \hat{\boldsymbol{K}}_2 + \xi^2 \boldsymbol{K}_3\right) - 2\omega\frac{\partial \omega}{\partial \xi}\boldsymbol{M}\right]\hat{\boldsymbol{U}}_R = 0 \qquad (3\text{-}20)$$

将式(3-20)变换后,可得到群速度的计算公式:

$$C_g = \frac{\partial \omega}{\partial \xi} = \frac{\hat{\boldsymbol{U}}_L^{\mathrm{T}}\left(\hat{\boldsymbol{K}}_2 + 2\xi \boldsymbol{K}_3\right)\hat{\boldsymbol{U}}_R}{2\omega\hat{\boldsymbol{U}}_L^{\mathrm{T}}\boldsymbol{M}\hat{\boldsymbol{U}}_R} \qquad (3\text{-}21)$$

在求解特征方程(3-16)时,可求得 ω、ξ、$\hat{\boldsymbol{U}}_R$、$\hat{\boldsymbol{U}}_L$,将其代入式(3-21)中,可求出群速度频散曲线,如图3-10所示。

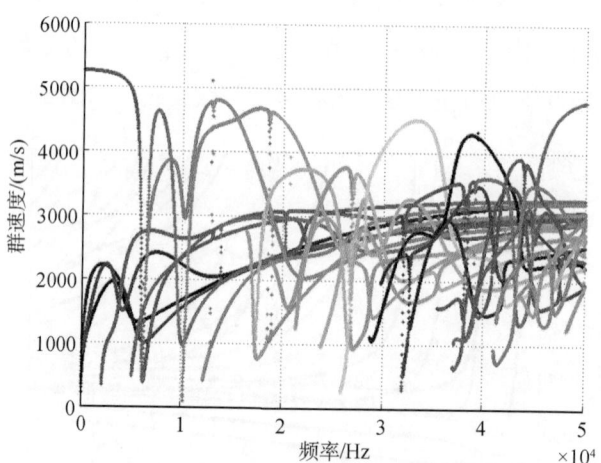

图3-10　钢轨中超声导波的群速度频散曲线

3.1.4　仿真与分析

1. 激励响应分析

选定一个超声导波模态之后,首先要确定超声导波探头的安装位置、安装方向以及施加的激励信号,来激励出需要的模态。以上问题都可以通过激励响应分析仿真试验确定。

激励响应分析是一种通过解析求解的仿真分析方法,在进行激励响应分析时,首先,确定施加的激励信号,如三角波信号、汉明窗调制的正弦信号等;其次,确定在钢轨断面的哪

个位置施加该信号，以及施加的方向；最后，通过解析求解可以得到远处某一点的响应结果。

图 3-11 为激励响应分析示意图。左侧是施加的激励信号，为汉明窗调制的正弦信号，共 6 个周期。在钢轨的轨顶左侧，垂直钢轨的方向施加激励，在钢轨远端同一位置查看其激励的响应结果。

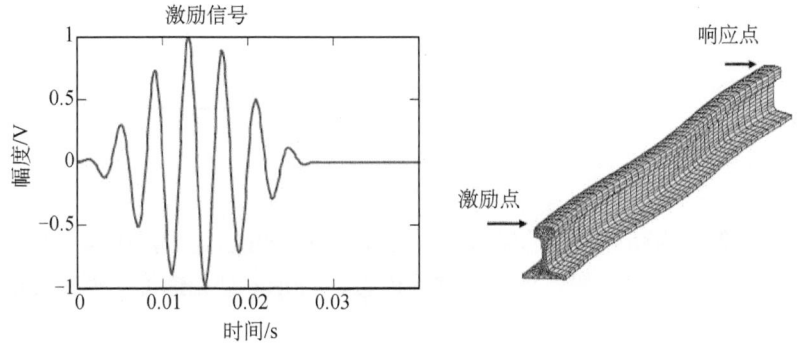

图 3-11　激励响应分析示意图

下面以 100m CHN60 钢轨为例，说明激励响应的求解过程。图 3-12 为三角形单元离散后的 CHN60 钢轨横截面。钢轨沿 x 方向的长度为 100m。在图中红色区域的节点 A 位置施加激励信号。

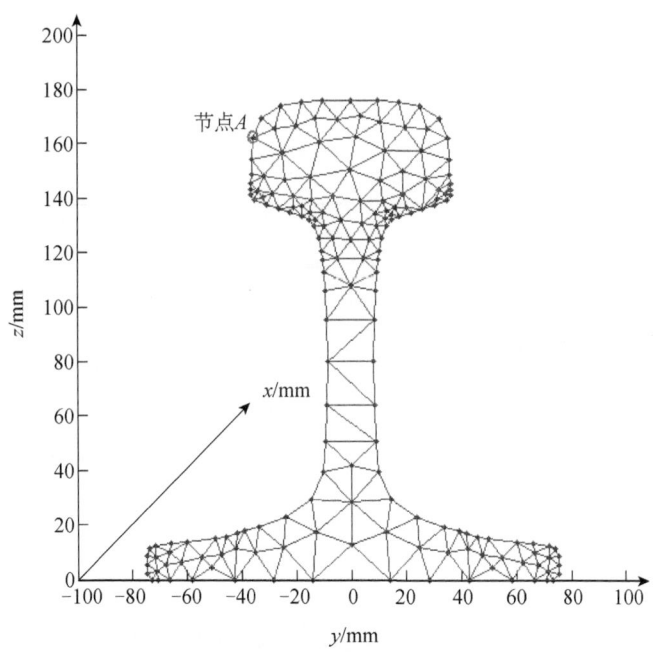

图 3-12　三角形单元离散后的 CHN60 钢轨横截面

激励信号为汉明窗调制的正弦波，频率为 200Hz。其信号的峰值出现在 0.0163s 处。激励信号波形如图 3-13 所示。

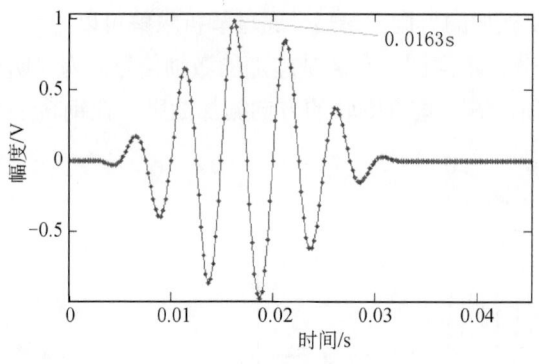

图 3-13　激励信号波形

根据 CHN60 钢轨内超声导波的频散曲线可知，在 200Hz 处，存在 4 种导波模态，即水平弯曲模态、垂直弯曲模态、扭转模态和伸展模态。200Hz 处相速度、群速度的频散曲线分别如图 3-14(a) 和 (b) 所示。

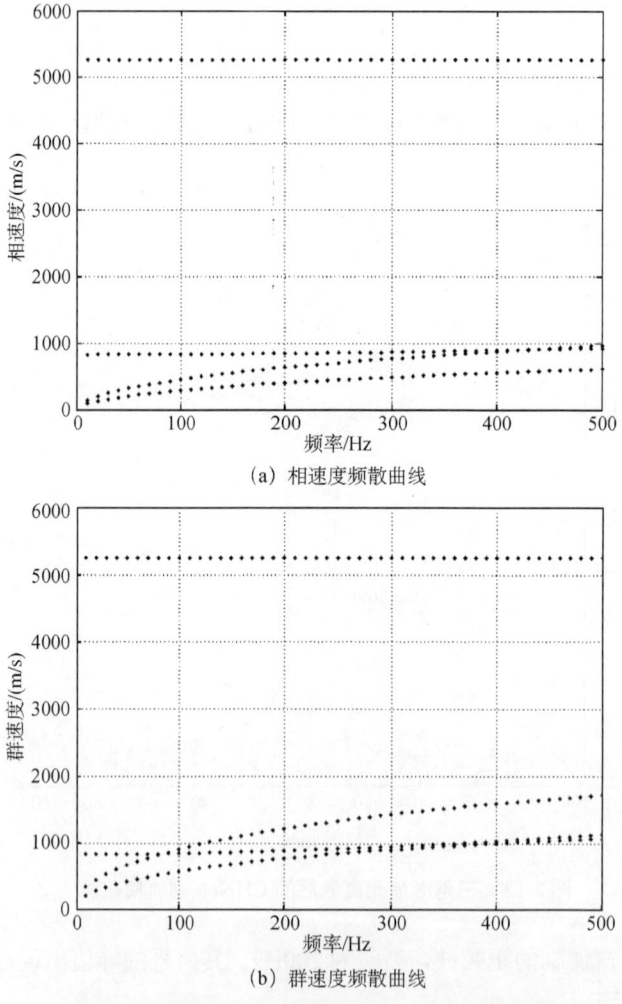

(a) 相速度频散曲线

(b) 群速度频散曲线

图 3-14　200Hz 时钢轨的相速度、群速度频散曲线

由频散曲线图可知，200Hz 相速度值为 403m/s、634m/s、847m/s、5263m/s。分别为水平弯曲模态、垂直弯曲模态、扭转模态、伸展模态。其对应的群速度值为 772m/s、1218m/s、886m/s、5263m/s，如表 3-1 所示。

表 3-1　200Hz 时钢轨的相速度、群速度值

序号	模态	相速度值/(m/s)	群速度值/(m/s)
1	水平弯曲模态	403	772
2	垂直弯曲模态	634	1218
3	扭转模态	847	886
4	伸展模态	5263	5263

1) X 方向激励

沿 CHN60 钢轨的 X 方向，在节点 A 位置施加激励信号，傅里叶逆变换后可以得到激励响应结果的时域波形图，如图 3-15 所示。

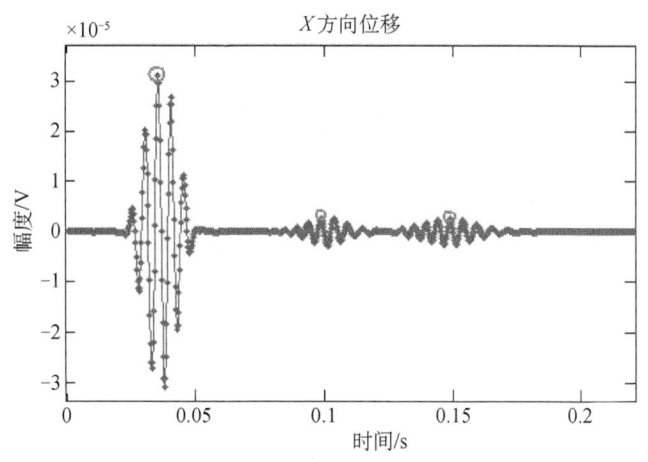

图 3-15　X 方向激励响应结果

图 3-15 中出现了 3 个时域的信号波形，即沿 X 方向在节点 A 位置激励时，会出现 3 种模态。3 种模态信号峰值出现的时间分别为 $T_1=0.0355\text{s}$、$T_2=0.0988\text{s}$、$T_3=0.149\text{s}$。根据与激励信号的时间差和安装距离，可以得到 3 种模态的群速度，如表 3-2 所示。

表 3-2　X 方向激励出 3 种模态的群速度值

激励时间/s	响应时间/s	计算群速度值/(m/s)	频散曲线群速度值/(m/s)	相应模态
0.0163	0.0355	5208	5263	伸展模态
0.0163	0.0988	1212	1218	垂直弯曲模态
0.0163	0.149	753	772	水平弯曲模态

由表 3-2 可知，沿 X 方向在节点 A 位置激励时，可以激励出垂直弯曲模态、伸展模态和水平弯曲模态，如图 3-16 所示。

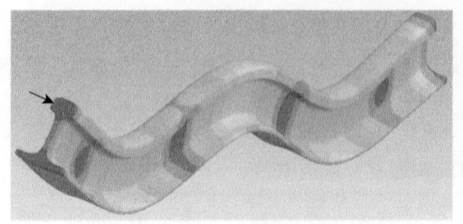
（a）垂直弯曲模态

（b）伸展模态

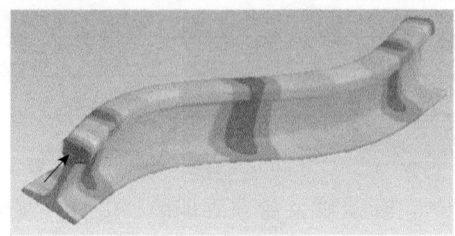
（c）水平弯曲模态

图 3-16　X 方向激励出 3 种模态

2）Y 方向激励

沿 CHN60 钢轨的 Y 方向，在节点 A 位置施加激励信号，傅里叶逆变换后可以得到激励响应结果的时域波形图，如图 3-17 所示。

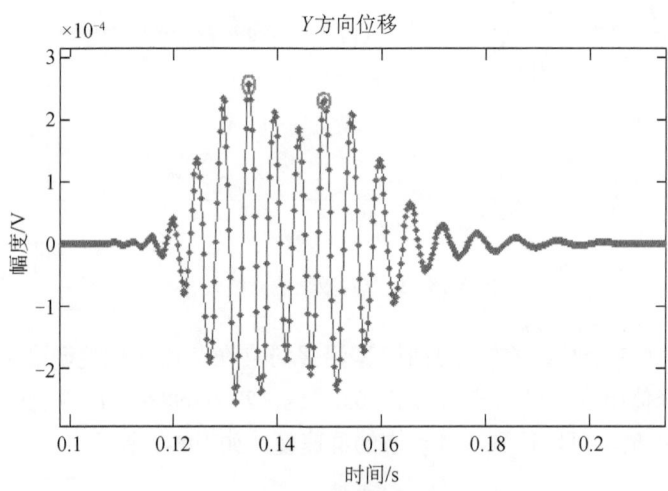

图 3-17　Y 方向激励响应结果

图 3-17 中出现了 2 个时域的信号波形，即沿 Y 方向在节点 A 位置激励时，会出现 2 种模态。2 种模态信号峰值出现的时间分别为 $T_1=0.1346s$、$T_2=0.1489s$。根据与激励信号的时间差和安装距离，可以得到 2 种模态的群速度，如表 3-3 所示。

由表 3-3 可知，沿 Y 方向在节点 A 位置激励时，可以激励出水平弯曲模态、扭转模态，如图 3-18 所示。

表 3-3　Y 方向激励出 2 种模态的群速度值

激励时间/s	响应时间/s	计算群速度值/(m/s)	频散曲线群速度值/(m/s)	相应模态
0.0163	0.1346	845	886	扭转模态
0.0163	0.1489	754	772	水平弯曲模态

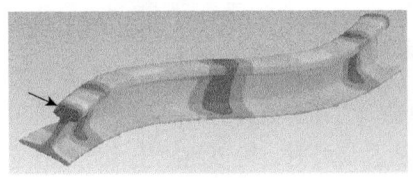 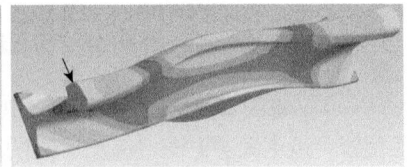

(a) 水平弯曲模态　　　　　　　　(b) 扭转模态

图 3-18　Y 方向激励出 2 种模态

3)Z 方向激励

沿 CHN60 钢轨的 Z 方向，在节点 A 位置施加激励信号，傅里叶逆变换后可以得到激励响应结果的时域波形图，如图 3-19 所示。

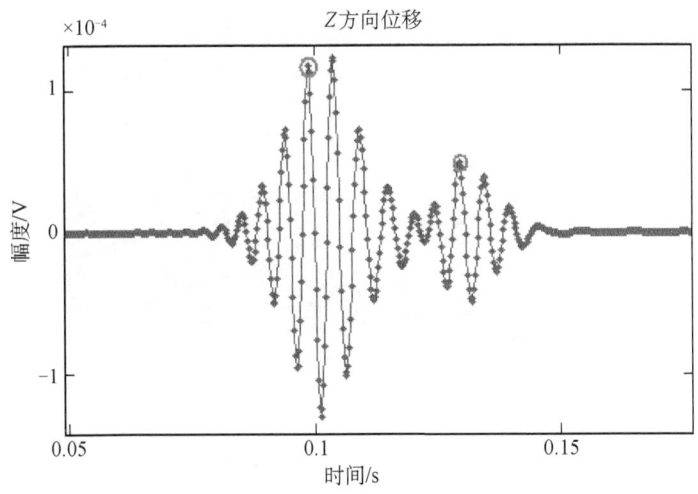

图 3-19　Z 方向激励响应结果

图 3-19 中出现了 2 个时域的信号波形，即沿 Z 方向在节点 A 位置激励时，会出现 2 种模态。2 种模态信号峰值出现的时间分别为 $T_1=0.0987\text{s}$、$T_2=0.1295\text{s}$。根据与激励信号的时间差和安装距离，可以得到 2 种模态的群速度，如表 3-4 所示。

表 3-4　Z 方向激励出 2 种模态的群速度值

激励时间/s	响应时间/s	计算群速度值/(m/s)	频散曲线群速度值/(m/s)	相应模态
0.0163	0.0987	1213	1218	垂直弯曲模态
0.0163	0.1295	883	886	扭转模态

由表 3-4 可知，沿 Z 方向在节点 A 位置激励时，可以激励出扭转模态、垂直弯曲模态，如图 3-20 所示。

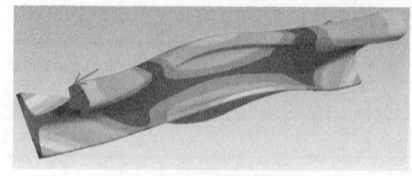
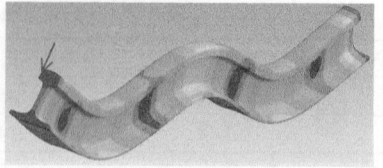

（a）扭转模态　　　　　　　　　　　　（b）垂直弯曲模态

图 3-20　Z 方向激励出 2 种模态

通过在 CHN60 钢轨的 X、Y、Z 方向施加激励信号，分别激励出了不同的导波模态，因此，在钢轨不同的位置、沿不同的方向、施加不同的激励信号时，可以激励出不同的模态。进一步深入研究激励信号和响应信号的关系与规律，得到各个模态在钢轨中的最佳激励位置和激励方向，可以指导后续超声导波探头的设计，以最经济、简单的方式激励出工程中需要的超声导波模态。

2. 导波模态选取

钢轨中超声导波频散曲线复杂，模态数量多，各模态的振动特性各异，在众多的模态中，要选择适于应力检测的模态。图 3-21 为 CHN60 钢轨中超声导波的相速度频散曲线。

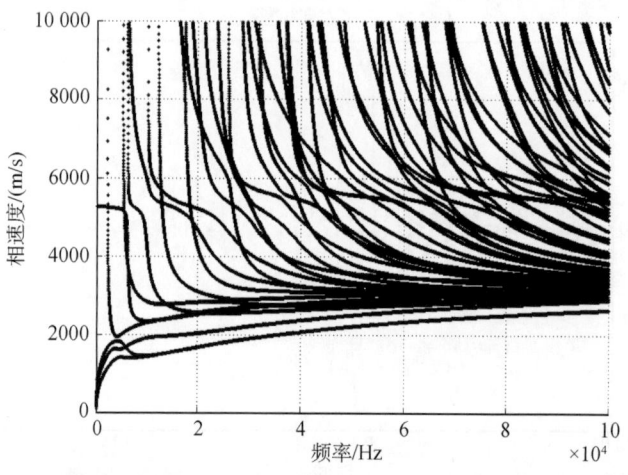

图 3-21　CHN60 钢轨中超声导波的相速度频散曲线

从图 3-21 中可以看出，在 0～100kHz 内存在很多个导波模态。在如此复杂的频散曲线图中选取一个适于应力检测的超声导波模态，需要考虑频率、应力敏感度、振型适于远距离传播、模态可辨识度 4 个方面的因素。

1）频率

从相速度频散曲线图（图 3-21），可以看出，随着频率的增加，超声导波模态的数量在不断增加，导波模态的数量越多，模态间相互干扰的可能性越大，模态提取的难度也就越大，因此应在 100kHz 频率以下进行模态选取。超声波在钢轨中传导时已不再遵循一维平面波的传导规律，超声波在轨腰处会发生波形转换，生成其他形式的复合波形，使得导管模型计算失效。采用传统的数学模型分析计算求解最优声波频率非常困难，因此，只能通过试验的方法来确定钢轨中超声导波频率与传播距离的关系。

2002 年，Joseph 在加利福尼亚的 BART（bay area rapid transit）进行了钢轨中超声导波的传播距离试验，通过试验与数据分析得到图 3-22 所示的钢轨中超声导波信号强度与传播距离的关系曲线。

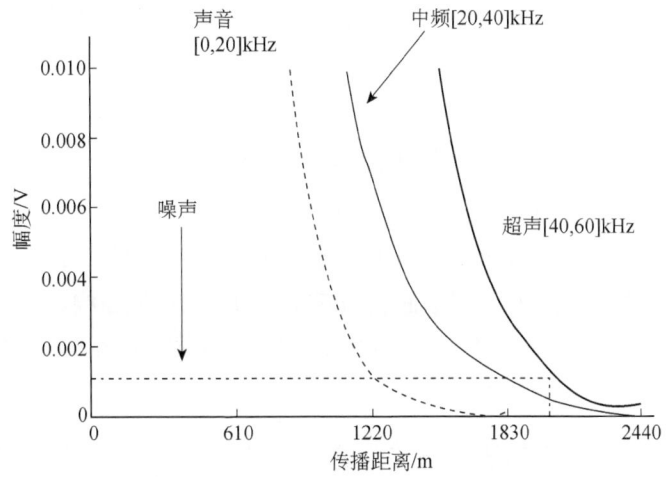

图 3-22　钢轨中超声导波的衰减曲线

由图 3-22 可知，在同样的激励条件下，进入钢轨中的声波能量基本一致时，不同频率的声波的传输距离不同，表 3-5 列出了幅度在噪声水平以上的各频率声波的传输距离。

表 3-5　钢轨中声波频率和模态数量

序号	声波频率/kHz	传输距离/m	模态数量
1	0～20	1220	18
2	20～40	1830	23
3	40～60	1964	33

表 3-5 中列出了不同频率范围内，钢轨中存在的导波模态数量。通过综合模态数量和传播距离，选择 35kHz 作为超声导波的频率，满足长距离传输和较少的模态数量。

2）应力敏感度

应力敏感度的定义为：钢轨内部应力变化时，在其内部传播的超声导波速度的变化率。当应力变化量一定时，速度变化率越大的超声导波模态，对应力越敏感。应力敏感度高的导波模态，更适用于钢轨内部的应力检测。

无缝线路钢轨上施加纵向应力会影响导波在钢轨中的传播速度，采用有限单元方法可以分析施加应力时导波传播特性的变化，而半解析有限元方法被认为是一种更有效的方法，通过引入一个应力载荷的分量，再结合无限长波导介质频散曲线的求解方法，就可以进行应力与传播特性的分析。

应力敏感度反映了在相同应力作用下，各个模态传播速度的变化量。为了便于分析，下面分别绘制没有施加应力的相速度频散曲线和施加应力后的相速度频散曲线，从图形上分析各个模态对应力的敏感程度。

通过半解析有限元方法得到钢轨中超声导波的一般均质波动方程，如式（3-22）所示。

$$\left[K_1 + \mathrm{i}\xi K_2 + \xi^2 K_3 - \omega^2 M \right]_M U = 0 \tag{3-22}$$

这里引入一个应力分量 K_0，新引入的刚度矩阵 K_0 和质量矩阵 M、施加的轴向应力 σ_x 成正比，与钢轨的密度 ρ 成反比，即

$$K_0 = \frac{\sigma_x}{\rho} M \tag{3-23}$$

引入 K_0 后，波动方程变为

$$\left[K_1 + \mathrm{i}\xi K_2 + \xi^2 (K_3 + K_0) - \omega^2 M \right]_M U = 0 \tag{3-24}$$

对式(3-24)进行求解，可得到施加应力后的频散曲线。

在 $\sigma_x = 0\mathrm{MPa}$ 和 $\sigma_x = 200\mathrm{MPa}$ 时，可求解得到频散曲线，如图 3-23 所示。其中，星号线为未施加应力时的频散曲线，点组成的曲线为施加应力后的频散曲线。

由图 3-23 可知，在 50kHz 频率上，不同模态的速度变化量是各不相同的。再将频散曲线放大，查看其低频部分，如图 3-24 所示。

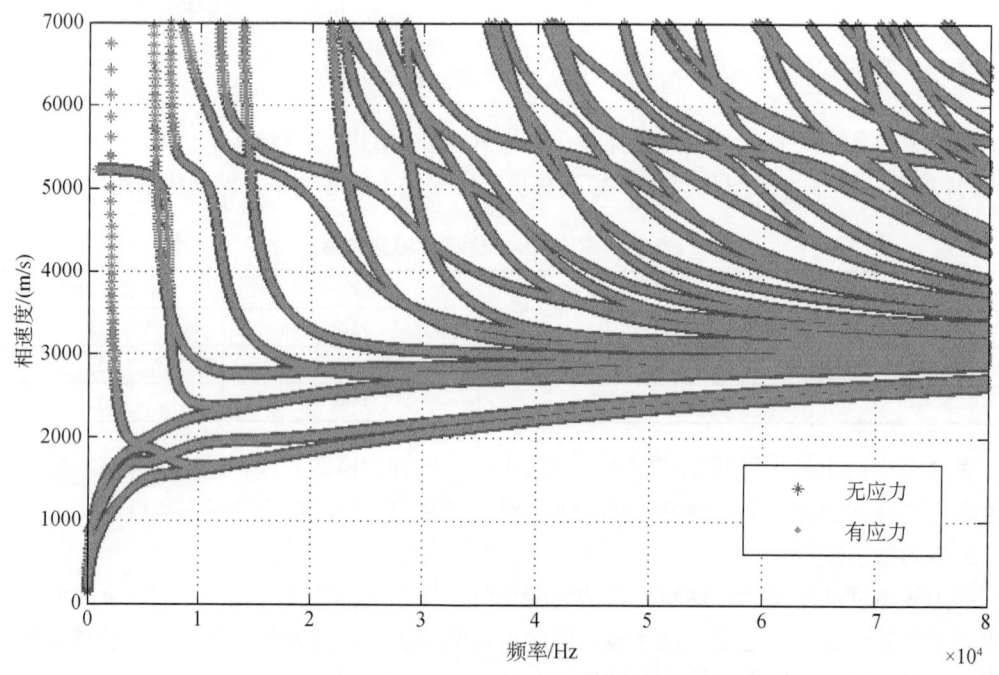

图 3-23　不同应力作用时的相速度频散曲线

在图 3-24 中圈出的部分，1.1kHz 频率位置处，其速度变化量为 8m/s。

下面对应力敏感度因子作如下定义，若在频率为 $f\,\mathrm{Hz}$ 时，存在 m 个超声导波模态，则第 i 个模态的应力敏感度因子定义为

$$\alpha_2 (f,i) = \left[\frac{\dfrac{\Delta \upsilon_i}{\upsilon_i}}{\max\left(\dfrac{\Delta \upsilon_1}{\upsilon_1} \quad \dfrac{\Delta \upsilon_2}{\upsilon_2} \quad ... \quad \dfrac{\Delta \upsilon_m}{\upsilon_m} \right)} \right]_{\sigma = 200\mathrm{MPa}} \tag{3-25}$$

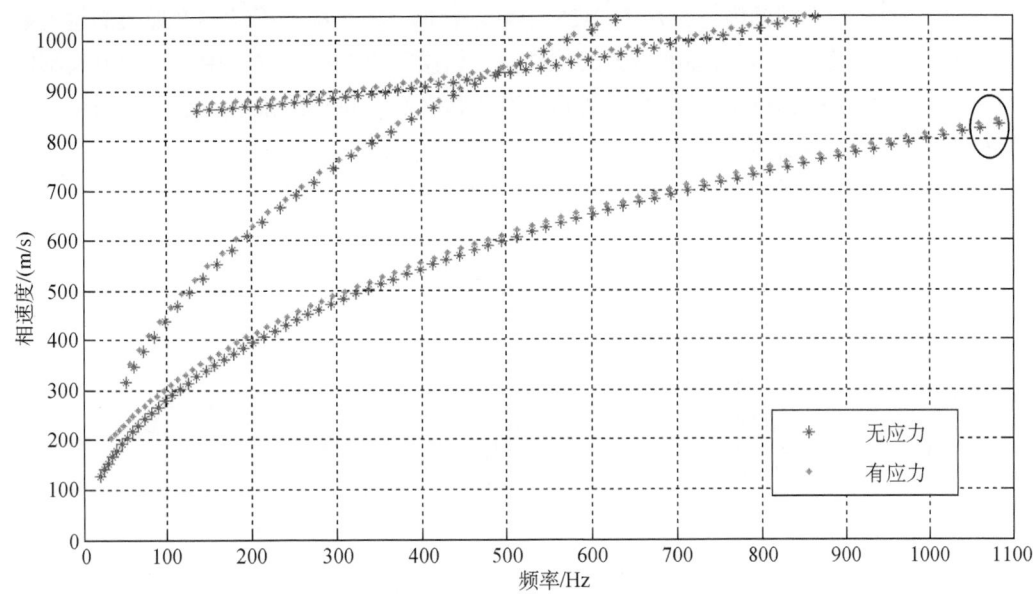

图 3-24　低频时不同应力作用时的相速度频散曲线

在式(3-25)中，施加的纵向应力载荷为 200MPa。在频率为 f Hz 时，未施加应力时，第 i 个导波模态的相速度值为 v_i，施加 200MPa 应力后，速度改变量为 Δv_i。式(3-25)中分子为当前模态的速度变化量，分母为当前频率所有模态速度变化量的最大值。

3）振型适于远距离传播

钢轨中不同模态的振型各不相同，例如，在 35kHz 时，存在 20 种不同的模态，各模态的振动形态各异，如图 3-25 所示。

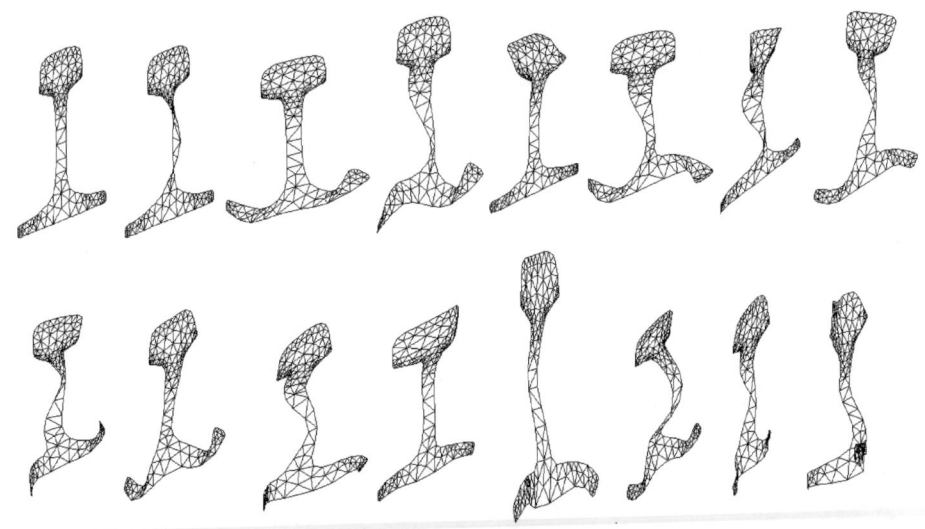

图 3-25　钢轨中各模态的振型

在图 3-25 中，第一个断面为 CHN60 钢轨标准断面尺寸图，其余断面为各个模态的振型图，这里取了 15 种不同的模态。从图 3-25 中可以看出，各个模态振动幅度最大的位置是不同的，有的轨头振动大，有的幅度最大的振动点在轨腰，有的在轨底。由于振动方式不同，各个振型的传播距离也不同。对于实际线路，有扣件在轨底进行约束，对于振动幅度最大点在轨底的模态，其传播过程中受到的约束最大。

将标准的钢轨断面分为上、下两个部分：UP 和 DOWN，如图 3-26 所示。

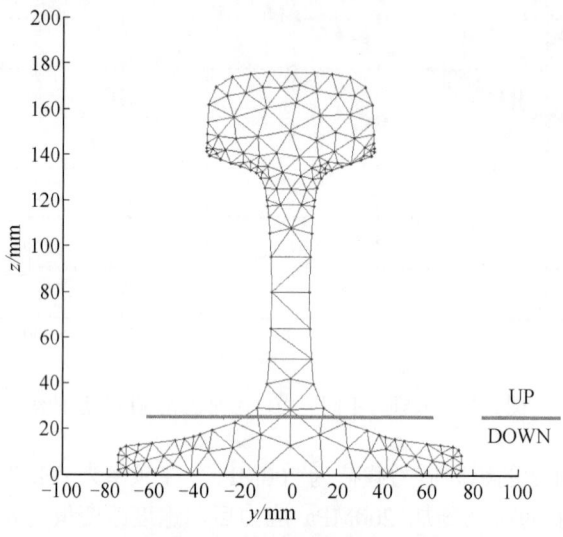

图 3-26　钢轨横截面划分

上半部分的节点总数为 N_u，下半部分的节点总数为 N_d。每个节点有 3 个方向的自由度，分别为 U_{ix}、U_{iy}、U_{iz}，则单个节点在笛卡儿坐标系中的位移量 $U_i = \sqrt{U_{ix}^2 + U_{iy}^2 + U_{iz}^2}$。上半部分节点的平均位移量为

$$\overline{U}_u = \frac{\sum_{i=1}^{N_u} \left(\sqrt{U_{ix}^2 + U_{iy}^2 + U_{iz}^2} \right)}{N_u} \tag{3-26}$$

下半部分节点的平均位移量为

$$\overline{U}_d = \frac{\sum_{i=1}^{N_d} \left(\sqrt{U_{ix}^2 + U_{iy}^2 + U_{iz}^2} \right)}{N_d} \tag{3-27}$$

定义振型因子 α_3 为上半部分节点平均位移量与下半部分节点平均位移量的比值，当上半部分节点位移的平均值超过下部分位移平均值 10 倍（1 个数量级）以上时，钢轨下部的振动对该模态的振动影响较弱，此时取 α_3 为 1。

$$\alpha_3 = \frac{\overline{U}_u}{10 \times \overline{U}_d} \quad (若 \alpha_3 > 1, 则 \alpha_3 = 1) \tag{3-28}$$

4）模态可辨识度

在选定一个模态之后，通过定位算法可以获取最佳激励位置，通过求解激励响应，可以观察在最佳激励位置激励后，信号的响应结果。最终得到的响应信号可能包含多个导波模态，

当选定的模态与其他模态的信号时间间隔相当明显时，更有利于提取该模态信号。假设激励响应结果如图 3-27 所示，其中 C_{g4} 为系统预提取模态的响应信号。

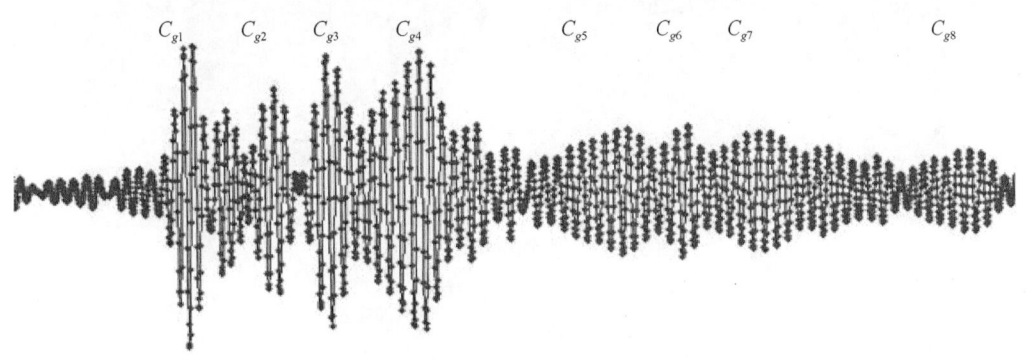

图 3-27　激励响应结果

取高斯窗函数覆盖所有群速度值，令 C_{g4} 位于窗函数中心，如图 3-28 所示。

为了使所有群速度值落在标准正态分布的[−2,2]区间内，对群速度数组 $C_g = [C_{g1} \quad C_{g2} \quad \cdots \quad C_{gn}]$ 做如下处理，得到新的 $C_{g'}$ 矩阵。

$$C_{g'} = \frac{C_g - \min(C_g)}{[\max(C_g) - \min(C_g)]/4} \qquad (3\text{-}29)$$

定义密度函数为

$$\phi(i) = \frac{1}{\sqrt{2\pi}} e^{-\frac{(C_{g'i} - C_{g'n_0})^2}{2}} \quad (i \neq 4, n_0 = 4) \qquad (3\text{-}30)$$

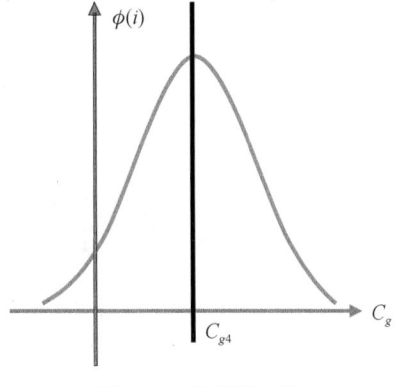

图 3-28　高斯窗函数

则模态可辨识度因子定义为

$$\alpha_4 = 1 - \max(\phi(1), \phi(2), \cdots, \phi(i), \cdots, \phi(n)) \quad (i \neq n_0) \qquad (3\text{-}31)$$

激励出的其他模态导波的群速度和选定模态的群速度值越接近，可辨识度因子值越小；越分散，因子值越大。

综合 4 个因素的影响，选出最适合钢轨应力检测的导波模态。

3. 实验验证

为了对应力检测系统进行标定，研制了大型钢轨拉伸实验平台，将钢轨自由放置，由钢轨拉伸机对其施加一定的应力来模拟产生的温度应力，通过液压系统对系统进行标定。标定过程中，以钢轨拉伸机施加的拉压应力代替温度应力，来对系统进行标定。大型钢轨拉伸平台如图 3-29 和图 3-30 所示。

钢轨实验平台有两条长 6m 的钢轨，通过实验平台的液压系统，可以对钢轨施加拉力和压力，变化范围±1800kN。液压系统压力参数如表 3-6 所示。

图 3-29　大型钢轨拉伸平台(一)

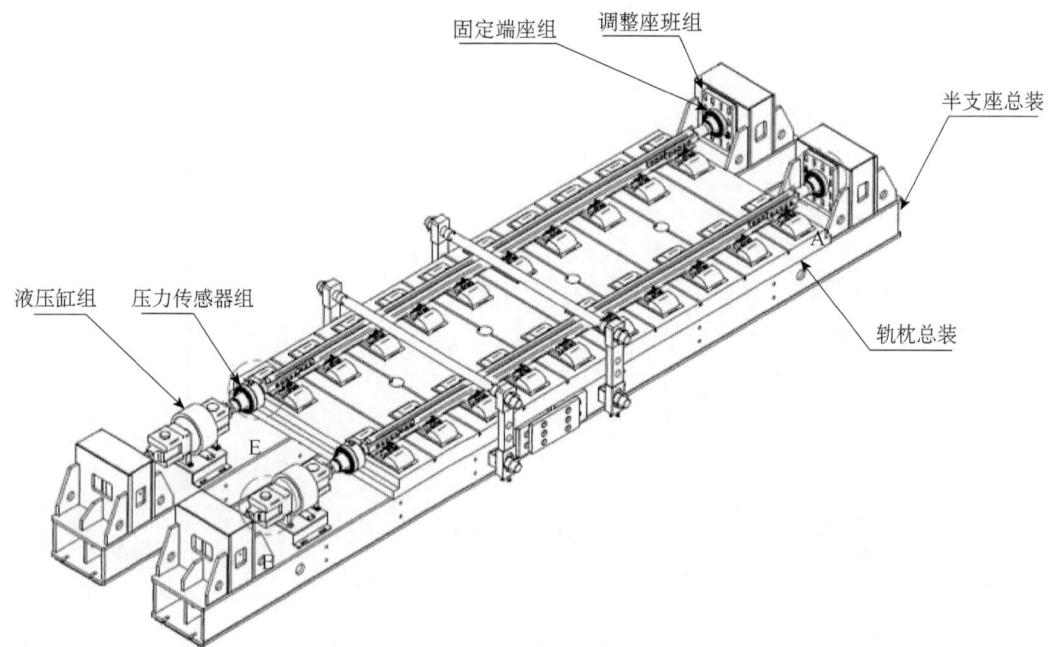

图 3-30　大型钢轨拉伸平台(二)

表 3-6　施加压力参数

钢轨截面积/m²	液压缸推截面积/m²	推力/MPa	推力/kN	钢轨压力/MPa
0.0077	0.0491	1	4.9087	6.3363

液压系统拉力参数如表 3-7 所示。

表 3-7　施加拉力参数

钢轨截面积/m²	液压缸拉截面积/m²	推力/MPa	推力/kN	钢轨拉力/MPa
0.0077	0.0378	1	3.7778	4.8760

通过对钢轨施加拉力和压力来模拟温度变化产生的温度应力,在不同拉压应力下测量对应的导波传播时间差,从而得到导波传播时间差和施加应力的一一对应关系,通过大量实验得到实验数据,并形成导波速度和钢轨温度应力标定数据库,压力标定曲线如图 3-31 所示。

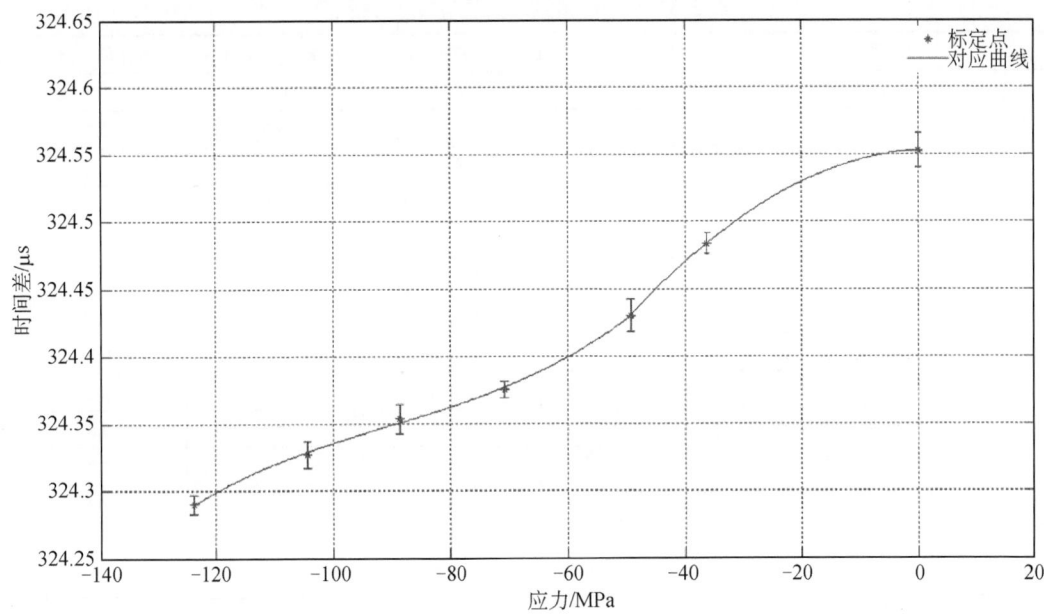

图 3-31　压力标定曲线

拉力标定曲线如图 3-32 所示。

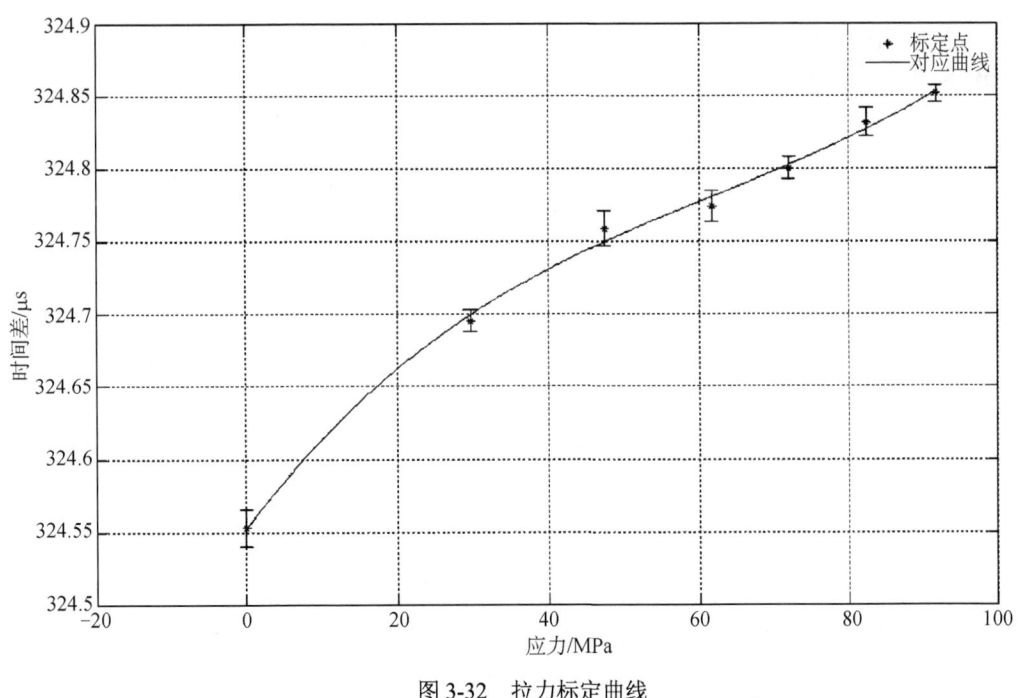

图 3-32　拉力标定曲线

任意选取一些测试点对系统精度进行测试，结果如表 3-8 所示，可以看出应力检测的测量精度在技术指标±5MPa 以内。

表 3-8　系统测量结果记录与精度分析

分　类		基准值/MPa	时间差/μs	测量压强值/MPa	绝对误差/MPa
光纤光栅测量应力和导波时间差	第 1 点	−123.8	324.333	−125.4	−1.6
	第 2 点	−104.3	324.380	−102.1	2.2
	第 3 点	−88.7	324.396	−90.4	−1.7
	第 4 点	−70.7	324.422	−72.4	−1.7
	第 5 点	−49.2	324.472	−51.0	−1.8
	第 6 点	−36.2	324.476	−36	0.2
	第 7 点	0.0	324.545	−4.5	−4.5
	第 8 点	29.8	324.734	30.1	0.3
	第 9 点	47.5	324.782	47.0	−0.5
	第 10 点	61.7	324.822	65.5	3.8
	第 11 点	72.0	324.841	74.2	2.2
	第 12 点	81.4	324.856	80.6	−0.8
	第 13 点	91.6	324.899	95.5	3.9
绝对误差标准差					2.453

　　基于超声导波技术和声弹性原理，可以实现无缝钢轨内部应力的在线监测，通过实验验证，应力检测精度可以达到±5MPa 以内。但实际铁路现场环境复杂，受光照情况、扣件压力不均、路基沉降、轨道不平顺、温度场分布不均等多种因素的影响，实际现场无缝线路内部温度应力分布非常复杂，经实验室验证后的系统，还需要经过长期的现场测试和完善才能达到现场使用要求，实现实时在线监测。

3.2　无缝线路完整性检测技术

3.2.1　背景与研究现状

　　高速铁路运行速度快，对无缝钢轨的完整性要求非常高，钢轨一个非常小的裂纹，当高速列车飞驰通过时，都可能会造成非常严重的脱轨事故。因此，钢轨断裂是威胁行车安全、导致行车事故的重大隐患之一。断轨大致可分为三种情况：一是列车在钢轨上行驶时，由于冲击力的作用，钢轨在薄弱或缺陷处断裂，通常讲的断轨就是指这种情况，可称为冲击断轨；二是由于工程作业或人为破坏，人为移去一段钢轨，称为移去断轨；三是由于钢轨到达疲劳极限，由疲劳源开始，在巨大的动载和运量的作用下，由极微小的裂隙不断扩大，达到一定程度以后便突然断裂。尤其对于无缝钢轨，由于消灭了轨缝，其热胀冷缩现象变得更加突出。钢轨中积蓄的温度应力很有可能会导致钢轨出现裂纹，最终导致断轨。

　　断轨在全世界范围内都是各方关注的问题。据统计，法国高铁从 1993 年至 2001 年，发生断轨事件 80 多起；1991 年 1 月 18 日，挪威的一列客车由于在断轨处发生脱轨，造成 5 人死亡，80 人受伤；1998 年 3 月 6 日，由于发生断轨，芬兰的一列火车在道岔处脱轨，导致包括火车司机在内的 10 人死亡，90 多人受伤；2008 年 1 月 27 日，土耳其一辆客运列车在西部地区脱轨，造成 8 人死亡，21 人受伤，其脱轨原因正是发生了断轨；2009 年 1 月 29 日，我国沪昆铁路湘黔段发生钢轨断裂，由于发现比较及时，在列车经过断轨区间前拦下了列车，避免了重大事故的发生；2002 年 1 月 16 日，我国西昌工务段内，一焊疤处钢轨平直全部折断，经过紧急抢修避免了重大事故的发生。虽然国内的一些断轨事件都被及时发现并做了妥善处理，避免了重大事故的发生，但断轨仍然是必须引起关注的问题。

采取预防措施是避免断轨发生的重要途径。目前我国对于断轨的预防，除了要求列车速度和载荷符合规定以及购置高质量的钢轨，还通过强化钢轨各种探伤作业的管理和提高钢轨各种探伤作业质量的方式来加强断轨的预警。但是对于大型钢轨探伤车作业、手推探伤小车作业的检测方法，存在作业周期问题、探伤设备本身可能的质量问题以及作业人员经验与责任感的问题，存在一定的漏检率。对于理论和技术已经比较成熟的基于轨道电路的断轨检测方法，虽然是一种实时断轨检测的方法，但其对断轨的检测受各种因素的影响，易出现误报。

其他的断轨检测方法，如光纤断轨检测法、光学图像断轨检测法、应力断轨检测法等，也大多处于实验室研究阶段，真正用于实际的并不多。

光纤实时断轨检测法是将单模光纤粘贴于钢轨上进行检测，光纤中的信号由一端的发射光源产生，由光接收器接收，光纤在钢轨发生断轨时也会折断，光信号将无法被接收器接收到，当接收器检测不到信号时，认为发生断轨。光纤断轨检测法被证明是非常可靠的断轨检测方法，可以很容易地检测出线路和道岔部分这些轨道电路检测不到的位置的断轨。光纤断轨检测法的缺点在于其安装与维修难度。由于光纤本身非常脆弱，易受外力影响而折断，并且在安装时，对钢轨表面的要求较高，导致其安装时比较困难。另外，当发生断轨后，光纤会一同折断，在钢轨维修完毕后，需要将光纤进行复接，而就目前的技术来说，光纤的复接技术比较复杂，不易操作，这也是制约光纤断轨检测法应用的因素。光纤断轨检测法适用于短程、难以实现电气隔离、电磁干扰比较强的场合，用于代替轨道电路完成检测断轨的功能。

光学图像断轨检测法是利用图像进行断轨检测的方法。由 CCD 相机拍取钢轨外部的轮廓图，通过图像分析的方式获取钢轨外形的轮廓线，用于判断钢轨表面的缺陷或损伤。随着图像分析技术的进步，使用图像分析法检测钢轨表面缺陷的方法得到了广泛应用，法国的 IRIS320 检测车就是使用高速视频图像分析检测钢轨缺陷的，其运行速度可达到 320km/h，以 15 天为检测周期，对主要线路上的钢轨进行表面的缺陷检测。基于光学图像的断轨检测方法具有非接触、检测速度快等特点，其结构简单、测量精度高，并且其精度由于图像处理技术的不断进步将进一步提高。但是对于断轨检测，只检测其表面的损伤是不够的，钢轨内部损伤有时会在积累到一定程度时，由于外力冲击而发生突然折断，图像法无法预防这种情况的发生。

应力断轨检测法是通过检测钢轨中应力变化来检测断轨的，每隔一定距离在钢轨轨腰上粘贴应变片，当检测到钢轨中应力发生突变时，认为发生了钢轨的断裂，也可以通过检测应力的逐渐变化来检测其内部的缺陷，检测距离一般在 30～60m。美国的 Salient System 公司设计了一种基于应力的断轨检测系统，通过无线模块将钢轨应力和温度数据上传至主机，主机对各个测量点的应力变化进行分析，判断是否有断轨发生。该方法设备安装简单，只需要粘贴应变片即可，但是应变片测量的是应力的相对值，现在的无缝钢轨在安装时一般是先将 500m 的钢轨铺设在线路上，然后根据预先设定的锁定轨温给钢轨施加一定的力后再进行焊接，若想获得零应力状态，需要在钢轨焊接之前粘贴应变片，才能获得零应力校准值，因此适用于刚铺设的铁路，针对现有路段，只能通过截断钢轨来获取零应力值，可能会对其他的铁路设备造成不良影响。另外，应变片的测量距离有限，不适合钢轨情况复杂的区域，尤其当轨道内有高压电线时，会影响测量。因此，应力检测技术的适用性受到了限制。

要及时发现断轨并预防恶性运营事故的发生，就需要对断轨进行实时在线监测，一旦检测到断轨，即刻向前方来车发出报警信号，使其有足够时间采取防范措施，所以对实时断轨检测方法的研究一直吸引人们的高度关注。最初采用漏磁法检测，只能探测钢轨表面和近表面的缺陷，后来逐步改用超声波检测的方法，但是传统超声波检测技术在钢轨检测中也有很多不足，高频超声波能量衰减较大，对焊缝区域、轨腰或轨底等处埋藏较深的缺陷检出率也较低，这促使各国研究者不断探索新的钢轨无损探伤技术。

超声导波方向性好、能量大、在固体中的传输损失小。超声导波检测技术也由于其被测对象范围广、设备简单、成本低、使用方便、对人体及被测对象无损害等优点，是一种非常有前途的无损检测技术。

2002 年，美国宾夕法尼亚大学的 Joseph 提出了基于超声导波检测断轨的方案，当导波传播到缺陷处时，会产生脉冲回波，通过检测脉冲回波来判断断轨。当超声导波遇到钢轨的缺陷时，反射回去的能量相当于使超声导波的能量产生了额外的衰减，将会导致在一定距离外接收到的能量比无缺陷钢轨小或彻底无信号，超声导波在钢轨内传播时，其衰减比一般的超声波要慢得多，其能量可以在很远处被检测到。但是如果通过回波来检测断裂位置，会在一定程度上限制导波检测单位区间的长度。而采用一发一收的区间检测方案，可以有效增大检测区间的长度，提高系统的实用性，便于后续安装和维护。

3.2.2　技术方案

基于超声导波在断轨检测方面的优越性，设计了基于超声导波技术的钢轨完整性实时监测系统，如图 3-33 所示。每个节点分别具备发射超声导波与接收超声导波的能力，实现对同一区段的重复检测，降低误报率与漏报率，系统检测距离设定为 2km。

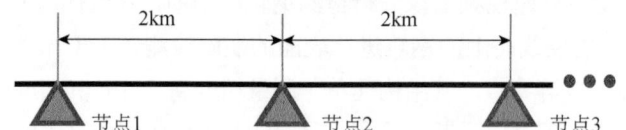

图 3-33　钢轨完整性实时监测系统布置示意图

每个区间示意图如图 3-34 所示。

钢轨完整性实时监测系统的关键技术包括：研制超声导波探头、研制超声导波发射与接收系统、设定信号模式。

1. 研制超声导波探头

经理论分析和仿真计算，断轨检测系统采用 35kHz 的超声导波信号，因此，换能器工作频率确定为 35kHz，属于低频超声范围，需采用夹心式的结构设计。夹心式压电陶瓷结构简单、易于激励、电声转换效率高，而且原材料价格便宜，制作方便，也不容易老化。夹心式换能器在负荷变化时能够产生稳定的超声波，是获得大功率超声波驱动源的最基本、最主要的方法。夹心式换能器由前盖板、压电陶瓷、后盖板、预紧力螺钉、电极片五个部分组成，如图 3-35 所示。

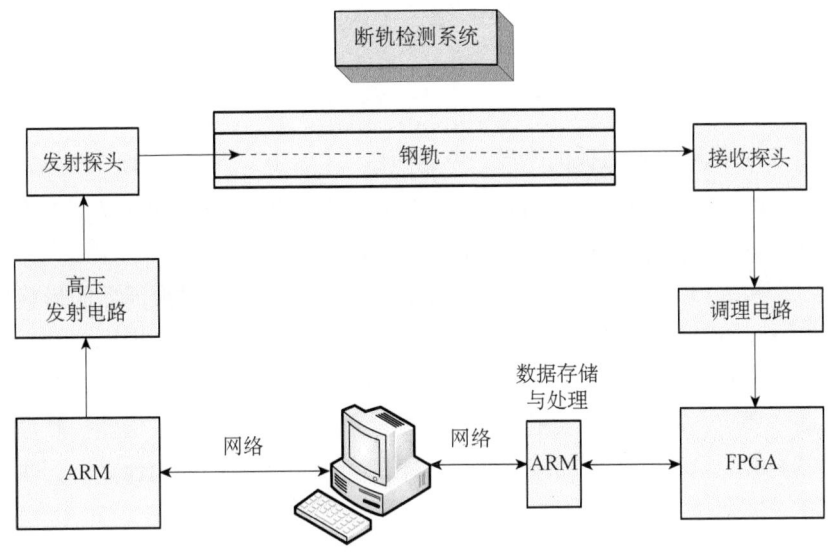

图 3-34　区间示意图

　　其中，对换能器振动特性影响较大的是前、后盖板和压电陶瓷，所以在设计换能器的时候主要是对这三个构件的机电振动特性加以分析，再把它们结合到一起，即可以对整个换能器的特性进行宏观的分析及设计。

　　在实际设计中，为了简化对夹心式换能器振动状态的分析，可以将其抽象成一个复合细棒振动器的理想模型。由此，可通过对三个主要构件的纵向振动方程的求解以及转化，从而得到换能器整体的机电等效电路，如图 3-36 所示。

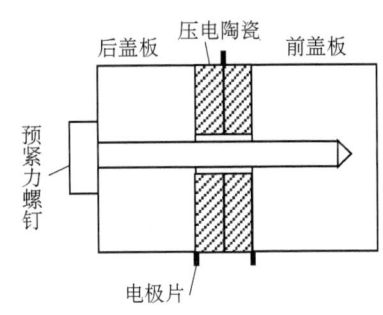

图 3-35　夹心式换能器结构图

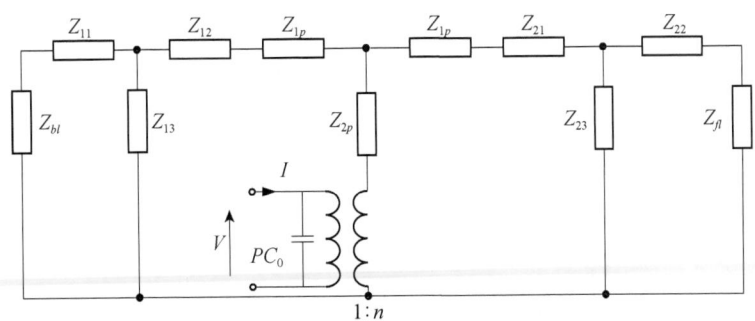

图 3-36　夹心式换能器机电等效电路图

　　由于夹心式换能器一般都为半波长振子,而其内部存在一个位移截面(在位移截面处位移为零),故可以将位移截面作为分界面,把整个换能器看成 2 个 1/4 波长振子,并以此来划分等效电路图以简化运算过程。由共振频率下输出阻抗最低原理,可令输出阻抗为零,最后可得到频率方程为

$$\tan k_e l_{c1} = \frac{\rho c_e S}{\rho_1 c_1 S_1} g \cot k_1 l_1 \tag{3-32}$$

$$\tan k_e l_{c2} = \frac{\rho c_e S}{\rho_2 c_2 S_2} g \cot k_2 l_2 \tag{3-33}$$

其中,ρ_1、c_1、S_1 为换能器前盖板的密度、声速和截面积;ρ_2、c_2、S_2 为换能器后盖板的密度、声速和截面积;k_e 为压电陶瓷波数;k_1、l_1 为前盖板材料的波数和长度;k_2、l_2 为后盖板材料的波数和长度;l_{c1} 和 l_{c2} 分别是两侧压电陶瓷的长度。

　　从式(3-32)和式(3-33),并且给定了换能器的频率,就可以对换能器的形状尺寸进行设计。但针对实际应用中环境的要求,考虑将换能器正负极从内部接线引出,用防水插头封口,并且外侧面与钢轨直接贴合,以求达到更好的实际应用效果。而一般采用的圆柱、圆锥换能器很难满足这些要求,所以必须采用非圆柱状的前盖板设计。但如果仍然按照理论方法进行分析,由于模型的复杂性,设计的难度将极大增加,所以需要在理论计算得到估计值后,通过有限元仿真对模型尺寸进行精确求解。

　　有限元法是一种数值计算方法,利用有限元方法进行换能器分析的一般步骤如图 3-37 所示。

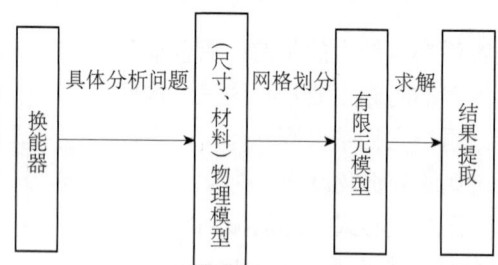

图 3-37　利用有限元方法进行换能器分析的一般步骤

　　如图 3-38 所示,通过有限元的模态分析可以求得换能器多阶模态的固有频率以及每一阶模态的振型;通过谐响应分析求解出近似的共振频率,与前面求得的固有频率进行比对,最终可以得到期望频率的换能器模型;通过瞬态分析可以求解出换能器以及钢轨上各点在给定激励信号时随时间变化的振动波形,用以判断换能器的整体性能。

　　此外,在换能器组装时,因为压电材料的抗张强度较低,而抗压强度较高,所以在功率较大的情况下,压电陶瓷易于损坏,为了避免这一现象发生,在换能器中都通过螺钉施加了预应力。但预应力会对压电换能器的频率产生一定范围的影响,所以在设计换能器时可将设计的共振频率稍稍高于所期望的频率。

2. 研制超声导波发射与接收系统

　　发射系统包括一个超声导波探头和基于单片机的发射控制系统,完成超声导波激励。由

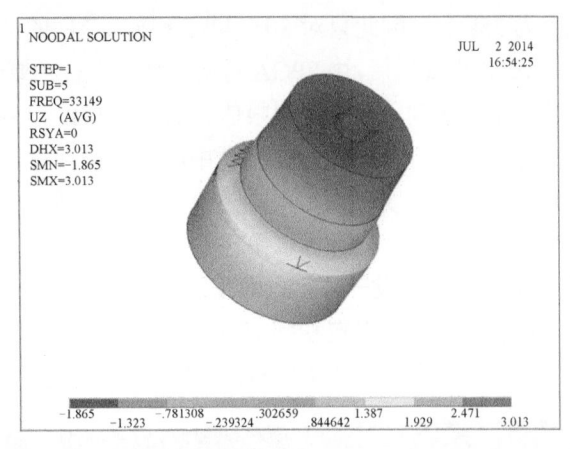

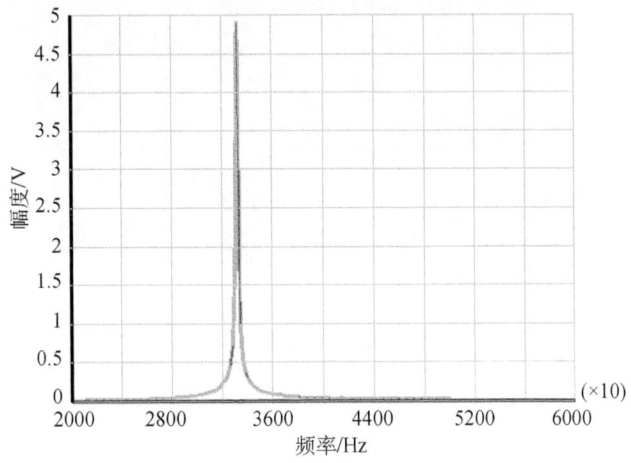

图 3-38　换能器模态分析和谐响应分析结果

于超声导波在传播过程中会不断衰减，为实现长距离断轨检测，发射电路需要能够产生足够高的电压信号，对超声导波换能器进行激励。为此，选用了运算放大器进行初步放大，然后接入线圈实现大倍数的放大。首先发射系统由单片机产生符合压电换能器共振频率的激励脉冲，经过线圈的放大产生高压，在针对探头进行了阻抗匹配与频率匹配后，使到达探头两端的电压达到 1000V 以上，由于压电陶瓷的逆压电效应原理，超声导波探头产生了足够强的振动，从而在导波发射端激励钢轨产生足够能量的导波信号。

此外，发射系统还要完成自检功能，可以对信号进行回检，确定自身系统工作是否正常，同一个节点包括两个超声导波探头及一套收发一体系统，接收系统可以对发射端的信号进行检验，以确定系统是否发出了超声导波信号。

接收系统包括一个压电换能器和基于 FPGA 及单片机的信号接收系统，完成信号接收、波形检测、断轨判断、报警上传等功能。接收换能器通过感知钢轨的机械振动，由于正压电效应，接收换能器可以将机械能转换为电能，由基于 FPGA 的外接电路接收信号，由于信号经过了长距离传输后，其幅值降到了很低的水平，所以接收系统首先要对信号幅值进行放大，而在 2km 远处，信号的幅值可能比轨道中的噪声水平还要低，在放大时要同时进行滤波处理，超声导波的工作中心频率为 35kHz，因此只对 30～40kHz 频率范围的信号进行放大，而对其他频率成分进行抑制，在完成初步处理后，由 FPGA 对接收波形进行频域分析，检测其中 35kHz 以及附近几个频率成分的和是否达到所设定的门限值。如果 35kHz 信号幅值大于门限，则进行信号宽度计算，计算宽度时需综合考虑波形在钢轨中的频散特性与自身的衰减，设定合适的宽度范围，如果特定频率的信号宽度在设定范围内，认为接收到了信号，钢轨完好，若超过一定时间仍未接收到波形，则由单片机进行报警与上传。

图 3-39 为钢轨完整性监测系统收发一体图，即发射与接收系统位于同一块电路板上，但某一节点的接收系统检测到的有用信号来自相邻节点，而该节点的发射系统所发出的超声导波信号则由相邻节点的接收系统接收，以此实现对同一区段的冗余检测，提高系统准确度。

图 3-39　钢轨完整性监测系统收发一体图

3. 设定信号模式

钢轨完整性监测系统要实现 1% 以下的误报率以及零漏报率，就要设计合理的超声导波发射方式，在设计时要考虑两方面因素：一是系统能够不受噪声影响，现场的噪声很多，如果噪声中没有 35kHz 成分，且在进行 FFT 计算后，也不会得到 35kHz 的较大值就不会发生问题，如果噪声中含有 35kHz 成分，则可能导致系统出现误检；二是同一发射端发射的超声导波信号将会被相邻两个节点的接收系统接收到，而同一个接收系统也会接收到两侧发来的超声导波信号，两侧的发射系统产生的超声导波的频率都将是一样的，因此，两侧的激励方式以及发送时间必须要合理设置。

为使系统正常运行，设计了以下方式。首先，在每个电路板上设有拨码，对系统进行统一编号，使每个节点有其独一无二的编号，并统一时钟，发射模式按编号的奇偶分为两种：第一种，在每分钟的 0、20s、40s 激励，发出三组波，每组波 1000 个脉冲，间隔为 1.5s；第二种，在每分钟的 10s、30s、50s 激励，发出四组波，每组波 1000 个脉冲，间隔为 2.5s，这样接收端可以判断接收到的波形来源。发射系统工作流程图如图 3-40 所示。

使用上述方式进行导波激励与检测，可以通过检测信号频率来屏蔽其他频率成分，计算信号宽度，而后与设定的宽度范围进行比较，判断是否接收到了一组来自发射端的信号，而后计算不同组信号间的时间间隔以及每次得到的信号组数，可以将含有少量 35kHz 成分的噪声滤除，使用分时发送的方式，可以使发射端能够错开发送时间，而使接收端能够分别接收来自两端的信号，接收系统可以通过组数及组间时间间隔来判断发射信号的来源，将误报率及漏报率降至极低水平。

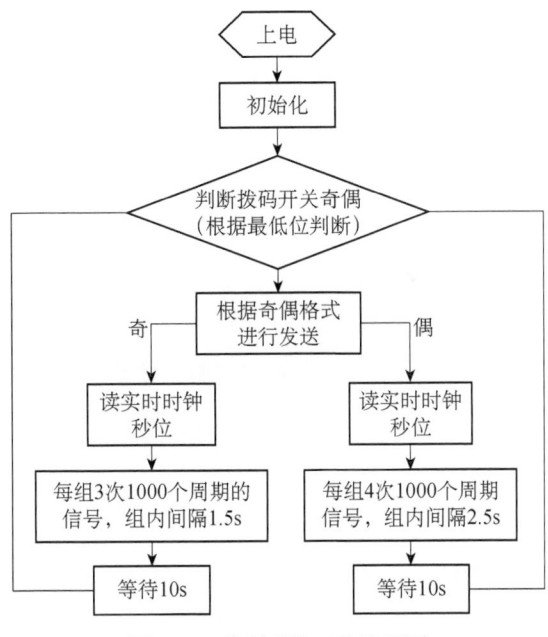

图 3-40　发射系统工作流程图

3.2.3　实验验证

系统分别进行了实验室测试与现场测试。

实验室环境下的测试主要对系统的功能进行调试以及对系统稳定性进行初步的测试，如图 3-41 所示。

测试过程中，发射端采取两套发射方式分时发射，由样机的编码决定，接收端的 FPGA 模块从钢轨中获取信号，并将发射端发射的特殊信号提取出来，当某一侧的信号接收不到时，用警示灯的方式报警，并将报警信号传送给上位机。测试时，发射电路与接收电路的超声导波换能器均粘贴在轨腰位置，发射换能器距离接收换能器约 8m，测试时间为连续的 48h，通过无线电台与上位机通信，上传钢轨实时状况，通过观察接收电路无线传输的数据，来判断断轨的情况。实验结果证明，系统可以实现高压信号的发射，产生了高压的激励信号，接收端

图 3-41　实验室测试安装图

也接收到了信号，如图 3-42 所示。

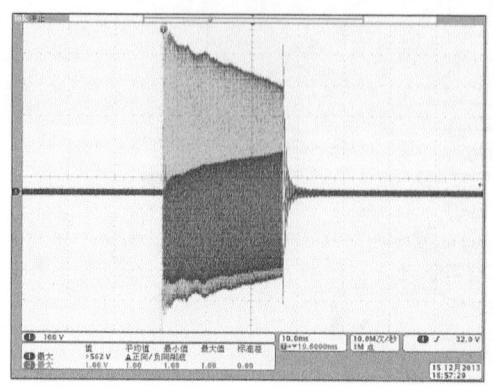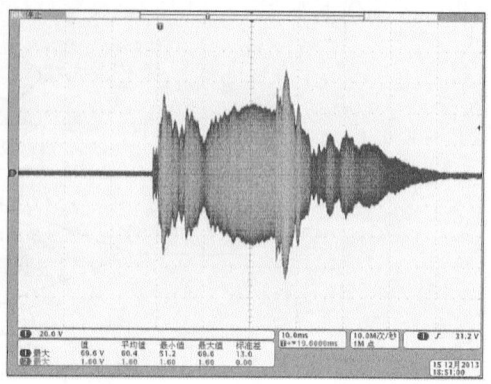

图 3-42　断轨发射与接收波形图

实验表明该套系统样机可实现断轨检测功能，实时监测断轨情况，并可上传轨道信息，钢轨完整性监测系统对于钢轨中敲击产生的噪声无响应，具有较好的抗干扰性能。

现场测试在北京环形铁路进行，如图 3-43 所示。

图 3-43　实验现场

现场共进行了 7 次实验，实验记录如表 3-9 所示。结果表明，2km 处的信号能够被检测到，可根据这个幅值，设置后续的系统参数。

表 3-9　现场实验安排

日期	实验项	实验结果
2014/07/04	衰减曲线测定	测定了 100～1000m 的衰减曲线
2014/07/11	检测系统 500m 测试，检测波形上升沿，并峰值计数	系统可检测到波形
2014/07/19	检测系统 1km 测试，改进发射端，提高发射幅值与稳定性	系统可检测到波形
2014/08/07	检测系统 1km 测试，接收改进为 FFT 检测频率成分	系统可检测到波形
2014/08/19	检测系统 2km 测试，重新设定系统内参数	系统可检测到波形，但是有误检
2014/09/16	检测系统 2km 测试	调整后可检测到波形
2014/09/22	检测系统 2km 48h 系统稳定性测试	系统稳定可靠

在完成了系统软硬件调试，并在实验室条件下进行了长时间稳定性测试后，将系统安装于实际线路上测试，测试时无车通过。首先测定了超声导波在钢轨中的衰减，在测试时，人工在钢轨的 50～1000m 的钢轨上安装 40 个探头，间距 50m，每个测点安装 2 个探头，以保证不会因为探头的自身因素导致幅值测定出现偏差，测定每个点的幅值，使用机械支架保证安装位置及安装方式的统一，每个测点安放蓄电池及发射设备，发射一定幅度的超声导波，由于在经过长距离的传导后，超声导波的幅值衰减得较为严重，用示波器采集时，有用信号与噪声叠加在一起，导致无法读取实际的幅值，因此只测定了 1000m 之内的数据，超声导波的衰减曲线遵循指数形式，因此后续的衰减情况可以用拟合的方式估计得到，图 3-44 为超声导波钢轨中的衰减曲线。

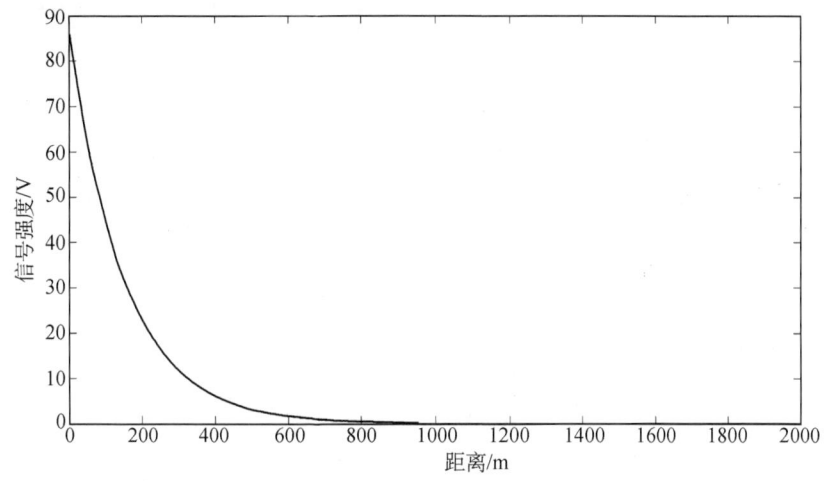

图 3-44　超声导波钢轨中的衰减曲线

在进行了衰减曲线的测定后，将硬件安装于现场，进行不同距离的测试，由于在实验室条件下，可用的钢轨只有 20m，发射与接收的间距也只有 8m，因此，在检测时，参数的选择对系统影响不大，因为有用频率的信号太强，噪声对其不造成影响，只用重物敲击时，频率和信号宽度都无法对正常的检测造成影响。而在现场时，各种噪声的出现使系统产生了诸多不稳定的情况，第一次设定为 500m，可以较好地检测，而在 1km 处的系统，有时就无法检测到信号，经检测发现发射端有问题，在发射时其幅值不稳导致有时产生的信号较小，这一点在实验室测试时不存在，而在现场则较为明显；第二次将发射端进行了硬件上的改进，重新进行了频率及阻抗匹配，使激励信号变得稳定且有了较大的提高，可达到 550V 以上，将距离定在了 1km，并且在 1.5km 处也安置了测点，实验结果表明，1km 处可以很好地测得信号，而 2km 处与第一次实验时的 1km 处的情况相似；第三次将发射端进一步改进，并且将接收端的检测上升沿计数的方法改进为了直接检测 FFT 成分，可以检测到 2km 处的信号，但是由于参数设置的问题，系统很不稳定；第四次将系统内参数进行了大量调整，并在实验室用信号发生器对现场条件进行了模拟，输入了各种频率及幅值的噪声，对系统进行干扰，最终得到了能够使系统在 2km 处能正常检测波形的参数，并在现场得以检测到波形，但偶尔会出现误检，这是因为 2km 处的信号十分微弱，人在钢轨上进行作业时可能会导致出现误触发；第五次改进，将整个系统的发射方式进行了调整，重新设计了检测波形宽度的条件，将因噪声引起误触发的可能性降至最低；第六次进行了 48h 测试，期间进行了各种干扰模拟测试，并将一侧发射关掉来模拟断轨发生，系统都能够准确地识别与检测。图 3-45 为 48h 实验得到的部分数据。其中，55aa 为数据头，f1 为信息标识，00 或 04 为节点号，00 为正常，55 为断轨，最后一字节为校验和。由于现场钢轨不存在断轨，因此以一处鱼尾板连接的轨缝来模拟断轨发生，得到断轨报警信息。图 3-45(a)为正常信息，图 3-45(b)为断轨信息。

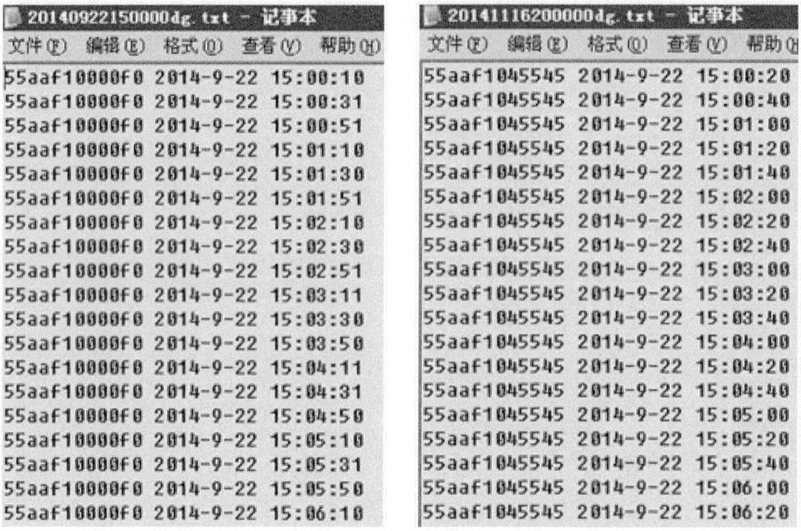
20140922150000dg.txt - 记事本
文件(F) 编辑(E) 格式(O) 查看(V) 帮助(H)
55aaf10000f0 2014-9-22 15:00:10
55aaf10000f0 2014-9-22 15:00:31
55aaf10000f0 2014-9-22 15:00:51
55aaf10000f0 2014-9-22 15:01:10
55aaf10000f0 2014-9-22 15:01:30
55aaf10000f0 2014-9-22 15:01:51
55aaf10000f0 2014-9-22 15:02:10
55aaf10000f0 2014-9-22 15:02:30
55aaf10000f0 2014-9-22 15:02:51
55aaf10000f0 2014-9-22 15:03:11
55aaf10000f0 2014-9-22 15:03:30
55aaf10000f0 2014-9-22 15:03:50
55aaf10000f0 2014-9-22 15:04:11
55aaf10000f0 2014-9-22 15:04:31
55aaf10000f0 2014-9-22 15:04:50
55aaf10000f0 2014-9-22 15:05:10
55aaf10000f0 2014-9-22 15:05:31
55aaf10000f0 2014-9-22 15:05:50
55aaf10000f0 2014-9-22 15:06:10

(a) 正常信息

20141116200000dg.txt - 记事本
文件(F) 编辑(E) 格式(O) 查看(V) 帮助(H)
55aaf1045545 2014-9-22 15:00:20
55aaf1045545 2014-9-22 15:00:40
55aaf1045545 2014-9-22 15:01:00
55aaf1045545 2014-9-22 15:01:20
55aaf1045545 2014-9-22 15:01:40
55aaf1045545 2014-9-22 15:02:00
55aaf1045545 2014-9-22 15:02:20
55aaf1045545 2014-9-22 15:02:40
55aaf1045545 2014-9-22 15:03:00
55aaf1045545 2014-9-22 15:03:20
55aaf1045545 2014-9-22 15:03:40
55aaf1045545 2014-9-22 15:04:00
55aaf1045545 2014-9-22 15:04:20
55aaf1045545 2014-9-22 15:04:40
55aaf1045545 2014-9-22 15:05:00
55aaf1045545 2014-9-22 15:05:20
55aaf1045545 2014-9-22 15:05:40
55aaf1045545 2014-9-22 15:06:00
55aaf1045545 2014-9-22 15:06:20

(b) 断轨信息

图 3-45　正常与断轨信息

通过设置各项参数，使钢轨完整性监测系统能够稳定地检测不同发射端发来的信号，并且不受轨道中各种噪声的干扰。

现场实验时，发射与接收系统间隔 2km，分别布置了三套系统，测试时间 48h，系统实现了对钢轨完整性的实时监测，并能够区分两侧钢轨信号，得到的误报率如表 3-10 所示。

表 3-10　误报率测试结果

时间	节点 1 信号获得数	检测总数	误报率/%
12～15 时	720	720	0
16～19 时	720	720	0
20～23 时	720	720	0
0～3 时	715	720	0.69
4～7 时	719	720	0.14
8～11 时	720	720	0
12～15 时	720	720	0
16～19 时	720	720	0
20～23 时	720	720	0

时间	节点 1 信号获得数	检测总数	误报率/%
0～3 时	718	720	0.28
4～7 时	712	720	0.97
8～11 时	720	720	0
统计	8625	8640	0.17

漏报率测试结果如表 3-11 所示，系统不受敲击噪声的干扰，具有很好的稳定性及准确性。

表 3-11　漏报率测试结果

时间	节点 2 信号获得数	检测总数	漏报率/%
12～15 时	0	720	0
16～19 时	0	720	0
20～23 时	0	720	0
0～3 时	0	720	0
4～7 时	0	720	0
8～11 时	0	720	0
12～15 时	0	720	0
16～19 时	0	720	0
20～23 时	0	720	0
0～3 时	0	720	0
4～7 时	0	720	0
8～11 时	0	720	0
统计	0	8640	0

以上数据为所有可以检测到波形及未检到波形的数量，而上位机中，判断断轨的条件为连续三次无法接收到信号。因此，实际误报率为 0，漏报率为 0。现场试验表明，基于超声导波的地面监测方法，可以实现无缝线路钢轨完整性的实时在线监测，监测距离可达 2km。这种新技术可以在轨道环境较为恶劣的情况下，作为轨道电路监测方法的一种替代手段，为实时在线监测钢轨断裂提供一种新的技术方法。

3.3　路基沉降检测方法

3.3.1　研究现状

伴随着我国高速铁路建设的飞速发展，高速铁路将覆盖我国东北、西北、华北等大范围季节冻土区。在我国，冻土的分布区域十分广泛，主要集中分布于我国东北地区与西北地区。冻土的区域分布往北可至大兴安岭山脉；往南可至我国长江流域东部的部分省市；往西可至我国西部边境，尤其是在青藏高原地区，分布着大面积的季节性冻土与多年冻土。受季节性冻土与多年冻土影响的面积占了我国陆地总面积的 70% 左右。

在季节冻土区修建高速铁路的主要问题就是路基冻胀，路基冻胀主要是由于路基水在冬季受低温影响，温度较高的水向温度较低的土层方向转移，在温差聚水作用下，水分迅速聚集并逐渐形成聚冰层。水的补给是由地下毛细作用引起的，使路基表层水分不断增加，结冰后土体膨胀增大，形成冻胀。

由于冻胀具有普遍性且难以避免，季节冻土路基的防冻胀问题是世界性难题，目前尚无成熟可借鉴的经验。在冻土地区铁路修建最多的国家是俄罗斯，修建了世界上最长的连贯铁路西伯利亚大铁路(莫斯科雅罗斯拉夫至符拉迪沃斯托克)，总长9298.2km，是目前世界上最长的铁路，其在东西伯利亚外贝加尔靠东部地段穿越2500km以上的多年冻土区。北美地区的铁路线路基本都主要集中分布于多年冻土区以南的地区，同时在加拿大中部分布的多年冻土区也建设了多条铁路线路。我国在2007年8月开工建立哈大高速铁路客运专线，于2012年12月1日正式通车运营，全长904km，是我国在东北严寒季节冻土区自行设计、建造的第一条客运专线，也是目前我国开通运行纬度最高的高速铁路。其设计行车速度350km/h，全线铺设无砟轨道。线路所经区域气候寒冷，按照气候分区，营口至沈阳为寒冷地区，沈阳以北属于严寒地区，极端最低气温-39.9℃，沿线土壤的最大冻结深度在0.93～2.05m，域内既有铁路路基冻害严重且常见。

路基作为铁路线路工程的一个重要组成部分，是承受轨道结构重量和列车载荷的基础。路基由于冻胀引起的沉降在所难免，而由于冻胀引起的路基沉降已严重影响我国列车的行车安全和运输效率，在严寒、低温、高速条件下，如何可靠有效地进行路基沉降监测、查找沉降位置及掌握高速铁路路基冻胀规律是目前铁路部门亟待研究解决的重要课题。

目前路基沉降检测的方法主要有：观测桩、沉降板、分层沉降仪、水平测斜仪、单点沉降计、静力水准仪、GPS监测等。

1) 观测桩

观测桩是将钢钎和木桩钉入结构中，用水平仪找平，然后即可测量路基表面沉降。这种方法最简单，但只能测定结构的外表面的沉降值，不能测定结构体内部某一位置的沉降，而且对填土施工有干扰。适用于路基本体变形。

2) 沉降板

沉降板是由钢筋混凝土底板、测量杆和护套组成的，在观测部位埋设沉降板，用水准仪测量工作基点和沉降板间的高程，比较差值获得沉降量。优点是价格低、易操作、易测量。但缺点明显，主要是影响填土施工，且一个沉降板只能测一个点，一旦损坏难以补救。

3) 分层沉降仪

分层沉降仪主要由分层沉降管、磁环、波纹管或PVC管组成，采用钻孔导孔埋设，对施工有一定影响。优点是操作简单，易于测试，其缺点类似于沉降板，主要是影响填土施工，易形成压实死角。用于测量地层沉降与基坑底部的回弹量，观测点在垂直方向上的各土层内布设。

4) 水平测斜仪

水平测斜仪是由沉降管和二次测试仪器组成的，沉降管是一种特殊的PVC管，二次测试仪器主要是加速度传感器。工作原理是当路基发生沉降时，通过测得加速度传感器在重力方向的变化，可以得到测量器件的倾角，再通过测量器件的长度求得高程差，从而获得路基的沉降值。其优点是测量的精度比较高、方便携带操作，能获得整个路基剖面的沉降变化曲线，对路基的填土施工等干扰小，受天气变化影响小。其缺点是制作成本高。

5) 单点沉降计

单点沉降计是由法兰沉降盘、锚头、位移计、测杆等组成的，测量的是沉降盘和锚头之间的位移值，能适应长期的监测和自动化测量。测量安装时锚头设置在基岩，沉降盘设置在监测位置，沉降盘会随地基下沉。单点沉降计精度可达到其测量量程的 1% 左右，虽然能够满足一些实际测量的使用要求，但其系统安装复杂、成本较高。主要用于公路、铁路等各种基础沉降、边坡位移的变形测量。

6) 静力水准仪

静力水准仪是应用连通管原理测量测点间的相对位移的，由液缸、浮筒、精密液位计、保护罩等部分组成。多个容器组成一个测量系统，所测位移都是相对于一个参考点而言的，也就是说将每个容器内的传感器测得的数值进行比较，可得测点间的相对位移。因此，只要知道其中一个点的绝对位移，就能计算出所有测点的绝对位移。其优点是测量精度高、稳定性强、不受低温影响。缺点主要是由于液体的黏滞作用，静力水准仪管路内部的液体需要时间才能流动并且平衡，测量速度慢。

7) GPS 监测

GPS 监测技术是近年才兴起的技术，GPS 测量的优点是精度高、速度快、全天候，可以对测量目标远程实时监测。而且对于多年冻土区环境气象情况特别恶劣的地区，可以大范围地实现对铁路路基沉降变形远程的实时监测，具有很好的实用性与发展前景。但 GPS 监测技术同样存在一定的缺点，在进行大范围监测时，在每一个目标监测点都要安装 GPS 接收机，监测成本高，这也限制了 GPS 在大范围区域监测测量时的应用。

3.3.2　基于 PSD 技术的检测方案

1. PSD 工作原理

近年来随着位置敏感探测器 (Position-Sensitive Detectors, PSD) 的研究和发展，PSD 器件的整体性能得到了很大提高，主要表现在分辨率的提高，能达到 μm 级，同时线性度和稳定性也有所改善。PSD 普遍用于位移测量，加上 PSD 响应速度快、位置分辨率高，由 PSD 构成的测量系统适用于高速在线检测。而且 PSD 器件能连线检测光点的位置，没有死区，分辨力高，适配电路简单。

为检测路基沉降在垂直方向上产生的位移，选用了一维 PSD 器件。PSD 等效结构和等效电路如图 3-46 所示。

一维 PSD 的工作原理是基于横向光电效应的，当有一光源照射在 PSD 有效检测面上的某一位置时，假设 PSD 所输出的总光电电流为 I_0，由于在光源照射位置到 PSD 两极间具有横向电势，如果在 PSD 两极输出信号上分别外接一个电阻 R_L，就可以获得 PSD 两极的光电电流，设为 I_1 和 I_2，两极的光电电流 I_1 和 I_2 的大小是由光源照射在 PSD 上的位置和 PSD 在光

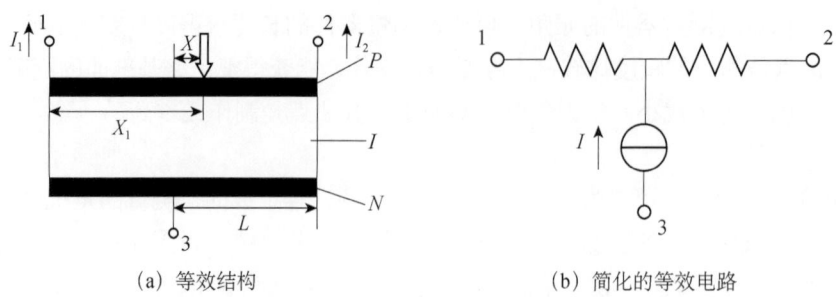

(a) 等效结构   (b) 简化的等效电路

图 3-46   PSD 等效结构和等效电路

电效应下的等效电阻 R_1 和 R_2 决定的。PSD 在制作时表面层电阻基本都是均匀分布的，所以 R_1 和 R_2 的电阻值只与光源照射在 PSD 上的位置有关，假设负载电阻 R_L 阻值相对 R_1、R_2 可忽略，PSD 两电极输出电流、等效电阻与光源照射位置的关系为

$$I_1 / I_2 = R_2 / R_1 = (L - X) / (L + X) \tag{3-34}$$

其中，L 为 PSD 中点距 PSD 两极间的距离；X 为光源照射位置到 PSD 中点的距离。式(3-34)表明，两个信号电极的输出电流之比为光源照射位置到该电极间距离之比的倒数。

PSD 总光电流 I_0 与 PSD 两极输出光电流 I_1 和 I_2 的关系为

$$I_0 = I_1 + I_2 \tag{3-35}$$

将式(3-34)与式(3-35)联立可求得 PSD 两极输出光电流 I_1 和 I_2 分别为

$$I_1 = I_0 (L - X) / 2L \tag{3-36}$$

$$I_2 = I_0 (L + X) / 2L \tag{3-37}$$

由式(3-36)与式(3-37)联立可求得光源照射的位置，即

$$X = L(I_1 - I_2) / (I_1 + I_2) \tag{3-38}$$

式(3-36)与式(3-37)表明，当入射光点位置固定时，某单电极输出电流与光源光强成正比；当光源光强不变时，单个电极输出电流与光源照射的位置距中心距离 X 呈线性关系。由式(3-38)可看出，两极输出电流与光源照射的位置 X 有关，与入射光点强度无关。

2. PSD 特性参数

在进行 PSD 选型时，需要先对系统的检测范围做出准确的判断，以确定 PSD 器件的有效光敏尺寸，再根据系统所使用光源的波长，确定 PSD 的光谱响应范围，最后要对影响 PSD 输出信号的一些参数做出选择。下面主要对 PSD 各方面性能做简单的介绍。

1)有效光敏面

有效光敏面是指光源照射在 PSD 上具有输出信号时的有效面积。在对位移量进行测量时，一般是通过检测光源照射在 PSD 光敏面的位置变化来实现对被检对象位移量的测量。决定系统可测量的位移变化大小的是 PSD 光敏面的长度。在实际使用检测测量时，需要先对系统的检测范围做出准确的判断，再选择合适的 PSD 有效光敏尺寸来达到测量要求，保证光源照射位置的变化在 PSD 的有效检测范围内。

2)光谱响应特性

光谱响应特性是指 PSD 在单位光功率的单色光照射下，不同波长的光源在 PSD 上的输

出响应不同的特性。一般 PSD 器件可测量的光源的波长范围为 300～1100nm，即波长在这个范围内的光源照射在 PSD 的有效光敏面上时，都可以获得两极输出电流，从而求得光源照射位置。但是 PSD 存在峰值响应，一般要求光源波长为 600nm 左右。

3）位置测量误差

当光源照射在 PSD 上时，通过计算此时两极的输出电流信号，获得的光源位置与实际位置会有偏差。由于存在不同外界环境因素与系统设计时的问题，都会影响 PSD 定位的准确性。

4）暗电流

暗电流是指 PSD 在无光源照射的情况下 PSD 两极的输出信号，暗电流会同时混杂在 PSD 的两极输出电流中，若暗电流太大会严重干扰检测光源照射在 PSD 位置的精确性，影响测量精度。对暗电流的大小造成影响的因素主要是偏置电压的大小与工作环境温度的高低，在应用中可选用适宜的反偏电压大小，从而保证系统的测量精度。

5）响应速度

当光源照射位置变化时，所产生的动态响应称为 PSD 的响应速度。响应速度主要受光源波长、PSD 的极间电阻的分布是否均匀、光点的位置等因素影响。

3. 影响 PSD 定位精度的因素

PSD 在应用于位移检测时，不仅 PSD 本身的特性会对检测系统造成影响，PSD 还会受到一些外界环境因素的影响，导致对检测系统产生影响。其中，环境背景光与环境温度对 PSD 的测量精度会产生较大的影响。

环境背景光对 PSD 测量精度的影响主要体现在环境背景光在 PSD 上的响应输出会同时混杂在系统的输出信号中，从而对 PSD 测量光点的实际位置产生影响。

环境温度对 PSD 测量的影响主要表现在光谱的响应特性和暗电流方面。PSD 测量在长波段时的响应灵敏度会受环境温度变化的影响而产生变化，此外 PSD 的暗电流也会随着环境温度的变化发生相应规律的变化。

4. PSD 选型

路基沉降检测系统需测量 30mm 路基冻胀值与 30mm 路基沉降值，即系统测量量程至少要达到 60mm。同时要求系统测量精度达到 0.2mm。

经过对 PSD 的调研，最终选用 PSD0375 作为系统检测传感器，PSD 实物如图 3-47 所示，响应时间可达到 4.5μs。PSD0375 的光敏面宽 3mm，长 75mm，其测量量程可达到 75mm。设置元件中心为测量原点，可测量 30mm 路基冻胀值与 30mm 路基沉降值，测量精度可达到 μm 级，满足测量需求。

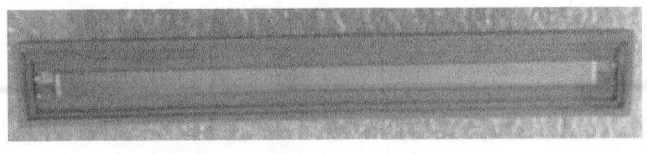

图 3-47　位置敏感探测器(PSD)

在选择光源时，在满足 PSD0375 的可测量波长 300~1100nm 与峰值响应波长在 600nm 左右的同时，选取的光源光斑直径越小，系统的测量精度也会相应地越高。

系统选取的光源是 LWRL637 型激光器，如图 3-48 所示。LWRL637 型激光器具有结构紧凑，光斑小(<3mm)，发散角小，静电、过流、过温保护，高稳定性等特点。其激光波长为 637nm，输出功率为 200mW，满足设计要求。供电电压要求 12V 的直流电压。

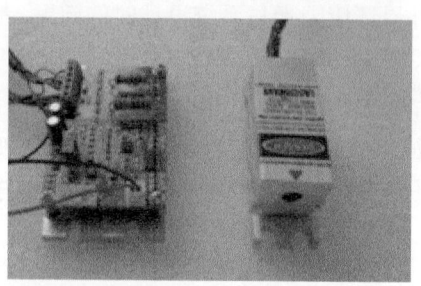

图 3-48　激光器

5. 路基沉降检测系统总体方案

基于 PSD 的高速铁路路基沉降远程监测系统，可以实现实时监测路基冻胀情况。系统现场安装示意图如图 3-49 所示。将测量系统与铁路路基分离，测量系统安装在 CPⅢ观测桩上，CPⅢ观测桩作为铁路基准参考点，地基足够深，该处的冻胀量可忽略不计，增强了系统测量结果的准确性和稳定性。

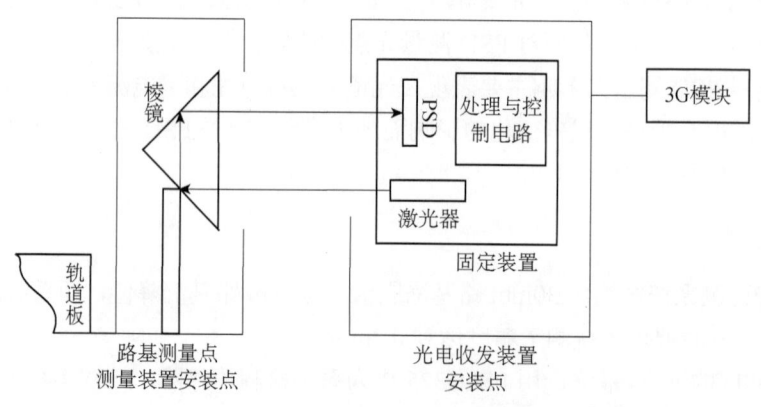

图 3-49　系统现场安装示意图

系统主要包括上位机和下位机两部分。下位机主要包括路基沉降测量系统、信号处理系统、无线通信系统以及电源系统 4 个子系统。系统整体结构框图如图 3-50 所示。首先通过控制器每隔 1h 产生信号控制激光器发出激光，利用反射原理，棱镜将激光反射到 PSD 上，PSD 测得此时的路基沉降值，通过信号处理后进入控制器中，将数据存于本地 SD 卡中，同时通过 3G 模块连接无线网络实时传输到上位机。上位机可通过网络控制下位机电路，检查其工作状态，并获取下位机上传的路基沉降实时情况，完成显示、存储及报警等功能。

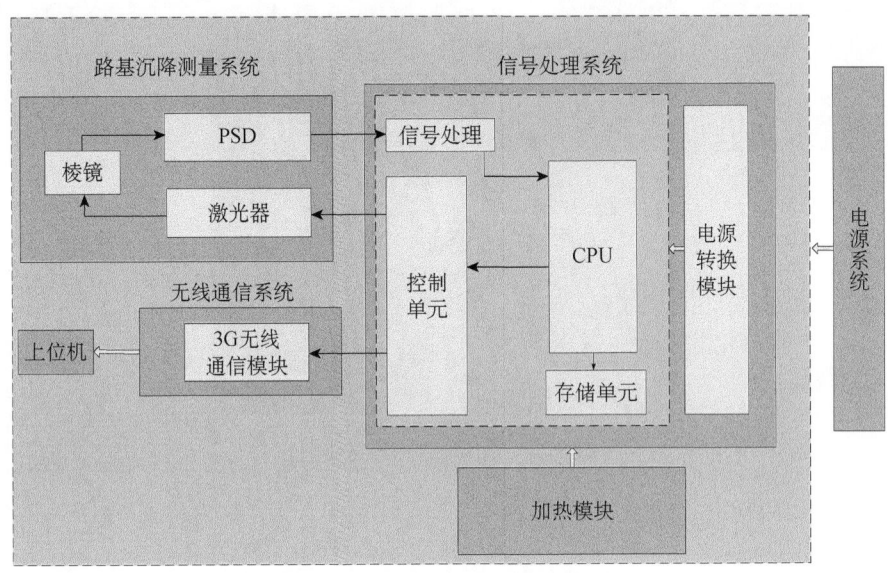

图 3-50　系统整体结构框图

3.3.3　路基沉降检测装置

1. 系统硬件电路设计

系统硬件电路主要包括激光器控制电路、PSD 输出信号处理电路和数据存储与传输电路三部分，系统电路模块设计框图如图 3-51 所示。

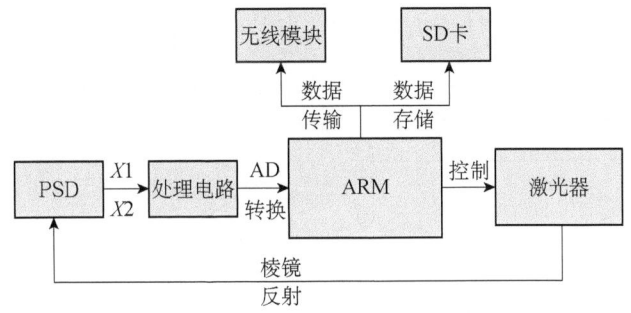

图 3-51　系统电路模块设计框图

系统由 ARM 控制激光器打出激光并通过棱镜反射到 PSD 上，PSD 根据反射光点的位置输出相应的信号，输出信号通过信号处理电路送入 ARM 中进行 AD 转换，并将测得的路基沉降数据通过 3G 路由器传输给上位机进行处理分析，实现实时监测。同时也将测得的沉降数据存储到本地 SD 卡中，方便后期进一步分析与研究。系统硬件电路实物图如图 3-52 所示。

2. 系统程序设计

本系统中，ARM 处理器主要实现激光器的控制、PSD 输出信号的转换与处理、沉降检测数据存储、沉降检测数据传输至上位机等功能。系统主程序流程图如图 3-53 所示。

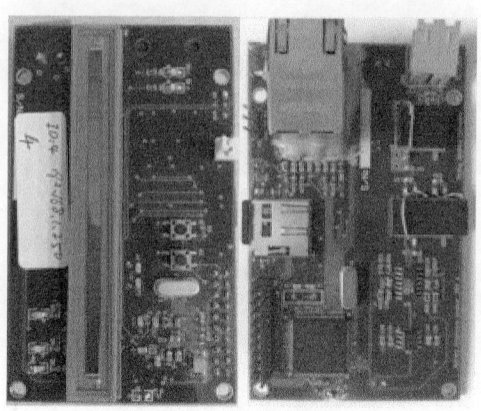

图 3-52　系统硬件电路实物图

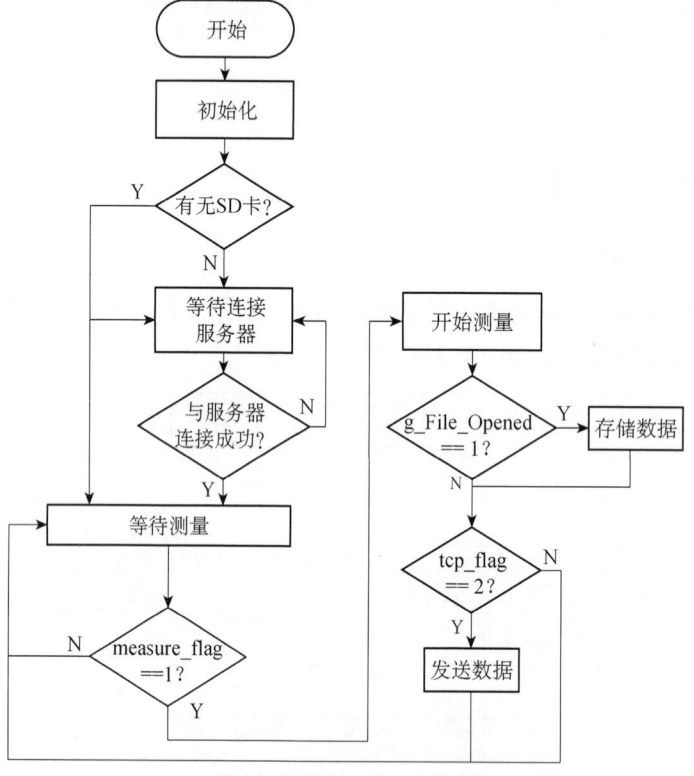

图 3-53　系统主程序流程图

在系统上电后，首先对 ARM 各功能口进行初始化配置，然后判断系统中是否插入有效的 SD 卡，再判断是否与服务器连接成功。可能出现的情况如下。

（1）系统不存在有效的 SD 卡，与服务器连接失败。

此情况下，系统处于无限等待连接状态，无法完成路基沉降检测任务。

（2）系统不存在有效的 SD 卡，与服务连接成功。

此情况下，系统可正常进行路基沉降检测工作，但路基沉降检测数据只能传输至服务器上，无法将路基沉降检测数据存于本地 SD 卡中。

（3）系统存在有效 SD 卡，与服务器连接失败。

此情况下，系统可正常进行路基沉降检测工作，但路基沉降检测数据只可存于本地 SD 卡中，无法将路基沉降检测数据传输至服务器上。

（4）系统存在有效 SD 卡，与服务器连接成功。

此情况下，系统正常进行路基沉降检测工作，既可将路基沉降检测数据存于本地 SD 卡中，又可将路基沉降检测数据传输至服务器上。

在第一种情况下系统无法正常工作。在其他情况下，系统进入等待测量状态；系统通过判断测量标志位 measure_flag 的值来决定是否开始测量。测量标志位 measure_flag 由系统定时器中断给定，系统定时器中断流程图如图 3-54 所示。

系统上电检查正常后，读取 ARM 的实时时钟时间，同时服务器也可发送指令校准实时时钟时间，并将时间值赋予 real_time_sed。ARM 本身的实时定时器每 10ms 进一次中断，当进入第 10 次时，real_time_sed++。系统设定的测量频率为 1h，系统每到整点时刻测量一次沉降，即每当 real_time_sed%3600= =0 时，则测量标志位 measure_flag= =1，系统进入测量状态。系统在每

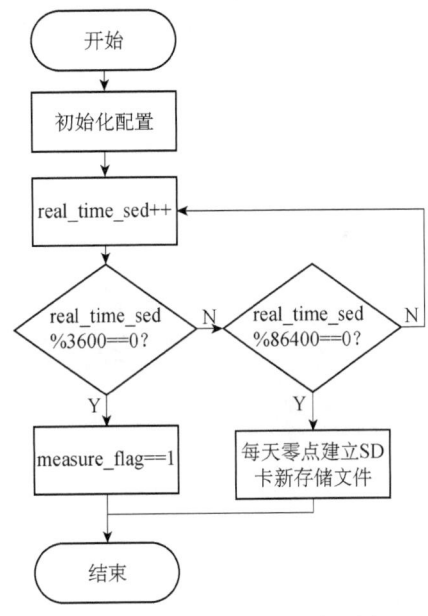

图 3-54　系统定时器中断流程图

日零时在 SD 卡中建立新一天的存储文件，方便上位机调用查询数据。

系统通过 ARM 处理器的定时器中断实现每到整点时刻进入测量状态。系统分别测量仅在背景光影响下 PSD 的输出信号，以及在激光光源与背景光共同作用下 PSD 的输出信号，并对两者信号进行处理。系统信号处理流程图如图 3-55 所示。

系统在进入测量状态后，首先，通过 ARM 处理器的 ADC 模块读取只在背景光影响下 PSD 的两极输出信号，将值赋予 X1 和 X2，并将数据存储于 SD 卡中，同时上传至服务器保存；然后，ARM 处理器控制打开激光器，读取在激光光源与背景光共同作用下 PSD 的两极输出信号，将值赋予 X3 和 X4，并将数据存储于 SD 卡中，同时上传至服务器保存，关闭激光器；最后，通过信号处理获得本次测量的路基沉降值，并将

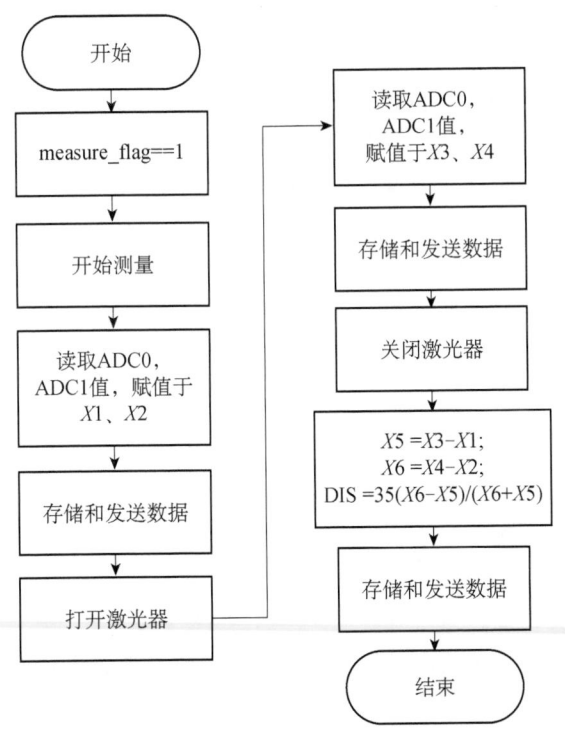

图 3-55　系统信号处理流程图

数据存储于 SD 卡中，同时上传至服务器保存。至此，系统完成对路基沉降的一次测量。

系统通过数据处理消除了背景光对 PSD 输出的影响，提高了系统沉降检测的精度。

3. 上位机设计

上位机界面包括了网络连接、指令发送、数据接收存储、数据查询以及实时数据绘制等功能。上位机工作状态如图 3-56 所示。

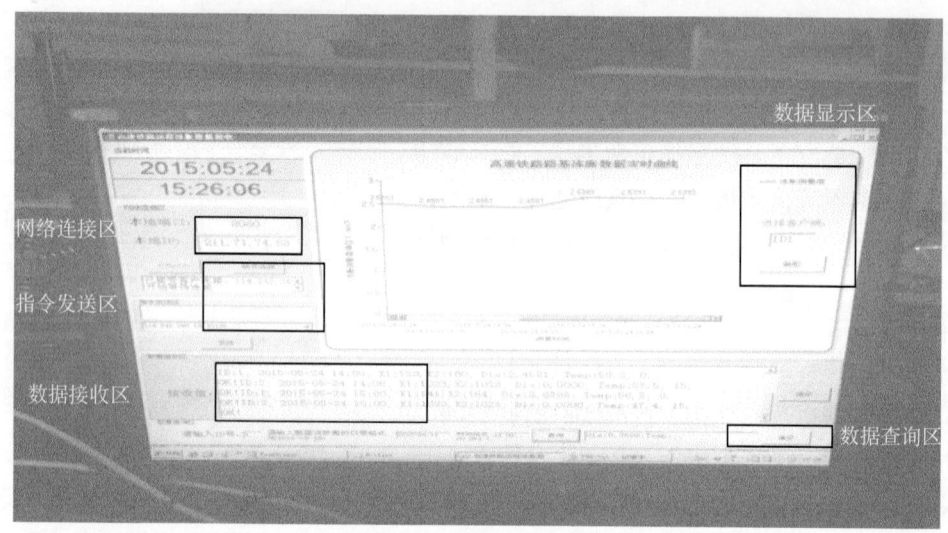

图 3-56　上位机工作状态

网络连接区主要是显示当前主机的 IP 地址和侦听端口号，其中侦听端口号可以通过输入不同端口号改变。程序运行后，通过单击"开始侦听"按钮，即可侦听客户端的连接请求，同时可显示连接的状态信息，没有接收到客户端的连接请求时，显示开始等待连接，一旦接收到客户端的连接请求，便会与其建立连接，同时会显示客户端的相关信息，如客户端的 IP 地址等，程序可以同时连接多个客户端，因为负责侦听的 Socket 接受请求后会另外创建一个新的 Socket 与客户通信，并继续侦听新的请求。目前可以完成 4 个客户端的连接工作。

指令发送区主要可以完成输入上位机指令，并将指令发到指定的客户端，即下位机，命令其进行相应操作。目前主要用于对路基沉降检测系统的现场标定。

数据接收区是当与客户端成功建立连接之后，客户端向主界面程序发送的信息都会显示在数据文本框中，从而可以直观地看到每个客户端的运行状况，以及采集的数据，同时也可以通过拉动滑动条，查看历史数据。在客户端向主界面程序发送信息时，程序会自动识别发送信息的是哪个客户端，然后自动分类，将客户端发送的有用数据存到各自的 txt 文件中，便于之后进行数据分析。

数据查询区可按照时间、客户端进行分类查询。

数据显示区将特定客户端的沉降数据以曲线的形式实时输出，直观显示路基沉降变化情况及规律。

3.3.4 实验与分析

1. PSD 光照补偿算法

在实际的 PSD 检测中，环境背景光在 PSD 上的输出会同时混杂在系统的输出信号中，从而对 PSD 测量光点的实际位置产生影响，双光源作用示意图如图 3-57 所示。

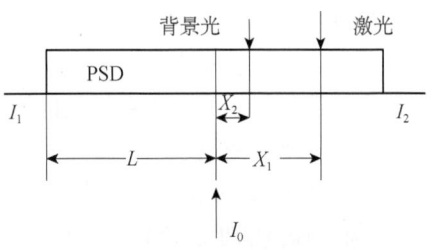

图 3-57 双光源作用示意图

当有背景光存在时，PSD 产生的总光电流为 I_0，其实是由激光光源在 PSD 上产生的总光电流 I_0' 与环境背景光在 PSD 上产生的总光电流 I_0'' 叠加得到的。PSD 输出总光电流 I_0 与 PSD 在激光照射下的输出电流 I_0' 及 PSD 在背景光影响下的输出电路 I_0'' 的关系如式(3-39)～式(3-41)所示：

$$I_0 = I_0' + I_0'' \tag{3-39}$$
$$I_0' = I_1' + I_2' \tag{3-40}$$
$$I_0'' = I_1'' + I_2'' \tag{3-41}$$

其中，I_1'、I_2' 为 PSD 只在激光入射光源照射下，PSD 两极的输出电流；I_1''、I_2'' 为 PSD 只在环境背景光影响下，PSD 两极的输出电流。

假设激光打在 PSD 上的位置距中点为 X_1，背景光打在 PSD 上的位置距中点为 X_2。则激光打在 PSD 上的两极输出值为

$$I_1' = I_0'(L - X_1) / 2L \tag{3-42}$$
$$I_2' = I_0'(L + X_1) / 2L \tag{3-43}$$

背景光打在 PSD 上时两极输出值为

$$I_1'' = I_0''(L - X_2) / 2L \tag{3-44}$$
$$I_2'' = I_0''(L + X_2) / 2L \tag{3-45}$$

PSD 两极实际输出值为

$$I_1 = I_0 (L - X) / 2L = I_1' + I_1'' \tag{3-46}$$
$$I_2 = I_0 (L + X) / 2L = I_2' + I_2'' \tag{3-47}$$

联立式(3-42)～式(3-47)，可求得背景光对 PSD 实际输出的影响。结果为

$$I_0 X = I_0' X_1 + I_0'' X_2 \tag{3-48}$$

根据式(3-48)可知，当背景光光斑"重心"发生变化时，在背景光照射下 PSD 的输出位置 X_2 便发生变化，PSD 的实际输出位置也相应地发生改变，影响实验结果。因此，要想提高检测系统自身测量精度，就需要通过消除背景光来提高系统的测量精度。通常根据光学法与电学法实现对背景光的消除。下面介绍了如何使用光学法和电学法消除背景光。

光学法是通过对背景光的波长范围以及它的来源采用对应的滤光片实现对大部分背景光的阻隔，通过滤光片对背景光的滤波，减弱了环境背景光对 PSD 输出的影响，实现了对检测系统的补偿，提高了检测系统的测量精度。

电学法是利用脉冲调制和采样-保持的方法来实现对环境背景光干扰的消除。脉冲调制法是通过将系统所用的激光光源脉冲调制，以完成 PSD 两极输出的高频化。因为对于环境背景光与暗电流基本都是强度不变的低频信号，所以通过脉冲调制将 PSD 两极输出信号调制为不同于环境背景光低频信号的高频信号，再经过一个高通的滤波电路实现对环境背景光的低频信号的滤除，这样就实现了对 PSD 两极输出信号的补偿，提高了系统测量的精度。采样-保持法是通过环境背景光的光强变化小，对 PSD 输出影响稳定的特性完成对环境背景光的消除。通过在一次测量中先测得系统关闭激光光源时在环境背景光影响下 PSD 的两极输出信号，然后打开激光器，测量系统在激光光源照射与环境背景光共同作用时 PSD 的两极输出信号，再通过对两次 PSD 的输出信号做减法就能够获得 PSD 只在激光光源影响下的输出信号。不难看出，采样-保持法也能够在一定程度上消除暗电流对系统的不利影响。

光学法只能对大部分不同于系统所使用光源的背景光实现滤除，而不能滤除与光源同波长的背景光。而且对本系统选取的 PSD 型号，通过对滤光片的调研，没有查到适合本系统选取的滤光片。

脉冲调制法实现起来比较复杂，难以实现。因此，系统采用采样-保持法实现对背景光的消除。由式(3-48)及式(3-39)～式(3-41)可以得到 PSD 在激光照射下输出真值 $X1'$，即

$$X_1' = \frac{L\left[(I_1 - I_1'') - (I_2 - I_2'')\right]}{\left[(I_1 - I_1'') + (I_2 - I_2'')\right]} \tag{3-49}$$

由式(3-49)可知，只要测得 PSD 在激光与背景光同时影响下 PSD 两极输出光电流 I_1 和 I_2，并测得 PSD 只在背景光影响下两极的输出电流 I_1'' 和 I_2''，就可以求得 PSD 只在激光照射下，PSD 两极的输出电流 I_1' 和 I_2'。从而求得 PSD 在只有激光光源照射时的真值，实现对 PSD 的光照补偿。

通过在一次测量中先测得系统关闭激光光源时，在环境背景光影响下 PSD 的两极输出信号 I_1'' 和 I_2''，然后打开激光器，测量系统在激光光源照射与环境背景光共同作用时 PSD 的两极输出信号 I_1 和 I_2，在 ARM 中对信号进行处理获得 PSD 输出信号补偿值，即可完成对 PSD 输出信号补偿，获得 PSD 仅在激光光源照射下的真值，提高系统准确性。并将补偿值与原始数据均传输给上位机显示、存储。

2. PSD 光照补偿实验

为了验证背景光补偿算法的有效性，消除背景光对 PSD 输出的影响，在精密光学平台上搭建了测试系统，如图 3-58 所示，通过调节电动位移台，在无背景光的环境下对系统进行标定。然后通过调节实验室的灯光实现背景光的强弱之分，获得 PSD 在无背景光、强背景光和弱背景光下的输出值，对 PSD 输出信号进行处理，获得 PSD 输出信号的补偿值，分析实验结果。

通过调节电动位移台，在-10～10mm，每隔 1mm 分别多次测量系统在不同强度环境背景光下，照射和关闭激光光源时的输出值。

选取电动位移台在奇数值位置时，系统在无背景光情况下受激光光源照射时 PSD 的输出数据作为系统标定数据。系统标定曲线如图 3-59 所示。

图 3-58　背景光消除实验

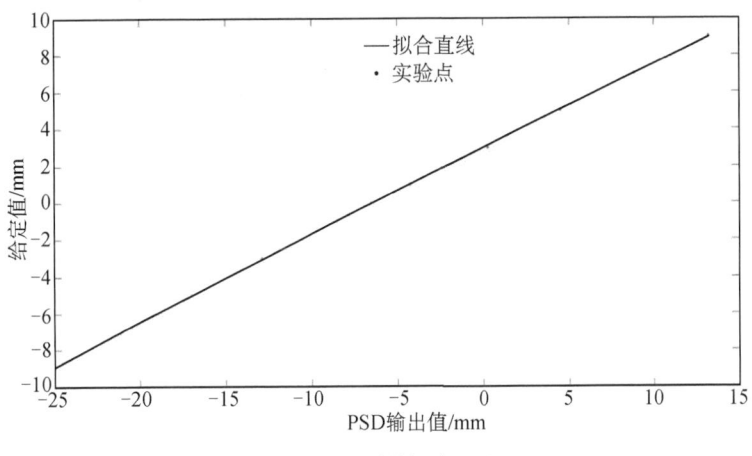

图 3-59　系统标定曲线

选取电动位移台在偶数值位置时，系统在无背景光情况下受激光光源照射时，PSD 的输出数据作为验证数据。验证数据结果如表 3-12 所示。

表 3-12　系统标定验证数据

给定值/mm	无背景光输出值/mm	误差/mm
−10.0125	−10.0095	0.0030
−8.0125	−7.9265	0.0860
−6.0225	−5.9587	0.0638

续表

给定值/mm	无背景光输出值/mm	误差/mm
−4.0025	−4.0409	−0.0384
−2.0100	−2.0229	−0.0129
−0.0200	−0.0564	−0.0364
2.0000	2.0984	0.0984
4.0000	3.9765	−0.0235
6.0050	5.9941	−0.0109
8.0125	7.9757	−0.0368
10.0400	10.0560	0.0160
标准差/mm	—	0.0503

表 3-12 中给定值为电动位移台数值，即系统位置真值。由表中输出标准差可以看出系统在无背景光干扰下的测量精度基本可达到 0.05mm。

根据式(3-49)提出的光照补偿算法，通过处理 PSD 在弱背景光影响下有激光光源照射时的输出值与几乎同一时刻 PSD 在弱背景光影响下无激光光源照射时的输出值获得。同理通过处理 PSD 在强背景光下有、无激光光源照射时的输出值可获得强背景光补偿值。PSD 光照补偿实验数据如表 3-13 所示。

表 3-13　PSD 光照补偿实验数据

给定值/mm	实际输出值/mm			
	弱背景光		强背景光	
	补偿前	补偿后	补偿前	补偿后
−10.0125	−9.9632	−9.9857	−9.7509	−10.1363
−8.0125	−7.9225	−7.9477	−7.6603	−8.0368
−6.0225	−5.9306	−5.9468	−5.7959	−6.0249
−4.0025	−3.9994	−4.0078	−3.8445	−4.0848
−2.0100	−1.9829	−1.9806	−1.8517	−2.0340
−0.0200	−0.0814	−0.0931	−0.0113	−0.1119
2.0000	2.0675	2.0951	2.1116	2.1349
4.0000	3.9411	3.9809	3.9286	4.0449
6.0050	5.9553	6.0066	5.8312	6.0441
8.0125	7.9774	8.0376	7.7799	8.0069
10.0400	10.0560	10.0809	9.7847	10.0546
标准差/mm	0.0580	0.0473	0.2083	0.0724

通过对表 3-13 的实验数据进行分析，可以看出，PSD 在经过光照补偿之后的输出值明显地接近于实验给定值，在强背景光下效果尤为明显，说明了对 PSD 进行光照补偿的重要性。同时也验证了本系统提出的光照补偿算法能很好地提高 PSD 在环境背景光影响下的测量精度。

3. 监测系统环境温度验证实验

由于系统的安装基础材料会存在温度特性，在温度变化下会发生一定量的形变。而且前面也提到温度对 PSD 也存在一定的影响。所以对系统进行了温度验证实验。通过分析实验结果确定环境温度变化对系统输出的影响。

为了验证环境温度变化对系统输出的影响，将系统放入温控箱中进行实验。通过改变温控箱内的温度，模拟系统工作环境，从而获得在不同温度下系统的输出值，通过比较系统输出值的变化来分析系统的温度特性。

为了确保实验测量结果的可靠性，使棱镜与检测系统处于同一安装平台，保证安装平台使用材料的热膨胀系数足够小。系统温度实验安装示意图如图 3-60 所示。

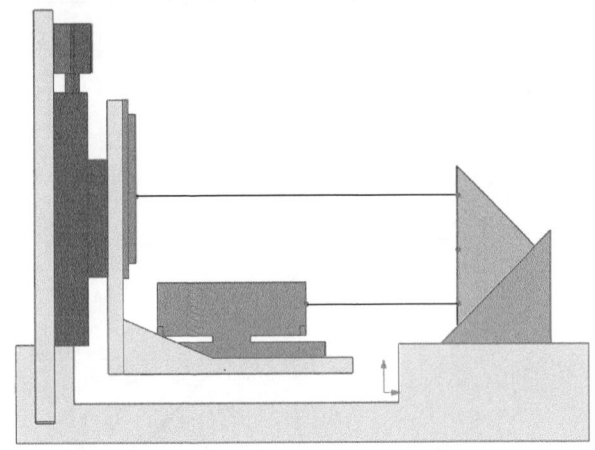

图 3-60　系统温度实验安装示意图

为了保证安装平台不会给系统带来干扰，安装平台采用的材料为因瓦合金。因瓦合金也称为不胀钢，其成分为镍 36%、铁 63.8%、碳 0.2%，它的热膨胀系数极低，平均膨胀系数一般为 $1.5 \times 10^{-6}/℃$，在室温-80～100℃时均不发生变化，能在很宽的温度范围内保持固定长度。系统温度验证实验如图 3-61 所示。

图 3-61　系统温度验证实验

　　为了模拟系统在高寒地区的实验环境，同时验证系统在低温下的工作状态，设定了温控箱温度从 15℃变化到-5℃再变化到-25℃的实验。温控箱的温度设定如图 3-62 所示。

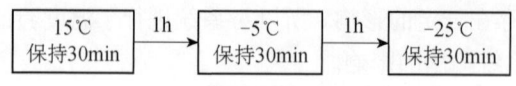

图 3-62　温控箱温度设定

　　因为温控箱内部无任何光照，所以忽略背景光对系统温度实验结果的影响。将获得的实验数据通过 MATLAB 进行处理，在环境温度的变化下，系统输出值的最大偏差约为 0.08mm。得到实验结果如图 3-63 所示。

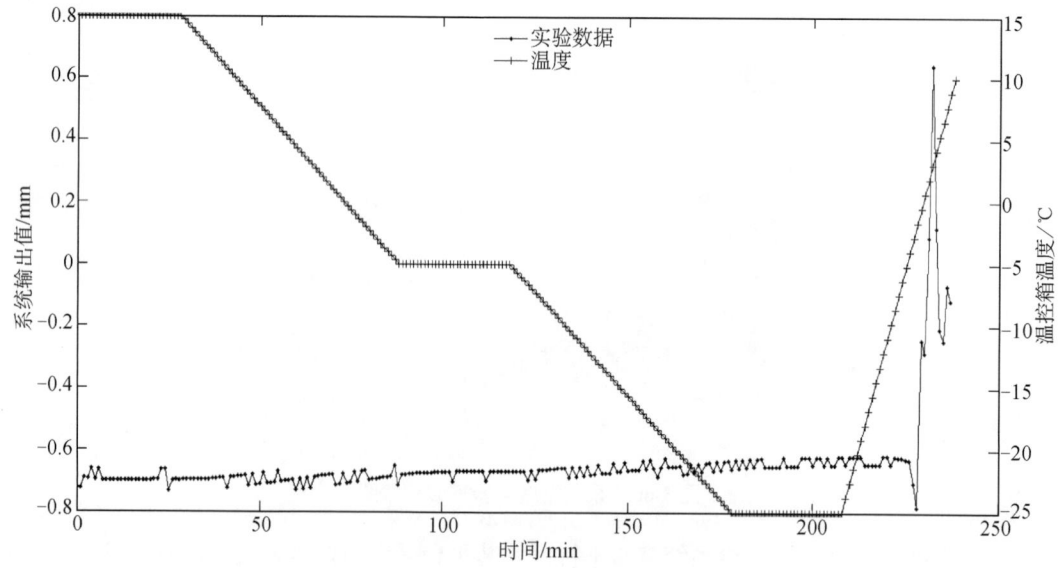

图 3-63　系统温度验证实验数据图

　　从图 3-63 中可以看出，系统的输出数据在温控箱内温度回升到 0℃以上时发生了明显的波动。当温控箱完成实验温度设定后，会自动调节箱内温度回升到室内常温 15℃左右。对出现波动的原因做了如下猜想：可能是由于温控箱温度在低温时，温控箱相对于现场实验环境小很多，箱内环境本来存在的少量水汽在棱镜的表面凝结了一层薄冰，当温控箱内温度回升到 0℃以上时，棱镜表面的薄冰融化影响了激光的反射，从而导致系统输出出现较大的不规则波动。

　　为了对上述猜想进行进一步的验证，本系统又做了将温控箱温度设定从 15℃变化到-5℃再变化到-25℃再变化到 0℃最后变化到 15℃的实验。观察系统的输出在温控箱内温度达到 0℃时是否会发生不规则的突变。系统温控箱的温度设定如图 3-64 所示。

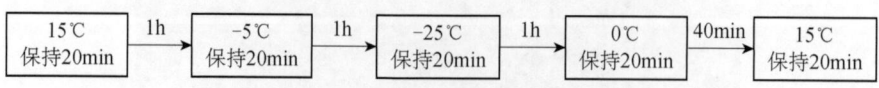

图 3-64　系统温控箱的温度设定

将获得的实验数据通过 MATLAB 进行处理，得到在环境温度的变化下，系统输出值的最大偏差约为 0.09mm。得到实验结果如图 3-65 所示。

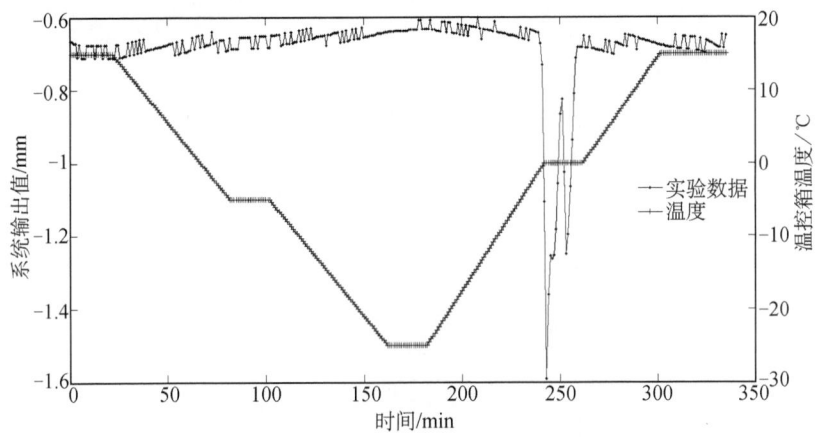

图 3-65　系统温度验证实验数据图

从图 3-65 中可以看出，在温控箱内温度到达 0℃时系统的输出发生了明显的不规则波动，系统温度保持在 0℃时，系统输出依然还是持续出现了不规则的波动，当系统温度继续升高时，可以看出系统输出恢复稳定。进而可以证明当温控箱内温度下降足够低时，温控箱内的水汽在棱镜表面凝结了一层薄冰，当温控箱内温度回升到 0℃以上时，棱镜表面的薄冰融化影响了激光的反射，从而导致系统输出出现较大的不规则波动，当温控箱内温度继续上升时，此时棱镜表面薄冰融化后的水汽随温度的升高而蒸发，系统也就恢复了正常输出。

通过对比两次温度实验结果，可以得到在模拟现场实验环境温度的变化下系统输出值最大偏差约为 0.09mm。该实验同时也验证了系统在-25℃高寒环境下可以正常运行。

4. 哈齐客运专线现场实验

2015 年 2～5 月在哈齐客运专线肇东界安装了路基沉降远程监测系统，并进行了为期 3 个月的现场实验，实验环境最低温度达到-28℃，系统一直处于正常运行状态。现场安装图如图 3-66 所示。激光收发装置安装在 CP Ⅲ立柱上，即将 CP Ⅲ立柱作为测量参考点。测量装置(棱镜)安装在轨道板底座板上。系统由太阳能发电系统供电，太阳能发电系统安装在设备附近的边坡上。

路基沉降检测系统通过 3G 无线路由器与上位机实时通信，将测量点路基沉降数据实时传送至上位机。通过对实验数据进行处理，分析哈齐线每天沉降数据的变化情况，其中，2015 年 3 月 24 日 0 时至 2015 年 3 月 28 日 0 时 4 天的数据如图 3-67 所示。

从图 3-67 中可以直观地看出测量点的路基沉降值每天都出现规律性的变化。通过分析，路基沉降值从每天上午 8 点至下午 6 点都出现变动，并在下午 2 点时达到峰值，随后又逐渐恢复稳定。因为白天在太阳的持续照射下，路基表面温度逐渐升高，路基原本的冻胀出现一定的融化现象，路基发生沉降，从数据中可以看出路基沉降最大值约 2mm。随时间的推移，太阳渐渐下山，温度逐渐降低，路基重新又出现冻胀情况。

图 3-66 系统现场安装示意图

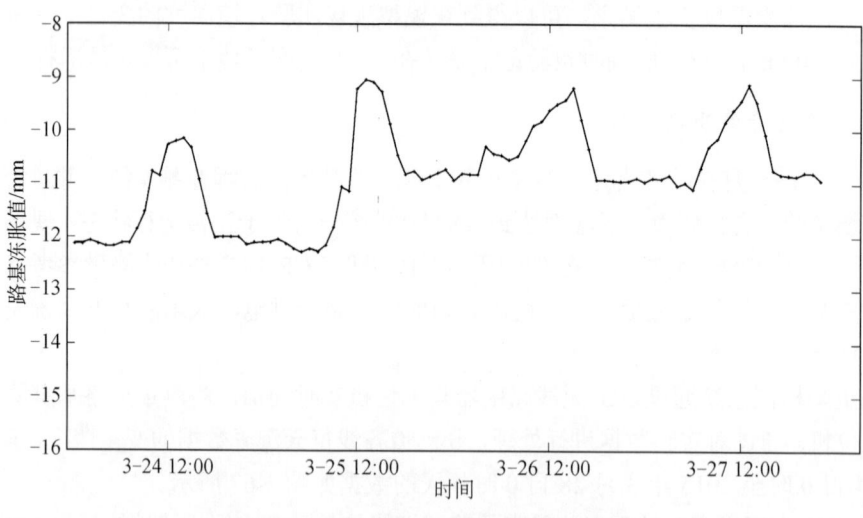

图 3-67 3 月 24~27 日路基冻胀数据

从图 3-67 中可以看出哈齐客运专线路基沉降测量点冻胀值在 3 月 25 日发生了明显的整体偏移。通过查询肇东市天气，发现 2015 年 3 月 24 日的气温为-2~7℃，2015 年 3 月 25 日气温为 2~13℃，这是肇东市从二月以来最低气温第一次达到零上，而且之后几天最低气温都处于 0℃以上。可以发现气温的整体上升导致了路基沉降数据的整体偏移。

为了判断哈齐客运专线路基测量点是否真的存在冻胀情况，又选取了测量期间每日凌晨的冻胀数据来分析测量点路基整体的变化情况。图 3-68 为哈齐客运专线铁路路基测量点每日凌晨冻胀数据与肇东市实验期间每日气温对比图。

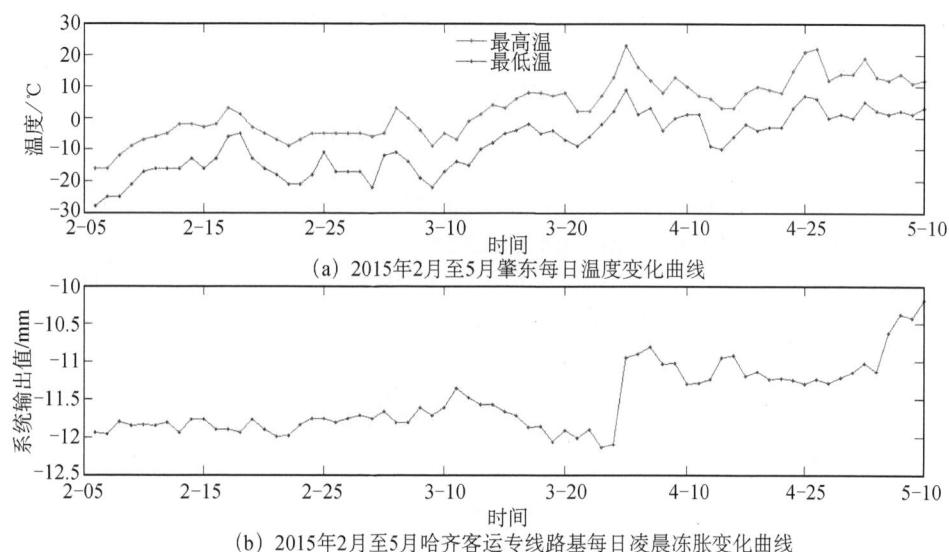

(a) 2015年2月至5月肇东每日温度变化曲线

(b) 2015年2月至5月哈齐客运专线路基每日凌晨冻胀变化曲线

图 3-68　哈齐客运专线铁路路基测量点每日凌晨冻胀数据与肇东市实验期间每日气温对比图

通过处理分析每日凌晨路基冻胀数据，对比肇东市每日温度变化，路基冻胀在 2015 年 3 月 24 日至 2015 年 3 月 25 日发生较大变化，由于环境温度的整体升高，测量点路基发生约 1.2mm 的沉降。并且随着气温的回升，在对哈齐客运专线为期 3 个月的路基沉降监测中，对比实验前期与后期每日凌晨路基沉降数据，可以发现哈齐客运专线系统测量点铁路路基沉降量最大值约为 2mm。通过环境因素验证实验，可知在无背景光干扰的情况下系统测量精度可达到约 0.05mm，系统自身由于现场环境温度变化而发生的形变量约为 0.09mm，总体测量精度约为 0.2mm。

参 考 文 献

陈博，李建平. 2008. 近 50 年来中国季节性冻土与短时冻土的时空变化特征. 大气科学，32(3)：432-443.

陈玉安，周上祺. 2001. 残余应力 X 射线测定方法的研究现状. 无损检测，23(1)：19-22.

杜功焕，朱哲民，龚秀芬. 2001. 声学基础. 南京：南京大学出版社.

范俊杰. 2004. 现代铁路轨道. 北京：中国铁道出版社.

高宏伟. 2012. 无缝钢轨温度应力检测技术研究. 北京：北京交通大学.

广钟岩，高慧安. 2005. 铁路无缝线路. 4 版. 北京：中国铁道出版社.

哈大铁路客运专线有限责任公司. 2012. 新建铁路哈尔滨至大连客运专线路基冻胀情况报告.

贺玲凤，刘军编. 2002. 声弹性技术. 北京：科学出版社.

孔朝志，丁杰雄，戴仙金，等. 2009. 基于 LFMCW 的 LCR 波切向正应力检测方法的研究. 电子测量与仪器
　学报，23(11)：72-78.

李博, 高艺, 曹国华, 等. 2013. 基于 PSD 的轴系对中测试系统非线性校正方法研究. 机电工程, 30(3): 300-302, 310.

李东侠. 2005. 钢轨断裂原因分析及防治措施. 铁道标准设计, (3): 67-69.

李国玉. 2007. 高温冻土区新型路堤结构降温机理与设计原则研究. 兰州: 中国科学院寒区旱区环境与工程研究所.

李贞伟. 2012. 浅谈我国高速铁路超长无缝线路应力放散. 西安铁路职业技术学院学报, 49(1): 14-17.

刘金艳. 2009. X 射线残余应力的测量技术与应用研究. 北京: 北京工业大学.

刘鸥鹏, 张友鹏. 2013. 实时断轨检测技术发送系统设计. 铁道科学与工程学报, (1): 123-128.

刘兴汉. 2002. 钢轨温度和温度应力. 西铁科技, 52(3): 30-32.

刘兴汉. 2005. 介绍用"标定轨长"理论测定锁定轨温的方法. 铁道工程学报, (6): 14-26.

刘镇清. 1996. 超声波应力测试技术. 实用测试技术, 3: 31-33.

卢耀荣. 2004. 无缝线路研究与应用. 北京: 中国铁道出版社.

马学宁, 梁波, 高峰. 2011. 高速铁路板式无砟轨道——路基结构动力特性研究. 铁道学报, 33(2): 72-78.

祁欣. 1998. 无缝线路钢轨纵向应力在线检测研究. 机械工程学报, (2): 104-110.

钱立新. 2003. 世界高速铁路技术. 北京: 中国铁道出版社.

任光勇, 张忠苗. 2004. 一种既观测桩顶又观测桩端沉降的多参数静载荷试验方法. 岩石力学与工程学报, (3): 510-513.

石刚强. 2014. 严寒地区高速铁路路基冻胀和工程对策研究. 兰州: 兰州大学.

史国凯, 钟方平, 张德志, 等. 2013. PSD 位移传感器测量误差的修正方法. 半导体光电, 34(6): 1089-1093.

史宏章, 任远, 张友鹏, 等. 2010. 国内外断轨检测技术发展的现状与研究. 铁道运营技术, 16(4): 1-7.

唐文龙. 2001. 断轨原因分析及其预防措施. 铁道建筑, (12): 31-32.

田浩, 于石生, 赵小莹. 2004. 利用巴克豪森效应测定钢轨纵向应力. 材料科学与工艺, 12(2): 196-198.

田明兴, 陈云峰. 2011. 实时断轨检测技术综述. 兰州交通大学学报, 30(1): 122-126.

王庆明, 孙渊. 2011. 残余应力测试技术的进展与动向. 机电工程, 28(1): 11-15.

王骁, 刘辉, 祁欣, 等. 2010. 巴克豪森噪讯无缝线路应力检测仪的研制及应用. 北京化工大学学报: 自然科学版, 37(3): 123-126.

王炎孝, 刘振武. 1992. 一个貌似简单的世界难题: 钢轨纵向应力检测. 铁道知识, (1): 42-43.

徐建明, 吴宏兵, 叶茂. 2006. 光纤光栅传感器应力检测温度效应分析. 低温建筑技术, 111(3): 120-121.

许承东, 刘学文, 李强. 2004. 磁弹性方法无损测试钢轨残余应力分布的实验研究. 北方交通大学学报, 28(4): 76-79.

许西宁. 2013. 基于超声导波的无缝线路钢轨应力在线监测技术应用基础研究. 北京: 北京交通大学.

许西宁, 余祖俊, 朱力强, 等. 2013. 半解析有限元法分析兰姆波频散特性. 仪器仪表学报, 34(2): 248-252.

闫进学. 2007. 测标测量无缝线路锁定轨温方法在新线的应用. 铁道勘察, (6): 81-83.

杨淑连, 宿元斌, 何建廷, 等. 2014. 位置敏感探测器测量准确度的研究. 激光技术, (6): 830-834.

余雷. 2013. 哈大客专路基冻胀变形的观测与分析. 路基工程, 3: 54, 58, 63.

余祖俊, 许西宁, 史红梅, 等. 2015. 钢轨中超声导波激励响应计算方法研究. 仪器仪表学报, 36(9): 2068-2075.

张家栋, 李强, 王灵芝. 2009. 利用巴克豪森效应测量转向架焊接构架残余应力. 机车车辆工艺, (2): 1-4.

张云电. 2006. 夹心式压电换能器及其应用. 北京: 科学出版社.

张兆亭, 闫连山, 王平, 等. 2012. 基于光纤光栅的钢轨应变测量关键技术研究. 铁道学报, 34(5): 65-69.

朱俊山. 2008. 客运专线路基组合沉降板沉降观测方法. 岩土工程界, 7: 51-54.

朱士明, 肖明正, 卢杰, 等. 1991. 超声波高温螺栓应力监测仪的研制. 同济大学学报, 19(4): 433-439.

Bartoli I, Coccia S, Phillips R, et al. 2010. Stress dependence of guided waves in rails. Health Monitoring of Structural and Biological Systems. San Diege, California: 7650.

Bartoli I, Marzani A, Scalea F L D, et al. 2006. Modeling wave propagation in damped waveguides of arbitrary cross-section. Journal of Sound and Vibration, 295: 685-707.

Bartoli I, Salamone S, Phillips R, et al. 2011. Use of interwire ultrasonic leakage to quantify loss of prestress in multiwire tendons. Journal of Engineering Mechanics, 324-333.

Clark R. 2004. Rail flaw detection: overview and needs for future developments. NDT & E International, 37(2): 111-118.

Gektin A V, Gavrylyuk V P, Zosim D I, et al. 2005. Unidimensional position sensitive detector. Functional Materials, 12(1): 137.

Institute for Maritime Technology. 2010. Ultrasonic broken rail detector technical background. http://www.railsonic.com, 2010-6-20.

Loveday P W. 2008. Modeling and measurement of piezoelectric ultrasonic transducers for transmitting guided waves in rails. IEEE International Ultrasonics Symposium Proceedings, Beijing: 410-413.

Ma W, Mu Y H, Wu Q B, et al. 2011. Characteristics and mechanisms of embankment deformation along the Qinghai-Tibet railway in permafrost regions. Cold Regions Science and Technology, 67(3): 178-186.

Marzani A. 2008. Time-transient response for ultrasonic guided waves propagating in damped cylinders. International Journal of Solids and Structures, 45: 6347-6368.

Mazzotti M, Marzani A, Bartoli I, et al. 2012. Guided waves dispersion analysis for prestressed viscoelastic waveguides by means of the SAFE method. International Journal of Solids and Structures, 49: 2359-2372.

Peng Y, Li L, Tang X, et al. 2009. Response characteristics of position sensitive detector under oblique incidence condition. Semiconductor Photonics and Technology, 2: 002.

Rose J L. 2004. 固体中的超声波. 何存富，吴斌，王秀彦，译. 北京：科学出版社.

Sale M, Rizzo P, Marzani A. 2011. Semi-analytical formulation for the guided waves based reconstruction of elastic moduli. Mechanical Systems and Signal Processing, 25: 2241-2256.

Thurston D. 2014. Broken rail detection: practical application of new technology or risk mitigation approaches. IEEE Vehicular Technology Magazine, 9(3): 80-85.

Wu E Q, Ke Y L, Li J G. 2005. Non-contact inspection for inner surface of small diameter pies based on laser-PSD. Optoelectronics Letters, 1(1): 61-64.

第4章 无缝线路服役状态移动检测方法

随着轨道交通向高速度、高密度的方向发展，轨道交通运营安全保障工作变得越来越艰巨，相应的基础设施安全检测也不得不由传统的人工巡检方式向现代车载式高速动态检测方式转变。由于车载式动态检测方式对正常运营影响小、效率高、速度快，且真实地反映了在列车运行条件下的基础设施状态，已经成为铁路交通基础设施安全状态的主要检测手段。在轨道交通基础设施安全状态检测中，线路全断面、轨道不平顺、钢轨应力等影响运营安全和乘坐舒适度的线路参数是需要经常检测的重要内容。本章将详细论述基于车载式的线路全断面、轨道不平顺、CA砂浆脱空、钢轨应力的移动检测方法，建立基于车载动态检测的感知理论，形成基于地面监测和移动检测一体化的高速铁路设备服役状态综合监测理论模型与综合评估方法。

4.1 轨道交通线路全断面与形变检测技术

线路全断面检测是指通过对线路三维尺寸的测量，获得线路横纵断面、隧道净空、邻线间距、邻近建筑物距离等重要数据，是检查限界、组织超限货物运输、评估线路安全状态的重要手段。

基于车载移动式检测方法测量线路几何参数时，动态测量设备在运动中会受到振动的影响，产生6个自由度的不确定性，即沉浮、横摆、伸缩、摇头、点头、侧滚，测量设备的基准与地面基准之间的动态偏差严重影响了测量的精度。为此，一种方法是需将动态测量设备安装在独立于车体振动的惯性平台上，以确保测量精度，这种方式的缺点是惯性平台体积大、造价高。另一种相对经济可行的方法是通过高精度的惯性元件对动态测量设备的位置姿态进行准确测量，用以校正测量基准的偏差，即所谓的捷联式惯性基准测量。

惯性基准测量利用惯性陀螺测量运动物体绕三维坐标轴旋转的角度变化率，以及利用加速度传感器测量物体直线运动加速度，通过积分间接算出6个自由度的绝对变化量。基于惯性基准测量方法，可以准确测量动态测量设备的运动姿态，对测量结果进行动态补偿，提高测量精度。国内外的轨检车和高速铁路综合检测列车也广泛采用了捷联式惯性基准系统，但通常没有考虑动态测量基准系统的固有特性。本节重点研究在陀螺仪和加速度计的精度一定时，如何利用线路、车辆、传感器的已知特性，通过建立车路振动模型，提高惯性基准系统的整体精度。

4.1.1 基于车路振动模型的惯性基准测量

惯性导航理论是惯性基准测量的基础，是20世纪才发展起来的一种新的科学技术。惯性制导最早出现在德国，1942年，德国的一些科学家将陀螺仪和加速度计应用于V-2火箭的惯性制导系统中，首次完成了定位的任务。第二次世界大战后，惯性技术在美国和苏联迅速地发展起来，主要用于军事武器系统。

20 世纪 50 年代初，美国研制成具有三轴陀螺稳定平台的惯性导航系统，使其向完善化跨上一个新台阶。50～60 年代，惯性导航系统开始广泛应用于火箭、潜艇和军用飞机。70 年代，惯性导航系统已步入成熟阶段，逐步推广应用于舰船、飞机、导弹、宇宙飞行器及大地测绘等领域。80 年代，在计算机与现代控制理论发展的推动下，由数学平台取代机电式平台的捷联式系统迅猛发展。进入 90 年代，以惯性导航系统为主的组合导航系统在各种运载体中的应用不断扩大，同时开始渗透到各个运动物体姿态测量的领域，如车辆自动驾驶、智能机器人等新兴领域。

1. 基于惯性基准的动态测量补偿原理

根据刚体动力学，刚体的 6 自由度运动由绕三个坐标轴的转动(图 4-1)和沿三个坐标轴的移动构成。上述 6 自由度运动总能够等效为刚体上一个固定点沿三个坐标轴的平动和绕该点的定点转动。设 r_0 为两空间直角坐标系 $O_S\text{-}X_S Y_S Z_S$ 和 $O_T\text{-}X_T Y_T Z_T$ 原点 O_S 与 O_T 的相对位置向量，α、β、γ 为三个轴不平行而产生的欧拉角，则空间任意点在两坐标系下有如下关系：

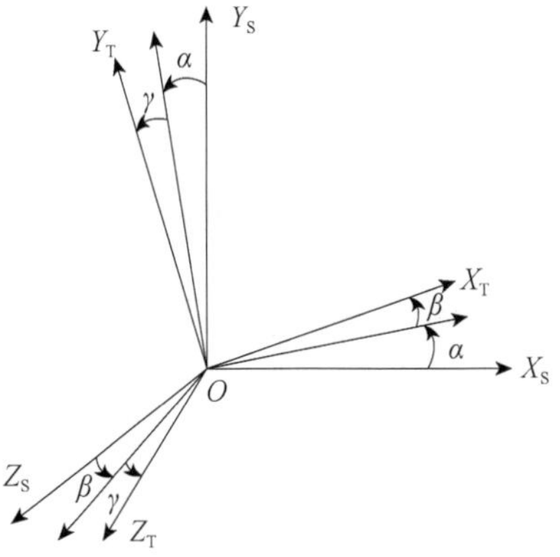

图 4-1　坐标系旋转示意图

$$(r_i)_S = r_0 + C_\alpha C_\beta C_\gamma (r_i)_T \tag{4-1}$$

即

$$\begin{bmatrix} x \\ y \\ z \end{bmatrix}_S = \begin{bmatrix} \Delta x_0 \\ \Delta y_0 \\ \Delta z_0 \end{bmatrix} + C_\alpha C_\beta C_\gamma \begin{bmatrix} x \\ y \\ z \end{bmatrix}_T \tag{4-2}$$

其中，C_α、C_β、C_γ 为三个坐标轴的旋转矩阵，分别为

$$C_\alpha = \begin{bmatrix} \cos\alpha & \sin\alpha & 0 \\ -\sin\alpha & \cos\alpha & 0 \\ 0 & 0 & 1 \end{bmatrix} \tag{4-3}$$

$$C_\beta = \begin{bmatrix} \cos\beta & 0 & -\sin\beta \\ 0 & 1 & 0 \\ \sin\beta & 0 & \cos\beta \end{bmatrix} \tag{4-4}$$

$$C_\gamma = \begin{bmatrix} 1 & 0 & 0 \\ 0 & \cos\gamma & \sin\gamma \\ 0 & -\sin\gamma & \cos\gamma \end{bmatrix} \tag{4-5}$$

方向余弦矩阵为

$$C = C_\alpha C_\beta C_\gamma \tag{4-6}$$

由此可见，空间中任意的两个直角坐标系之间都可以实现转换。只要可以测量式(4-1)中的三个线位移量和三个角位移量，一个直角坐标系中的点就可以在另一个坐标系中找到与其对应的坐标。

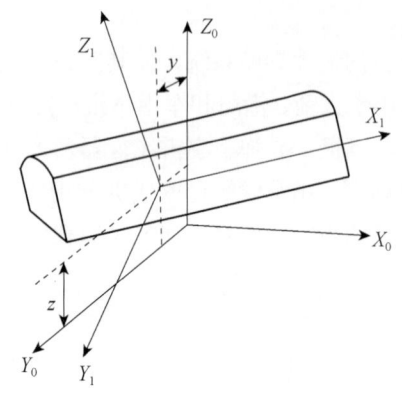

图4-2　6自由度振动坐标示意图

对于轨道交通线路几何动态检测而言，当测量构架在动态测量时的变形可以忽略不计时，测量系统的运动可以简化为刚体的6自由度振动。6自由度振动坐标示意图如图4-2所示。绕 X 轴旋转角度为 θ（即侧滚角度）；绕 Y 轴旋转角度为 φ（即点头角度）；坐标系绕 Z 轴旋转角度为 ψ（即摇头角度）；车体在 Y 和 Z 轴方向的位移为 y（即横摆位移）、z（即沉浮位移）。由于伸缩位移对线路几何尺寸的检测不构成影响，所以可以不予考虑。利用惯性导航的原理推算出方向余弦矩阵 C，即可对测量数据进行补偿。

对于动态测量系统，测量装置（或车体坐标系）相对于轨道坐标系的变换关系可以通过惯性基准测量系统来获得。由陀螺仪和加速度计分别测得车体绕坐标轴方向的振动侧滚角度 θ、点头角度 φ、摇头角度 ψ 和沿坐标轴方向的振动线位移 Δx、Δy、Δz，以线路全断面尺寸检测为例，设激光测距扫描仪测得的断面数据为 $\begin{bmatrix} X' & Y' & Z' \end{bmatrix}^{\mathrm{T}}$，则经振动补偿后，准确的断面尺寸 $\begin{bmatrix} X & Y & Z \end{bmatrix}^{\mathrm{T}}$ 应为

$$\begin{bmatrix} X \\ Y \\ Z \end{bmatrix} = C \begin{bmatrix} X' \\ Y' \\ Z' \end{bmatrix} + \begin{bmatrix} \Delta x \\ \Delta y \\ \Delta z \end{bmatrix} \tag{4-7}$$

其中，方向余弦矩阵 C 为

$$C = \begin{bmatrix} \cos\psi\cos\varphi - \sin\psi\sin\theta\sin\varphi & \sin\psi\cos\varphi + \cos\psi\sin\theta\sin\varphi & -\cos\theta\sin\varphi \\ -\sin\psi\cos\theta & \cos\psi\cos\theta & \sin\theta \\ \cos\psi\sin\varphi + \sin\psi\sin\theta\cos\varphi & \sin\psi\sin\varphi + \cos\psi\sin\theta\cos\varphi & \cos\theta\cos\varphi \end{bmatrix}$$

目前，国内外的轨检车以及高速铁路综合检测列车大多采用的是直接使用陀螺仪和加速度计的捷联式惯性导航(SINS)，用来替代传统笨重的惯性平台。如图4-3所示，这种直接 SINS 测量方法往往忽略了轨道车辆在运动中的动态特性。

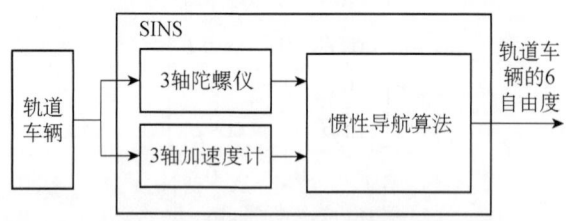

图4-3　直接惯性基准测量法

然而，轨道车辆通常是经过两级弹簧-阻尼悬挂与车辆轮对相连的，这个两级悬挂系统实际构成一个滤波器，对来自轨道的各种激励进行衰减。因此，轨道车辆的振动信号是经过特定滤波器滤波的，因而带有特定的频谱特性。而 SINS 的惯性导航算法没有考虑这些特性，即无论 SINS 安装在何种载体上，如飞机、汽车或地铁，算法都是完全相同的。从信息论的角度来讲，如果可以科学地利用车辆、轨道等已知信息，SINS 的测量精度可以

大大提高。为此，这里提出一个新的轨道车辆惯性基准测量方法，如图 4-4 所示，通过充分利用车辆振动和线路激励等的已知信息提高惯性基准系统的整体精度。数据处理流程如图 4-5 所示。

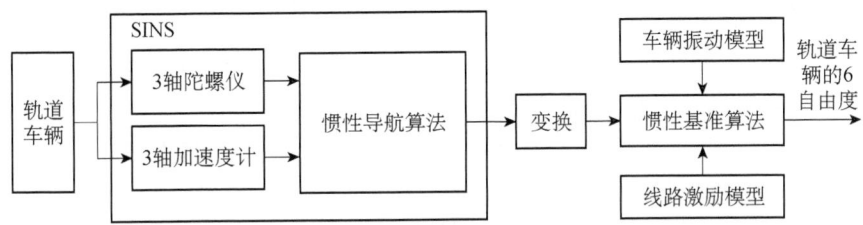

图 4-4 轨道车辆惯性基准测量法

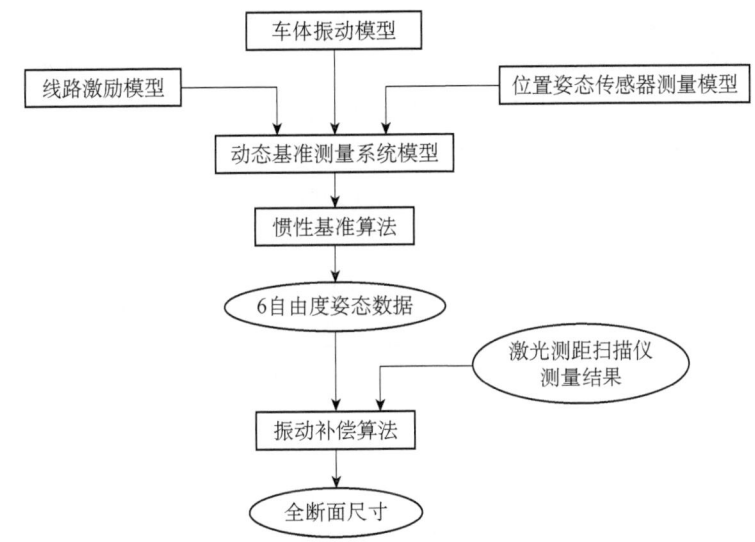

图 4-5 高精度动态基准测量系统的实现流程

轨道车辆惯性基准测量的数学模型可以表示为

$$\begin{cases} \dot{x}(t) = f[x(t), a] + k[u(t)] + w(t) \\ z(t) = h[x(t)] + v(t) \end{cases} \tag{4-8}$$

其中，第一个方程为系统方程，第二个方程为测量方程；$x(t)$ 为测量设备的运动状态向量，包括三轴的角速度、角度、线位移、线速度等变量；函数 $f(\ )$ 与参数向量 a 构成车辆振动模型；$k[u(t)]$ 为来自线路的激励；$w(t)$ 为系统模型误差；$z(t)$ 为测量向量，包括各轴的角速度和线加速度；函数 $h(\ )$ 为传感器测量模型；$v(t)$ 为测量误差。

假设在 t 时刻，共有测量数据 $y(0:t)$，系统状态的最大似然（ML）估计为

$$\text{ML}: \arg \max P[x(t)\,|\,y(0:t)] \tag{4-9}$$

其中，$P(x\,|\,y)$ 为在已知 y 的条件下，x 出现的概率。式(4-9)描述的问题就是本章要重点解决的核心问题。

2. 惯性基准测量系统模型的分析与建立

1) 车辆振动模型

(1) 车辆三维动力学模型的假定。

为构造车体运动模型，采用了如下假设。

① 车体由 1 个车厢体、2 个转向架、4 个轮对组成，每个部分都视为刚体，即不考虑振动过程中车厢体、转向架构架和轮轴的弹性变形。

② 考虑车厢体、转向架和轮对沿车辆纵轴方向的振动，每个刚体有 5 个自由度：横摆、侧滚、摇头、沉浮、点头，计作 $\chi = [Y \quad \theta \quad \psi \quad Z \quad \varphi]$。

③ 厢体和转向架之间的弹簧和阻尼器联结称为"二系悬挂装置"，是线性的。对于第 i 节第 j 个转向架，其二系横向弹簧刚度和阻尼系数分别记作 k_{2ij}^h 和 c_{2ij}^h；垂向弹簧刚度和阻尼系数分别记作 k_{2ij}^v 和 c_{2ij}^v。

④ 转向架与轮对之间的弹簧和阻尼器联结称为"一系悬挂装置"，是线性的。对于第 i 节第 j 个转向架，其每个转向架轴箱的横向弹簧刚度和阻尼系数分别记作 k_{1ij}^h 和 c_{1ij}^h；垂向弹簧刚度和阻尼系数分别记作 k_{1ij}^v 和 c_{1ij}^v。

⑤ 轮对与钢轨刚性连接，无蛇行等相对运动，因此不用考虑 4 个轮对状态。

(2) 车辆振动方程的推导。

以四轴客车为例，车辆计算简图如图 4-6 所示。

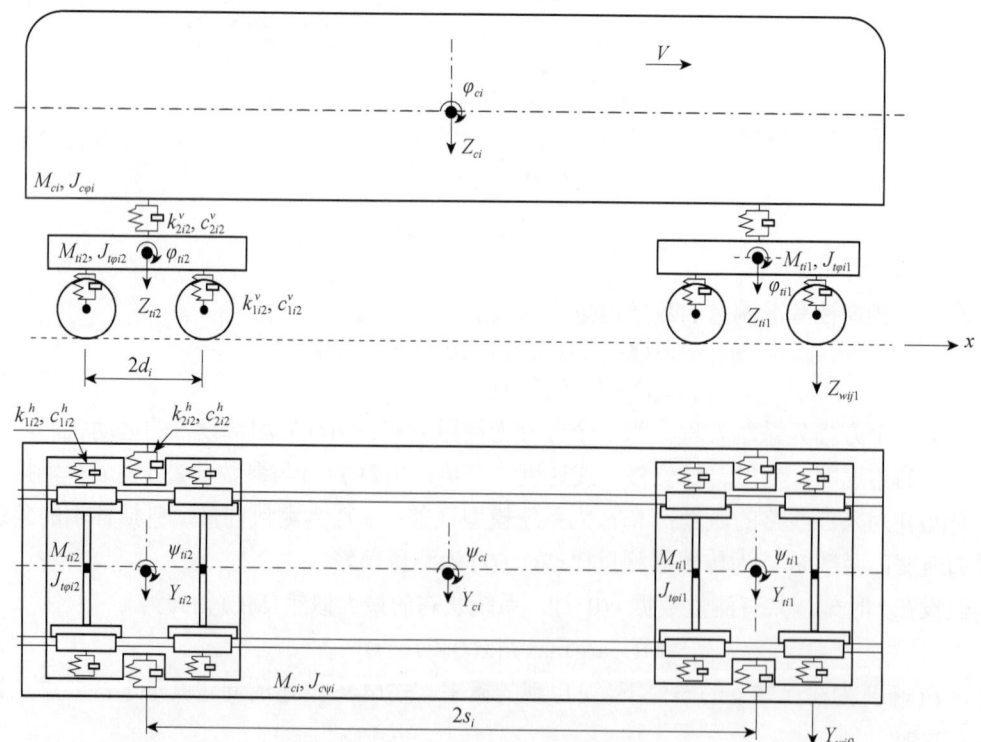

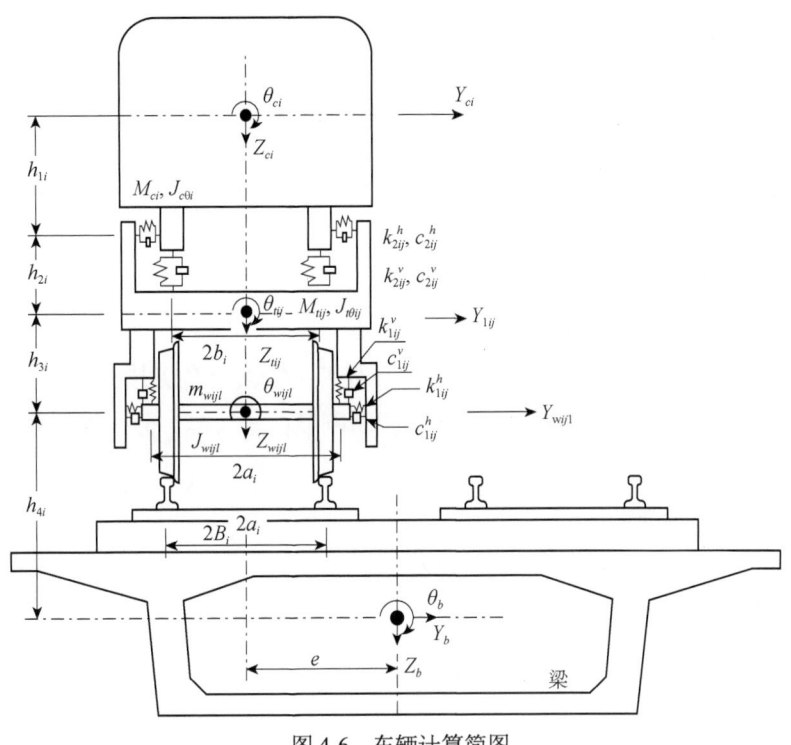

图 4-6　车辆计算简图

车辆运动方程可以用任意一种结构动力学的方法建立，本节采用拉格朗日运动方程，以第 i 节车为例说明运动方程的推导方法。拉格朗日运动方程为

$$\frac{\mathrm{d}}{\mathrm{d}t}\left(\frac{\partial T}{\partial \dot{q}_k}\right) - \frac{\partial T}{\partial q_k} + \frac{\partial V}{\partial q_k} + \frac{\partial Q}{\partial \dot{q}_k} = 0 \tag{4-10}$$

其中，T、V、Q 分别为系统运动的总动能、总弹性势能和总阻尼耗散能。

① 车辆运动的能量表达式。

a. 车辆运动的总动能。

$$\begin{aligned}
T_i = &\frac{1}{2}[M_{ci}(\dot{Y}_{ci}^2 + \dot{Z}_{ci}^2) + J_{c\theta i}\dot{\theta}_{ci}^2 + J_{c\psi i}\dot{\psi}_{ci}^2 + J_{c\varphi i}\dot{\varphi}_{ci}^2]\\
&+ \sum_{j=1}^{2}\frac{1}{2}[M_{tij}(\dot{Y}_{tij}^2 + \dot{Z}_{tij}^2) + J_{t\theta ij}\dot{\theta}_{tij}^2 + J_{t\psi ij}\dot{\psi}_{tij}^2 + J_{t\varphi ij}\dot{\varphi}_{tij}^2]\\
&+ \sum_{j=1}^{2}\sum_{l=1}^{N_{wi}}\frac{1}{2}[M_{wijl}(\dot{Y}_{wijl}^2 + \dot{Z}_{wijl}^2) + J_{wijl}\dot{\theta}_{wijl}^2]
\end{aligned} \tag{4-11}$$

其中，第 1、2、3 项分别为第 i 节车的车体、转向架和轮对的运动动能；M_{ci}、$J_{c\theta i}$、$J_{c\psi i}$ 和 $J_{c\varphi i}$ 分别为第 i 节车体的质量及绕车体 x 轴、z 轴和 y 轴的质量惯性矩；M_{tij}、$J_{t\theta ij}$、$J_{t\psi ij}$ 和 $J_{t\varphi ij}$ 分别为第 i 节车第 j 个转向架的质量及绕转向架 x 轴、z 轴和 y 轴的质量惯性矩；M_{wijl}、J_{wijl} 分别为第 i 节车第 j 个转向架第 l 个轮对的质量和质量惯性矩。

b. 总弹簧变形势能。

$$V_i = V_i^1 + V_i^2 \tag{4-12}$$

其中，一系弹簧的变形势能为

$$V_i^1 = \sum_{j=1}^{2} \sum_{l=1}^{N_{wi}} \frac{1}{2} \left\{ \begin{array}{l} k_{1ij}^h \left(Y_{tij} - h_{3i}\theta_{tij} + \eta_{jl} d_i \psi_{tij} - Y_{wijl} \right)^2 \\ + k_{1ij}^v [(Z_{tij} + \eta_{jl} d_i \varphi_{tij} - Z_{wijl})^2 + a_i^2 (\theta_{tij} - \theta_{wijl})^2] \end{array} \right\} \tag{4-13}$$

二系弹簧的变形势能为

$$V_i^2 = \sum_{j=1}^{2} \frac{1}{2} \left\{ \begin{array}{l} k_{2ij}^h \left(Y_{ci} - h_{1i}\theta_{ci} + \xi_j s_i \psi_{ci} - Y_{tij} - h_{2i}\theta_{tij} \right)^2 \\ + k_{2ij}^v [(Z_{ci} + \xi_j s_i \varphi_{ci} - Z_{tij})^2 + b_i^2 (\theta_{ci} - \theta_{tij})^2] \end{array} \right\} \tag{4-14}$$

其中，k_{1ij}^h、k_{1ij}^v 分别为一系弹簧的横向和竖向弹簧刚度；k_{2ij}^h、k_{2ij}^v 分别为二系弹簧的横向和竖向弹簧刚度。

c. 阻尼耗散的总能量。

$$Q_i = Q_i^1 + Q_i^2 \tag{4-15}$$

其中，一系阻尼器的耗散能量为

$$Q_i^1 = \sum_{j=1}^{2} \sum_{l=1}^{N_{wi}} \frac{1}{2} \left\{ \begin{array}{l} c_{1ij}^h \left(\dot{Y}_{tij} - h_{3i}\dot{\theta}_{tij} + \eta_{jl} d_i \dot{\psi}_{tij} - \dot{Y}_{wijl} \right)^2 \\ + c_{1ij}^v [(\dot{Z}_{tij} + \eta_{jl} d_i \dot{\varphi}_{tij} - \dot{Z}_{wijl})^2 + a_i^2 (\dot{\theta}_{tij} - \dot{\theta}_{wijl})^2] \end{array} \right\} \tag{4-16}$$

二系阻尼器的耗散能量为

$$Q_i^2 = \sum_{j=1}^{2} \frac{1}{2} \left\{ \begin{array}{l} c_{2ij}^h \left(\dot{Y}_{ci} - h_{1i}\dot{\theta}_{ci} + \xi_j s_i \dot{\psi}_{ci} - \dot{Y}_{tij} - h_{2i}\dot{\theta}_{tij} \right)^2 \\ + c_{2ij}^v [(\dot{Z}_{ci} + \xi_j s_i \dot{\varphi}_{ci} - \dot{Z}_{tij})^2 + b_i^2 (\dot{\theta}_{ci} - \dot{\theta}_{tij})^2] \end{array} \right\} \tag{4-17}$$

其中，c_{1ij}^h、c_{1ij}^v 分别为一系弹簧的横向和竖向弹簧阻尼系数；c_{2ij}^h、c_{2ij}^v 分别为二系弹簧的横向和竖向弹簧阻尼系数；N_{wi} 为第 i 节车每个转向架上的轮对数；ξ_j 为转向架位置函数，对前转向架，$\xi_j = 1$，对后转向架，$\xi_j = -1$；η_{jl} 为轮对位置函数，当轮对 1 位于转向架 j 的前位时，$\eta_{jl} = 1$，位于转向架 j 的后位时，$\eta_{jl} = -1$。

将上面求得的各项能量表达式代入拉格朗日运动方程，并以车辆各自由度分别代替 q_k，就可以得到车体和转向架的运动方程。

② 车体运动方程。

a. 车体横摆运动（$q_k = Y_{ci}$）。

$$M_{ci}\ddot{Y}_{ci} + \sum_{j=1}^{2} k_{2ij}^h (Y_{ci} - Y_{tij} - h_{1i}\theta_{ci} - h_{2i}\theta_{tij}) + \sum_{j=1}^{2} c_{2ij}^h (\dot{Y}_{ci} - \dot{Y}_{tij} - h_{1i}\dot{\theta}_{ci} - h_{2i}\dot{\theta}_{tij}) = 0 \tag{4-18}$$

式中没有 ψ_{ci} 和 $\dot{\psi}_{ci}$ 项，这是因为前后转向架的位置函数 ξ_j 符号相反，其系数互相抵消了，说明车体的横摆运动和摇头运动互相不耦联。当然，如果前后两个转向架到车体重心的距离不等，这种耦联还是存在的。

b. 车体侧滚运动（$q_k = \theta_{ci}$）。

$$J_{c\theta i} \ddot{\theta}_{ci} - \sum_{j=1}^{2} h_{1i} k_{2ij}^h (Y_{ci} - Y_{tij} - h_{1i}\theta_{ci} - h_{2i}\theta_{tij})$$

$$- \sum_{j=1}^{2} h_{1i} c_{2ij}^h (\dot{Y}_{ci} - \dot{Y}_{tij} - h_{1i}\dot{\theta}_{ci} - h_{2i}\dot{\theta}_{tij})$$

$$+ \sum_{j=1}^{2} b_i^2 [k_{2ij}^v (\theta_{ci} - \theta_{tij}) + c_{2ij}^v (\dot{\theta}_{ci} - \dot{\theta}_{tij})] = 0 \tag{4-19}$$

同理，式中没有 ψ_{ci} 和 $\dot{\psi}_{ci}$ 项。

c. 车体摇头运动（$q_k = \psi_{ci}$）。

$$J_{c\psi i} \ddot{\psi}_{ci} + \sum_{j=1}^{2} k_{2ij}^h [s_i^2 \psi_{ci} - \xi_j s_i (Y_{tij} + h_{2i}\theta_{tij})] + \sum_{j=1}^{2} c_{2ij}^h [s_i^2 \dot{\psi}_{ci} - \xi_j s_i (\dot{Y}_{tij} + h_{2i}\dot{\theta}_{tij})] = 0 \tag{4-20}$$

式中车体自由度只有 ψ_{ci}、$\dot{\psi}_{ci}$ 和 $\ddot{\psi}_{ci}$ 项，这是因为前后转向架的位置函数 ξ_j 符号相反，其他车体自由度的系数互相抵消了。

d. 车体沉浮运动（$q_k = Z_{ci}$）。

$$M_{ci} \ddot{Z}_{ci} + \sum_{j=1}^{2} k_{2ij}^v (Z_{ci} - Z_{tij}) + \sum_{j=1}^{2} c_{2ij}^v (\dot{Z}_{ci} - \dot{Z}_{tij}) = 0 \tag{4-21}$$

式中没有 φ_{ci} 和 $\dot{\varphi}_{ci}$ 项，这是因为前后转向架的位置函数 ξ_j 符号相反，其系数互相抵消了，说明车体的沉浮运动和点头运动互相不耦联。

e. 车体点头运动（$q_k = \varphi_{ci}$）。

$$J_{c\varphi i} \ddot{\varphi}_{ci} + \sum_{j=1}^{2} k_{2ij}^v \left(s_i^2 \varphi_{ci} - \xi_j s_i Z_{tij} \right) + \sum_{j=1}^{2} c_{2ij}^v \left(s_i^2 \dot{\varphi}_{ci} - \xi_j s_i \dot{Z}_{tij} \right) = 0 \tag{4-22}$$

同理，式中车体自由度只有 φ_{ci}、$\dot{\varphi}_{ci}$ 和 $\ddot{\varphi}_{ci}$ 项。

③ 转向架运动方程。

每节车有两个转向架，运动方程也应有两套，这里以第 i 车第 j 个转向架统一说明。

a. 转向架横摆运动（$q_k = Y_{tij}$）。

$$M_{tij} \ddot{Y}_{tij} + k_{2ij}^h (Y_{tij} - Y_{ci} - \xi_j s_i \psi_{ci} + h_{1i}\theta_{ci} + h_{2i}\theta_{tij}) + \sum_{l=1}^{N_{wi}} k_{1ij}^h (Y_{tij} - Y_{wijl} - h_{3i}\theta_{tij})$$

$$+ c_{2ij}^h (\dot{Y}_{tij} - \dot{Y}_{ci} - \xi_j s_i \dot{\psi}_{ci} + h_{1i}\dot{\theta}_{ci} + h_{2i}\dot{\theta}_{tij}) + \sum_{l=1}^{N_{wi}} c_{1ij}^h (\dot{Y}_{tij} - \dot{Y}_{wijl} - h_{3i}\dot{\theta}_{tij}) = 0 \tag{4-23}$$

式中没有 ψ_{tij} 和 $\dot{\psi}_{tij}$ 项，这是因为转向架前后位的轮对位置函数 η_{jl} 符号相反，其系数互相抵消了，说明转向架的横摆运动和摇头运动互相不耦联。但是，因为前后转向架之间不耦联，与车体运动有关的 Y_{ci}、$\dot{Y}_{ci}$、ψ_{ci} 和 $\dot{\psi}_{ci}$ 项以及与轮对运动有关的 Y_{wijl} 和 $\dot{Y}_{wijl}$ 出现在每个转向架运动方程中。

b. 转向架侧滚运动（$q_k = \theta_{tij}$）。

$$J_{t\theta ij} \ddot{Y}_{tij} + h_{2i} k_{2ij}^h (Y_{tij} - Y_{ci} - \xi_j s_i \psi_{ci} + h_{1i}\theta_{ci} + h_{2i}\theta_{tij}) - h_{3i} \sum_{l=1}^{N_{wi}} k_{1ij}^h (Y_{tij} - Y_{wijl} - h_{3i}\theta_{tij})$$

$$+h_{2i}c_{2ij}^h(\dot{Y}_{tij}-\dot{Y}_{ci}-\xi_j s_i\dot{\psi}_{ci}+h_{1i}\dot{\theta}_{ci}+h_{2i}\dot{\theta}_{tij})-h_{3i}\sum_{l=1}^{N_{wi}}c_{1ij}^h(\dot{Y}_{tij}-\dot{Y}_{wijl}-h_{3i}\dot{\theta}_{tij})$$

$$-b_i^2[k_{2ij}^v(\theta_{ci}-\theta_{tij})+c_{2ij}^v(\dot{\theta}_{ci}-\dot{\theta}_{tij})]+\sum_{l=1}^{N_{wi}}a_i^2[k_{1ij}^v(\theta_{tij}-\theta_{wijl})+c_{1ij}^v(\dot{\theta}_{tij}-\dot{\theta}_{wijl})]=0 \qquad (4\text{-}24)$$

同理，式中没有 ψ_{tij} 和 $\dot{\psi}_{tij}$ 项，但有车体运动的 Y_{ci}、$\dot{Y}_{ci}$、ψ_{ci} 和 $\dot{\psi}_{ci}$ 项以及与轮对运动有关的 Y_{wijl}、$\dot{Y}_{wijl}$、θ_{wijl} 和 $\dot{\theta}_{wijl}$ 项。

c. 转向架摇头运动（$q_k=\psi_{tij}$）。

$$J_{t\psi ij}\ddot{\psi}_{tij}+\sum_{l=1}^{N_{wi}}k_{1ij}^h\left(d_i^2\psi_{tij}-\eta_{jl}d_i Y_{wijl}\right)+\sum_{l=1}^{N_{wi}}c_{1ij}^h\left(d_i^2\dot{\psi}_{tij}-\eta_{jl}d_i\dot{Y}_{wijl}\right)=0 \qquad (4\text{-}25)$$

式中转向架运动只有 ψ_{tij} 和 $\dot{\psi}_{tij}$ 项，这是因为转向架前后轮对的位置函数 η_{jl} 符号相反，其他自由度的系数互相抵消了，但有轮对运动的 Y_{wijl}、$\dot{Y}_{wijl}$ 项。

d. 转向架沉浮运动（$q_k=Z_{tij}$）。

$$M_{tij}\ddot{Z}_{tij}+k_{2ij}^v(Z_{tij}-\xi_j s_i\varphi_{ci}-Z_{ci})+\sum_{l=1}^{N_{wi}}k_{1ij}^v(Z_{tij}-Z_{wijl})$$

$$+c_{2ij}^v(\dot{Z}_{tij}-\xi_j s_i\dot{\varphi}_{ci}-\dot{Z}_{ci})+\sum_{l=1}^{N_{wi}}c_{1ij}^v(\dot{Z}_{tij}-\dot{Z}_{wijl})=0 \qquad (4\text{-}26)$$

式中没有 φ_{tij} 和 $\dot{\varphi}_{tij}$ 项，但有车体运动的 Z_{ci}、$\dot{Z}_{ci}$、ψ_{ci} 和 $\dot{\psi}_{ci}$ 项以及与轮对运动有关的 Z_{wijl}、$\dot{Z}_{wijl}$ 项。

e. 转向架点头运动（$q_k=\varphi_{tij}$）。

$$J_{t\varphi ij}\ddot{\varphi}_{tij}+\sum_{l=1}^{N_{wi}}k_{1ij}^h\left(d_i^2\varphi_{tij}-\eta_{jl}d_i Z_{wijl}\right)+\sum_{l=1}^{N_{wi}}c_{1ij}^h\left(d_i^2\dot{\varphi}_{tij}-\eta_{jl}d_i\dot{Z}_{wijl}\right)=0 \qquad (4\text{-}27)$$

式中转向架运动只有 φ_{tij}、$\dot{\varphi}_{tij}$ 和 $\ddot{\varphi}_{tij}$ 项，这是因为转向架前后轮对的位置函数 η_{jl} 符号相反，其他自由度的系数互相抵消了，但有轮对运动的 Z_{wijl}、$\dot{Z}_{wijl}$ 项。

（3）车辆振动模型的建立。

利用上面推导出的车辆振动方程，在以上所做的假定的基础上，建立如下测量系统方程：

$$\dot{x}(t)=Ax(t)+Bu(t)+w(t) \qquad (4\text{-}28)$$

其中，A 为 30×30 的系数矩阵；x 为 30×1 维状态变量，$x(t)=[\chi_c\ \ \chi_{t_1}\ \ \chi_{t_2}\ \ \dot{\chi}_c\ \ \dot{\chi}_{t_1}\ \ \dot{\chi}_{t_2}]^T$，$\chi=[Y\ \ \theta\ \ \psi\ \ Z\ \ \varphi]$，分别为横摆、侧滚、摇头、沉浮、点头五个自由度，$c$ 为车厢体，t_1 和 t_2 为两个转向架；$u(t)$ 为线路激励；B 为系数矩阵；$w(t)$ 为系统模型噪声。综合式（4-18）～式（4-27）的车辆振动方程和表 4-1 中的车辆参数，经过计算和推导可得系数矩阵 A，如表 4-2 所示，其中下标 1601 表示第 16 行第 1 列，没有给出的单元值为 0。

表 4-1 车辆的主要计算参数

车辆参数单位	数值	车辆参数单位	数值
车辆全长 L/m	22.5	固定轴距 $2d$/m	2.5
车辆定距 $2s$/m	15.6	车体质量 M_c/t	40.99

续表

车辆参数单位	数值	车辆参数单位	数值
转向架质量 M_t/t	4.36	车体摇头质量转动惯量 $J_{c\psi}$ /(t・m²)	1875
轮对质量 M_w/t	1.77	转向架侧滚质量转动惯量 $J_{t\theta}$ /(t・m²)	5.07
一系竖向弹簧刚度 k_1^v /(kN/m)	2976	转向架点头质量转动惯量 $J_{t\varphi}$ /(t・m²)	1.47
一系横向弹簧刚度 k_1^h /(kN/m)	20000	转向架摇头质量转动惯量 $J_{t\psi}$ /(t・m²)	3.43
二系竖向弹簧刚度 k_2^v /(kN/m)	1060	轮对侧滚质量转动惯量 J_w /(t・m²)	0.92
二系横向弹簧刚度 k_2^h /(kN/m)	460	车体重心至二系弹簧垂直距离 h_1 /m	0.98
一系竖向阻尼系数 c_1^v /(kN・s/m)	15	二系弹簧至转向架重心垂直距离 h_2 /m	0.36
一系横向阻尼系数 c_1^h /(kN・s/m)	15	转向架重心至轴箱重心垂直距离 h_3 /m	0.07
二系竖向阻尼系数 c_2^v /(kN・s/m)	30	轴箱重心至梁体重心垂直距离 h_4 /m	1.25
二系横向阻尼系数 c_2^h /(kN・s/m)	30	一系弹簧之间的水平距离之半 a/m	0.98
轨距 B/m	1.435	二系弹簧之间的水平距离之半 b/m	1.12
车辆侧滚质量转动惯量 $J_{c\theta}$ /(t・m²)	155	轨道至梁体中心的偏心距 e/m	2.05
车体点头质量转动惯量 $J_{c\varphi}$ /(t・m²)	1959		

表 4-2　系数矩阵 A 的定义

$a_{1601}=\dfrac{-2k_2^h}{m_c}=-22.444$	$a_{1602}=\dfrac{2k_2^h h_1}{m_c}=21.996$
$a_{1606}=\dfrac{k_2^h}{m_c}=11.222$	$a_{1607}=\dfrac{k_2^h h_2}{m_c}=4.040$
$a_{1611}=\dfrac{k_2^h}{m_c}=11.222$	$a_{1612}=\dfrac{k_2^h h_2}{m_c}=4.040$
$a_{1616}=\dfrac{-2c_2^h}{m_c}=-1.464$	$a_{1617}=\dfrac{2c_2^h h_1}{m_c}=1.434$
$a_{1621}=\dfrac{c_2^h}{m_c}=0.732$	$a_{1622}=\dfrac{c_2^h h_2}{m_c}=0.236$
$a_{1626}=\dfrac{c_2^h}{m_c}=0.732$	$a_{1627}=\dfrac{c_2^h h_2}{m_c}=0.236$
$a_{1701}=\dfrac{2k_2^h h_1}{J_{c\theta}}=5.817$	$a_{1702}=\dfrac{-2k_2^h h_1^2-2k_2^v b^2}{J_{c\theta}}=-22.857$
$a_{1706}=\dfrac{-k_2^h h_1}{J_{c\theta}}=-2.908$	$a_{1707}=\dfrac{-k_2^h h_1 h_2+k_2^v b^2}{J_{c\theta}}=7.531$
$a_{1711}=\dfrac{-k_2^h h_1}{J_{c\theta}}=-2.908$	$a_{1712}=\dfrac{-k_2^h h_1 h_2+k_2^v b^2}{J_{c\theta}}=7.531$
$a_{1716}=\dfrac{2c_2^h h_1}{J_{c\theta}}=0.379$	$a_{1717}=\dfrac{-2c_2^h h_1^2-2c_2^v b^2}{J_{c\theta}}=-0.857$
$a_{1721}=\dfrac{-c_2^h h_1}{J_{c\theta}}=-0.190$	$a_{1722}=\dfrac{-c_2^h h_1 h_2+c_2^v b^2}{J_{c\theta}}=0.174$
$a_{1726}=\dfrac{-c_2^h h_1}{J_{c\theta}}=-0.190$	$a_{1727}=\dfrac{-c_2^h h_1 h_2+c_2^v b^2}{J_{c\theta}}=0.174$

$a_{1803} = \dfrac{-2k_2{}^h s^2}{J_{c\psi}} = -29.852$	$a_{1806} = \dfrac{\xi_1 k_2{}^h s}{J_{c\psi}} = 1.914$
$a_{1807} = \dfrac{\xi_1 k_2{}^h h_2 s}{J_{c\psi}} = 0.689$	$a_{1811} = \dfrac{\xi_2 k_2{}^h s}{J_{c\psi}} = -1.914$
$a_{1812} = \dfrac{\xi_2 k_2{}^h h_2 s}{J_{c\psi}} = -0.689$	$a_{1818} = \dfrac{-2c_2{}^h s^2}{J_{c\psi}} = -1.947$
$a_{1821} = \dfrac{\xi_1 c_2{}^h s}{J_{c\psi}} = 0.125$	$a_{1822} = \dfrac{\xi_1 c_2{}^h h_2 s}{J_{c\psi}} = 0.045$
$a_{1826} = \dfrac{\xi_2 c_2{}^h s}{J_{c\psi}} = -0.125$	$a_{1827} = \dfrac{\xi_2 c_2{}^h h_2 s}{J_{c\psi}} = -0.045$
$a_{1904} = \dfrac{-2k_2{}^v}{m_c} = -51.720$	$a_{1909} = \dfrac{k_2{}^v}{m_c} = 25.860$
$a_{1914} = \dfrac{k_2{}^v}{m_c} = 25.860$	$a_{1919} = \dfrac{-2c_2{}^v}{m_c} = -1.464$
$a_{1924} = \dfrac{c_2{}^v}{m_c} = 0.732$	$a_{1929} = \dfrac{c_2{}^v}{m_c} = 0.732$
$a_{2005} = \dfrac{-2k_2{}^v s^2}{J_{c\varphi}} = -65.840$	$a_{2009} = \dfrac{\xi_1 k_2{}^v s}{J_{c\varphi}} = 4.220$
$a_{2014} = \dfrac{\xi_2 k_2{}^v s}{J_{c\varphi}} = -4.220$	$a_{2020} = \dfrac{-2c_2{}^v s^2}{J_{c\varphi}} = -1.863$
$a_{2024} = \dfrac{\xi_1 c_2{}^v s}{J_{c\varphi}} = 0.119$	$a_{2029} = \dfrac{\xi_2 c_2{}^v s}{J_{c\varphi}} = -0.119$
$a_{2101} = \dfrac{k_2{}^h}{m_t} = 105.505$	$a_{2102} = \dfrac{-k_2{}^h h_1}{m_t} = -103.394$
$a_{2103} = \dfrac{\xi_1 k_2{}^h s}{m_t} = 822.936$	$a_{2106} = \dfrac{-k_2{}^h - 2k_1{}^h}{m_t} = -9279.816$
$a_{2107} = \dfrac{-k_2{}^h h_2 + 2k_1{}^h h_3}{m_t} = 604.220$	$a_{2116} = \dfrac{c_2{}^h}{m_t} = 6.881$
$a_{2117} = \dfrac{-c_2{}^h h_1}{m_t} = -6.743$	$a_{2118} = \dfrac{\xi_1 c_2{}^h s}{m_t} = 53.670$
$a_{2121} = \dfrac{-c_2{}^h - 2c_1{}^h}{m_t} = -13.761$	$a_{2122} = \dfrac{-c_2{}^h h_2 + 2c_1{}^h h_3}{m_t} = -1.513$
$a_{2202} = \dfrac{-k_2{}^h h_1 h_2 - 2k_1{}^h h_3{}^2 + k_2{}^v b^2}{J_{t\theta}} = 191.593$	$a_{2201} = \dfrac{k_2{}^h h_2}{J_{t\theta}} = 32.663$
$a_{2203} = \dfrac{\xi_1 k_2{}^h h_2 s}{J_{t\theta}} = 254.769$	$a_{2206} = \dfrac{-k_2{}^h h_2 + 2k_1{}^h h_3}{J_{t\theta}} = 519.606$
$a_{2207} = \dfrac{-k_2{}^h h_2{}^2 - k_2{}^v b^2 + 2k_1{}^v a^2}{J_{t\theta}} = 853.456$	$a_{2216} = \dfrac{c_2{}^h h_2}{J_{t\theta}} = 2.130$
$a_{2217} = \dfrac{-c_2{}^h h_1 h_2 - 2c_1{}^h h_3{}^2 + c_2{}^v b^2}{J_{t\theta}} = 5.306$	$a_{2218} = \dfrac{\xi_1 c_2{}^h h_2 s}{J_{t\theta}} = 16.614$
$a_{2221} = \dfrac{-c_2{}^h h_2 + 2c_1{}^h h_3}{J_{t\theta}} = -1.716$	$a_{2222} = \dfrac{-c_2{}^h h_2{}^2 - c_2{}^v b^2 + 2c_1{}^v a^2}{J_{t\theta}} = -2.506$
$a_{2308} = \dfrac{-2k_1{}^h d^2}{J_{t\psi}} = -18221.574$	$a_{2323} = \dfrac{-2c_1{}^h d^2}{J_{t\psi}} = -13.666$

续表

$a_{2404} = \dfrac{k_2^{\ v}}{m_t} = 243.119$	$a_{2405} = \dfrac{\xi_1 k_2^{\ v} s}{m_t} = 1896.330$
$a_{2409} = \dfrac{-k_2^{\ v} - 2k_1^{\ v}}{m_t} = -1608.257$	$a_{2419} = \dfrac{c_2^{\ v}}{m_t} = 6.881$
$a_{2420} = \dfrac{\xi_1 c_2^{\ v} s}{m_t} = 53.670$	$a_{2424} = \dfrac{-c_2^{\ v} - 2c_1^{\ v}}{m_t} = -13.761$
$a_{2510} = \dfrac{-2k_1^{\ v} d^2}{J_{t\varphi}} = -6326.531$	$a_{2525} = \dfrac{-2c_1^{\ v} d^2}{J_{t\varphi}} = 31.888$
$a_{2601} = \dfrac{k_2^{\ h}}{m_t} = 105.505$	$a_{2602} = \dfrac{-k_2^{\ h} h_1}{m_t} = -103.394$
$a_{2603} = \dfrac{\xi_2 k_2^{\ h} s}{m_t} = -822.936$	$a_{2611} = \dfrac{-k_2^{\ h} - 2k_1^{\ h}}{m_t} = -9279.816$
$a_{2612} = \dfrac{-k_2^{\ h} h_2 + 2k_1^{\ h} h_3}{m_t} = 604.220$	$a_{2616} = \dfrac{c_2^{\ h}}{m_t} = 6.881$
$a_{2617} = \dfrac{-c_2^{\ h} h_1}{m_t} = -6.743$	$a_{2618} = \dfrac{\xi_2 c_2^{\ h} s}{m_t} = -53.670$
$a_{2626} = \dfrac{-c_2^{\ h} - 2c_1^{\ h}}{m_t} = -13.761$	$a_{2627} = \dfrac{-c_2^{\ h} h_2 + 2c_1^{\ h} h_3}{m_t} = -1.513$
$a_{2701} = \dfrac{k_2^{\ h} h_2}{J_{t\theta}} = 32.663$	$a_{2702} = \dfrac{-k_2^{\ h} h_1 h_2 - 2k_1^{\ h} h_3^2 + k_2^{\ v} b^2}{J_{t\theta}} = 191.593$
$a_{2703} = \dfrac{\xi_2 k_2^{\ h} h_2 s}{J_{t\theta}} = -254.769$	$a_{2711} = \dfrac{-k_2^{\ h} h_2 + 2k_1^{\ h} h_3}{J_{t\theta}} = 519.606$
$a_{2712} = \dfrac{-k_2^{\ h} h_2^2 - k_2^{\ v} b^2 + 2k_1^{\ v} a^2}{J_{t\theta}} = 853.456$	$a_{2716} = \dfrac{c_2^{\ h} h_2}{J_{t\theta}} = 2.130$
$a_{2717} = \dfrac{-c_2^{\ h} h_1 h_2 - 2c_1^{\ h} h_3^2 + c_2^{\ v} b^2}{J_{t\theta}} = 5.306$	$a_{2718} = \dfrac{\xi_2 c_2^{\ h} h_2 s}{J_{t\theta}} = -16.614$
$a_{2726} = \dfrac{-c_2^{\ h} h_2 + 2c_1^{\ h} h_3}{J_{t\theta}} = -1.716$	$a_{2727} = \dfrac{-c_2^{\ h} h_2^2 - c_2^{\ v} b^2 + 2c_1^{\ v} a^2}{J_{t\theta}} = -2.506$
$a_{2813} = \dfrac{-2k_1^{\ h} d^2}{J_{t\psi}} = -18221.574$	$a_{2828} = \dfrac{-2c_1^{\ h} d^2}{J_{t\psi}} = -13.666$
$a_{2904} = \dfrac{k_2^{\ v}}{m_t} = 243.119$	$a_{2905} = \dfrac{\xi_2 k_2^{\ v} s}{m_t} = -1896.330$
$a_{2914} = \dfrac{-k_2^{\ v} - 2k_1^{\ v}}{m_t} = -1608.257$	$a_{2919} = \dfrac{c_2^{\ v}}{m_t} = 6.881$
$a_{2920} = \dfrac{\xi_2 c_2^{\ v} s}{m_t} = -53.670$	$a_{2929} = \dfrac{-c_2^{\ v} - 2c_1^{\ v}}{m_t} = -13.761$
$a_{3015} = \dfrac{-2k_1^{\ v} d^2}{J_{t\varphi}} = -6326.531$	$a_{3030} = \dfrac{-2c_1^{\ v} d^2}{J_{t\varphi}} = 31.888$

2) 线路激励模型的建立

车辆振动的激励主要来自于线路及自身，包括轨道不平顺、车辆蛇形运动、轮对偏心和轮缘不平顺等。其中，轨道不平顺在车路系统动力相互作用分析中具有非常重要的作用，是车辆振动的主要激励源。

(1)轨道不平顺及其描述。

轨道不平顺包括无载状态下的静态不平顺和在载荷作用下产生的动态不平顺。轨道不平顺根据其在轨道断面的不同方向,分为轨道的方向不平顺 y_a、高低不平顺 z_v、水平不平顺 z_c、轨距不平顺 y_g 等。其中,轨道的水平不平顺也可以按左右两轨的高差所形成的角度来表示,即 $\theta_c = z_c / 2b$,b 为两轨距的轴心距离。轨道不平顺示意图如图 4-7 所示。

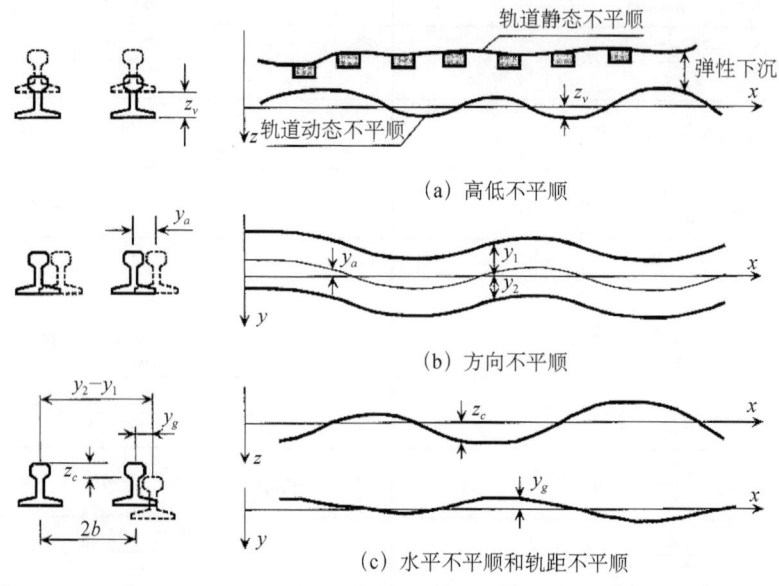

图 4-7　轨道不平顺示意图

轨道不平顺可分为两类:一类是在有缝线路上,由于钢轨接头处鱼尾板的抗弯刚度较低,在车轮的冲击下产生的弹性下沉和钢轨接头部分的磨耗而形成的以轨长为波长的周期性不平顺,周期性不平顺可以用确定性函数描述;另一类是在有缝和无缝线路上都存在的随机性不平顺,它只能用统计函数描述。

轨道不平顺是引起机车车辆产生振动特别是横向振动的主要激励,是轨道方面影响车辆运行安全性和平稳舒适性的控制因素,是轨道结构产生动力效应与轨道结构部件损伤和失效的重要原因。

轨道不平顺的存在改变了轮轨接触关系,对轮轨系统的动力特性产生了影响。机车车辆在轨道不平顺和其他外在激励的激扰下产生振动,通过轮轨接触关系传给轨道结构和桥梁结构,形成了车辆-轨道系统的动力相互作用过程。因此,轨道不平顺在车路系统动力相互作用分析中具有非常重要的作用,被认为是车路系统横向振动的主要自激激励源之一。

在实际线路上存在的各种轨道不平顺是由不同波长、不同相位、不同幅值的随机不平顺波叠加而成的,是与线路里程有关的复杂的随机过程:就无限长的轨道来说,它是一个近似各态历经的弱平稳过程,而对局部不平顺来说,它又是一个非平稳过程。因此,通常的轨道不平顺是无法用一个具有确定的幅值、波长和相位的明确的数学关系式来表示的,而必须用随机振动理论中的统计参数来描述。目前,对于轨道不平顺随机特性的统计包括两个方面,即轨道不平顺的幅值统计和轨道不平顺的功率谱统计。

大量数据表明，这些不平顺代表了一个稳态随机过程，而且可用功率谱密度函数进行描述。

我国目前尚未有高速铁路不平顺谱密度，故借助于德国高速线路不平顺谱密度，目前欧洲铁路统一采用该谱密度函数，也是我国高速列车总体技术条件中建议的进行列车平稳性分析时所采用的谱密度函数。根据我国高速列车总体技术条件规定，高速线路的不平顺功率谱密度函数可以表示如下。

方向不平顺：

$$S_a(\Omega) = \frac{A_a \Omega_c^2}{(\Omega^2 + \Omega_r^2)(\Omega^2 + \Omega_c^2)} \tag{4-29}$$

高低不平顺：

$$S_v(\Omega) = \frac{A_v \Omega_c^2}{(\Omega^2 + \Omega_r^2)(\Omega^2 + \Omega_c^2)} \tag{4-30}$$

水平不平顺：

$$S_c(\Omega) = \frac{A_v b^{-2} \Omega_c^2 \Omega^2}{(\Omega^2 + \Omega_r^2)(\Omega^2 + \Omega_c^2)(\Omega^2 + \Omega_s^2)} \tag{4-31}$$

其中，Ω 为轨道不平顺的空间角频率；Ω_c、Ω_s 为截断频率，$\Omega_c = 0.8246\text{rad/m}$，$\Omega_r = 0.0206\text{rad/m}$，$\Omega_s = 0.4380\text{rad/m}$；低干扰水平系数 $A_a = 2.119 \times 10^{-7} \text{m·rad}$，$A_v = 4.032 \times 10^{-7} \text{m·rad}$；高干扰水平系数 $A_a = 6.125 \times 10^{-7} \text{m·rad}$，$A_v = 10.80 \times 10^{-7} \text{m·rad}$；$b$ 为车轮滚动圆距离之半，取 0.75m。其中低干扰谱的含义是，如果实际线路上存在的轨道不平顺的功率谱低于这一谱线，则表明维持这一轨道状态的养护维修投入很大，经济性很差。

根据轨道不平顺作用的机理和式(4-18)~式(4-27)可以得到式(4-28)中系数矩阵 B。由于在车载动态测量中，在动态基准建立起来以前，轨道不平顺是无法准确测量的。因此，在解决惯性基准测量问题时，式(4-28)中的线路激励 $u(t)$ 可以假设为随机噪声。则式(4-28)的系统噪声变为 $Bu(t) + w(t)$，其协方差矩阵可以根据式(4-29)和式(4-30)以及系数矩阵 B 的定义、$w(t)$ 的协方差矩阵推导出，当然也可借助数学仿真方便地求得，本节采用的是数学仿真方法。

(2)轨道不平顺随机模拟及其检验。

在数学仿真求解车辆振动模型中系统噪声的协方差矩阵以及评价惯性基准算法时，需要产生线路激励的仿真序列，下面讨论线路激励的数学生成算法。

获得轨道不平顺有两种方法：一种是直接采用现场实测的轨道不平顺；另一种是根据实测轨道不平顺的统计特征，确定不同等级铁路的功率谱密度函数，通过模拟出符合给定功率谱密度函数特征的随机过程得到轨道不平顺的模拟量。

现场实测的方法耗时费力，实用性不强，因此本系统采用根据实测轨道不平顺的统计特征，确定不同等级铁路的轨道不平顺功率谱密度函数，然后通过数值方法得到轨道不平顺的模拟量。

由于轨道不平顺随机函数是一平稳 Gauss 随机过程，有各种通过给定的轨道不平顺功率谱产生不平顺样本的方法。一般还可以用三角级数叠加法、二次滤波法，AR 模型法或 ARMA 模型法等很多方法模拟得到轨道不平顺样本。采用三角级数叠加法，轨道不平顺的样本可按式(4-32)产生：

$$u(t) = \sqrt{2} \sum_{k=1}^{N} \sqrt{S(\omega_k)\Delta\omega} \cos(\omega_k + \phi_k) \tag{4-32}$$

其中，$u(t)$ 为所产生的轨道不平顺序列；$S(\omega_k)$ 为给定的轨道不平顺的功率谱密度函数；ω_k （$k=1, 2, \cdots, N$）为所考虑的频率，其中 ω_1、ω_N 分别为所考虑频率的下限和上限；$\Delta\omega$ 为频率间隔的带宽；ϕ_k 为相应第 k 个频率的相位，一般可按 $0 \sim 2\pi$ 均匀分布取值。图 4-8～图 4-10 分别给出了方向、高低、水平不平顺的仿真波形、理论谱和实际谱。

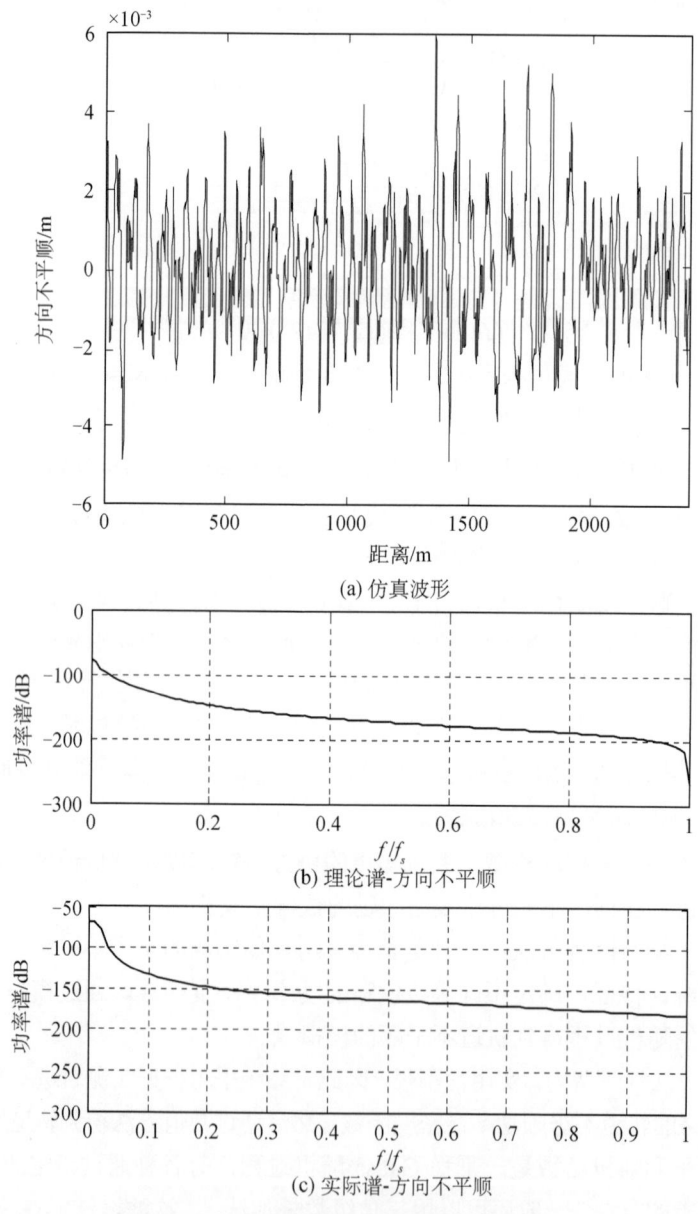

(a) 仿真波形

(b) 理论谱-方向不平顺

(c) 实际谱-方向不平顺

图 4-8 方向不平顺的时域模拟及序列检验

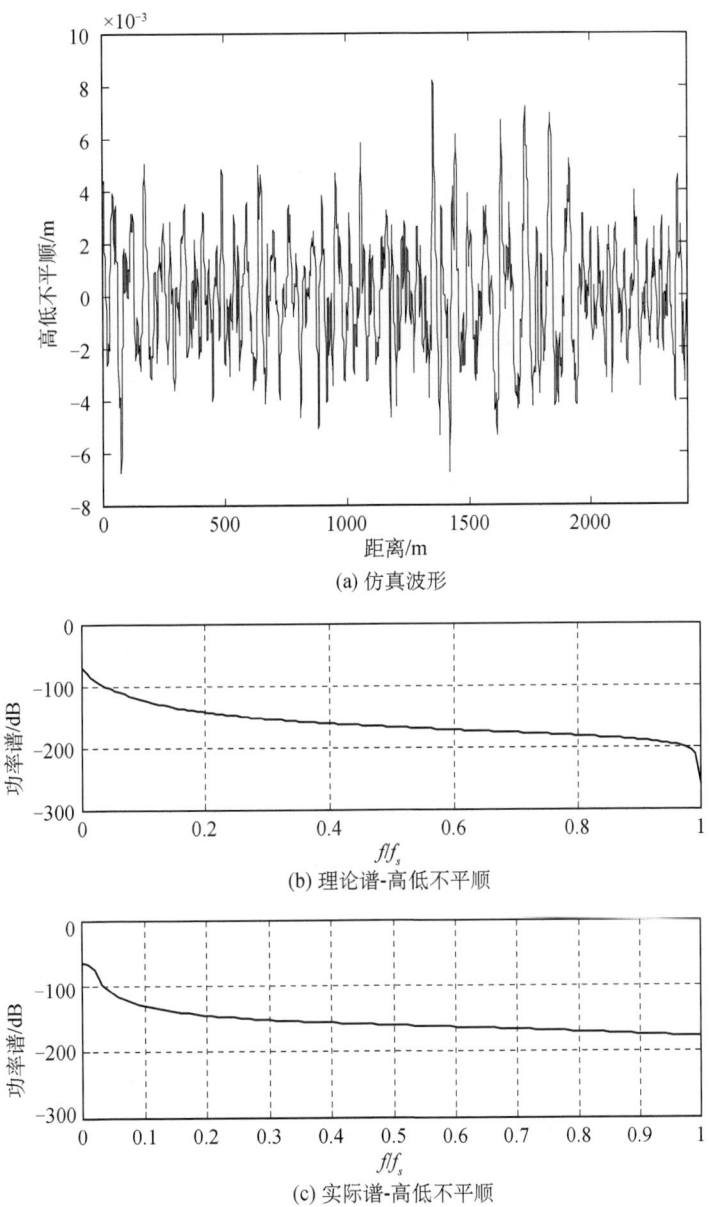

(a) 仿真波形

(b) 理论谱-高低不平顺

(c) 实际谱-高低不平顺

图 4-9　高低不平顺的时域模拟及序列检验

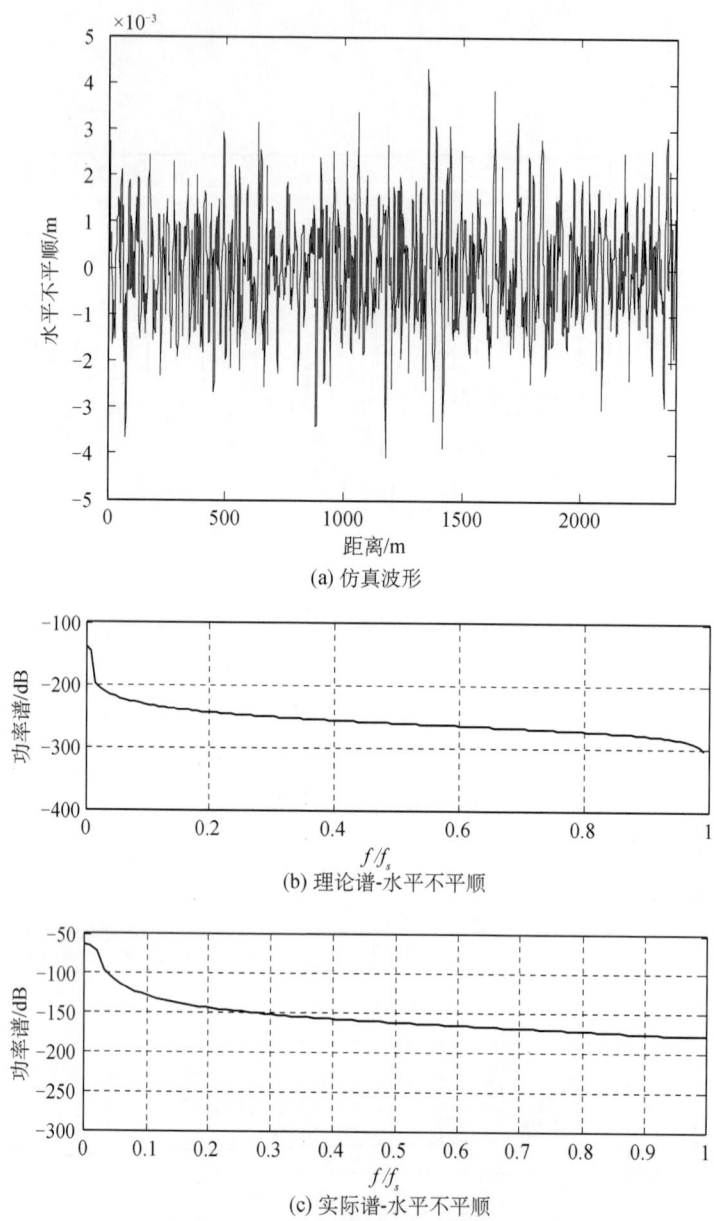

(a) 仿真波形

(b) 理论谱-水平不平顺

(c) 实际谱-水平不平顺

图 4-10　水平不平顺的时域模拟及序列检验

(3) 线路激励下的车体振动模拟。

　　首先，假设车辆运行速度为 180km/h，即 50m/s，采样时间是 0.005s，线路不平顺序列的采样间隔是 0.25m，激励模拟 600m，即 2400 个采样点。在 MATLAB 环境中编写程序，模拟出车体横摆、侧滚、摇头、沉浮和点头的振动曲线，如图 4-11～图 4-15 所示。

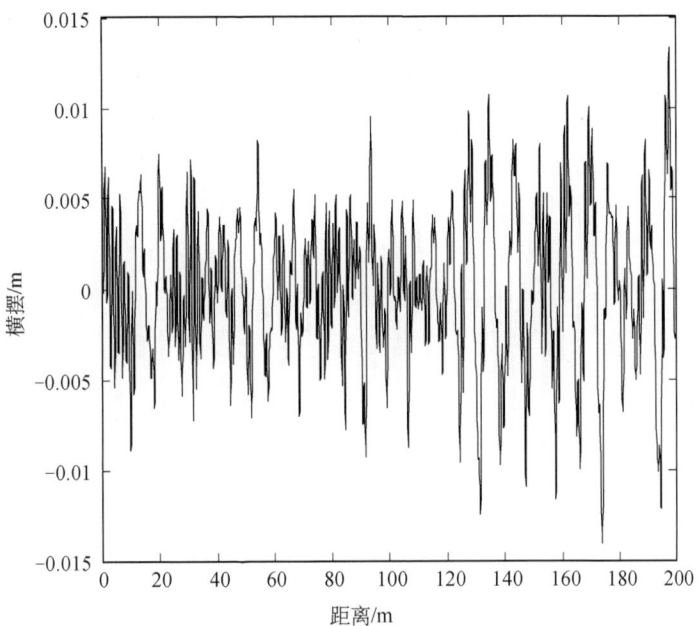

图 4-11　车体横摆振动曲线

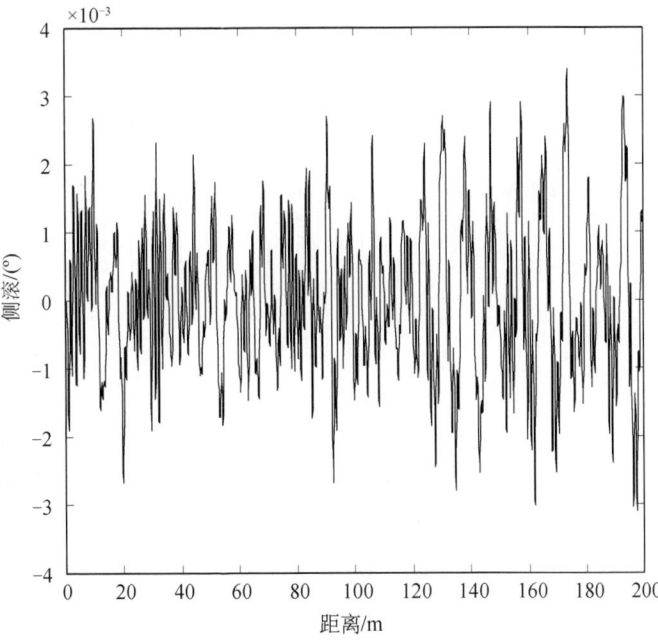

图 4-12　车体侧滚振动曲线

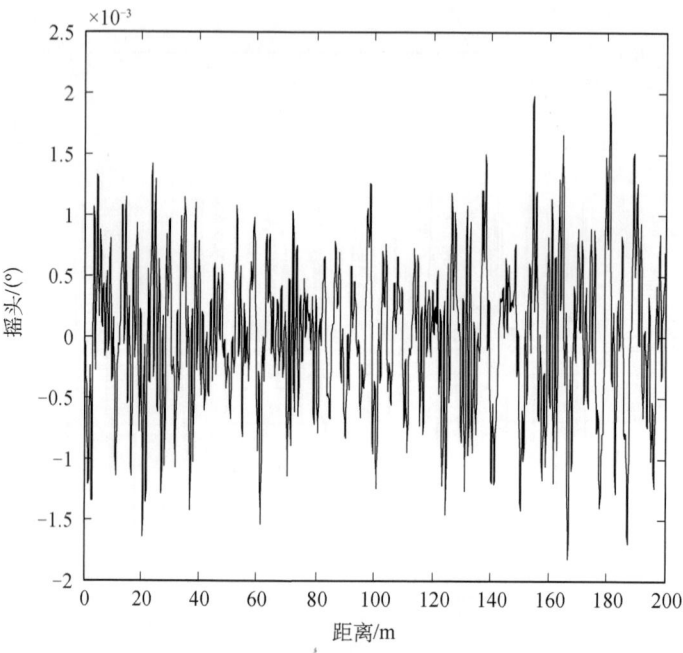

图 4-13　车体摇头振动曲线

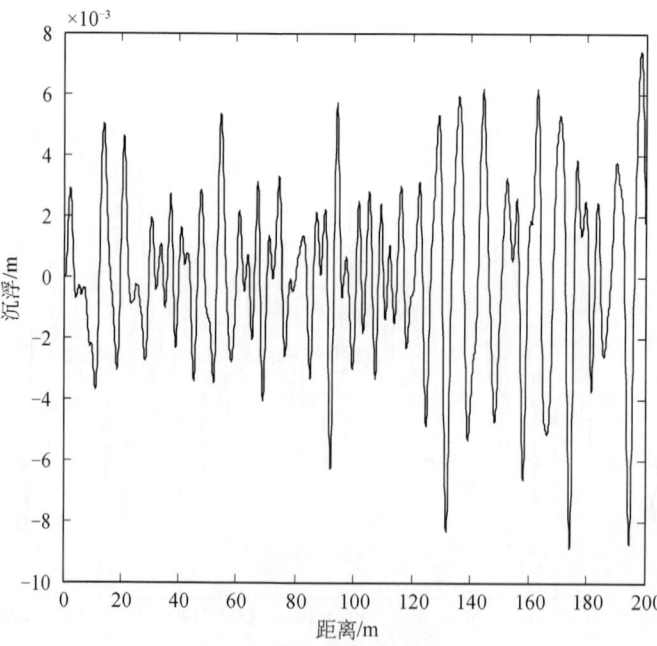

图 4-14　车体沉浮振动曲线

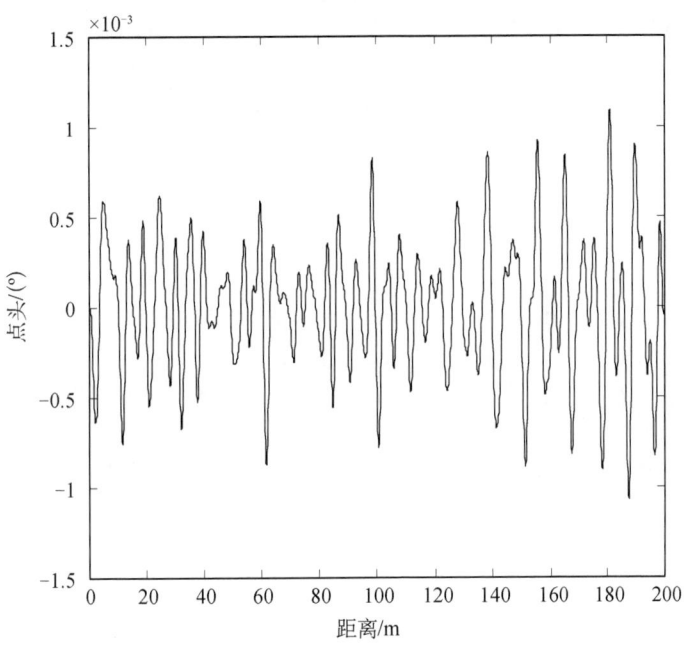

图 4-15　车体点头振动曲线

3) 传感器模型的建立

惯性基准测量的惯性传感器包括 3 轴加速度计和 3 轴陀螺仪，分别测量沿 3 个坐标轴的线加速度和绕 3 个坐标轴的角速率。由于惯性传感器与车体一起振动，因此测得的数据是基于车辆坐标系的。而式 (4-8) 中系统状态变量 $x(t)$ 是基于地面基准坐标系的，因此在公式 (4-8) 的测量方程中，3 轴线加速度测量值或者系统状态变量 $x(t)$ 必须经过旋转变换，这使得测量方程是非线性的。

$$f[z(t)] = Hx(t) + v(t) \tag{4-33}$$

其中，$z(t) = \begin{bmatrix} \ddot{Y}_{SC} & \dot{\theta}_{SC} & \dot{\psi}_{SC} & \ddot{Z}_{SC} & \dot{\varphi}_{SC} \end{bmatrix}^{\mathrm{T}}$（这里没有考虑前后方向加速度）。

$$f[z(t)] = \begin{bmatrix} [\ddot{Y}_{SC} - 9.8\sin(\theta_C)] / \cos(\theta_C) \\ \dot{\theta}_{SC} \\ \dot{\psi}_{SC} \\ (\ddot{Z}_{SC} + 9.8) / \cos(\varphi_C) - 9.8 \\ \dot{\varphi}_{SC} \end{bmatrix} \tag{4-34}$$

H 为测量系数矩阵。注意，$f[z(t)]$ 中包含系统状态变量 $x(t)$ 的三角函数，因此式 (4-33) 是非线性的。

$$
H = \begin{bmatrix}
a_{1601} & a_{1602} & 0 & 0 & 0 & a_{1606} & a_{1607} & 0 & 0 & 0 & a_{1611} & a_{1612} & 0 & 0 & 0 & a_{1616} & a_{1617} & 0 & 0 & 0 & a_{1621} & a_{1622} & 0 & 0 & 0 & a_{1626} & a_{1627} & 0 & 0 & 0 \\
0 & 0 & 0 & 0 & 0 & 0 & 0 & 0 & 0 & 0 & 0 & 0 & 0 & 0 & 0 & 0 & 1 & 0 & 0 & 0 & 0 & 0 & 0 & 0 & 0 & 0 & 0 & 0 & 0 & 0 \\
0 & 0 & 0 & 0 & 0 & 0 & 0 & 0 & 0 & 0 & 0 & 0 & 0 & 0 & 0 & 0 & 0 & 1 & 0 & 0 & 0 & 0 & 0 & 0 & 0 & 0 & 0 & 0 & 0 & 0 \\
0 & 0 & 0 & a_{1904} & 0 & 0 & 0 & 0 & a_{1909} & 0 & 0 & 0 & 0 & a_{1914} & 0 & 0 & 0 & 0 & a_{1919} & 0 & 0 & 0 & 0 & a_{1924} & 0 & 0 & 0 & 0 & a_{1929} & 0 \\
0 & 0 & 0 & 0 & 0 & 0 & 0 & 0 & 0 & 0 & 0 & 0 & 0 & 0 & 0 & 0 & 0 & 0 & 0 & 1 & 0 & 0 & 0 & 0 & 0 & 0 & 0 & 0 & 0 & 0
\end{bmatrix}
$$

$$
X = \begin{bmatrix}
Y_c & \theta_c & \psi_c & Z_c & \varphi_c & Y_{t1} & \theta_{t1} & \psi_{t1} & Z_{t1} & \varphi_{t1} & Y_{t2} & \theta_{t2} & \psi_{t2} & Z_{t2} & \varphi_{t2} \\[4pt]
\dot{Y}_c & \dot{\theta}_c & \dot{\psi}_c & \dot{Z}_c & \dot{\varphi}_c & \dot{Y}_{t1} & \dot{\theta}_{t1} & \dot{\psi}_{t1} & \dot{Z}_{t1} & \dot{\varphi}_{t1} & \dot{Y}_{t2} & \dot{\theta}_{t2} & \dot{\psi}_{t2} & \dot{Z}_{t2} & \dot{\varphi}_{t2}
\end{bmatrix}^{\mathrm{T}}
$$

$$
Y = \begin{bmatrix} \ddot{Y}_c & \dot{\theta}_c & \dot{\psi}_c & \ddot{Z}_c & \dot{\varphi}_c \end{bmatrix}^{\mathrm{T}}
$$

　　在实际应用中，3 轴陀螺仪和 3 轴加速度计通常封装在一起，构成精密惯导系统，其 SINS 导航算法还可以利用加速度数据对角度输出进行修正，同时一般还具有温度补偿、自校准等功能。此类惯导系统可以输出 3 轴角度、3 轴原始角速率以及 3 轴线加速度。由于这里的 3 轴角度输出误差随着时间的推移而不断扩大，不适合在系统测量模型中直接使用。为此，可以通过对 3 轴角度进行差分（图 4-4 中的变换）获得角速率，这样既可以利用 SINS 内复杂的导航算法，又可以获得误差稳定的测量值，非常适合系统测量方程的建立。

4）惯性基准测量系统模型的建立

　　综合以上的结果可以得到惯性基准测量系统的状态方程：

$$
\begin{aligned}
\dot{x}(t) &= Ax(t) + Bu(t) + w(t) \\
f[z(t)] &= Hx(t) + v(t)
\end{aligned}
\tag{4-35}
$$

其中，$x(t)$ 为 30×1 的系统状态变量；$z(t)$ 为 5×1 的测量值变量；$u(t)$ 为 24×1 的线路激励变量；$w(t)$ 和 $v(t)$ 分别是状态方程和测量方程的误差变量；A 为 30×30 的系数矩阵；B 为 30×24 的系数矩阵；H 为 5×30 的系数矩阵；函数 $f[z(t)]$ 的输出为 5×1 向量，定义见式(4-34)。

　　对此系统进行可观测性检验可以发现，在系统状态变量 x 中，两个转向架的点头和摇头的角度及角速率是不可观测的。这是因为转向架的点头和摇头运动与车体的振动无关，从图 4-6 和系数矩阵 A 和 H 的定义可以明显地发现这一点。因此，测量车体的 5 自由度对于了解转向架的点头和摇头运动角度是没有帮助的。另外，检测或评估转向架的点头和摇头运动角度对确定车体的 5 自由度也是没有帮助的。为此，式(4-35)应该剔除与两个转向架的点头和摇头的角度及角速率有关的项。

　　在化简后的系统状态方程中，$x(t)$ 为 22×1 的系统状态变量，$z(t)$ 为 5×1 的测量值变量，$u(t)$

为 24×1 的线路激励变量，$w(t)$ 和 $v(t)$ 分别是状态方程和测量方程的误差变量，A 为 22×22 的系数矩阵，B 为 22×24 的系数矩阵，H 为 5×22 的系数矩阵。

这里还需要注意的是系统测量方程的非线性问题。当采用递推算法评估系统状态时，可以将上一步的状态预测值代入 $f[z(t)]$，此时系统可以近似简化为线性系统。当然，这种递推的简化不可避免地带来测量误差，影响惯性基准测量系统的特性，如响应速度、测量精度等。因此，下面分别针对线性和非线性系统模型，讨论惯性基准测量系统的状态评估算法，求解公式(4-9)的问题。

3. 惯性基准的线性滤波算法

本节采用卡尔曼滤波(Kalman Filter，KF)的方法完成线性系统的状态评估。卡尔曼滤波理论的创立是科学技术和社会需要发展到一定程度的必然结果，早在 1795 年，高斯(Guass)为了测定行星运动轨道而提出了最小二乘估计法。20 世纪 40 年代，为了解决火力控制系统精确跟踪问题，维纳(Wiener)于 1942 年提出了维纳理论。比维纳稍早，苏联科学家戈尔莫克洛夫(Kolmogorov)于 1941 年也曾提出过类似理论。维纳滤波理论成功地处理了信号是平稳和一维时的问题，但当人们试图将维纳滤波器推广到非平稳和多维情况的时候，都终因无法突破计算上的困难而难以推广和应用。

卡尔曼滤波是在经典维纳滤波的基础上发展起来的，此方法是一种时域方法，它基于状态空间模型来解决最优滤波问题。卡尔曼滤波具有递推形式，便于在计算机上实现和实时应用，可处理时变系统、非平稳信号和多维信号。由于其良好的性质，已经有效地应用到很多的信息融合领域中。自从 1960 年卡尔曼滤波提出以来，它已成为控制、信号处理与通信等领域最重要的计算方法和工具之一，并已成功地应用到航空、航天、工业工程及社会经济等不同领域。

1) 卡尔曼滤波基本原理

Kalman 滤波利用当前时刻的观测值和前一时刻的估计值来估计当前时刻状态的估计值，采用状态方程和递推算法，是一种时域滤波方法，数据存储量小，可以处理多维、平稳、非平稳随机过程。随着计算技术的飞速发展，Kalman 滤波理论作为一种重要的估计理论被广泛应用于导航系统、机器人、模式识别等各个领域。

卡尔曼滤波基本原理是采用线性最小方差估计准则，利用信号与噪声的状态空间，在以前时刻状态估计的基础上，根据当前的最新测量值，递推得到当前时刻的状态估计值，是一种基于迭代和递推过程的最优线性估计器。卡尔曼滤波器对于解决大部分线性系统的问题是最优且效率最高的，但其适用的前提是被估计系统是线性微分系统，系统的过程噪声和测量噪声均为高斯白噪声。卡尔曼滤波算法不需要存储过去的观测数据，当获得新的观测数据后，只要根据新的观测数据和前一时刻的估计量，借助于信号过程本身的状态转移方程，按照一套递推公式，即可计算出新的估计量，因此，随着观测时间的增加，可随时更新信息，并且大大减少了计算机的存储量和计算量，便于实时处理。下面给出随机线性离散系统卡尔曼滤波方程及其推导过程。

设随机线性离散系统的状态方程和观测方程为

$$X_k = \Phi_{k,k-1} X_{k-1} + \Gamma_{k,k-1} W_{k-1} \tag{4-36}$$

$$Z_k = H_k X_k + V_k \tag{4-37}$$

其中，$\Phi_{k,k-1}$ 为 $n \times n$ 维非奇异状态一步转移矩阵；$\Gamma_{k,k-1}$ 为 $n \times p$ 维系统过程噪声输入矩阵；H_k 为 $m \times n$ 维观测矩阵；W_{k-1} 为 p 维系统随机过程噪声序列；V_k 为 m 维系统随机观测噪声序列。假设系统的过程噪声和观测噪声为高斯白噪声。

对于随机线性定常离散系统，式(4-36)和式(4-37)可进一步写成：

$$X_k = \Phi X_{k-1} + \Gamma W_{k-1}$$
$$Z_k = H X_k + V_k \tag{4-38}$$

假设在 k 时刻得到了 k 次观测值 $Z_1, \cdots, Z_{k-1}, Z_k$，且找到了 X_{k-1} 的一个最优线性估计 $\hat{X}_{k-1}$，即 $\hat{X}_{k-1}$ 是 $Z_1, \cdots, Z_{k-1}$ 的线性函数，由状态方程(4-36)可知，W_{k-1} 为白噪声，所以可以用

$$\hat{X}_{k,k-1} = \Phi_{k,k-1} \hat{X}_{k-1} \tag{4-39}$$

作为 X_k 的预测估计，由于 V_k 也是白噪声，$E[V_k] = 0$，所以对于 k 时刻的系统观测值 Z_k 的预测估计为

$$\hat{Z}_{k,k-1} = H_k \hat{X}_{k,k-1} \tag{4-40}$$

当在 k 时刻获得观测值 Z_k 时，它与预测估计 $\hat{Z}_{k,k-1}$ 之间有一定误差，定义为

$$\tilde{Z}_{k,k-1} = Z_k - \hat{Z}_{k,k-1} = Z_k - H_k \hat{X}_{k,k-1} \tag{4-41}$$

造成这一误差的原因是预测估计 $\hat{X}_{k,k-1}$ 与观测值 Z_k 都可能有误差，为了得到 k 时刻 X_k 的滤波值，可以利用预测误差 $\tilde{Z}_{k,k-1}$ 来修正原来的状态预测估计 $\hat{X}_{k,k-1}$，于是有

$$\hat{X}_k = \hat{X}_{k,k-1} + K_k [Z_k - H_k \hat{X}_{k,k-1}] \tag{4-42}$$

其中，K_k 为待定的滤波增益矩阵。令

$$\tilde{X}_{k,k-1} = X_k - \hat{X}_{k,k-1} \tag{4-43}$$

$$\tilde{X}_k = X_k - \hat{X}_k \tag{4-44}$$

其含义分别为获得观测值 Z_k 前后对 X_k 的估计误差。

卡尔曼滤波是利用线性最小方差准则求解状态和参数的最优估计值，其目标函数为

$$\min J = E[\tilde{X}_k \tilde{X}_k^{\mathrm{T}}] \tag{4-45}$$

根据式(4-45)来确定最优滤波增益矩阵 K_k。

根据式(4-39)、式(4-40)、式(4-42)和式(4-44)，可以得

$$\begin{aligned}
\tilde{X}_k &= X_k - \hat{X}_k = X_k - \hat{X}_{k,k-1} - K_k [Z_k - H_k \hat{X}_{k,k-1}] \\
&= \tilde{X}_{k,k-1} - K_k [H_k X_k + V_k - H_k \hat{X}_{k,k-1}] \\
&= \tilde{X}_{k,k-1} - K_k [H_k \tilde{X}_{k,k-1} + V_k] \\
&= [I - K_k H_k] \tilde{X}_{k,k-1} - K_k V_k
\end{aligned} \tag{4-46}$$

因此有

$$\tilde{X}_k \tilde{X}_k^{\mathrm{T}} = \{[I - K_k H_k]\tilde{X}_{k,k-1} - K_k V_k\}\{[I - K_k H_k]\tilde{X}_{k,k-1} - K_k V_k\}^{\mathrm{T}}$$

$$= [I - K_k H_k]\tilde{X}_{k,k-1}\tilde{X}_{k,k-1}^{\mathrm{T}}[I - K_k H_k]^{\mathrm{T}} - K_k V_k \tilde{X}_{k,k-1}^{\mathrm{T}}[I - K_k H_k]^{\mathrm{T}}$$

$$- [I - K_k H_k]\tilde{X}_{k,k-1}V_k^{\mathrm{T}}K_k^{\mathrm{T}} + K_k V_k V_k^{\mathrm{T}}K_k^{\mathrm{T}} \tag{4-47}$$

因为 $\tilde{X}_{k,k-1}$ 是 $Z_1,\cdots,Z_{k-1}$ 的线性函数，故有

$$E[\tilde{X}_{k,k-1}V_k^{\mathrm{T}}] = 0 , \quad E[V_k \tilde{X}_{k,k-1}^{\mathrm{T}}] = 0 \tag{4-48}$$

于是可以得到滤波误差方差矩阵为

$$P_k = E[\tilde{X}_k \tilde{X}_k^{\mathrm{T}}] = [I - K_k H_k]P_{k,k-1}[I - K_k H_k]^{\mathrm{T}} + K_k R_k K_k^{\mathrm{T}} \tag{4-49}$$

将式(4-49)展开，同时加上和减去以下项：

$$P_{k,k-1}H_k^{\mathrm{T}}[H_k P_{k,k-1}H_k^{\mathrm{T}} + R_k]^{-1}H_k P_{k,k-1}$$

将有关 K_k 的项合并到一起，即

$$P_k = P_{k,k-1} - P_{k,k-1}H_k^{\mathrm{T}}[H_k P_{k,k-1}H_k^{\mathrm{T}} + R_k]^{-1}H_k P_{k,k-1}$$

$$+ \{K_k - P_{k,k-1}H_k^{\mathrm{T}}[H_k P_{k,k-1}H_k^{\mathrm{T}} + R_k]^{-1}\}$$

$$\cdot [H_k P_{k,k-1}H_k^{\mathrm{T}} + R_k]\{K_k - P_{k,k-1}H_k^{\mathrm{T}}[H_k P_{k,k-1}H_k^{\mathrm{T}} + R_k]^{-1}\}^{\mathrm{T}} \tag{4-50}$$

式(4-50)中前两项不含 K_k 因子，因此为使滤波误差方差矩阵 P_k 极小，可以得

$$K_k - P_{k,k-1}H_k^{\mathrm{T}}\left[H_k P_{k,k-1}H_k^{\mathrm{T}} + R_k\right]^{-1} = 0 \tag{4-51}$$

于是有

$$K_k = P_{k,k-1}H_k^{\mathrm{T}}[H_k P_{k,k-1}H_k^{\mathrm{T}} + R_k]^{-1} \tag{4-52}$$

此时误差方差矩阵 P_k 为

$$P_k = P_{k,k-1} - P_{k,k-1}H_k^{\mathrm{T}}[H_k P_{k,k-1}H_k^{\mathrm{T}} + R_k]^{-1}H_k P_{k,k-1}$$

$$= [I - K_k H_k]P_{k,k-1} \tag{4-53}$$

其中，$P_{k,k-1}$ 为一步预测误差方差矩阵，即

$$P_{k,k-1} = E[\tilde{X}_{k,k-1}\tilde{X}_{k,k-1}^{\mathrm{T}}] \tag{4-54}$$

下面求解 $P_{k,k-1}$，由式(4-50)、式(4-46)和式(4-38)得

$$\tilde{X}_{k,k-1} = X_k - \hat{X}_{k,k-1}$$

$$= \varPhi_{k,k-1}X_{k-1} + \varGamma_{k,k-1}W_{k-1} - \varPhi_{k,k-1}\hat{X}_{k-1}$$

$$= \varPhi_{k,k-1}\tilde{X}_{k-1} + \varGamma_{k,k-1}W_{k-1} \tag{4-55}$$

于是有

$$\tilde{X}_{k,k-1}\tilde{X}_{k,k-1}^{\mathrm{T}} = [\varPhi_{k,k-1}\tilde{X}_{k-1} + \varGamma_{k,k-1}W_{k-1}][\varPhi_{k,k-1}\tilde{X}_{k-1} + \varGamma_{k,k-1}W_{k-1}]^{\mathrm{T}}$$

$$= \varPhi_{k,k-1}\tilde{X}_{k-1}\tilde{X}_{k-1}^{\mathrm{T}}\varPhi_{k,k-1}^{\mathrm{T}} + \varGamma_{k,k-1}W_{k-1}W_{k-1}^{\mathrm{T}}\varGamma_{k,k-1}^{\mathrm{T}}$$

$$+ \varGamma_{k,k-1}W_{k-1}\tilde{X}_{k-1}^{\mathrm{T}}\varPhi_{k,k-1}^{\mathrm{T}} + \varPhi_{k,k-1}\tilde{X}_{k-1}W_{k-1}^{\mathrm{T}}\varGamma_{k,k-1}^{\mathrm{T}} \tag{4-56}$$

因为

$$E[\tilde{X}_{k-1}W_{k-1}^{\mathrm{T}}] = 0 , \quad E[W_{k-1}\tilde{X}_{k-1}^{\mathrm{T}}] = 0 \tag{4-57}$$

于是有

$$P_{k,k-1} = E\left[\widetilde{X}_{k,k-1}\widetilde{X}_{k,k-1}^{\mathrm{T}}\right] = \Phi_{k,k-1}P_{k-1}\Phi_{k,k-1}^{\mathrm{T}} + \Gamma_{k,k-1}Q_{k-1}\Gamma_{k,k-1}^{\mathrm{T}} \tag{4-58}$$

至此得到了随机线性离散系统卡尔曼滤波递推基本方程。

2)线性离散系统卡尔曼滤波算法

已知 k 时刻的观测值为 Z_k，且已获得 $(k-1)$ 时刻 X_{k-1} 的最优状态估计 $\hat{X}_{k-1}$，则 X_k 的估计 $\hat{X}_k$ 可按下述卡尔曼滤波方程求解。

状态预测：

$$\hat{X}_{k,k-1} = \phi_{k,k-1}\hat{X}_{k-1} \tag{4-59}$$

状态估计：

$$\hat{X}_k = \hat{X}_{k,k-1} + K_k\left[Z_k - H_k\hat{X}_{k,k-1}\right] \tag{4-60}$$

滤波增益矩阵：

$$K_k = P_{k,k-1}H_k^{\mathrm{T}}\left[H_k P_{k,k-1}H_k^{\mathrm{T}} + R_k\right]^{-1} \tag{4-61}$$

预测误差的方差矩阵：

$$P_{k,k-1} = \phi_{k,k-1}P_{k-1}\phi_{k,k-1}^{\mathrm{T}} + \Gamma_{k-1}Q_{k-1}\Gamma_{k,k-1}^{\mathrm{T}} \tag{4-62}$$

估计误差的方差矩阵：

$$P_k = [I - K_k H_k]P_{k,k-1} \tag{4-63}$$

只要给定初值 $\hat{X}_0$ 和 P_0，根据 k 时刻的观测值 Z_k，就可以递推计算得到 k 时刻的状态估计 $\hat{X}_k$ $(k=1, 2, \ldots)$。

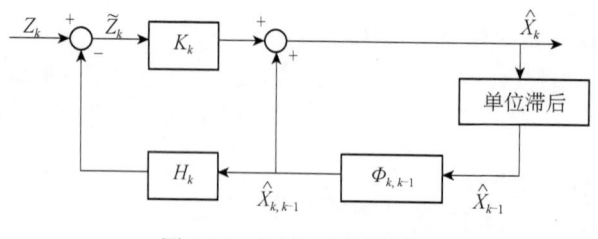

图 4-16 卡尔曼滤波器框图

图 4-16 为卡尔曼滤波器框图，该滤波器的输入是系统状态的观测值，输出是系统状态的估计值。

卡尔曼滤波算法流程图如图 4-17 所示。从卡尔曼滤波使用系统状态信息和观测信息的先后次序来看，在一个滤波周期内，可以将卡尔曼滤波分成时间更新和观测更新两个过程。式(4-59)说明了根据 $(k-1)$ 时刻的状态估计来预测 k 时刻状态的方法，式(4-62)对这种预测的质量优劣做出了定量描述。式(4-59)和式(4-62)将时间从 $(k-1)$ 时刻推至 k 时刻，即完成卡尔曼滤波算法的时间更新过程。式(4-60)和式(4-61)用来计算对时间更新值的修正量，该修正量由时间更新的质量优劣（$P_{k,k-1}$）、观测信息的质量优劣（R_k）、观测与状态的关系（H_k）以及 k 时刻的观测信息 Z_k 所确定，所有这些方程围绕一个目的，即正确、合理地利用观测信息 Z_k，所以这一过程描述了卡尔曼滤波的观测更新过程。

3)仿真数据分析

仿真模型框图如图 4-18 所示，首先，车体运动仿真模型输出传感器测量值 z；然后，KF 算法根据系统模型和 z 通过式(4-59)～式(4-63)评估系统状态 X_{ML}，获得车体的 5 个自由度。测量精度可以通过对比 x 和 X_{ML} 获得。

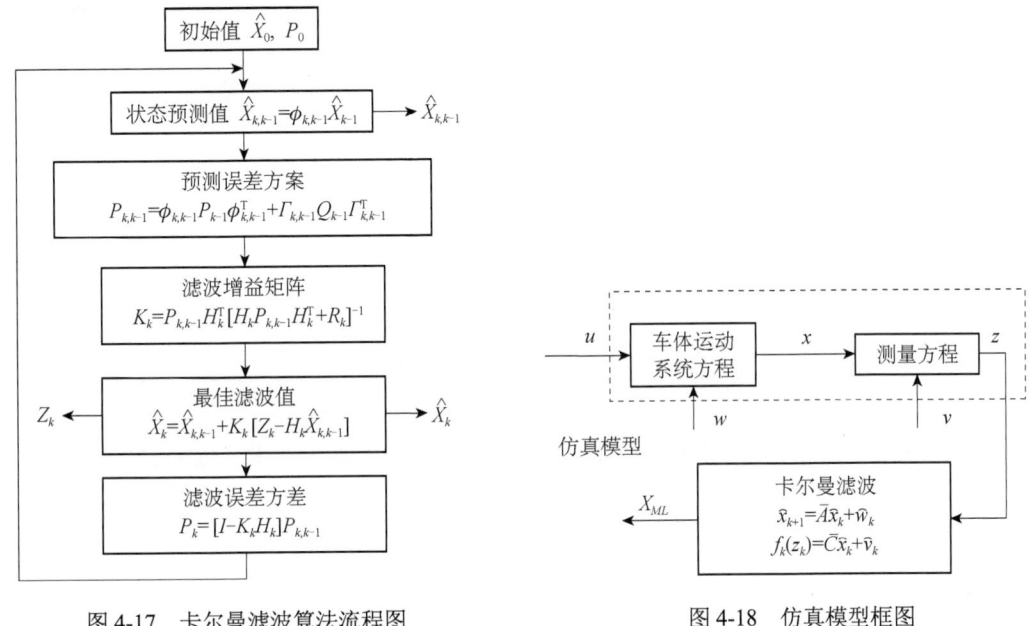

图 4-17　卡尔曼滤波算法流程图　　　　　　　图 4-18　仿真模型框图

（1）匹配模型仿真结果分析。

仿真结果如图 4-19～图 4-23 所示，三条曲线为车体实际运动时的自由度、KF 的评估值和直接积分传感器输出获得的间接测量值。在仿真模型中，假设车辆速度为 180km/h，车体振动的初始值如式(4-64)定义。车体受到初始振动的影响而发生周期振动，由于阻尼器的存在，振幅在逐渐衰减。由图 4-19 还可以看出，尽管 KF 的初始状态都为零，但 KF 的输出可以快速地收敛到真值，在 2s 后基本达到稳定。而直接积分传感器输出获得的间接测量值则随着时间的推移而偏离真实值。在 2～30s 的仿真期间，KF 的横摆、侧滚、摇头、沉浮、点头的标准差分别为 0.18°、0.18°、0.11°、0.06°、0.09°；直接积分传感器输出的横摆、侧滚、摇头、沉浮、点头的标准差分别为 164.91mm、1.05°、0.56°、144.41mm、0.50°。

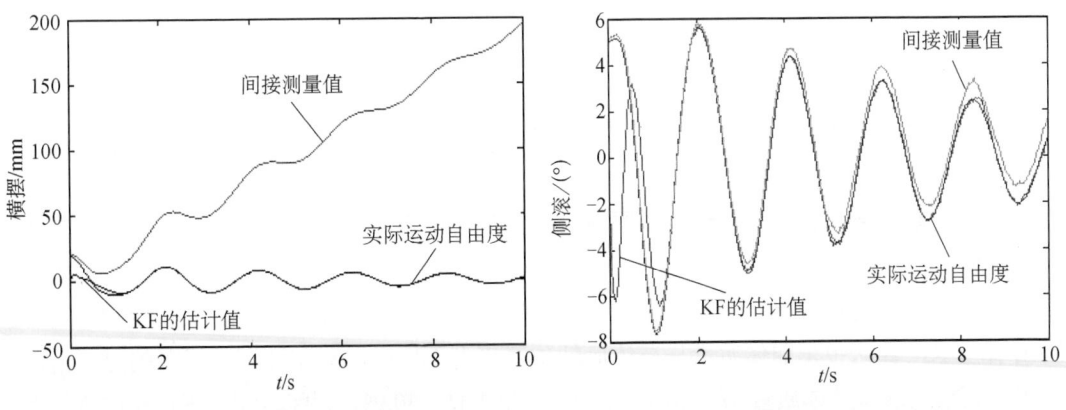

图 4-19　匹配模型仿真结果（横摆）　　　　图 4-20　匹配模型仿真结果（侧滚）

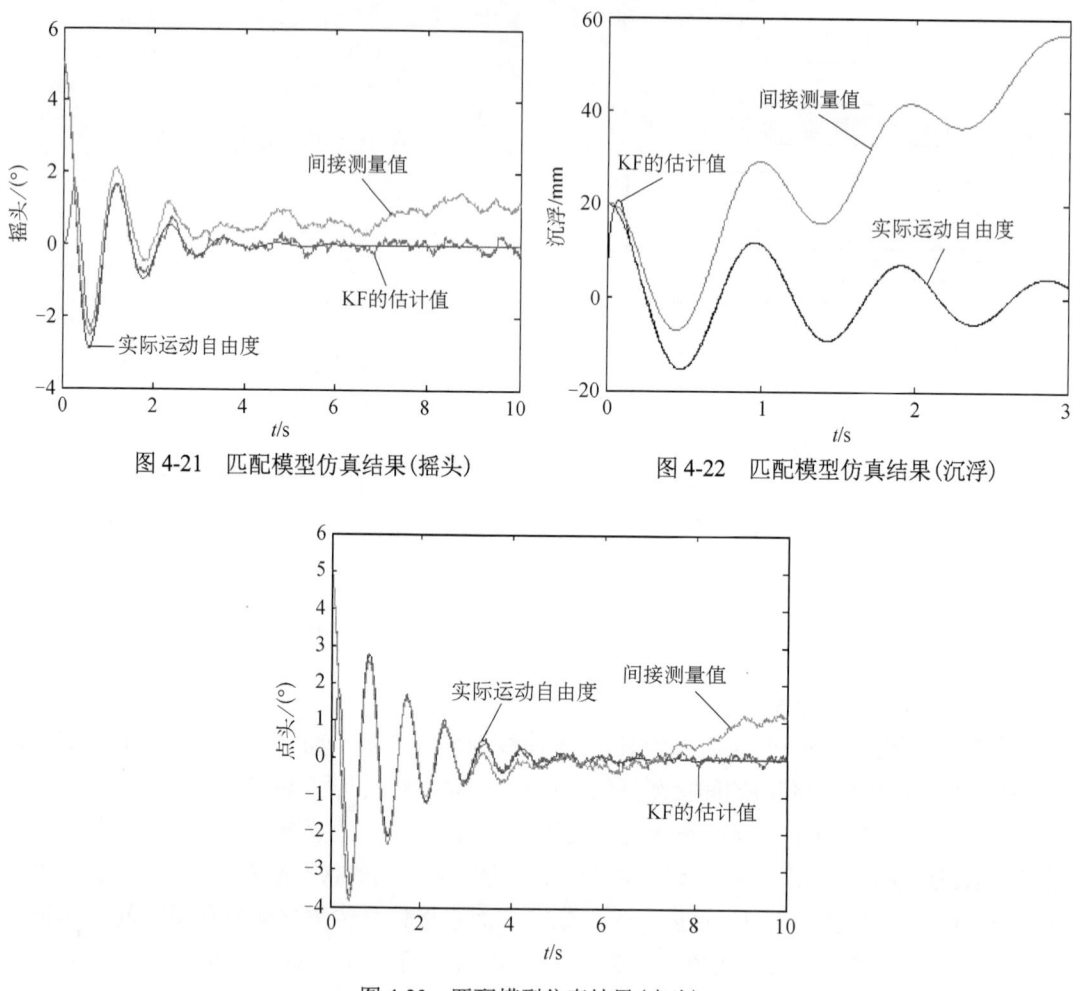

图 4-21　匹配模型仿真结果(摇头)

图 4-22　匹配模型仿真结果(沉浮)

图 4-23　匹配模型仿真结果(点头)

$$X_0 = \begin{bmatrix} Y_c & \theta_c & \psi_c & Z_c & \varphi_c & Y_{t1} & \theta_{t1} & Z_{t1} & Y_{t2} & \theta_{t2} & Z_{t2} & \dot{Y}_c & \dot{\theta}_c & \dot{\psi}_c & \dot{Z}_c & \dot{\varphi}_c & \dot{Y}_{t1} \end{bmatrix}$$

$$\begin{bmatrix} \dot{\theta}_{t1} & \dot{Z}_{t1} & \dot{Y}_{t2} & \dot{\theta}_{t2} & \dot{Z}_{t2} \end{bmatrix}^{\mathrm{T}}$$

$$= [2\ 0\ 5\ 5\ 2\ 0\ 5\ 0\ 0\ 0\ 0\ 0\ 0\ 0\ 0\ 0\ 0\ 0\ 0\ 0\ 0\ 0\ 0]^{\mathrm{T}} \tag{4-64}$$

(2)不匹配模型仿真结果分析。

值得注意的是，在实际测量系统中，KF 算法使用的系统模型(如 $\tilde{A}$ 和 $\tilde{C}$)与实际的车体运动方程总是存在一定偏差。

以车厢体的质量为例。假设车厢体的质量 M 将随着乘客数量的变化而发生变化。图 4-24 给出了当 KF 算法中车厢体质量与车体运动仿真模型不同时，对车体沉浮振动的分析情况。其中仿真模型的车厢体质量 $M = 40.99\mathrm{t}$，KF 算法中 $M = 50.99\mathrm{t}$。可以看出，KF 评估值仍然能够收敛到真值附近，但误差比模型匹配时有所增大。在 2～30s 的仿真期间，KF 的横摆、侧

滚、摇头、沉浮、点头的标准差分别为
0.48mm、0.28°、0.11°、0.37mm、0.09°；直
接积分传感器输出的横摆、侧滚、摇头、沉
浮、点头的标准差分别为 163.99mm、0.95°、
0.60°、159.75mm、0.37°。

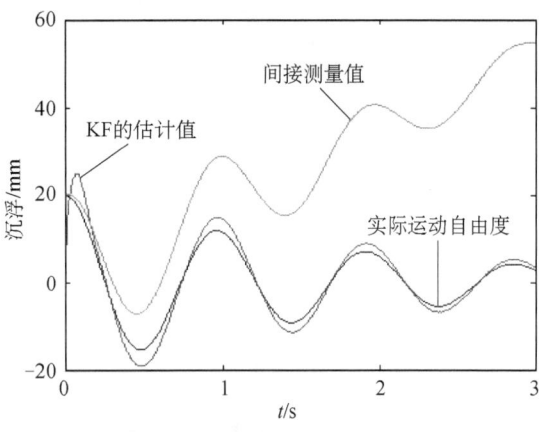

图 4-24　不匹配模型仿真结果(沉浮)

在本系统建模中涉及多个车辆计算参
数，如图 4-6 所示(除与轮对相关的 m_w 和
J_w 外)，其中部分参数与车厢体的 5 个自由
度有直接函数关系，本节将分别分析其对 5
个自由度的影响，判断出影响最大的参数，
分析其在实际建模中是否容易获得准确值，
用以评估本算法的适用度。

①参数不匹配的影响——对横摆 Y_c。

在振动方程中，与横摆自由度 Y_c 相关的参数有 M_c、k_2^h、c_2^h、h_1 和 h_2，分析其不匹配度
与横摆评估值误差的关系如图 4-25 所示。其中，不匹配度定义为参数绝对误差的绝对值除以
真值。

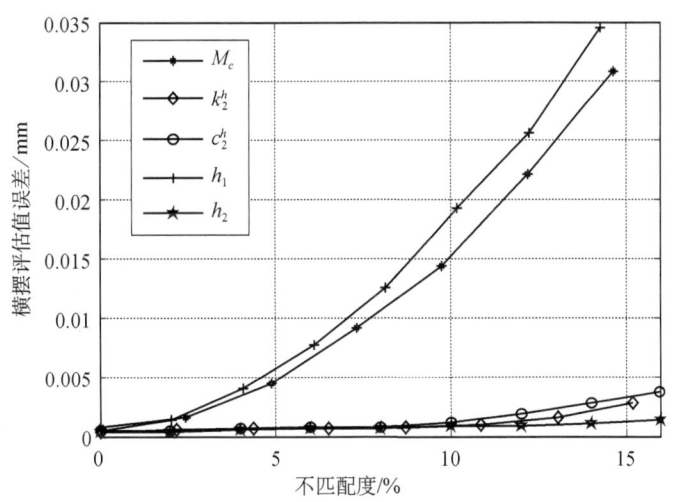

图 4-25　不匹配度与横摆评估值误差的关系

由图 4-25 可知，车体质量 M_c 和车体重心至二系弹簧垂直距离 h_1 对横摆评估值影响较大。

②参数不匹配的影响——对侧滚 θ_c。

在振动方程中，与侧滚自由度 θ_c 相关的参数有 $J_{c\theta}$、k_2^h、c_2^h、h_1、h_2 和 b，分析其不匹
配度与侧滚评估值误差的关系如图 4-26 所示。

由图 4-26 分析可知，车体侧滚转动惯量 $J_{c\theta}$ 和二系弹簧之间的水平距离之半 b 对侧滚评
估值的影响较大。

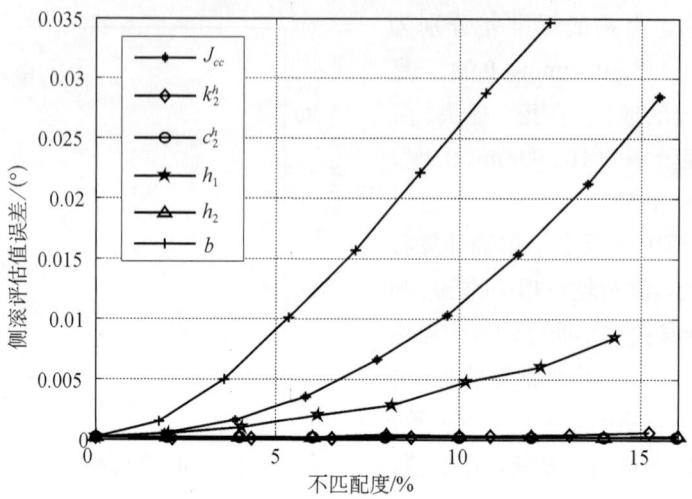

图 4-26　不匹配度与侧滚评估值误差的关系

③ 参数不匹配的影响——对摇头 ψ_c。

在振动方程中，与摇头自由度 ψ_c 相关的参数有 $J_{c\psi}$、k_2^h、c_2^h、h_2 和 s，分析其不匹配度与摇头评估值误差的关系如图 4-27 所示。

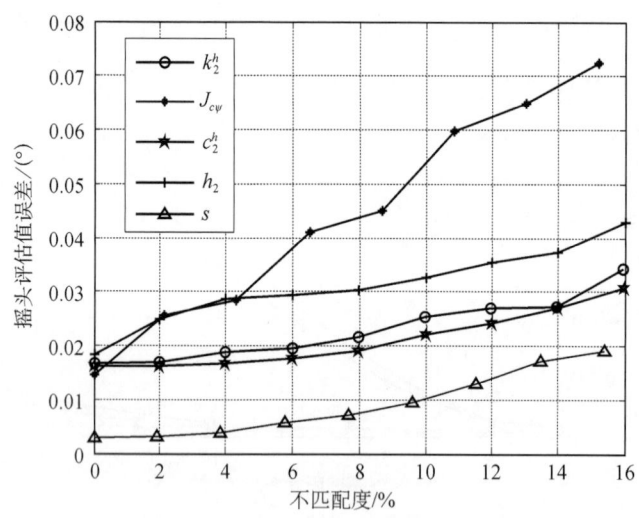

图 4-27　不匹配度与摇头评估值误差的关系

由图 4-27 分析可知，车体摇头转动惯量 $J_{c\psi}$ 和二系弹簧与转向架重心垂直距离 h_2 对摇头评估值的影响较大。

④ 参数不匹配的影响——对沉浮 Z_c。

在振动方程中，与沉浮自由度 Z_c 相关的参数有 M_c、k_2^v 和 c_2^v，分析其不匹配度与沉浮测量误差的关系如图 4-28 所示。

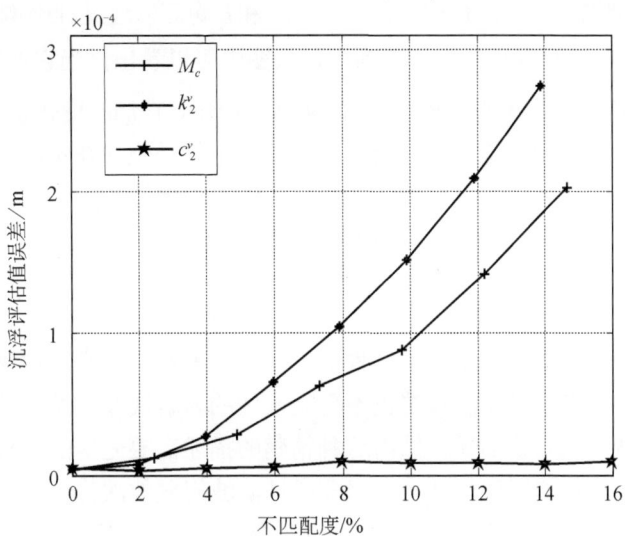

图 4-28　不匹配度与沉浮评估值误差的关系

由图 4-28 分析可知，车体质量 M_c 和车体重心至二系竖向弹簧刚度 k_2^v 对沉浮评估值影响较大。

⑤　参数不匹配的影响——对点头 φ_c。

在振动方程中，与点头自由度 φ_c 相关的参数有 $J_{c\varphi}$、k_2^v、c_2^v 和 s，分析其不匹配度与点头测量误差的关系如图 4-29 所示。

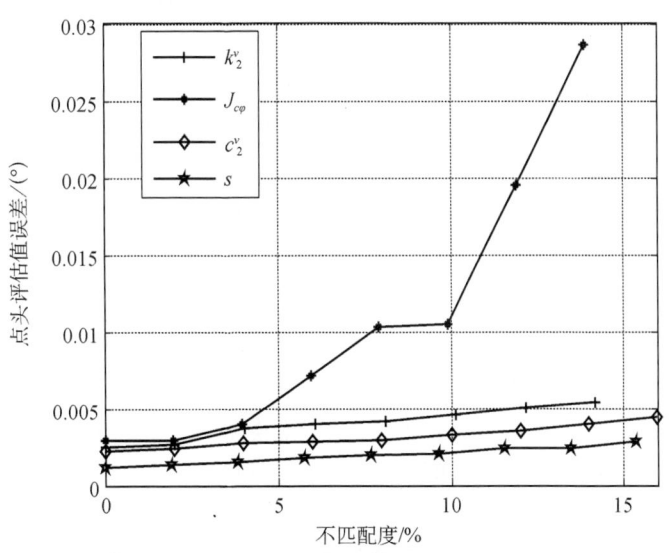

图 4-29　不匹配度与点头评估值误差的关系

由图 4-29 分析可知，车体摇头转动惯量 $J_{c\varphi}$ 对点头评估值的影响较大。

综上分析可知，车体质量 M_c，侧滚、摇头和点头转动惯量 $J_{c\theta}$、$J_{c\psi}$ 和 $J_{c\varphi}$，车体重心至二系弹簧垂直距离 h_1，二系弹簧与转向架重心垂直距离 h_2，以及二系弹簧之间的水平距离之

半 b 对系统评估的影响较大。上述参数中，h_1、h_2 和 b 均可以通过准确测量获得，而对 M_c、$J_{c\theta}$、$J_{c\psi}$ 和 $J_{c\varphi}$ 来说，它们本身的数值非常大，从图中可以看出，当它们的变化量为 15% 时，其对评估值的影响相对来说仍然是很小的。而实际应用中，它们的变化量是远远小于 15% 的。因此上述参数对系统的影响都是在可控范围之内的，也就是说，在不匹配模型中，卡尔曼滤波仍然是适用的。当然，如果车辆模型非常粗糙，测量误差达到无法接受的程度时，应该设计自适应算法以在线评估模型参数，提高整体测量精度。

4. 惯性基准的非线性滤波算法

由于惯性基准测量系统的模型是非线性的，系统误差不再是高斯白噪声，一般无法推导出最优解的解析式，而卡尔曼滤波算法也不再是最优的。解决非线性滤波问题的最优方案需要得到其条件后验概率的完整描述，然而这种精确的描述需要无尽的参数而无法实际应用，为此人们提出了大量次优的近似方法。对于非线性滤波问题的次优近似，有两大途径：一是将非线性环节线性化，对高阶项采用忽略或逼近措施；二是用采样方法近似非线性分布。

对非线性函数进行线性化近似，对高阶项采用忽略或逼近是解决非线性问题的传统途径。其中最广泛使用的是扩展卡尔曼滤波器(Extended Kalman Filter，EKF)。EKF 通过对非线性函数的 Taylor 展开式进行一阶线性化截断，从而将非线性问题转化为线性。尽管 EKF 得到了广泛的使用，但它存在如下不足。

(1)当非线性函数 Taylor 展开式的高阶项无法忽略时，线性化会使系统产生较大的误差，甚至于滤波器难以稳定。

(2)在许多实际问题中很难得到非线性函数的雅可比矩阵求导。

(3)EKF 需要求导，所以必须清楚了解非线性函数的具体形式，无法做到黑盒封装，从而难以模块化应用。

目前，虽然对 EKF 有众多的改进方法，如高阶截断 EKF 和迭代 EKF 等，但以上缺陷仍然难以克服。

由于近似非线性函数的概率密度分布比近似非线性函数更容易，使用采样方法近似非线性分布来解决非线性问题的途径近来得到了人们的广泛关注。近似网格算法将状态空间分割成足够多的细小单元，然后通过估计每个单元的概率来逼近系统状态分布概率函数。这种方法一般只适合系统状态较少的情况，在语音处理领域得到了大量的应用。粒子滤波器(Particle Filter, PF)使用参考分布，随机产生大量粒子；然后将这些粒子通过非线性函数变换得到的值，通过一定的策略统计组合，得到系统的估计。该方法解决了 EKF 所存在的问题，但要得到高精度的估计，需要较多数目的粒子，即使在二维、三维情况下，也要达到数以千计，从而产生较大的计算量，很难满足实时性的需要。同时，粒子经过迭代后会产生退化问题。尽管目前已有一些降低粒子退化的方法，如优选重要性密度函数法、重采样等，但仍无法彻底解决。

另外一种非线性滤波的方法是将线性与非线性滤波串联在一起的混合算法，可以用在同时具有线性参数和非线性参数的系统中。系统中的线性参数通过线性算法进行评估，而非线性参数通过非线性算法进行评估，由于线性变量的处理要比非线性变量的处理快得多，资源占用得也少，因此可以极大地加快处理速度。但这种混合算法的收敛性完全依赖于具体问题，普遍的收敛性一般难以保证。

本节采用了无迹卡尔曼滤波(Unscented Kalman Filter, UKF)的方法对系统进行在线评估。UKF 不再近似估计观测方程, 它仍然用高斯随机变量表示状态分布, 不过是用特定选择的样本点加以描述。与 EKF 相比, UKF 的误差仅仅出现在三阶以上的项中, 而且计算也简单。

1) 无迹变换(Unscented Transform, UT)

在扩展卡尔曼滤波中, 由于系统状态分布和所有的相关噪声密度的均值和方差通过一个非线性系统的一阶线性化方程传播, 因此会给变换后的高斯随机变量的真实验后均值和方差带来较大的误差, 从而导致次优解, 甚至使滤波器发散。无迹卡尔曼滤波利用一个确定性采样方式来解决这个问题。

无迹卡尔曼滤波假定系统状态分布为高斯分布, 因此利用确定性采样方式逼近其均值和方差即可, 所采用的方法基于无迹变换。无迹变换方法是设计一组确定性的样本点(又称 σ 点)表示系统状态的先验分布, 经过非线性变换后的 σ 点表示后验分布, 使后验分布接近先验分布, 以此完成状态沿非线性函数传播的方法。无迹卡尔曼滤波在处 t' 理状态方程时先进行无迹变换, 然后利用变换后的状态变量进行滤波估计。但是对于协方差和预测测量值的更新采用不同的公式, 避免用雅可比矩阵。

由于无迹卡尔曼滤波方法没有采用近似线性化方法去省略函数的高阶项, 因此得到的均值和协方差的估计比 EKF 方法要精确。

设 n 维随机向量 X: $N(\bar{X}, P_x)$, m 维随机向量 Z 为 X 的某一非线性函数:

$$Z = f(X) \tag{4-65}$$

通过非线性函数 $f(X)$ 进行传播得到 Z 的统计特性 $(\bar{Z}, P_z)$。无迹变换就是根据 $(\bar{X}, P_X)$ 设计一系列的点 $\chi_i(i=1,2,\cdots,L)$, 称为 σ 点。对设定的 σ 点计算其经过 $f(X)$ 传播所得的结果 $Z_i(i=1,2,\cdots,L)$; 然后基于 Z_i 计算 $(\bar{Z}, P_z)$。通过 σ 点的数量取为 $2n+1$, 即 $L=2n+1$。

图 4-30 为无迹变换与 EKF 线性化方法对比示意图, 其中函数 $f(\ )$ 为非线性函数。实际采样点经过非线性函数 $f(\ )$ 变换后, 均值与协方差都会发生变化。线性化方法(如 EKF)由于仅精确到一阶, 因此经过线性化函数变换后的均值和协方差与真值都会有较大的偏差; 而无迹变换利用 σ 点经函数 $f(\ )$ 转换后的的分布来估计变换后的均值和方差, 与真值的偏差大大地减小。

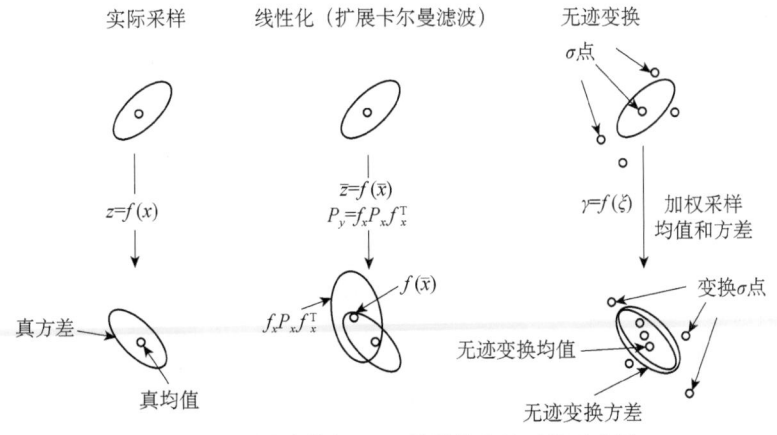

图 4-30　无迹变换与 EKF 线性化方法对比示意图

2) UKF 算法设计

将扩展 Kalman(卡尔曼)滤波中统计特性传播方式的线性化近似用无迹变换方法代替，即可得到无迹 Kalman 滤波。

设非线性模型的状态方程和测量方程如下：

$$X_k = f(X_{k-1}, u_k, W_k) \tag{4-66}$$

$$Z_k = h(X_k, V_k) \tag{4-67}$$

其中，$X_k \in R^n$ 为系统状态；$f(\cdot)$ 为 m 维向量函数；W_k 为 n 维系统过程噪声；V_k 为 m 维系统观测噪声。无迹 Kalman 滤波计算过程如下。

(1)状态初始化。

在滤波开始前设定初始估计值和初始误差方差：

$$\begin{cases} \hat{X}_0 = E[X_0] \\ P_{X_0} = E[(X_0 - \hat{X}_0)(X_0 - \hat{X}_0)^T] \end{cases} \tag{4-68}$$

(2)对于给定的 $\hat{X}_{k-1}$、P_{k-1}，用无迹变换求状态的一步预测 $\hat{X}_{k,k-1}$ 和一步预测误差协方差矩阵 $P_{k,k-1}(k=1,2,3,\cdots)$，具体步骤如下。

①计算 σ 点 $\chi_{k-1}^{(i)}(i=1,2,\cdots,2n)$ 和权系数。

$$\begin{cases} \chi_{k-1}^{(0)} = \hat{X}_{k-1} \\ \chi_{k-1}^{(i)} = \hat{X}_{k-1} + \sqrt{(n+\lambda)P_{k-1}} & (i=1,2,\cdots,n) \\ \chi_{k-1}^{(i)} = \hat{X}_{k-1} - \sqrt{(n+\lambda)P_{k-1}} & (i=n+1,n+2,\cdots,2n) \end{cases} \tag{4-69}$$

$$\begin{cases} \omega_0^{(m)} = \dfrac{\lambda}{n+\lambda} \\ \omega_0^{(c)} = \dfrac{\lambda}{n+\lambda} + (1-\alpha^2+\beta) \\ \lambda = \alpha^2(n+k) - n \end{cases} \tag{4-70}$$

$$\omega_i^{(m)} = \omega_i^{(c)} = \frac{1}{2(n+\lambda)} \qquad (i=1,2,\cdots,2n) \tag{4-71}$$

α 决定 σ 点的分散程度，通常取 0.01，k 常取 0，β 对于高斯噪声情况下，最优值是 2。

②计算时间更新方程，通过状态方程的传播计算 k 时刻的 σ 点 $\chi_{k,k-1}^{(i)}(i=0,1,\cdots,2n)$：

$$\chi_{k,k-1}^{(i)} = f(\chi_{k-1}^{(i)}) \qquad (i=0,1,\cdots,2n) \tag{4-72}$$

$$\hat{X}_{k,k-1} = \sum_{i=0}^{2n} \omega_i^{(m)} \chi_{k,k-1}^{(i)} \tag{4-73}$$

$$P_{k,k-1} = \sum_{i=0}^{2n} \omega_i^{(c)} (\chi_{k,k-1}^{(i)} - \hat{X}_{k,k-1})(\chi_{k,k-1}^{(i)} - \hat{X}_{k,k-1})^T + P_{k-1} \tag{4-74}$$

(3)测量更新。

$$Z_{k,k-1}^i = h(\chi_{k,k-1}^i) \tag{4-75}$$

$$\hat{Z}_{k,k-1} = \sum_{i=0}^{2n} \omega_i^{(m)} Z_{k,k-1}^i \tag{4-76}$$

$$P_{\tilde{Z}_k} = \sum_{i=0}^{2n} \omega_i^{(c)} (Z_{k,k-1}^i - \hat{Z}_{k,k-1})(Z_{k,k-1}^i - \hat{Z}_{k,k-1})^{\mathrm{T}} \tag{4-77}$$

$$P_{X_k Z_k} = \sum_{i=0}^{2n} \omega_i^{(c)} (\chi_{k,k-1}^i - \hat{X}_{k,k-1})(Z_{k,k-1}^i - \hat{Z}_{k,k-1})^{\mathrm{T}} \tag{4-78}$$

(4) 滤波更新。

$$K_k = P_{X_k Z_k} P_{\tilde{Z}_k}^{-1} \tag{4-79}$$

$$\hat{X}_k = \hat{X}_{k,k-1} + K_k (Z_k - \hat{Z}_{k,k-1}) \tag{4-80}$$

$$P_k = P_{k,k-1} - K_k P_{\tilde{Z}_k} K_k^{\mathrm{T}} \tag{4-81}$$

经过上述过程，从 X_{k-1} 和 P_{k-1} 得出 X_k 和 P_k，逐步更新结果，最终得到系统状态的最优解，UKF 算法流程如图 4-31 所示。

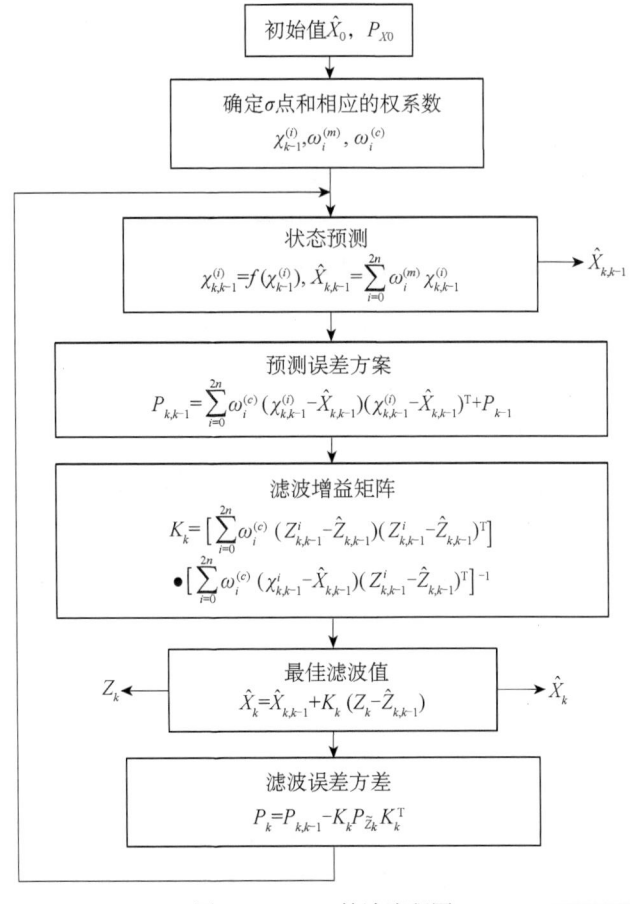

图 4-31　UKF 算法流程图

3) 仿真数据分析

图 4-32 给出了侧滚初始角为 5° 的匹配模型仿真结果。其中，由上至下的 5 个子图分别对

应车体的横摆、侧滚、摇头、沉浮、点头 5 个自由度，横轴为仿真时间(s)，线位移的单位为mm，角度单位为度。图中三条曲线为车体自由度的真实值、基于 UKF 的惯性基准算法评估值(系统状态初始值为零)和通过直接积分传感器输出获得的车体自由度(积分起点为车体自由度真实值)。在仿真时间 1~30s 内，UKF 的横摆、侧滚、摇头、沉浮、点头评估值的标准差分别为 0.13mm、0.12°、0.10°、0.04mm、0.09°；而直接积分传感器输出获得的输出标准差分别为 6.04、0.81、0.39、6.67、0.87。由图不难看出 UKF 的输出可以很好地收敛于真实值，而直接积分获得的车体自由度随着时间的推移发散，特别是通过 2 次积分获得的线位移发散更为明显。不难证明，通过直接积分获得的车体角度随时间变化的序列可以等效为布朗运动，其方差与时间的平方成正比；而通过直接积分获得的车体线位移随时间变化的序列的方差与时间的 4 次方成正比。

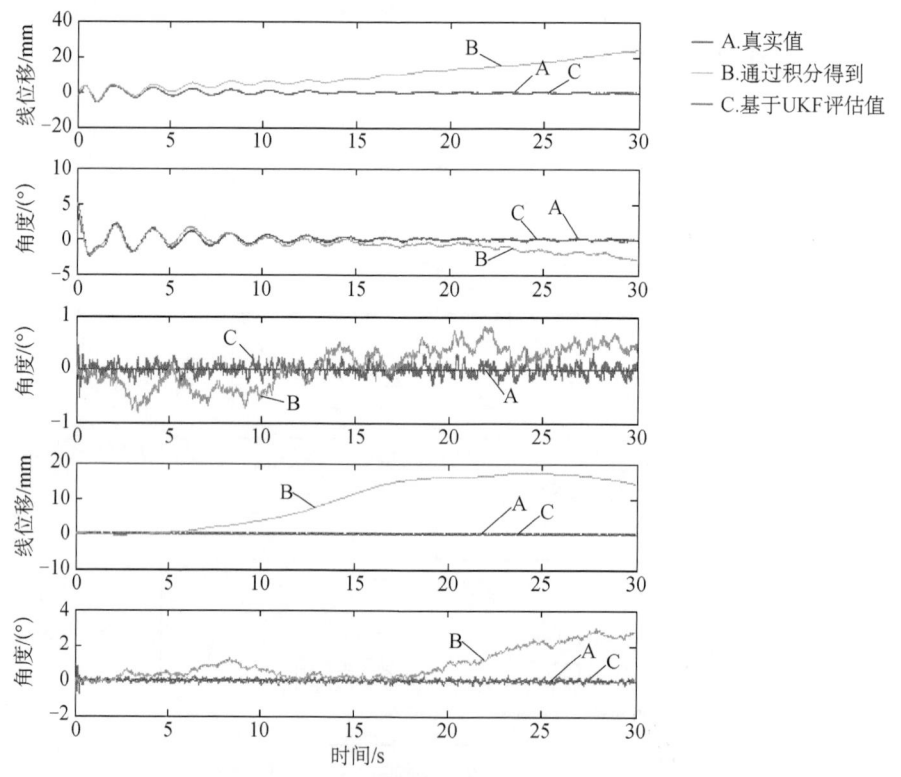

图 4-32　侧滚初始角为 5° 的匹配模型仿真结果

在图 4-33 所示的仿真中，沉浮和横摆的初始值为 20mm，侧滚、点头、摇头的初始值为5°，其他与图 4-32 相同。可以看出，UKF 仍然能够很好地跟踪真实值，其横摆、侧滚、摇头、沉浮、点头的标准差分别为 0.27mm、0.25°、0.10°、0.05mm、0.09°；直接积分传感器输出获得的输出发散，其横摆、侧滚、摇头、沉浮、点头的标准差分别为 148.86mm、1.08°、0.67°、151.02mm、0.49°。

在图 4-34 所示的仿真中，侧滚的初始值为 5°，模型车体质量不匹配度为 20%，其他与

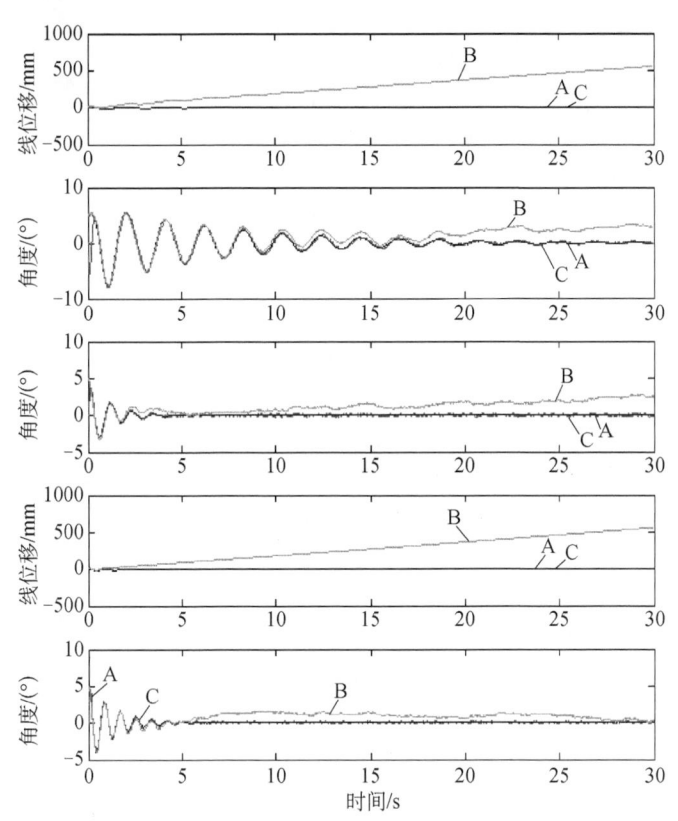

图 4-33　初始线位移为 20mm、角位移为 5° 的匹配模型仿真结果

图 2-32 相同。在图 4-35 所示的仿真中，沉浮和横摆的初始值为 20mm，侧滚、点头、摇头的初始值为 5°，模型车体质量不匹配度为 20%，其他与图 4-33 相同。可以看出，UKF 仍然能够很好地跟踪真实值，其横摆、侧滚、摇头、沉浮、点头的标准差分别为 0.50mm、0.27°、0.09°、0.23mm、0.09°；对于直接积分传感器输出获得的输出，其横摆、侧滚、摇头、沉浮、点头的标准差分别为 162.74mm、1.02°、0.28°、134.11mm、0.54°。

模型参数不匹配度对 UKF 算法的影响与 KF 的结论类似，这里不再给出详细仿真结果。

5. KF 与 UFK 算法的对比分析

通过前面的数学仿真可以看出，基于 KF 和 UKF 的惯性基准测量算法大大提高了系统精度，具有收敛性好、对模型误差不敏感等优点。对比 KF 和 UKF 在 2s～30s 内的仿真结果，可以看出两者的评估效果相近，甚至有时 KF 会略好一些。然而，对比两者在 0s～2s 内的仿真结果，可以发现 UKF 的收敛速度要好于 KF。如图 4-36 所示，UKF 以在 0.5s 内收敛于真值附近，而 KF 需要超过 1 倍的时间。因此，在车体振动剧烈时，UKF 算法具有更好的跟随效果；而在车体较平稳时，KF 算法可以给出更高的测量精度，而且计算速度更快。

需要指出的是，这里基于车路振动模型的 KF 和 UKF 滤波算法对于随机测量误差具有很好的滤除效果，但对传感器的系统误差，如零点漂移，则无能为力。此时，必须依靠定点校正系统来消除。

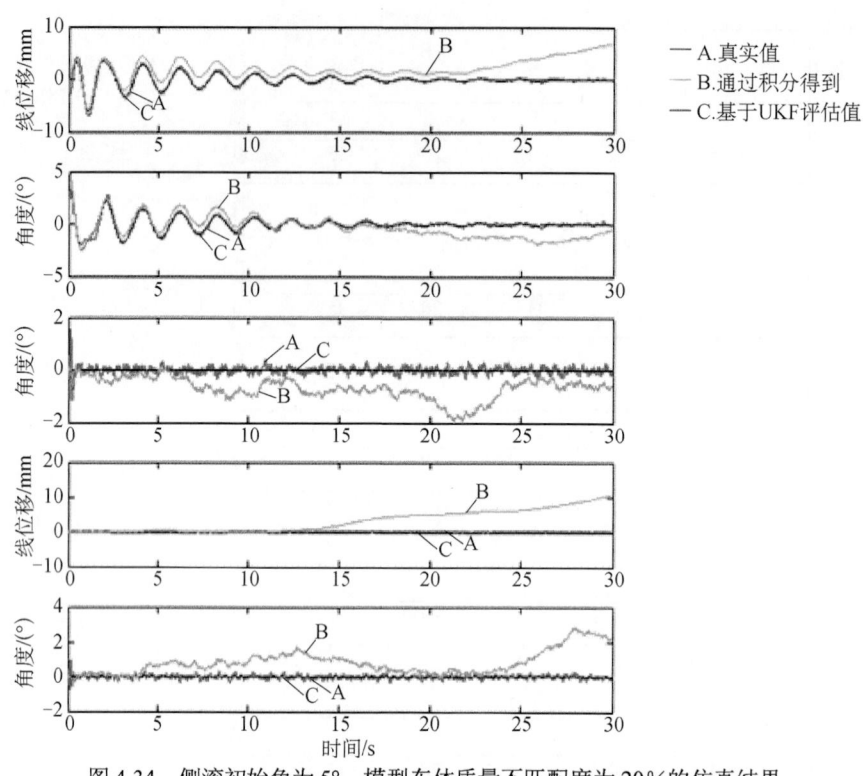

图 4-34 侧滚初始角为 5°、模型车体质量不匹配度为 20% 的仿真结果

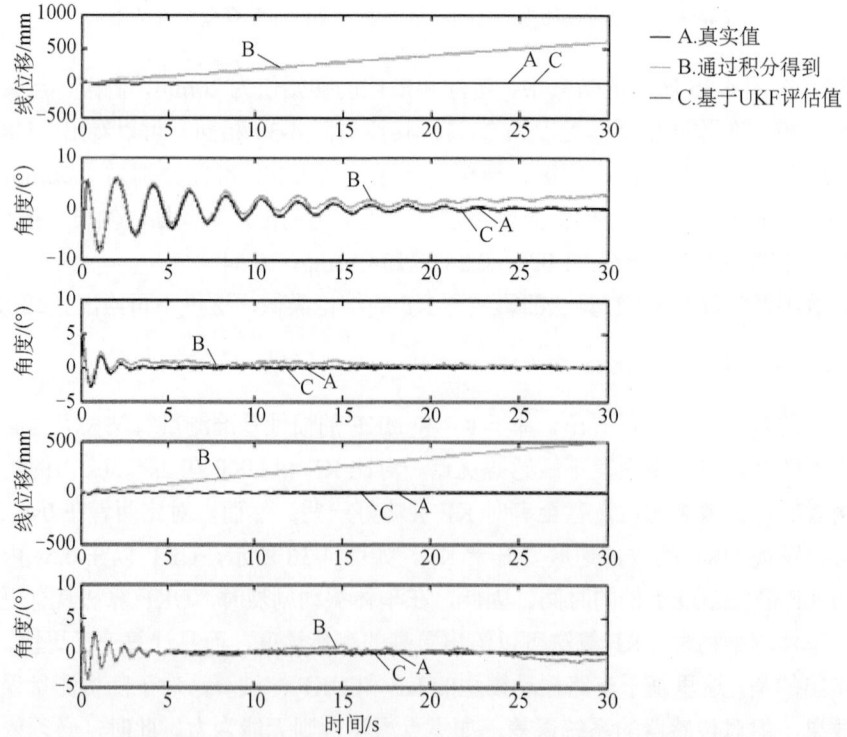

图 4-35 初始线位移为 20mm、角位移为 5°、模型车体质量不匹配度为 20% 的仿真结果

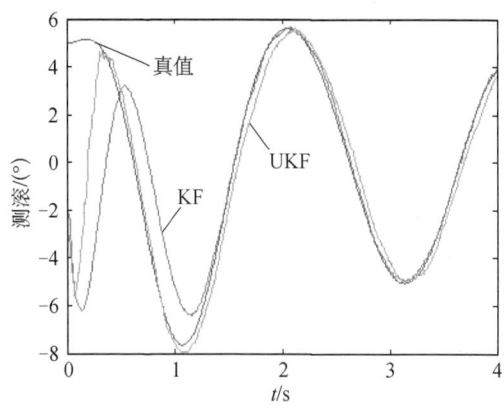

图 4-36　KF 和 UKF 收敛速度对比

4.1.2　线路全断面动态检测系统应用

轨道几何与线路全断面等线路几何尺寸是表征轨道交通安全状态的重要参数，实现这类几何参数的高精度动态监测是确保轨道交通运营安全的基础。4.1.1 节以全断面动态检测为对象，探讨了非接触式车载动态检测线路几何参数的方法和原理，提出了一种新的基于地面辅助和车路模型的高精度惯性基准测量技术。将这些新方法和新技术组合在一起就可以实现对线路全断面的动态检测。

线路全断面检测通过对线路三维尺寸的测量，获得线路横纵断面、隧道净空、邻线间距、邻近建筑距离等重要数据，是检查限界、组织超限货物运输、评估线路安全状态的重要手段。

通常，在新建线路验收过程中，需要对全部的线路限界进行快速准确的测量，以指导整改作业。同时，运营线路在长期使用过程中也需要定期复测。我国铁路技术管理规程规定：对牵出线、驼峰及峰下线路的纵断面每年至少检查 1 次，对重要线路的平面及纵断面复测、限界检查每 5 年至少 1 次，其他线路的平纵断面每 10 年至少检查 1 次。在组织超限货物运输时，也需要准确知道线路净空，尤其是隧道、桥梁、邻近建筑等的安全距离。

另外，由于地质变形、自然灾害、运行车辆的动力冲击以及设施的非正常突出和缺失等，轨道、道床、隧道、桥梁等基础设施经常发生变形和侵限现象，严重威胁到轨道交通的畅通和安全。在地质条件恶劣地区，如雨季容易发生挡土墙坍塌的山区和极易发生沉降的青藏铁路，这种威胁更为严重。了解线路的全断面尺寸及其发展趋势是掌握线路安全状态的基础之一。

因此，全断面检测的主要应用有两个：一是线路限界的检测；二是线路变形的检测，如隧道洞体变形的检测。尽管这两种应用基于相似的技术，但在实际操作上有重要的区别。例如，它们的测量基准不同：前者是以轨道作为参考坐标系，而后者是以大地或惯性基准作为参考坐标系。另外，两者的运用模式也不同。下面从应用的角度详细讨论这两个系统。

1. 线路限界动态检测系统

限界是一个和线路中心线垂直的极限横断面轮廓。在此轮廓内，除机车车辆和与机车车辆有相互作用的设备外，其他设备或建筑物均不得侵入。为了避免因机车车辆外形设计不当，货物装载位置不当，或建筑物、地面设备的位置不当而引起不安全行车事故，必须用限界对机车车辆和建筑物等地面设备加以制约，因此限界是轨道交通运行安全的基本保证之一。无论是铁路还是地铁都有限界的相关标准，在新线开通和旧线改造时都必须对线路的限界进行全面系统的检测。目前，随着城市规模的扩大和人口的增长，大力发展城市轨道交通已经成为城市管理者的共识，大量地铁新线建设和旧线改扩建，对限界检测提出了新的挑战。而现有限界检测方法存在着不同程度的缺陷，因此研制全断面安全限界动态检测技术及其装置有着重要的现实意义。

车载式的限界动态检测系统在大铁路和地铁中的应用要求不完全一致，前者车辆运行速度快且测量范围要求大，但精度要求低；而后者车辆运行速度低且测量范围小，但精度要求高。

通常大铁路限界检测的技术条件要求包括：①随车车载式安装，适应列车速度 0～200km/h；②扫描测距半径可达 30m；③8m 范围内的重复测量精度为 ±15mm，30m 内为 ±20mm；④测量设备对人眼无害，测量不受阳光干扰，可进行昼夜检测，无需人工在线监视。

地铁限界检测的技术条件要求包括：①随车车载式安装，适应列车速度 0～40km/h；②扫描测距半径可达 8m；③3m 范围内的重复测量精度为 ±5mm；④测量设备对人眼无害，测量不受阳光干扰，可进行昼夜检测，无需人工在线监视。

1）检测原理

不论是建筑限界、车辆限界，还是邻线间距等的测量都是以轨道作为参考坐标系的，即坐标原点在轨道中心线上，x 坐标轴通过两根钢轨平面且垂直于轨道中心线，y 坐标轴与钢轨平面垂直，如图 4-37 所示。在车载式限界动态检测中，车体相对于轨道坐标系作多自由度振动。因此，必须通过测量车体相对于轨道坐标系的偏差，对激光扫描测距传感器的输出进行修正。这里采用位移计来测量车体相对于轮对的偏差，进而估算车体相对于轨道的位置姿态。

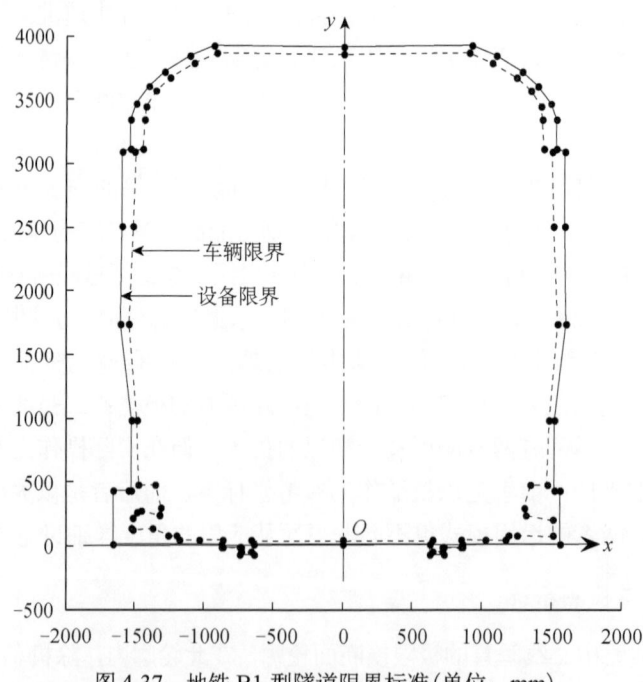

图 4-37　地铁 B1 型隧道限界标准(单位：mm)

另外，曲线段的限界要根据具体情况进行修改。通常，不同的曲线半径和外轨超高值具有不同的修改方案。因此，限界测量系统还需要借助惯性系统估算曲线半径对限界标准的修正。车载式限界动态检测原理如图 4-38 所示。

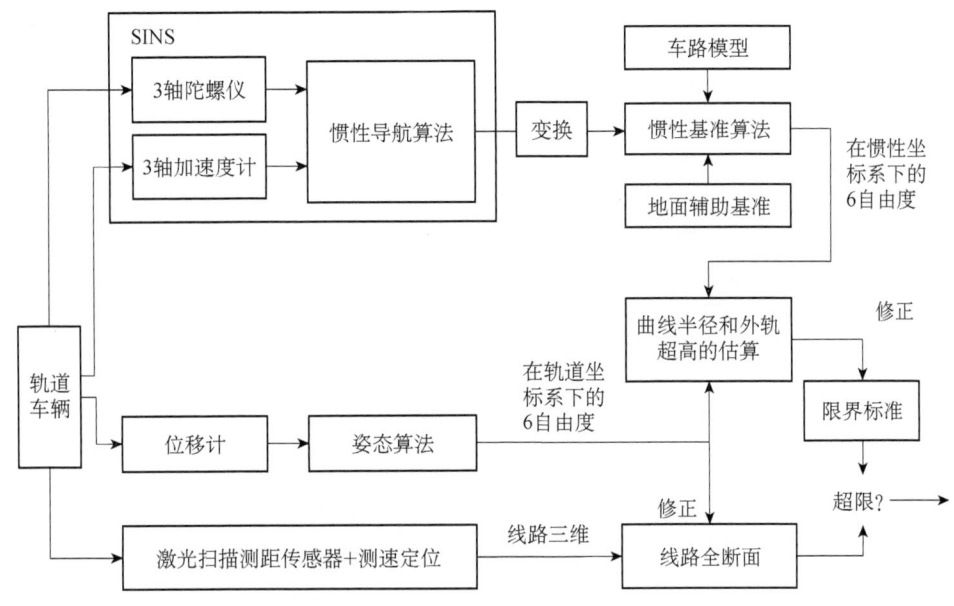

图 4-38　车载式限界动态检测原理

2) 系统结构

系统由 180°激光扫描测距仪(2～4 台)、陀螺仪、加速度计、倾角仪、位移计、轮轴转速传感器、工控 PC 摄像机，以及必要的通用数据采集接口卡组成，如图 4-39 所示。系统测量软件可采用多线程技术，对多路的数字量和模拟量进行同步采集。这种集中式的多路复用的采集方案在数据定位上精度较低，因为 CPU 需要分时对采集卡缓冲区内的数据进行处理。通常限界测量对于沿线路方向上的定位精度要求较低，因此这种基于通用设备的检测系统仍然可以基本满足限界检测的需要。

3) 系统测量精度

系统的测量误差可以分为断面的测量误差和沿线路轴线的定位误差两个方面，下面主要讨论全断面的测量误差。车辆在运行过程中，会产生点头、摇头、侧滚、沉浮、伸缩、横摆6 个方向的振动。这些振动会使测量断面的测量基准与轨道参考坐标系在角度(点头、摇头、侧滚)和位置(沉浮、横摆)上产生偏差，表现为激光测距仪的激光脉冲到被测物体的距离发生变化。测量基准在角度和位置上的偏差可以通过倾角仪、陀螺仪以及位移计获得，进而实现对振动的补偿。由此可见，系统测量误差主要由距离测量误差(断面)、测量基准的角度测量误差和测量基准的位置测量误差组成。下面通过静态和动态两种情况来对系统误差进行分析。为量化分析数据，这里假设限界检测设备安装在铁道部 GJ-4 型轨检车上。

(1)静态测量误差。在静态时，断面尺寸和测量基准相对于轨道参考坐标系的位置偏差通过激光扫描测距仪获得，测量基准的角度偏差通过倾角仪获得。①角度误差，由计算可知，

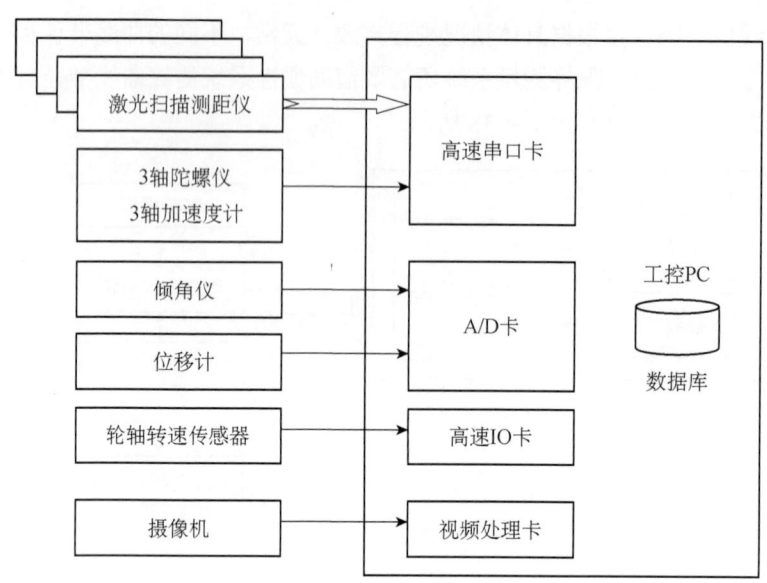

图 4-39　基于通用设备的实验用检测系统结构

在 30m 测量范围内，当角度测量误差为 0.1°时，由角度误差引起的断面误差小于 0.05mm；当角度测量误差为 1°时，由角度误差引起的断面误差小于 4.6mm；当角度测量误差为 2°时，由角度误差引起的断面误差小于 18.3mm。由于倾角仪在静态时的测量精度非常高，可达到 0.01°以上，因此测量基准角度误差的影响此时可以忽略不计。②测距误差，LMS200 激光测距仪的测量精度为±5mm，即断面测量和位置偏差测量的精度分别为±5mm。在静态时，还可以通过多次测量进一步提高精度，因此完全可以满足系统精度要求。

（2）动态测量误差。在动态时，断面尺寸通过激光扫描测距仪获得，测量基准的位置偏差通过位移计获得，角度偏差主要通过陀螺仪获得。①LMS200 动态时的测量精度仍然为±5mm，因此不考虑振动偏差的断面测量精度为±5mm。②测量系统在车体与转向架之间装有横向位移计；在车体与轮对之间装有垂直位移计。一般来说，轮对与转向架的横向位移很小，可以忽略不计，可近似认为车体与转向架之间的横向位移计反映了车体与轮对的横向位移。因此，通过位移计可以获得车体相对于轮对的横向与垂直偏移量，其测量误差小于 1mm。轮对相对于轨道的蛇行运动在本系统中没有测量。对于客车转向架轮对，在 60～160km/h 条件下，蛇行的振幅一般在 4mm 范围内。综上所述，车体相对于线路中心线的位置偏差（即测量基准位置偏差）的测量精度为±5mm。③假设基于地面辅助和车路模型的惯性基准系统的最大角度测量误差小于 0.1°，对应于 30m 测量范围的测量误差为 0.05mm。因此，测量基准角度偏差的测量误差可以忽略不计。综上所述，动态测量的理论精度为±10mm。

以上讨论没有考虑到车体振动对于安装设备的影响，如激光扫描测距仪相对于车体的振动，特别是由此引起角度偏差。LMS200 的重量较轻，约为 5kg。当振动角度小于 1°时，在 30m 范围内带来的误差将小于±5mm，因此总体测量误差将小于±15mm，仍然可以满足要求。LMS200 激光测距仪的实际振动角度有待在今后的实际装车试验中进一步观察，但在设计 LMS200 安装方案时，就应对这个问题给予充分的考虑。

4）运用模式

限界是建立在以钢轨为基准的坐标系下的。当车辆速度较高时，对轨道的冲击较大，由轨道振动引起的基准偏差将严重影响测量精度。因此，在理想情况下，应该以静态或准静态方式测量限界。当然从另外一个角度来看，动态测量时，测量的结果更接近列车在实际运行中车辆与基础设施的相互位置关系，因此也具有重要的意义。在实际应用中，需要根据被测线路长度和精度要求，合理设计施测速度。对于大铁路，由于线路较长，必须进行快速测量，其测量精度较低。地铁在车站内时，车辆与站台间距非常小（例如，北京地铁机场线，车辆与安全门限界间距为 25mm），因而对测量精度要求高，测量速度要降低。

这里还要指出的是，由于激光扫描传感器测量线路全断面实际是对线路的离散采样，因此存在漏测现象。其他的数字化测量原理，如三角形摄影测量、立体摄影测量，同样存在这个问题。采样点密度可以通过增加激光扫描传感器的数量、降低测量速度、多次往返测量来提高。如果要完全消除漏测现象，必须结合其他测量手段。

2. 线路变形动态检测系统

线路变形动态检测系统，需要对线路道床断面、线路边坡、桥隧涵限高和轮廓、接触网高度以及邻线间距等主要断面参数的状态进行检测和趋势分析，为线路验收和养护维修提供科学的依据。线路变形静态测量的精度在 3m 范围内应该达到±1mm，下面讨论线路变形动态测量的初步方案。

1）检测原理

与限界检测不同，线路变形检测的基准必须是以大地或惯性基准作为参考坐标系。而且，由于变形检测需要对比同一测量断面不同历史时期的大量测量数据，因此对断面定位精度有极高的要求。

线路变形动态检测原理如图 4-40 所示。整个系统的测量单元包括激光扫描测距传感器、SINS、地面辅助基准、轮轴测速传感器、GPS 等其他辅助定位系统。SINS 的输出经过基于车路振动模型的惯性基准算法并在测速定位系统的辅助下获得车辆的 6 自由度测量数据，这些数据经过适当变换（H1、H2、H3）与地面辅助基准、轮轴测速传感器、GPS 等其他辅助定位系统的输出进行对比，形成误差信号，经多传感器融合算法获得 6 自由度的校正信息。最后，利用经过校正的车辆 6 自由度信息，将车载激光扫描测距传感器的输出还原到惯性基准坐标系下。

2）系统结构

系统由 180°激光扫描测距仪（2～4 台）、SINS、地面辅助基准设备（地面和车载）、轮轴转速传感器、GPS、倾角仪、位移计、工控 PC 摄像机，以及必要的专用数据采集接口卡组成，如图 4-41 所示。这里采用专用数据采集设备，而没有采用类似限界检测系统的基于通用设备的采集系统，主要原因是由于对断面的定位精度要求高。当采用通用设备和用多线程数据处理技术时，由于 CPU 需要分时对采集卡缓冲区内的数据进行处理，因此数据定位精度低，同步性差。在如图 4-41 所示的系统结构中，每个专用采集卡接收统一的同步时钟，并应用独立的 CPU 进行处理。因此，这些独立的 CPU 可以在最短时间内把接收到的数据包打上时间标签，然后在传输到中央处理 CPU。此时，尽管中央处理 CPU 仍然是分时处理所有的数据通道，但系统同步性及定位精度可以得到保证。

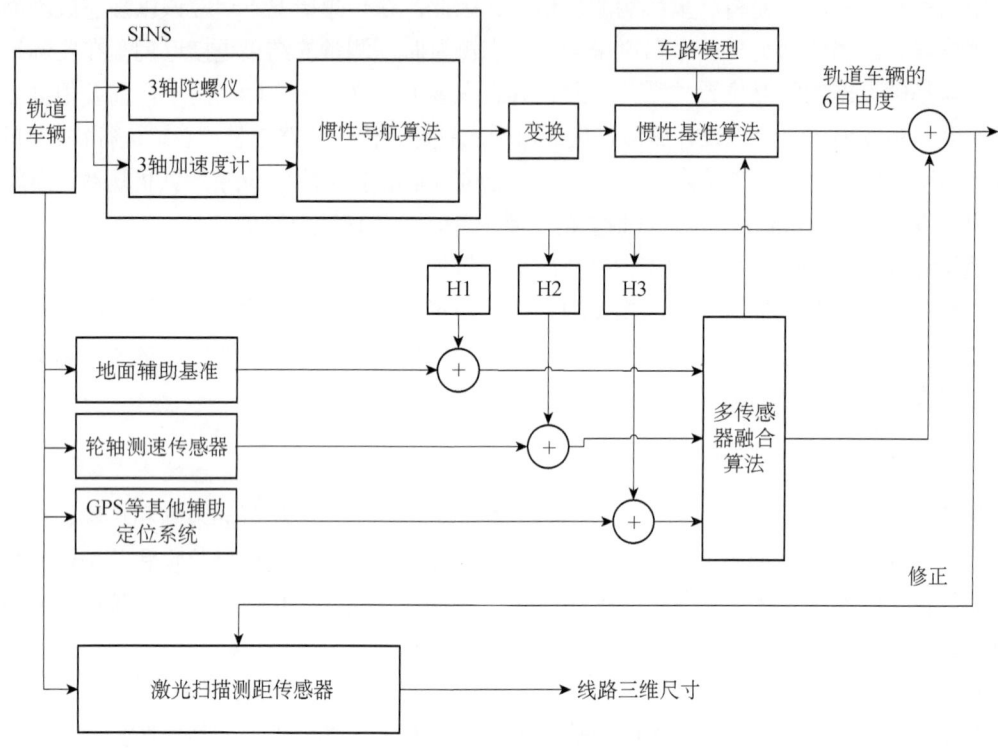

图 4-40　线路变形动态检测原理

3) 系统测量精度

由于激光扫描测距传感器 LMS200 的单次测量精度为 ±5mm，即使在静态时也无法满足 ±1mm 的精度要求。因此必须通过多次测量，并对多次历史数据进行平滑处理。当每次动态补偿后的断面测量数据的测量误差相互独立，而且定位精度足够高时，±1mm 的精度可以通过增加测量次数达到。由此可见，定位精度在变形检测中是控制因素，这也是在图 4-40 所示的测量系统中包括大量定位设备的原因。对于隧道这些变形敏感区域，可以在进出隧道的洞口设置地面校准点，对于长大隧道，可以在隧道内部适当增加地面校准点，以获得较高的定位精度。

4) 运用模式

不同于限界检测，变形检测是基于大量历史数据分析的。而且由于测量设备精度的限制，必须通过对大数据样本平均来获得检测变形所需的测量精度。因此，测量设备需要安装在可以经常在线路上运行的平台上。例如，对于高速铁路，可以安装在综合检测列车上；对于地铁，可以安装在一定比例的正常运营车辆上。通过分析这些每日不断获得的动态测量数据，据此精确分析线路变形情况，预测线路安全状态发展趋势，指导线路的养护维修。

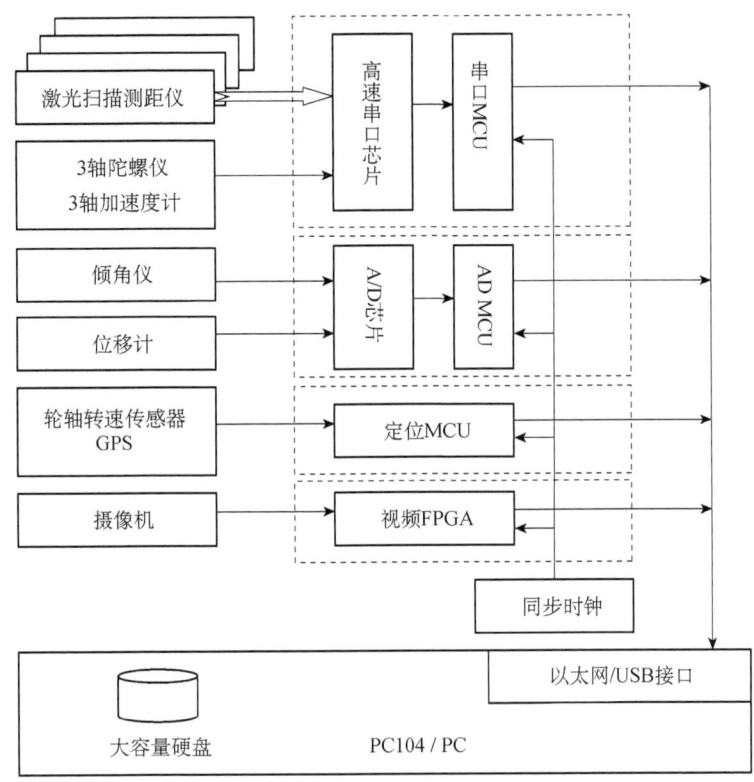

图 4-41　基于定制设备的现场检测系统结构

3. 工程应用实例

1) 北京地铁 5 号线冷滑实验

2007 年 5 月 21 日、22 日及 27 日,参加了由北京地铁运营公司组织的地铁 5 号线冷滑实验和复测,在我国首次将基于激光扫描测距原理的非接触式测量技术应用到了地铁限界的动态检测中,准确地发现了大量超限点,取得了良好效果。在试验中,这种非接触式测量方式展现出易于安装、限界检测自动化程度高、可以获得高精度的线路三维尺寸数据等特点,为今后取代传统的接触式限界检测方法,从而提高测量精度和效率打下了良好的基础。图 4-42 所示为北京地铁 5 号线安装方案。

为获得地铁隧道的全断面,限界测量系统采用了左右 2 台 180°扫描的 LMS200,借助本书研制的标定系统将两台 LMS200 拼接并变换到轨道坐标系下,获得了理想的测量结果。标定时,对于激光扫描传感器在每个角度上的测量点进行了 20 次重复测量,以提高标定精度。北京地铁 5 号线北苑路北站站内某位置的断面尺寸如

图 4-42　北京地铁 5 号线安装方案

图 4-43 所示。图中内侧光滑闭合曲线为标准的隧道限界，左侧曲线为左侧 LMS200 的测量结果，右侧曲线为右侧 LMS200 的测量结果。结果显示此位置的站台屏蔽门超限约 15mm，超限点坐标在 (1505,913)～(1514,761)，与事后的人工复测完全吻合。北苑路北站站内全部采样点的几何尺寸如图 4-44 所示，可以看出该站的最大超限距离为 20mm。图 4-45 和图 4-46 为和平西桥至和平里北街站区间全断面图，此区间无超限点。

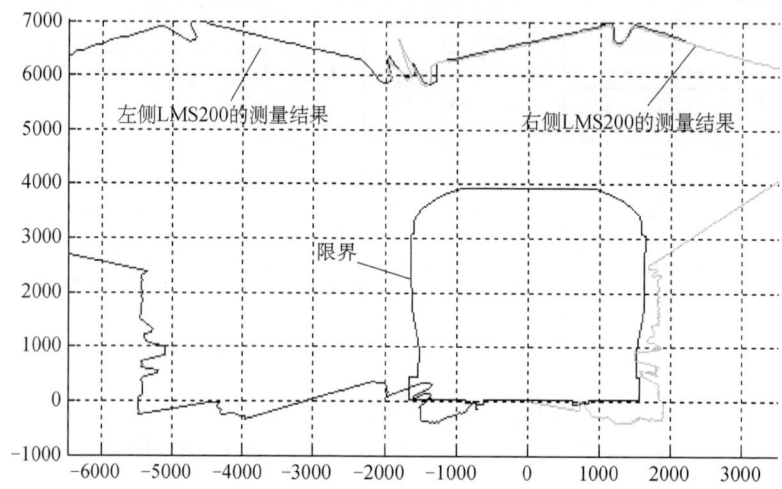

图 4-43　北苑路北站站内典型断面图(单位：mm)

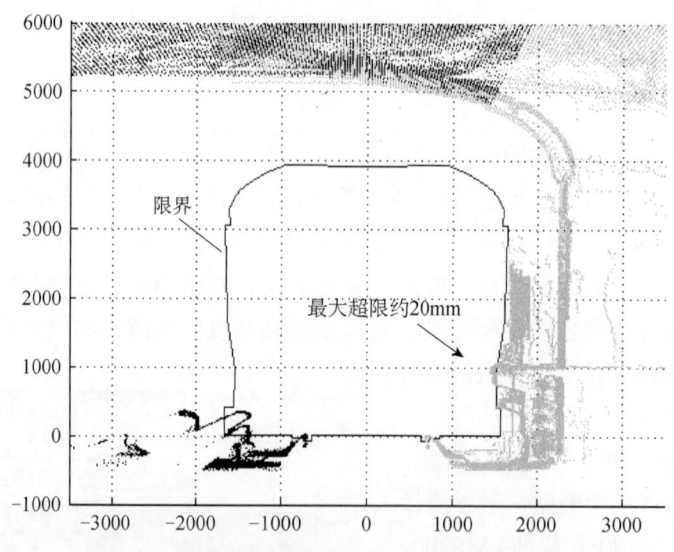

图 4-44　北苑路北站站内综合断面图(单位：mm)

2) 北京地铁 10 号线冷滑实验

2008 年 1 月 19～21 日，参加了北京地铁 10 号线冷滑实验。根据 5 号线冷滑实验的经验，对全断面检测系统的车载安装方式进行了改进，激光测距传感器增加到了 4 台，设计了防护罩和温度自动控制装置，以更好适应全天候实验要求。在检测车上还加装了视频录像，以帮助分析数据、定位超限点，并指导整改作业。图 4-47 所示为北京地铁 10 号线安装方案与标定现场。

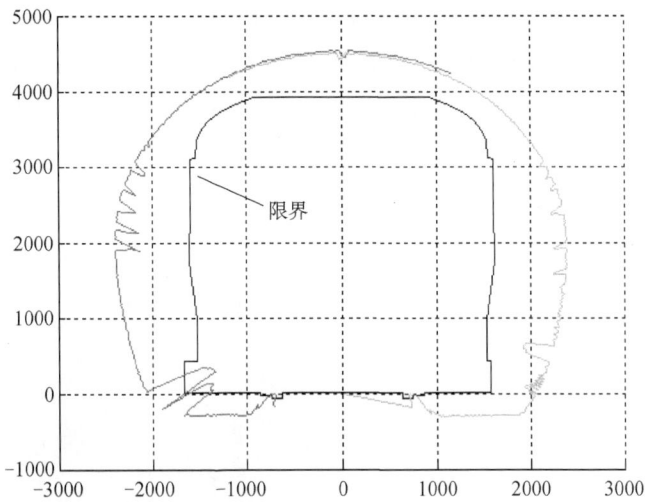

图 4-45　和平西桥至和平里北街站间典型断面图(单位：mm)

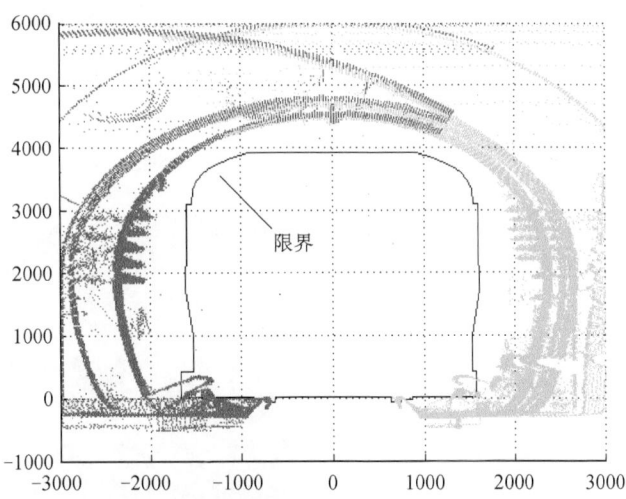

图 4-46　和平西桥至和平里北街站区间综合断面图(单位：mm)

图 4-47　北京地铁 10 号线安装方案与标定现场

冷滑实验区段包括万柳车辆段和 10 号线上下行全线，共检测出超限点几十处。图 4-48 为安贞门出站站台侵入车辆限界 8mm 处的断面图和照片，最大超限点坐标为 $(1529, 699)$。图 4-49 为惠新西街南口线架侵入设备限界 20mm 处断面图和照片，在此断面附近超限点坐标为 $(-900, 3900) \sim (900, 3900)$。

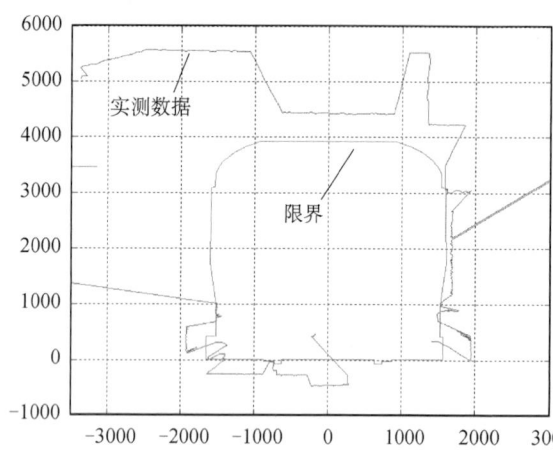 

图 4-48　安贞门站超限断面

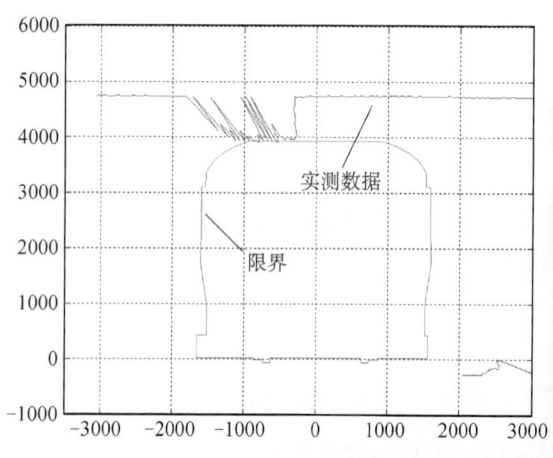 

图 4-49　惠新西街南口超限断面

3) 参与京津城际客运专线联调联试

2008 年 2～6 月在京津城际客运专线 (高速铁路) 综合联调联试中，应用了本书研制的全断面动态检测技术装置。设备安装在铁道部轨检车 GJ5 高速综合检测车上，如图 4-50 所示。在试验准备阶段和试验期间，动态检测了客运专线线路全断面与限界，积累了大量数据，为本技术装置在铁路养护维修中的应用初步奠定了基础。图 4-51 为实际车载试验时的京津线数据采集界面。

图 4-50　京津高速铁路安装方案与标定现场

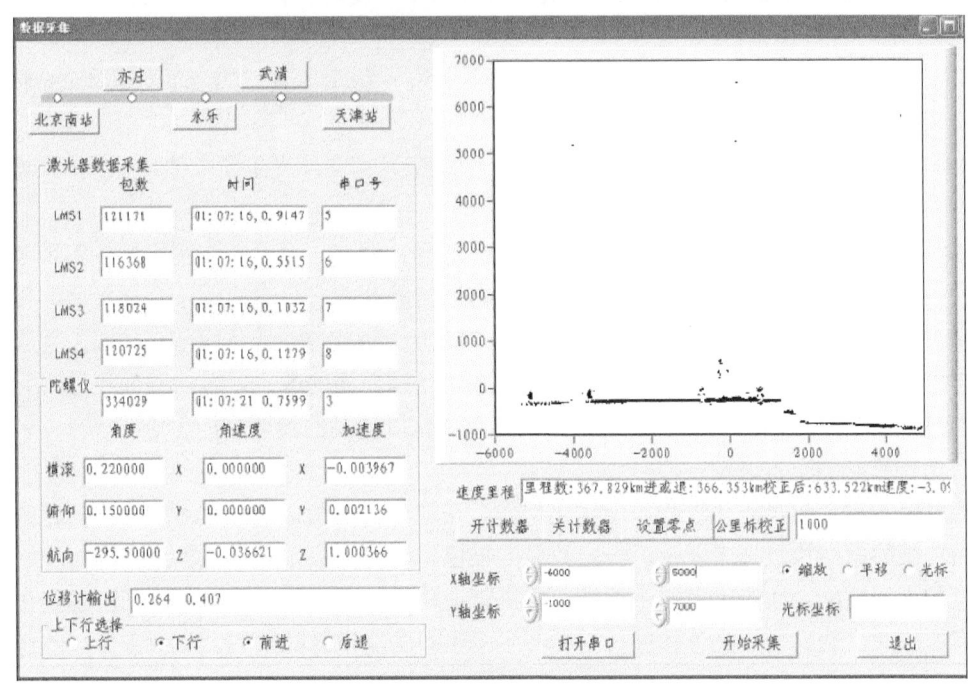

图 4-51　京津线数据采集界面

基于激光扫描测距原理的车载全断面检测系统经过地铁和(高速)铁路超过 1000km 的现场试验，测试速度最高达到 160km/h，线路类型包括隧道、高架桥、站场和正线等，被测物表面包括水泥、玻璃、钢铁和碎石等各种材质，在这一系列现场实验中，检测系统表现出抗高温、抗严寒、抗潮湿、抗振动和抗光线干扰等能力，可以很好地适应轨道交通的应用。

4.2　基于车辆动态响应的轨道几何不平顺智能估计

4.2.1　基于微种群遗传算法和车轨耦合模型的轨道几何不平顺估计

1. 遗传算法基本理论

智能计算是利用自然现象或生物体的各种机理开发的具有自适应环境能力的计算方法。作为启发式随机搜索算法，具有比数学规划方法更优越的特性。典型的智能优化方法包括模拟退火算法(SA)、进化算法(EA)和 Hopfield 网络。

遗传算法(Genetic Algorithms, GA)是进化算法的其中一种，是一类借鉴生物界自然选择和自然遗传机制的随机搜索算法，非常适用于处理传统搜索方法难以解决的复杂和非线性优化问题。美国的 Holland 1975 年首次系统阐述了遗传算法的基本理论和方法，与传统优化方法相比，遗传算法的优点如下。

(1)遗传算法的搜索策略是有指导的搜索，以适应度驱动，逐步逼近目标值。

(2)在搜索过程中借助选择、交叉、变异实现自适应搜索，不需额外信息，使群体品质得到改进。

(3)并行式搜索，遗传算法的每一步运算都是针对一组个体进行的，而不是单个个体，适合大规模计算。

(4)由于采用多点并行搜索，而且每次迭代借助交叉和变异产生新个体，不断扩大搜索范围，因此容易得到全局最优解。

遗传算法借助生物遗传学的观点，通过自然选择、遗传、变异等作用机制，实现各个个体适应性的提高，模拟自然界的进化过程，因而遗传算法被广泛地应用于全局优化、搜索、机器学习方面，是 21 世纪智能计算中的重要技术之一。近年来，遗传算法在铁路工程应用领域也得到了广泛的应用，如利用遗传算法进行钢轨轮廓断面的改进，轮对踏面尺寸优化以改善轮轨接触关系，以及利用遗传算法进行车辆参数优化以提高曲线通过能力等。

1)遗传算法的基本原理

遗传算法模拟生物进化过程求解优化问题。在遗传算法中，染色体对应优化问题的解，通常由一维的串结构数据来表示。一定数量的染色体个体组成了群体，各个个体对环境的适应程度称为适应度，适应度大的个体被选择进行遗传操作产生新个体，体现了生物遗传中适者生存的原理。选择两个染色体进行交叉产生一组新的染色体的过程，类似于生物遗传中的婚配。编码的某一个分量发生变化的过程，类似于生物遗传中的变异。

遗传算法在搜索问题最优解时是从多个解开始的，通过一定规则进行逐步迭代以产生新的解，解的集合称为种群，记为 $p(t)$。一般情况下，$p(t)$中元素的个数在整个演化过程中是不变的，记为群体的规模 N。遗传算法操作是从潜在解集的一个种群开始，初始种群产生之后，按照适者生存和优胜劣汰的原理，逐代演化产生出越来越好的近似解。在每一代，根据问题域中个体的适应度大小挑选个体，并借助于自然遗传学的遗传算子进行选择、交叉和变异三种操作，产生出代表新的解集的种群。这个过程会使种群像经历自然进化过程一样，后代种群具有更好的适应性，末代种群的最优个体可以称为问题的近似最优解。

2) 遗传算法的主要步骤

遗传算法基于迭代过程，首先在问题解空间内产生规模为 N 的初始种群，经过遗传操作，产生新一代种群(种群规模不变)，在遗传操作过程中，适应度高的个体被保留，适应度低的被淘汰，同时根据遗传操作产生新的个体替补被淘汰的个体，直到满足要求的收敛指标，得到问题的最优解。其算法流程如图 4-52 所示。

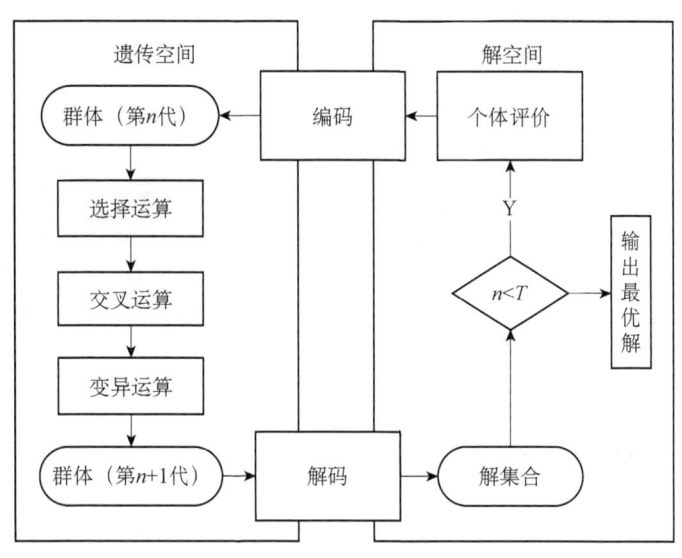

图 4-52　遗传算法流程

(1)参数编码。

用遗传算法求解问题，需要进行由问题的解空间到遗传算法的搜索空间之间的相互转换，由解空间到搜索空间称为编码，反之称为译码过程。目前遗传算法的编码方法主要有两类：二进制编码方法、实数编码方法。

①二进制编码。

二进制编码是用若干二进制数表示一个个体，将原问题的解空间映射到位串空间 $B = \{0,1\}$，是遗传算法中最常用的一种编码方法。所求解的精度取决于二进制编码符号串的长度。

二进制编码方法的优点是：类似于生物染色体组成，算法易于用生物遗传理论解释；编码、解码操作简单易行；选择、交叉、变异等遗传操作易于实现；全局搜索能力强。但是二进制编码也存在不可避免的缺点，如存在汉明距离缺陷会降低搜索效率，精度要求高和高维问题时，码串会很长，对于复杂结构求解规模大，可能无法收敛。

②实数编码。

为了克服二进制编码的缺点，对问题的变量是实向量的情形，可以直接采用实数编码方式。所谓实数编码是用若干实数表示一个个体，然后在实数空间上进行遗传操作。采用实数编码不用进行数制转换，可直接在解的表现型上进行遗传操作。实数编码方案更接近问题的真实表达，而且精度更高，解的变化更具有连续性，近年来，遗传算法在求解高维或复杂优化问题时一般使用实数编码。

(2)生成初始种群。

产生初始种群常用的方法有两种：一种是在问题解空间的分布范围内随机产生 N 个个体作为初始种群，而不考虑它们的适应度；另一种是在每个初始种群个体产生时就计算适应度，适应度高的被加入初始种群中，以期望达到尽快收敛的目的。在生成初始种群时，种群规模 N 是一个重要的参数，会直接影响遗传优化的结果和效率，N 太小会使遗传算法的搜索空间范围有限，使算法陷入局部解，因此必须保持种群的多样性；而种群规模太大也会使计算量增加，影响算法效率。

(3)确定目标函数及适应度函数。

适应度函数是用来区分群体中个体好坏的标准，通过适应度函数可以计算出个体或解的适应值，适应值是对解的质量的一种度量，对于不同的问题，可定义不同的适应度函数。一般适应度函数是由目标函数变换得到的。最直观的方法是直接将待求解优化问题的目标函数作为适应度函数。若目标函数为最大化问题，则适应度函数为

$$\text{Fit}[f(x)] = f(x) \tag{4-82}$$

若目标函数为最小化问题，则适应度函数为

$$\text{Fit}[f(x)] = \frac{1}{f(x)} \tag{4-83}$$

在适应度计算过程中，有时会产生超级个体，即该个体的适应值大大超过群体的平均适应值，则按照适应值比例进行选择时，该个体很快就会在群体中占有绝对的比例，从而导致算法过早地收敛到一个局部最优点，即出现过早收敛现象，这种情况下应缩小这些个体的适应度。

(4)选择。

选择操作也称为复制，是从当前种群中按照一定概率选出优良的个体，选择操作的指导思想是适者生存，根据个体的适应性复制一定数量的个体，适应性越大，复制的个体数就越多，这是遗传算法区别于一般搜索算法的主要特点之一。选择策略是选择操作的关键，如果总挑选适应值大的个体就会使最优个体具有较高的复制数目，虽然可使算法的收敛速度加快，但是也易发生过早收敛，不能获得全局最优解。如果选择策略宽松可使种群保持多样性，增大算法收敛到全局最优解的概率，带来的问题是收敛速度会减慢。

根据选择操作基本思想，种群中每个个体的选择概率与其适应度值成正比，设种群规模大小为 N，个体 i 的适应值为 f_i，则个体被选择的概率为

$$p_{si} = \frac{f_i}{\sum\limits_{i=1}^{N} f_i} \tag{4-84}$$

也可以根据每个个体的适应度进行排序，然后把事先设计好的概率按排序分配给个体，作为个体的选择概率。排序方法相比适应度比例方法具有更好的鲁棒性，是一种相对较好的选择方法。

在确定了个体的选择概率后，可按一定的选择方法进行个体的选择，常用的有三种方法，即轮盘赌选择方法、锦标赛选择方法和最佳个体保存方法。轮盘赌选择方法是根据个体选择概率产生一个分为 N 个区的轮盘，每个区角度与个体选择概率成正比，产生一个 $0 \sim 1$ 的随机数，该数在转盘的哪个区域就选择相应的个体进行交叉运算。锦标赛选择方法是从群体中随机选择 k 个个体，选择适应度最高的个体进入下一代种群，然后反复执行这个过程，直到下一代种群的个体数目达到种群规模。最佳个体保存方法是把种群中适应度最高的个体直接保留到下一代，不进行交叉和变异，这样在遗传算法执行终止时得到的最优结果一定是进化过程中出现过的最高适应度的个体。

由于选择操作是按概率的大小来选择父代个体，无法保证一定能够选择到最优个体，故在采用比例选择的同时，保留最优个体，即采取最优保留策略，以加速优化的收敛过程。

(5) 交叉。

交叉操作是把两个父代个体部分结构替换重组生成新个体的操作，是提高遗传算法搜索能力的重要步骤。常用的交叉算子有单点交叉、两点交叉、多点交叉等方法。在二进制编码中交叉算子是产生新个体的主要方法，它决定了遗传算法的全局搜索能力。在实数编码方案中，常用的交叉方式为算术交叉。

(6) 变异。

变异操作是指以很小的变异概率对种群中个体的某些位进行变异，对于二进制码就是将 0 变为 1 或将 1 变为 0，变异概率给出了期望变异的码元位数。对于遗传算法，交叉操作是产生新个体的主要方法，决定遗传散发的全局搜索能力；变异操作是产生新个体的辅助方法，决定了局部搜索能力，两者共同配合得到问题的全局最优解。常用的变异操作有基本位变异、均匀变异和非均匀变异。

(7) 进化终止准则。

遗传算法中的终止准则有两种：第一种是根据个体的适应度值进行判断，最优个体适应度值或平均适应度值大于预期值；第二种是根据进化代数进行判断，当进化代数达到一定值时，个体适应度值开始变化缓慢，因此可以根据测试确定合适的进化代数作为进化终止准则。作者选用了根据进化代数作为终止准则。

3) 微种群遗传算法

尽管遗传算法得到了广泛的应用，但是也存在不完善的地方，如何保证遗传算法全局收敛的同时兼顾遗传算法的搜索效率是遗传算法理论和应用研究中的一个重点和难点。另外算法自身参数的选取存在困难，如群体规模的大小、初始群体的选择、交叉变异概率的确定等都无法用一个定量的关系式来描述。为改进遗传算法的优化性能，国内外许多学者从不同角度对遗传算法进行了改进研究，如双倍体遗传算法、双种群遗传算法、自适应遗传算法、微种群遗传算法、模糊遗传算法等。

在一般的简单遗传算法中，种群规模一般为 $30 \sim 200$，理论研究普遍认为种群小，信息处理不充分，容易陷入局部非最优解；但种群小，具有计算简单、速度快等优点。为了尽快获得最优解，Krishnakumar 提出了一种新的算法：微种群遗传算法 (micro-genetic algorithm)。遗传算法的编码、选择、交叉、变异这些操作都与种群规模的大小有关系，适当减小种群规模可以减少在计算个体适应度以及各种操作时的时间开销，尤其对于目标函数是复杂系统的优化问题。但随着种群规模的减小，种群中所包含的遗传信息也相应地减少，种群多样性较差，为避免陷入局部最优解，可通过不断引入一定数量新个体更新遗传信息来解决。

在已有的研究基础上，对微种群遗传算法进行改进，一般微种群规模为 5，采用种群规模为 10，这样在初始种群时就保证了一定的多样性，为提高计算速度和加速收敛，不再进行微种群遗传算法中的重启动步骤，而是通过交叉操作和加入自适应变异算子，增加遗传算法的全局和局部搜索能力。

2. 基于微种群遗传算法的轨道静态不平顺估计原理

1) 轨道静态不平顺估计基本原理

根据车辆-轨道耦合动力学模型，可以将系统动力学方程写成如下形式：

$$\begin{cases} [M]\{\ddot{X}\}+[C]\{\dot{X}\}+[K]\{X\}=\{Q\} \\ \{Q\}=f(\{X\},\{\dot{X}\},\{\ddot{X}\},\{Z_0\}) \end{cases} \tag{4-85}$$

其中，$[M]$、$[C]$、$[K]$ 分别为车辆-轨道耦合系统的质量、阻尼、刚度矩阵；$\{X\}$ 为广义位移；$\{\dot{X}\}$ 为广义速度；$\{\ddot{X}\}$ 为广义加速度；$\{Q\}$ 为广义载荷矢量是与 $\{X\}$ 和 $\{Z_0\}$ 有关的非线性过程量；$\{Z_0\}$ 为轨道静态不平顺值。根据 Hertz 非线性理论，由于引入了钢轨振型，整个动力学方程自由度一般为 400~500，且由于轮轨接触关系具有非线性，因此无法直接利用解析方法得到轨道静态不平顺值 $\{Z_0\}$。

理论上，在车辆系统和轨道系统的质量矩阵、阻尼矩阵和刚度矩阵确定的情况下，对于不同的轨道静态不平顺，通过数值积分方法求解该二阶非线性微分方程组，可以得到不同的车辆-轨道系统振动响应模型输出。同时，构建车辆测量模型，在车辆上加装加速度传感器，测量车体、转向架、轮对的垂向振动加速度。理论模型输出与测量模型输出之间关系可以利用式(4-86)进行描述：

$$X' = L(M,C,K,Z_0) + \Delta E \tag{4-86}$$

其中，X' 为车辆-轨道系统动力学响应的测量值；$L(M,C,K,Z_0)$ 为车辆-轨道耦合系统模型输出；ΔE 为误差。

因此根据式(4-86)，可以将轨道静态不平顺看成车辆轨道模型的一个参数，则轨道静态不平顺 $\{Z_0\}$ 的求解问题可以转化为基于非线性系统的参数估计问题。

参数估计是已知系统模型结构，通过一系列输入和输出样本数据在某一估计准则约束下获得系统参数估计值的过程。参数估计本质上是一个参数寻优的过程。根据系统模型的线性和非线性特性，参数估计又分为线性系统参数估计和非线性系统参数估计。在工程应用中，参数估计问题分为系统结构参数部分未知和全部未知两类，要估计的参数为四个车轮下的轨道静态不平顺值，为系统模型部分未知。

在参数估计过程中，为了衡量估计值的好坏，需要有一个估计准则，通常这一准则用函数来表示，称为指标函数或损失函数。目前在参数估计中常用的估计准则有最小二乘估计、最小方差估计、极大似然估计和极大后验估计等。最小二乘估计是以误差的平法和最小作为估计准则；最小方差估计是以直接误差函数矩作为损失函数的准则；极大似然估计和极大后验估计是由某种形式误差的概率密度函数构成的，估计式由损失函数的极值条件导出。

本节中采用应用非常广泛的最小二乘估计准则。根据最小二乘估计原则，轨道静态不平顺的估计值应使车辆-轨道垂向耦合系统的输出值与车载测量系统的测量值之间误差的平方和最小，如式(4-87)所示：

$$\Delta E^{\mathrm{T}} \Delta E = \left\| \Delta E \right\|^2 = \left(L(M, C, K, \tilde{Z}_0) - X' \right)^{\mathrm{T}} \left(L(M, C, K, \tilde{Z}_0) - X' \right) = \min \tag{4-87}$$

其中，$\tilde{Z}_0$ 为轨道静态不平顺 Z_0 的估计值。

2) 非线性系统参数估计求解算法

常用的非线性系统模型参数估计的求解方法有线性化法和迭代法。线性化法是先用传统方法将模型线性化，然后再按线性系统进行参数求解，对于不能线性化的系统，可以采用迭代算法。对于非线性度较高的系统，如果采用线性化法会带来较大的估计误差；而牛顿各种迭代算法要求偏导数，对于某些复杂非线性模型求导是十分困难的，对于不可导的非线性模型就不能求解。近年来各种智能直接搜索算法的研究十分活跃，搜索策略也经历了从盲目搜索到启发式搜索。在解空间内随机搜索直接解的算法可以有效地克服线性化和迭代算法的问题，而且一般能获得全局最优解。该方法不需要求导，且一般具有全局最优解。这些智能搜索算法包括：遗传算法(Genetic Algorithm, GA)、模拟退火算法(Simulated Annealing Algorithm, SAA)和粒子群优化算法(Particle Swarm Optimization, PSO)等。

遗传算法是一种基于自然选择远离和自然遗传机制的概率搜索算法，在搜索过程中不易限于局部最优，即使在适应度函数不连续或有噪声的情况下也能找到全局最优解，其固有的并行性计算适于大规模计算。

模拟退火算法基于物理中固体物质的退火过程与一般优化问题间的相似性，用一个随机接受准则有限度地接受恶化解，且接受恶化解的概率慢慢趋向于 0，使得算法有可能从局部极值区域中跳出，因而有可能找到全局最优解。但是，由于搜索是在整个定义域中反复随机搜索，搜索时间较长。

粒子群优化算法是通过模拟鸟群觅食行为而发展起来的一种基于群体协作的随机搜索算法，先是在可行解空间随机生成一群粒子，每个粒子代表一个解，与遗传算法相似，也用适应度来表示解的优劣，但是没有遗传算法的交叉、变异操作，粒子通过不断迭代自己的位置达到更新，位置的改变通过跟踪两个极值来完成：一个是粒子本身的最佳位置；另一个是整个粒子群的最佳位置。

综合比较各种智能搜索算法的全局寻优能力、计算速度、计算工作量等特点，提出了利用微种群遗传算法和最小二乘估计准则进行轨道静态不平顺的估计方案，其原理框图如图4-53 所示。

3. 轨道静态不平顺估计

根据上面叙述的轨道静态不平顺估计原理，将静态不平顺作为车辆-轨道耦合模型的参

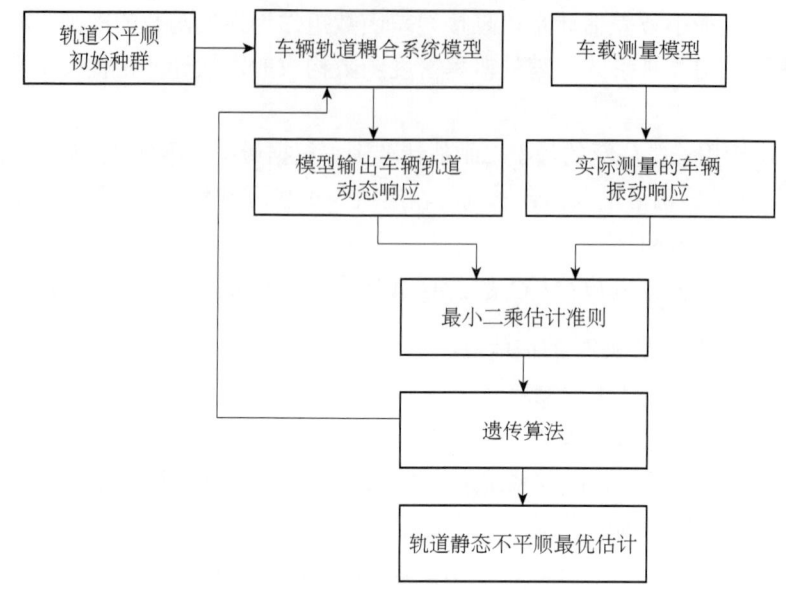

图 4-53　轨道静态不平顺估计原理图

数,通过建立理论模型和测量模型,分别获得模型输出和测量输出,利用式(4-87)所示的非线性最小二乘准则指导遗传算法搜索轨道静态不平顺的最优解。

1)基于微种群遗传算法的静态不平顺估计流程

(1)轨道静态不平顺编码。

根据轨道不平顺功率谱的数值模拟结果可知,轨道高低不平顺的幅值在±10mm 范围内,因此将轨道静态不平顺搜索解空间也定义为[−10,10]。遗传算法的编码方式分为二进制编码和浮点数编码方式。对于本系统,静态不平顺的求解精度到 4 位小数,如果采用二进制编码方式,编码长度至少为 18 位,并且存在连续函数离散化时的映射误差。研究的系统在目标函数求解时必须利用浮点数表示的静态不平顺输入车辆轨道耦合模型,因此在编码方式上作者采用了浮点数编码,精度为小数点后 4 位,即用矢量 $x = [x_1, x_2, \cdots, x_n]^T$ 作为一个个体表示轨道不平顺的一个解。

(2)产生初始种群。

初始种群的大小和多样性直接影响到遗传算法的搜索效率。通常微种群遗传算法的种群规模选为 5,而基本遗传算法的种群规模为 30~200,经过仿真计算种群规模定为 10,当种群规模太小时,搜索时间太长,收敛速度慢,而种群规模定的太大,又增加了计算工作量和计算时间。初始种群在[−10,10]随机产生 40 个数值,构成 10 个个体,每个个体的维数为 4,分别代表一个时刻四个车轮下的静态不平顺。

(3)建立目标函数。

根据参数估计的最小二乘准则,建立该系统遗传算法的目标函数,即在轨道静态不平顺输入下所对应的车辆-轨道耦合模型输出的理论值与车载测量系统的测量值之间差值的平方和,目标函数的计算公式为

$$\text{objfun} = \Delta E^2 = w_x(x_i' - x_i)^2 + w_v(v_i' - v_i)^2 + w_A(A_i' - A_i)^2 \tag{4-88}$$

其中，x_i'、v_i'、A_i' 分别为一个 10 维的向量，表示第 i 个个体(轨道静态不平顺)所对应的车辆-轨道垂向耦合模型输出的车辆系统位移、速度、加速度，是根据车辆-轨道耦合动力学方程组利用数值积分的方法求解得到的；x_i、v_i、A_i 为测量模型输出的车辆系统位移、速度、加速度，利用仿真数据加上白噪声；w 为权矩阵。

(4)计算适应度。

每个个体适应度的计算是根据目标函数求得的，目标函数的倒数即为个体的适应度，所以模型输出值与测量值之间差值越小，个体的适应度就越大。

(5)选择操作。

在选择操作过程中，采用最优保存策略，保存种群中 10%的最优个体数，这些最优个体数不参与交叉运算和变异运算，用它们来替换掉本代群体中经过交叉、变异等操作后所产生的适应度最低的个体。在选择操作过程中采用轮盘赌方式，第 i 个个体期望被复制的数目为

$$n_r = Nf(s_i) / \sum_{i=1}^{N} f(s_i) \qquad (4\text{-}89)$$

其中，N 为种群规模；$f(s_i)$ 为个体 s_i 的适应度值，且 $f(s_i)$ 为正值。

首先，计算种群总的适应度值及每一个个体被选中的概率：

$$F = \sum_{i=1}^{N} f(s_i) \qquad (4\text{-}90)$$

$$p_s(s_i) = f(s_i) / F \qquad (4\text{-}91)$$

其次，计算相应个体串 s_i 累积概率：

$$q_i = \sum_{j=1}^{i} p_s(s_j) \qquad (4\text{-}92)$$

然后，在区间[0,1]上产生一个随机浮点数 r，如果 $q_{i-1} \leqslant r \leqslant q_i$，则第 i 个个体被复制一次。随机浮点数产生 9 次，因为适应度最高的 10%个体直接被保留，剩余的 90%参与到选择操作中，适应度大的个体被选中的概率大，相应地被复制的次数就多，适应度小的个体被选中的概率小，复制的次数少，甚至被淘汰掉。

(6)交叉操作。

交叉操作是按照一定的概率从种群中随机选出一定数量的个体并随机组对，对于二进制编码从某一随机选定的位置开始交换两个个体串的某些位。由于轨道静态不平顺的编码方式采用的是浮点数编码，因此在交叉操作过程中采用了算术交叉算子方式，交叉概率选为 0.7，即由两个个体的线性组合而产生出两个新的个体，基本过程如下。

假设在两个父代个体 X_A^t、X_B^t 之间进行算数交叉，则交叉运算后所产生出的两个新子代个体是

$$\begin{cases} X_A^{t+1} = \beta X_B^t + (1-\beta)X_A^t \\ X_B^{t+1} = \beta X_A^t + (1-\beta)X_B^t \end{cases} \qquad (4\text{-}93)$$

其中，β 为(0,1)的随机数。

(7) 变异操作。

对于轨道静态不平顺，变异操作采用了非均匀变异算法，以 0.25 的变异概率对原有的个体增加一个扰动值。

基于微种群遗传算法的轨道静态不平顺估计流程图如图 4-54 所示。

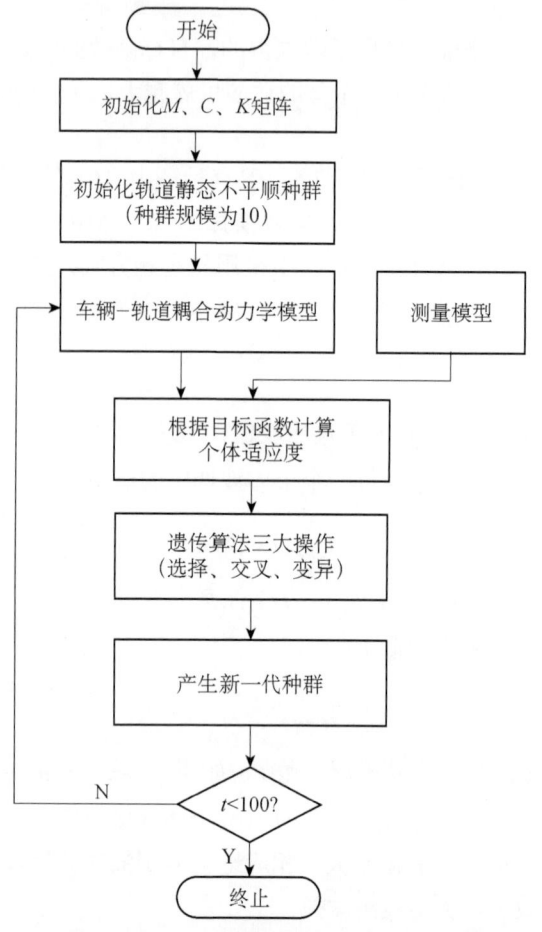

图 4-54　基于微种群遗传算法的轨道静态不平顺估计流程图

具体程序流程为：①初始化车辆和轨道基本参数，构建质量、阻尼和刚度矩阵；②产生 4 个轮对下的轨道静态不平顺初始种群；③将轨道静态不平顺作为输入代入车辆-轨道耦合模型，利用数值积分算法求解车辆-轨道振动响应输出；④求解模型输出与测量值之间的误差和，采用最小二乘准则的方法对每个个体进行适应度计算；⑤进行遗传算法三大操作即选择、交叉、变异，产生新一代种群；⑥判断是否满足终止条件，终止条件定为进化代数为 100 代；⑦不满足终止条件重复③～⑥步。

2) 静态不平顺估计结果

根据以上轨道静态不平顺的估计原理和流程，得到了如图 4-55 所示的遗传算法搜索过程中各代群种的目标函数值。

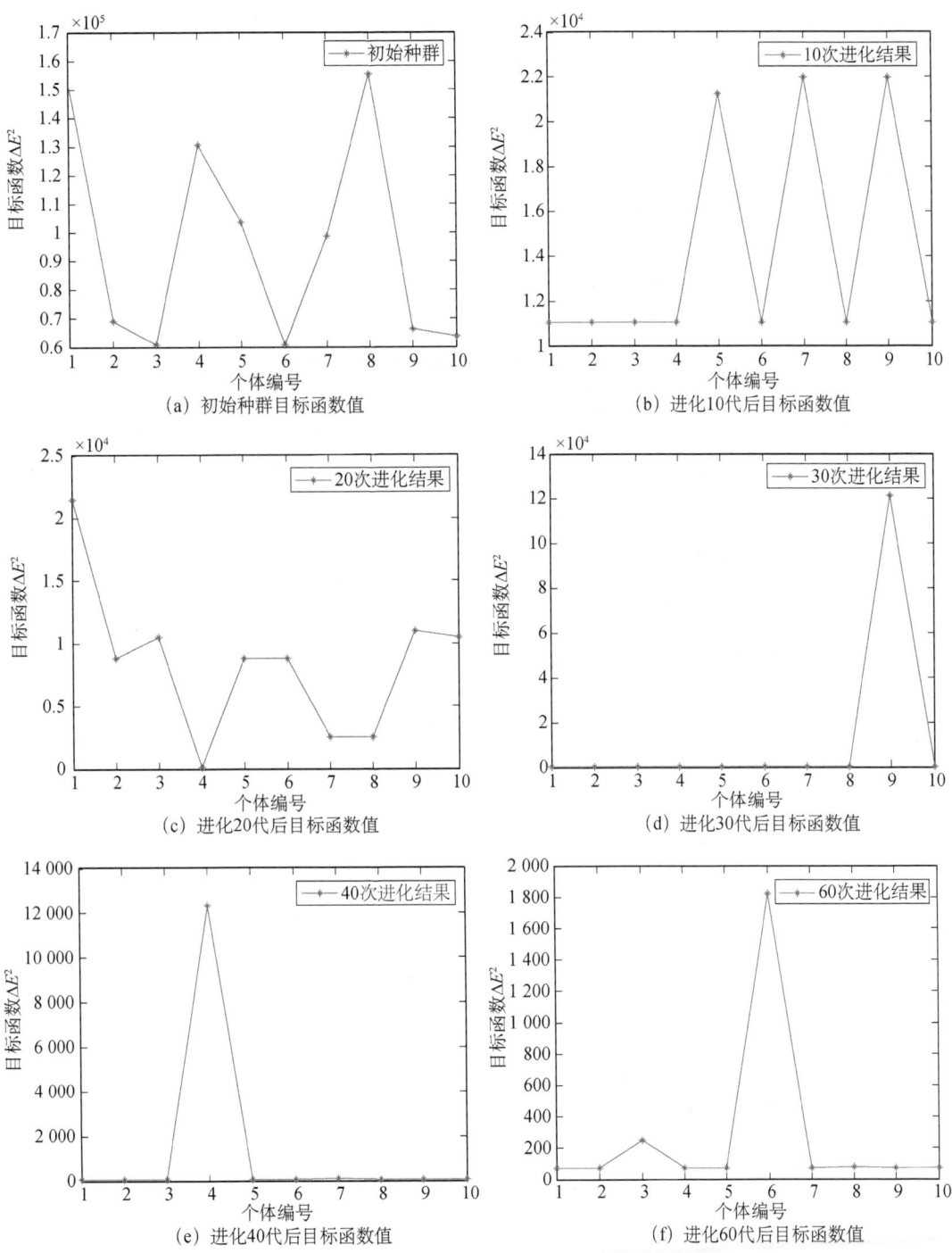

(a) 初始种群目标函数值

(b) 进化10代后目标函数值

(c) 进化20代后目标函数值

(d) 进化30代后目标函数值

(e) 进化40代后目标函数值

(f) 进化60代后目标函数值

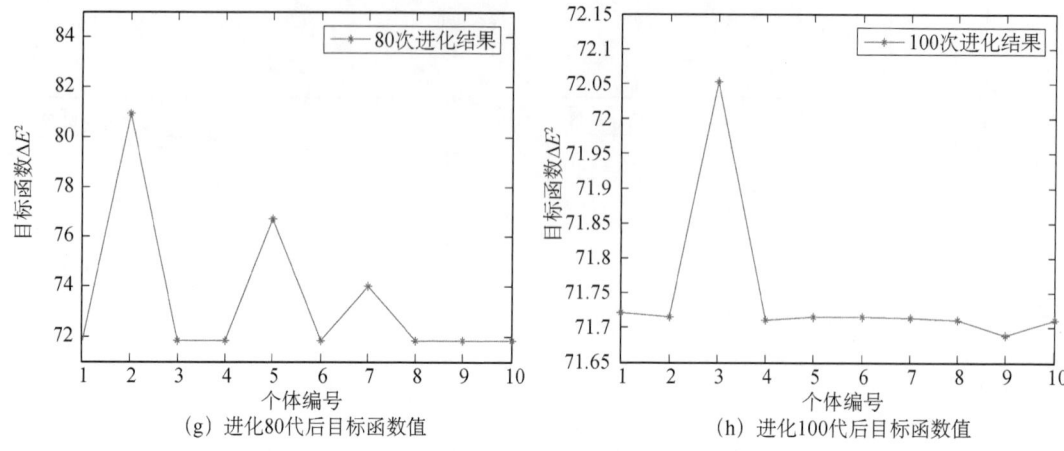

(g) 进化80代后目标函数值　　　　　　　　(h) 进化100代后目标函数值

图 4-55　遗传算法各代种群的目标函数值

从图 4-55 可以看出，因轨道不平顺初始种群是在不平顺的幅值范围内随机产生的，因此初始种群中 10 个种子的目标函数值均很大，最小的也在 6×10^4，经过遗传进化算法，在 40 代最大的目标函数在 1.2×10^4，而且大部分目标函数值已经明显减小，在 60 代大部分种子的目标函数值在 200 以下，在 80 代目标函数值全部在 100 以下，在 100 代目标函数值在 70 左右。从以上进化过程可以看出，在遗传算法的开始阶段，种子优化迅速，到了 80 代以后，目标函数值减小不再明显，在 100 代以后，目标函数值趋于稳定，为了减少计算时间，将遗传算法的终止准则定为 100 代。图 4-56 为遗传算法进化过程中各代最优解的目标函数值。图 4-57 为整个积分过程中各代最优解的目标函数值。

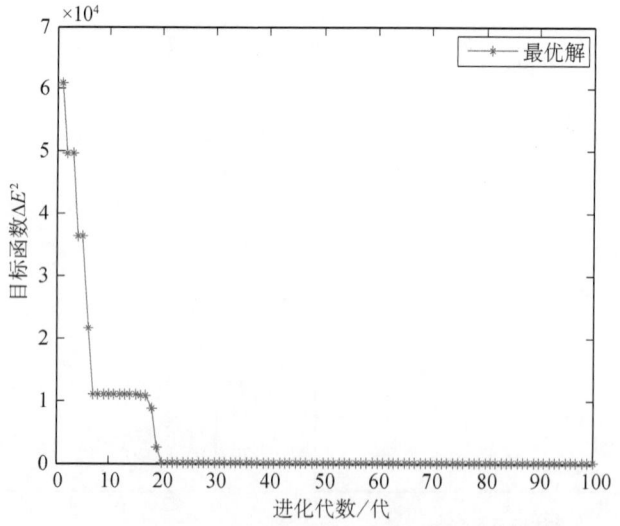

图 4-56　遗传算法进化过程中各代最优解的目标函数值

从图 4-56 和图 4-57 可以看出，函数的最优解在遗传算法的进化过程中不断收敛，目标函数值越来越小，在求解整个轨道 100m 长的数值积分过程中，目标函数逐渐收敛，另外，由于在遗传算法的进化过程中使用了最优保留策略，所以得到的结果是整个算法过程中的最优解。表 4-3 为部分轨道不平顺的初始种子、经过 100 代遗传算法后的最优解与真实值。

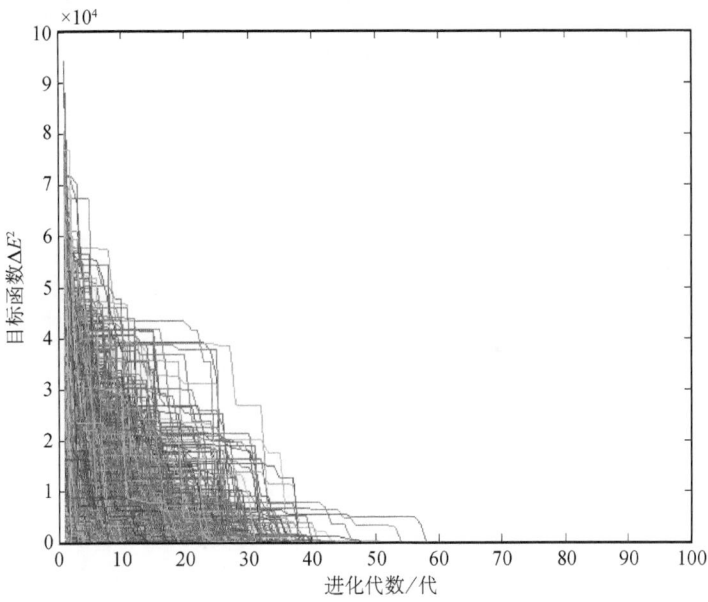

图 4-57　整个积分过程中各代最优解的目标函数值

表 4-3　部分轨道不平顺估计值与真实值

序号	初始种子	100 代进化后最优解	真实值
1	(0.0041,0.0040,0.0005,0.0087)	(0.0031,0.0003,−0.0039,−0.0000)	(0.0029,0.0000,−0.0043,0.0000)
2	(0.0022,0.0072,0.0065,−0.0019)	(0.0001,0.0040,0.0019,−0.0033)	(−0.0012,0.0039,0.0014,−0.0035)
3	(0.0093,−0.0024,−0.0002,0.0082)	(−0.0021,−0.0027,−0.0017,0.0016)	(−0.0026,−0.0030,−0.0019,0.0015)
4	(0.0075,−0.0013,0.0054,0.0019)	(0.0011,0.0007,0.0013,0.0006)	(0.0007,0.0005,0.0011,0.0004)
5	(0.0084,0.0050,0.0052,0.0004)	(0.0026,0.0008,0.0038,0.0003)	(0.0023,0.0005,0.0037,0.0002)
6	(0.0049,0.0074,−0.0019,0.0080)	(0.0032,0.0017,−0.0010,0.0036)	(0.0031,0.0015,−0.0013,0.0027)
7	(0.0026,0.0090,−0.0004,0.0024)	(0.0024,0.0042,−0.0015,−0.0033)	(0.0022,0.0040,−0.0025,−0.0035)
8	(0.0007,0.0054,0.0066,0.0081)	(−0.0015,0.0022,0.0016,0.0010)	(−0.0018,0.0017,0.0012,0.0008)
9	(0.0029,0.0077,0.0091,0.0100)	(−0.0020,0.0006,0.0025,0.0005)	(−0.0023,−0.0007,0.0022,0.0003)
10	(0.0024,−0.0040,0.0014,−0.0020)	(−0.0027,−0.0027,0.0044,0.0027)	(−0.0031,−0.0039,0.0038,0.0016)
11	(0.0064,−0.0006,0.0056,0.0068)	(−0.0006,0.0002,0.0022,0.0046)	(−0.0010,−0.0003,0.0019,0.0040)
12	(−0.0017,−0.0038,0.0051,0.0043)	(−0.0031,−0.0039,−0.0018,0.0019)	(−0.0032,−0.0041,−0.0020,0.0016)
13	(0.0020,−0.0000,0.0091,0.0072)	(0.0006,−0.0031,−0.0018,−0.0006)	(−0.0004,−0.0036,−0.0024,−0.0008)
14	(0.0035,0.0097,0.0001,0.0053)	(0.0027,0.0016,−0.0026,−0.0035)	(0.0025,0.0010,−0.0030,−0.0037)
15	(0.0042,0.0082,0.0100,0.0035)	(0.0039,0.0025,−0.0012,0.0011)	(0.0038,0.0023,−0.0016,0.0006)
16	(0.0100,0.0047,0.0088,0.0061)	(−0.0007,0.0029,−0.0022,−0.0038)	(−0.0008,0.0027,−0.0026,−0.0040)
17	(−0.0002,0.0091,0.0060,0.0057)	(−0.0011,−0.0027,−0.0001,−0.0035)	(−0.0016,−0.0029,−0.0004,−0.0039)
18	(0.0041,0.0040,0.0005,0.0087)	(0.0031,0.0003,−0.0039,−0.0000)	(0.0029,0.0000,−0.0043,0.0000)
19	(0.0018,0.0075,−0.0004,0.0003)	(0.0022,0.0012,0.0032,0.0014)	(0.0019,0.0010,0.0023,0.0012)
20	(0.0063,0.0000,0.0024,0.0071)	(0.0009,0.0027,0.0043,0.0028)	(0.0009,0.0024,0.0042,0.0026)

利用遗传算法进行 100m 长线路(去掉车本身长度,实际长度 80m)的轨道静态不平顺估计结果如图 4-58 所示。两条曲线分别为估计的轨道静态不平顺和真实的轨道静态不平顺(暂且把仿真车辆轨道响应输入的轨道不平顺称为静态不平顺的真实值),可以看出,估计值和真实值在变化趋势上基本重合,标准误差为 0.5683mm。

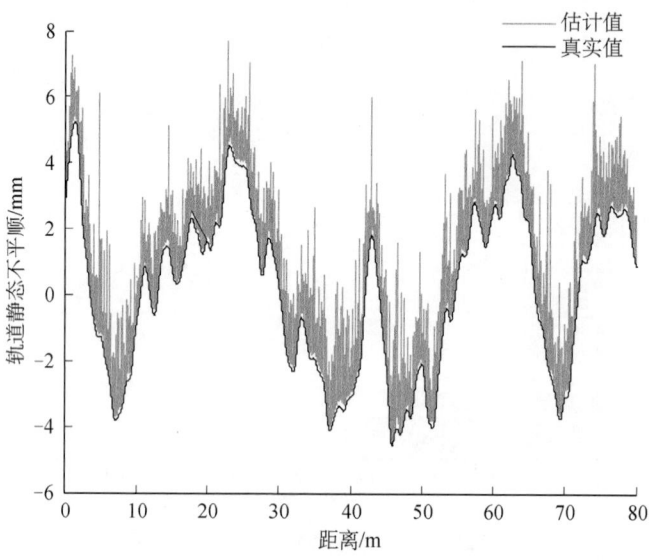

图 4-58 轨道静态不平顺估计结果

对估计的轨道静态不平顺进行巴特沃思滤波(30～3000Hz)后,得到的结果如图 4-59 所示。经过滤波后,轨道静态不平顺估计值与真实值之间的标准差为 0.3988mm。图 4-60 为滤波之后的轨道静态不平顺与估计值对比的局部放大图。

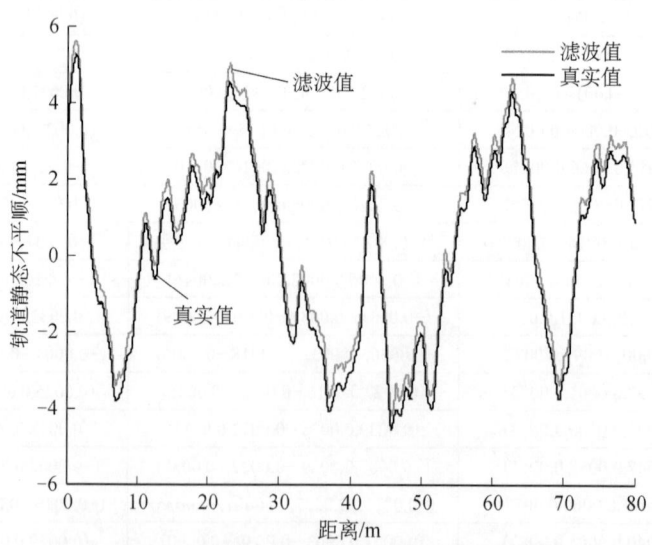

图 4-59 轨道静态不平顺估计值滤波后的结果

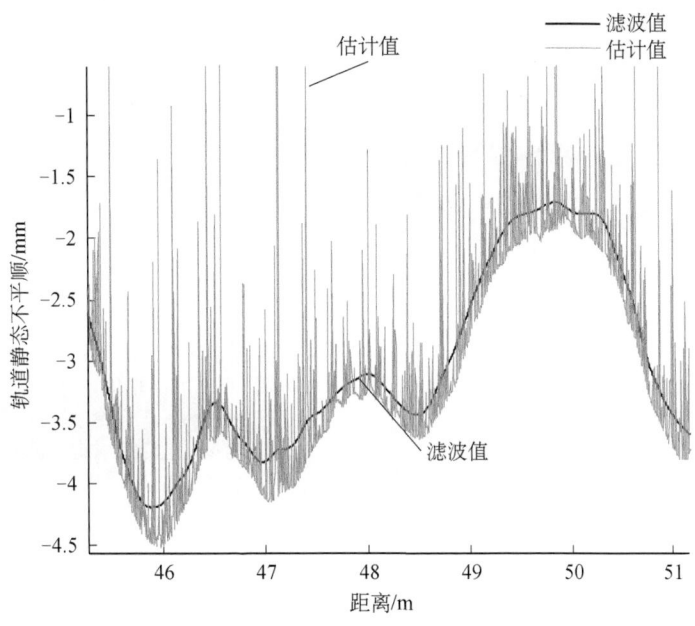

图 4-60　轨道静态不平顺估计值滤波前后局部放大图

4. 基于估计的静态不平顺下列车通过时动态不平顺求解

在获取轨道静态不平顺后，根据车辆–轨道耦合模型即可求解车辆–轨道的动态振动响应，即可获得钢轨的动态位移，轨道静态不平顺与钢轨动态位移之和即为列车经过时的轨道动态不平顺。

1) 车辆–轨道振动响应

将上述通过遗传算法获得的轨道静态不平顺代入车辆–轨道耦合模型，利用数值积分方法进行仿真求解，即可以获得在估计的轨道静态不平顺作用下车辆–轨道的动态振动响应和真实值的对比，如图 4-61 所示。为了分析估计静态不平顺的质量，对于车辆参数和轨道模型参数依据表 4-4 和表 4-5 所示的参数，以便于和真实值对应的车辆–轨道动态响应进行比较。

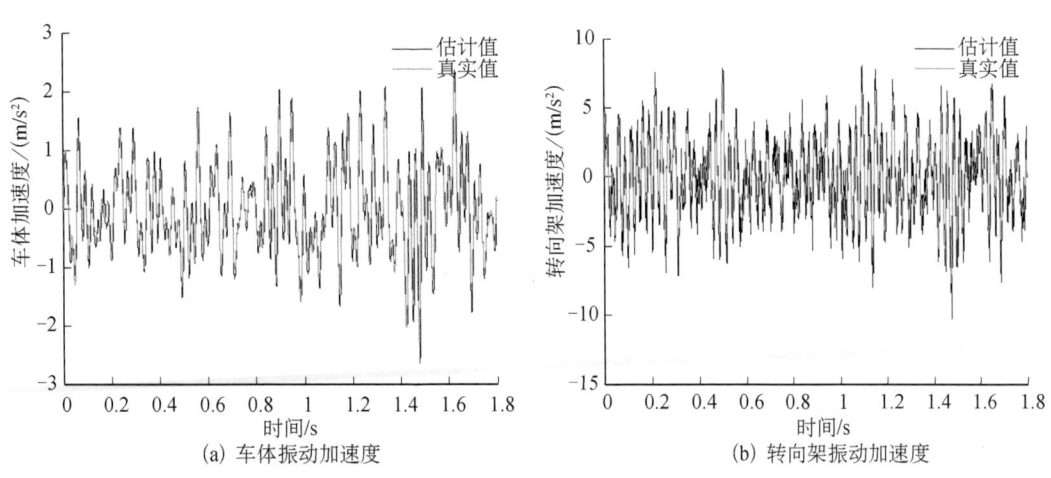

(a) 车体振动加速度　　　　　　　　　　　　　　　(b) 转向架振动加速度

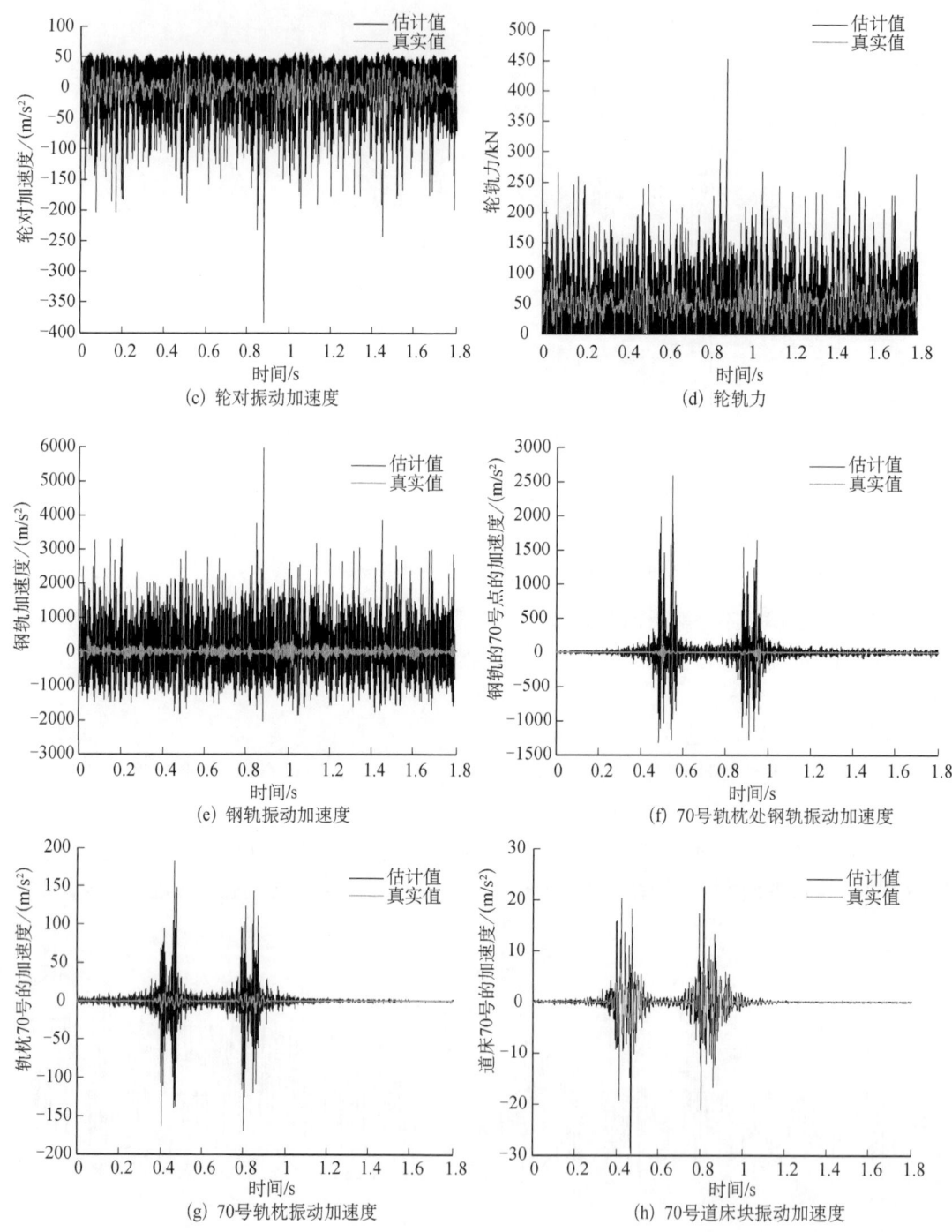

(c) 轮对振动加速度

(d) 轮轨力

(e) 钢轨振动加速度

(f) 70号轨枕处钢轨振动加速度

(g) 70号轨枕振动加速度

(h) 70号道床块振动加速度

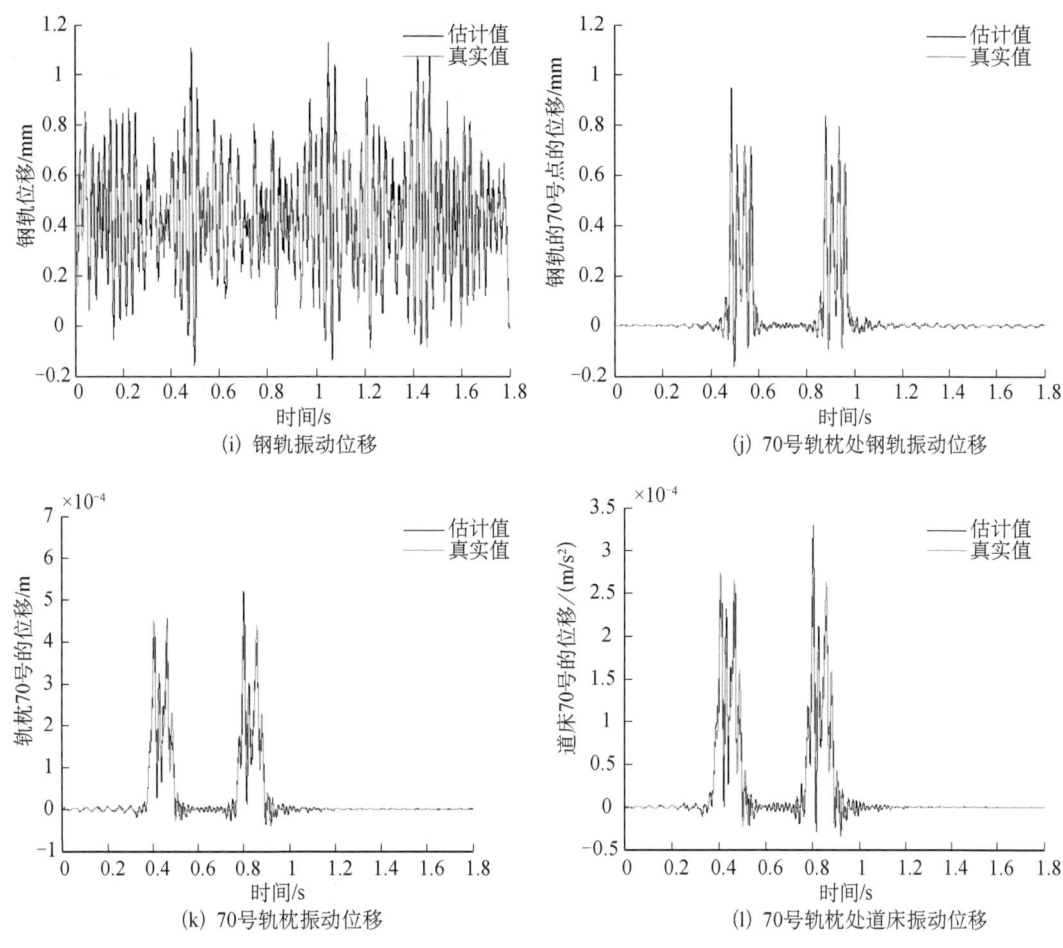

图 4-61　估计的轨道静态不平顺作用下车辆-轨道动态响应和真实值的对比

表 4-4　CRH2 动车组拖车参数

参数	数值	参数	数值
车体质量/kg	26100	一系弹簧刚度/(N/m)	1.176×10^6
转向架质量/kg	2600	二系弹簧刚度/(N/m)	9.91×10^5
轮对质量/kg	2100	一系悬挂垂向阻尼/(N·s/m)	1.02×10^6
车体点头转动惯量/(kg·m^2)	1.28×10^6	二系悬挂垂向阻尼/(N·s/m)	1.96×10^5
转向架点头转动惯量/(kg·m^2)	1424	车辆定距/m	17.5
转向架固定轴距/m	2.5	车轮滚动圆半径/m	0.43

表 4-5　提速干线线路参数

参数	数值	参数	数值
钢轨的弹性模量/(N/m^2)	2.51×10^{11}	轨枕间距/m	0.545
钢轨截面转动惯量/m^4	3.22×10^{-5}	道床的弹性模量/(N/m^2)	1.1×10^8
钢轨单位质量/(kg/m)	60.64	道床阻尼/(N·s/m)	5.88×10^4
轨枕质量/kg	251	路基阻尼/(N·s/m)	3.115×10^4

参数	数值	参数	数值
轨下垫层刚度/(N/m)	1×10^8	道床密度/(kg/m³)	1.8×10^3
轨下垫层阻尼/(N·s/m)	7.5×10^4	道床厚度/m	0.45

从图 4-61 中可以看出，将估计的轨道静态不平顺代入车辆–轨道耦合模型得到的车辆–轨道振动响应与真实值之间是有差异的，尤其是轮对振动加速度、钢轨振动加速度和轮轨力与真实值之间相差很大，真实值已经完全被淹没，因此必须进行进一步的处理，将在 4.2.2 节进行讨论。各参数估计值与真实值之间的标准差如表 4-6 所示。

表 4-6　各参数估计值与真实值之间的标准差

参数	与真实值之间的标准差	参数	与真实值之间的标准差
车体振动加速度	0.3254m/s²	转向架振动加速度	1.3869m/s²
轮对振动加速度	44.3486m/s²	轮轨力	46.73kN
钢轨振动加速度	676.5999m/s²	轨枕振动加速度	11.9291m/s²
道床振动加速度	2.4122m/s²	钢轨位移	0.1146mm
轨枕位移	2.0792×10^{-2}mm	道床位移	1.5175×10^{-2}mm

2) 轨道动态不平顺估计

根据前面计算获得的在估计的轨道静态不平顺作用下的车辆–轨道振动响应，可以得到钢轨的动态振动位移，与轨道静态不平顺之和便可得到列车以 160km/h 经过时的轨道动态不平顺，如图 4-62 所示。图 4-63 为轨道动态不平顺估计值与真实值对比图，两者之间的标准差为 0.4155mm。

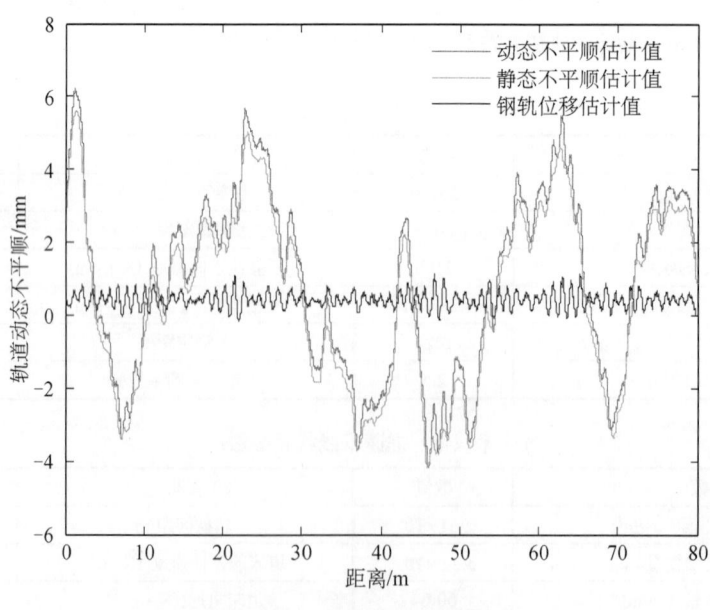

图 4-62　轨道动态不平顺

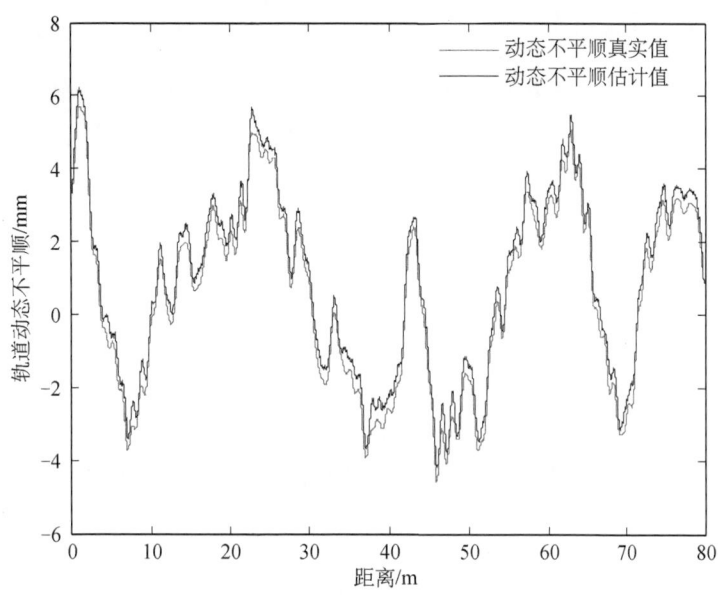

图 4-63　轨道动态不平顺估计值与真实值对比图

5. 小结

由于车辆-轨道耦合模型为多自由度非线性系统，无法由车辆响应直接解析求解出轨道静态不平顺，提出了一种基于微种群遗传算法与车辆-轨道耦合模型相结合的轨道静态不平顺估计方法，将轨道不平顺的求解问题转化为模型参数估计问题，估计准则采用了最小二乘准则，将车辆-轨道耦合模型的输出值与车辆振动响应测量值之间的平方和作为目标函数，在种群设计上采用了微种群，大大地减小了计算量和计算时间，同时在遗传算法进化过程中采用了最优保留策略，保证得到的为进化过程中的最优解。在介绍了轨道不平顺估计的整体方案基础上，利用仿真数据进行了遗传算法计算，得到了静态不平顺的估计结果，并求得了列车经过时产生的动态不平顺。

4.2.2　基于 UKF 的轨道动态不平顺估计优化

在获得了轨道几何静态不平顺的基础上，如果已知车辆参数，则可以构建较为真实的车辆-轨道耦合模型，通过求解该模型可获得钢轨动态位移，与几何静态不平顺叠加即可获得列车通过时的轨道动态不平顺。不同车辆在相同的轨道不平顺激励下，由于输出的车辆-轨道振动响应不同，所产生的轨道动态不平顺是不相同的。4.2.1 节利用遗传法和车辆-轨道耦合模型相结合的方法获得了轨道静态不平顺，并以此为输入，求解了车辆经过时产生的轨道动态不平顺。但由于理论模型和测量模型都存在误差，因此通过车辆-轨道耦合模型获得的车辆-轨道振动响应与真实状态之间也存在误差。为了获得更为精确的车辆轨道振动状态，本节在 4.2.1 节的基础上，在运营车辆的车体、转向架安装加速度传感器、陀螺仪，构建车辆测量模型，研究利用无迹卡尔曼滤波算法和车辆测量模型对车辆-耦合模型输出的轨道振动响应进行非线性滤波，以获得轨道动态不平顺的最优估计。

1. 状态模型与测量模型

为了获得车辆-轨道耦合系统振动响应的最优估计，通过建立车辆-轨道耦合系统状态模型以及车辆测量模型，运用 UKF 算法求解轨道动态不平顺的最优估计。

1) 车辆-轨道耦合系统状态模型的建立

车辆-轨道耦合模型的动力学方程可描述为

$$\begin{cases} [M]\{\ddot{x}\} + [C]\{\dot{x}\} + [K]\{x\} = \{Q\} \\ \{Q\} = F(\{x\}, \{Z_0\}) \end{cases} \tag{4-94}$$

由式(4-94)可得

$$\{\ddot{x}\} = [M]^{-1}[Q] - [M]^{-1}[K]\{x\} - [M]^{-1}[C]\{\dot{x}\} \tag{4-95}$$

$$\begin{Bmatrix} \dot{x} \\ \ddot{x} \end{Bmatrix} = \begin{bmatrix} 0 & 1 \\ -[M]^{-1}[K] & -[M]^{-1}[C] \end{bmatrix} \begin{Bmatrix} x \\ \dot{x} \end{Bmatrix} + \begin{Bmatrix} 0 \\ [M]^{-1}[Q] \end{Bmatrix} \tag{4-96}$$

令

$$A = \begin{bmatrix} 0 & 1 \\ -[M]^{-1}[K] & -[M]^{-1}[C] \end{bmatrix}, \quad f[X(t),u(t)] = \begin{Bmatrix} 0 \\ [M]^{-1}[Q] \end{Bmatrix}, \quad X = \begin{Bmatrix} x \\ \dot{x} \end{Bmatrix}, \quad \dot{X} = \begin{Bmatrix} \dot{x} \\ \ddot{x} \end{Bmatrix}$$

则可得到车辆-轨道耦合系统状态方程为

$$\dot{X}(t) = AX(t) + f[X(t),u(t)] + \omega(t) \tag{4-97}$$

$$x = [Z_c \ \beta_c \ Z_{t1} \ \beta_{t1} \ Z_{t2} \ \beta_{t2} \ Z_{w1} \ Z_{w2} \ Z_{w3} \ Z_{w4} \ q_k(t) \ Z_{sj} \ Z_{bj}]^T \quad (k = 1 \sim NM, j = 1 \sim N)$$

其中，$u(t)$ 为轨道静态不平顺；$\omega(t)$ 为模型噪声；NM 为钢轨振型的模态阶数；N 为轨枕数量。

对于车辆-轨道垂向耦合模型，在仿真计算轨道长度 l 取 100m 的情况下，$N = 100/l = 183$，NM 合理的取值为 $0.5N$，取 $NM = 90$。整个系统的自由度为：$10 + NM + N + N = 466$，即 x 为 466×1 的系统状态向量，因此 A 为 $(20+2NM+4N) \times (20+2NM+4N) = 932 \times 932$ 维的常系数矩阵。由于轮轨力 $[Q]$ 是车轮位移、钢轨位移、轨道静态不平顺的非线性函数，因此使车辆-轨道耦合系统的状态方程呈现非线性特性。

2) 车辆测量模型的建立

系统测量模型采用在车体、转向架构架上安装加速度传感器，获得车体、构架的垂向振动加速度 $\ddot{Z}_c$、$\ddot{Z}_t$；在车体、构架上安装陀螺仪，获得车体点头角速度 $\dot{\beta}_c$，构架点头角速度 $\dot{\beta}_{t1}$、$\dot{\beta}_{t2}$，测量方程如式(4-98)所示，其中，H 为 $6 \times (20 + 2NM + 4N) = 6 \times 932$ 维常系数矩阵，如式(4-98)所示：

$$z(t) = HX(t) + v(t) \tag{4-98}$$

$$z = [\ddot{Z}_c \ \dot{\beta}_c \ \ddot{Z}_{t1} \ \dot{\beta}_{t1} \ \ddot{Z}_{t2} \ \dot{\beta}_{t2}]^T$$

$$z(t) = \begin{Bmatrix} \ddot{Z}_c \\ \dot{\beta}_c \\ \ddot{Z}_{t1} \\ \dot{\beta}_{t1} \\ \ddot{Z}_{t2} \\ \dot{\beta}_{t2} \end{Bmatrix} = [H]X(t) + \begin{Bmatrix} g \\ 0 \\ g \\ 0 \\ g \\ 0 \end{Bmatrix} + v(t)$$

$$[H] = \begin{bmatrix} \dfrac{-2K_{sz}}{M_c} & 0 & \dfrac{K_{sz}}{M_c} & 0 & \dfrac{K_{sz}}{M_c} & 0 & 0 & 0 & 0 & 0 & [0]_{1\times90} & [0]_{1\times183} \\[2mm] 0 & -\dfrac{K_{sz}}{C_{sz}} & \dfrac{-K_{sz}}{2C_{sz}l_c} & 0 & \dfrac{K_{sz}}{2C_{sz}l_c} & 0 & 0 & 0 & 0 & 0 & \vdots & \vdots \\[2mm] \dfrac{K_{sz}}{M_t} & -\dfrac{K_{sz}l_c}{M_t} & \dfrac{-(2K_{pz}+K_{sz})}{M_t} & 0 & 0 & 0 & \dfrac{K_{pz}}{M_t} & \dfrac{K_{pz}}{M_t} & 0 & 0 & \vdots & \vdots \\[2mm] 0 & 0 & 0 & \dfrac{-K_{pz}}{C_{pz}} & 0 & 0 & -\dfrac{K_{pz}}{2C_{pz}l_t} & \dfrac{K_{pz}}{2C_{pz}l_t} & 0 & 0 & \vdots & \vdots \\[2mm] \dfrac{K_{sz}}{M_t} & \dfrac{K_{sz}l_c}{M_t} & 0 & 0 & \dfrac{-(2K_{pz}+K_{sz})}{M_t} & 0 & 0 & 0 & \dfrac{K_{pz}}{M_t} & \dfrac{K_{pz}}{M_t} & \vdots & \vdots \\[2mm] 0 & 0 & 0 & 0 & 0 & \dfrac{-K_{pz}}{C_{pz}} & 0 & 0 & -\dfrac{K_{pz}}{2C_{pz}l_t} & \dfrac{K_{pz}}{2C_{pz}l_t} & [0]_{1\times90} & [0]_{1\times183} \end{bmatrix}$$

$$\begin{bmatrix} [0]_{1\times183} & \dfrac{-2C_{sz}}{M_c} & 0 & \dfrac{C_{sz}}{M_c} & 0 & \dfrac{C_{sz}}{M_c} & 0 & 0 & 0 & 0 & [0]_{1\times90} & [0]_{1\times183} & [0]_{1\times183} \\[2mm] \vdots & 0 & 1 & -\dfrac{1}{2l_{sz}} & 0 & \dfrac{1}{2l_{sz}} & 0 & 0 & 0 & 0 & \vdots & \vdots \\[2mm] \vdots & \dfrac{C_{sz}}{M_t} & -\dfrac{C_{sz}l_c}{M_t} & \dfrac{-(2C_{pz}+C_{sz})}{M_t} & 0 & 0 & \dfrac{C_{pz}}{M_t} & \dfrac{C_{pz}}{M_t} & 0 & 0 & \vdots & \vdots \\[2mm] \vdots & 0 & 0 & 0 & 1 & 0 & -\dfrac{1}{2l_t} & \dfrac{1}{2l_t} & 0 & 0 & \vdots & \vdots \\[2mm] \vdots & \dfrac{C_{sz}}{M_t} & \dfrac{C_{sz}l_c}{M_t} & 0 & 0 & \dfrac{-(2C_{pz}+C_{sz})}{M_t} & 0 & 0 & \dfrac{C_{pz}}{M_t} & \dfrac{C_{pz}}{M_t} & \vdots & \vdots \\[2mm] [0]_{1\times183} & 0 & 0 & 0 & 0 & 0 & 1 & 0 & 0 & -\dfrac{1}{2l_t} & \dfrac{1}{2l_t} & [0]_{1\times90} & [0]_{1\times183} & [0]_{1\times183} \end{bmatrix}$$

2. 基于 GA 与 UKF 嵌套算法的轨道动态不平顺优化

1) 基于 UKF 算法的车辆-轨道耦合系统振动响应优化

基于 UKF 算法的车辆-轨道振动响应优化的仿真框图如图 4-64 所示。首先,利用车辆-轨道耦合模型输出的值加上白噪声作为传感器测量值,轨道不平顺采用 4.2.1 节遗传算法估

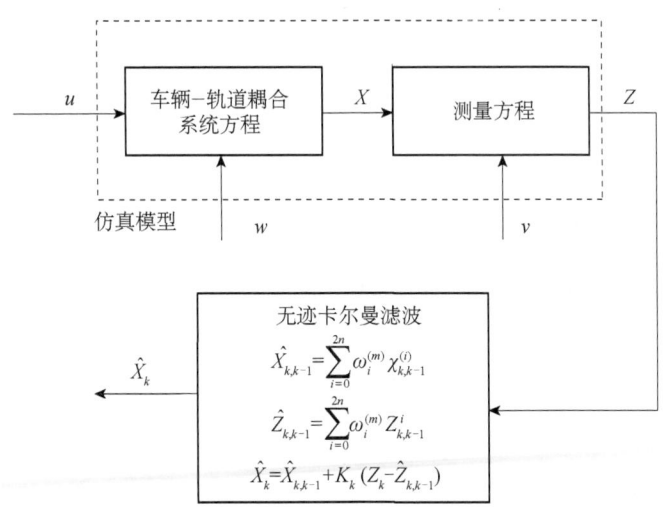

图 4-64　基于 UKF 的车辆-轨道振动响应优化的仿真框图

计的轨道静态不平顺结果，然后，UKF 算法根据系统状态模型和测量模型以及图 4-64 所示的流程算法获得系统优化状态，获得优化的车辆-轨道振动响应。

根据上述过程，可以得到图 4-65 所示的基于 UKF 算法的车辆-轨道振动响应优化结果。图中两条曲线分别为经过 UKF 滤波之后的优化结果和真实值。

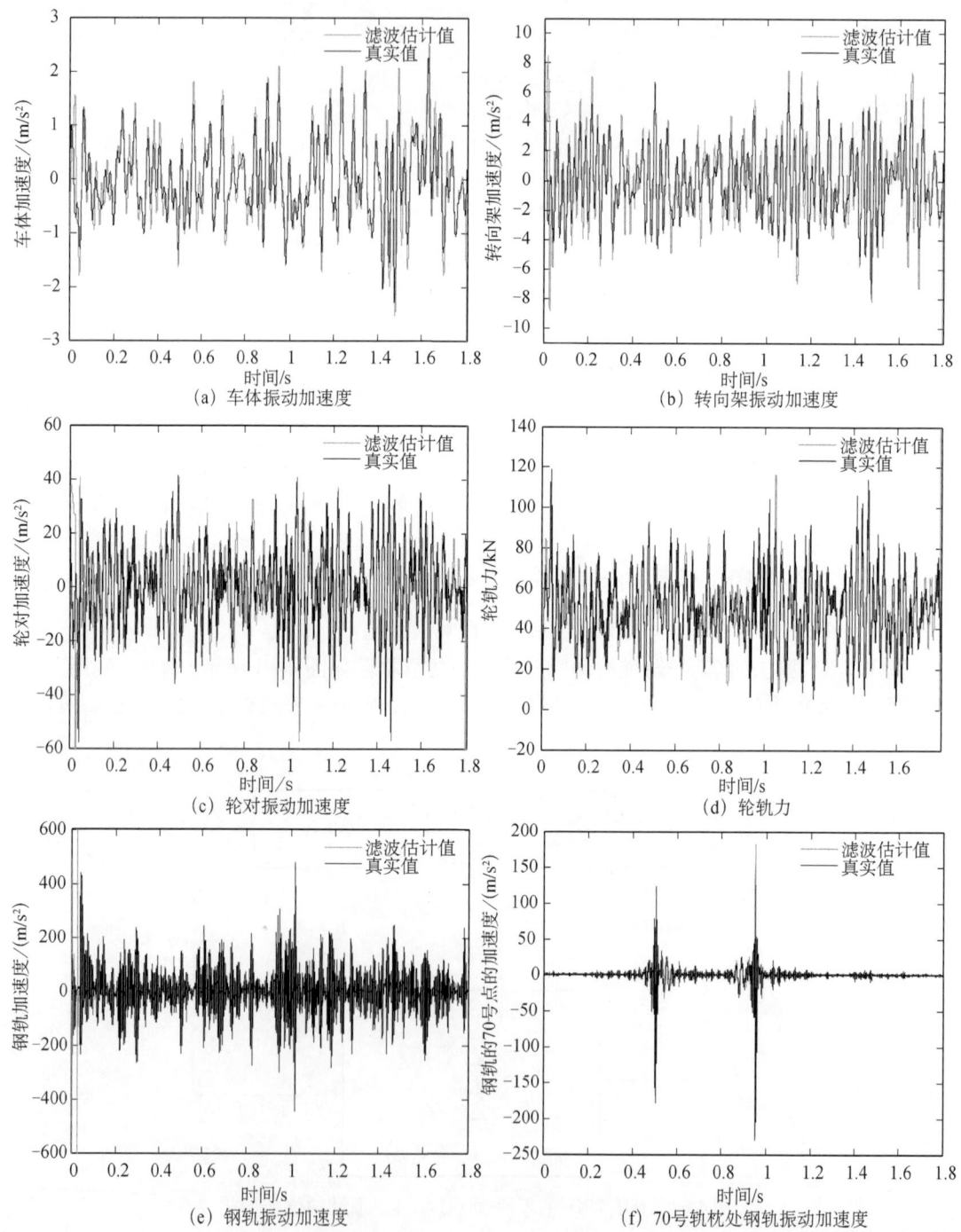

(a) 车体振动加速度　　　　　　　　　　(b) 转向架振动加速度

(c) 轮对振动加速度　　　　　　　　　　(d) 轮轨力

(e) 钢轨振动加速度　　　　　　　　(f) 70号轨枕处钢轨振动加速度

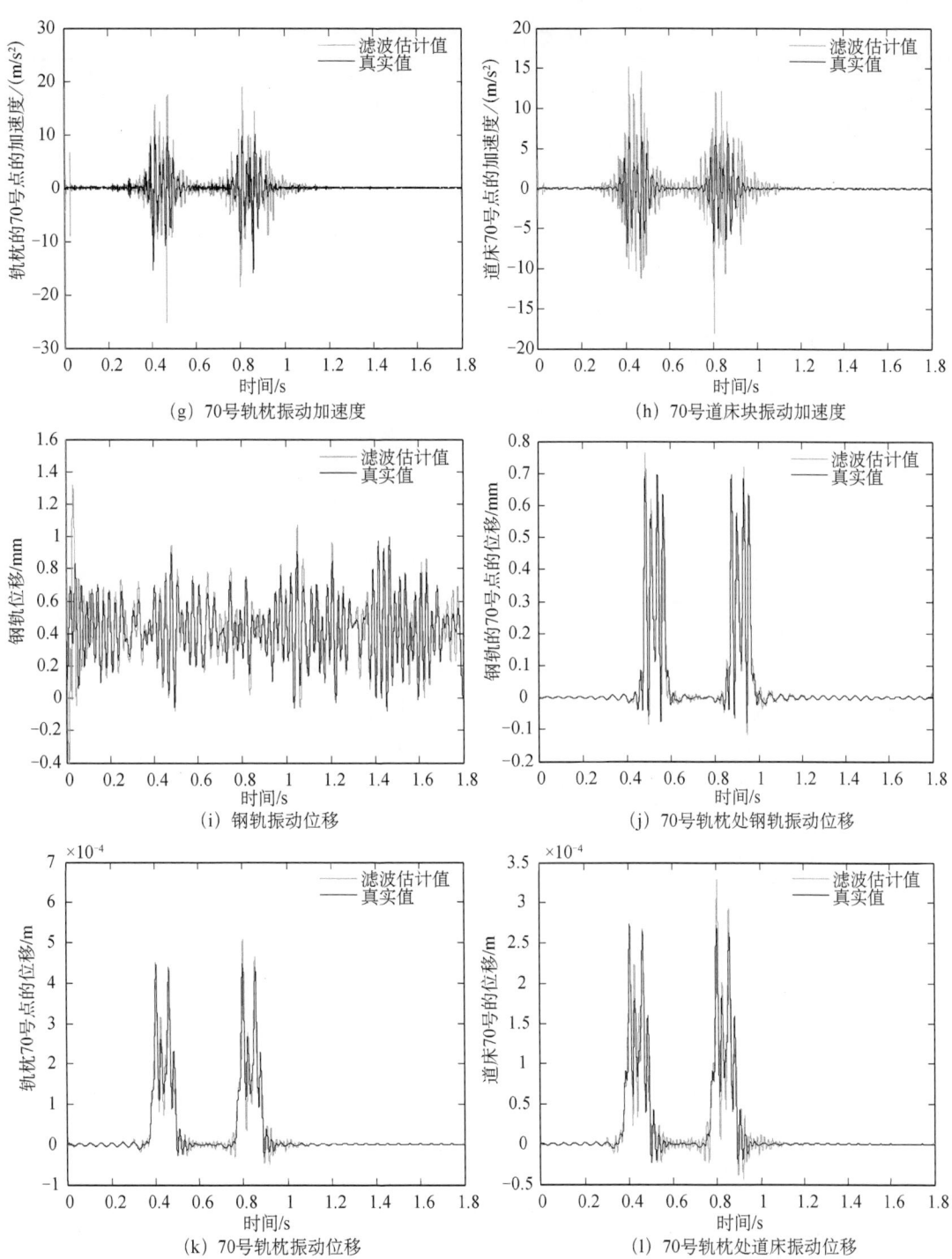

图 4-65　基于 UKF 算法的车辆-轨道振动响应优化结果

表 4-7 给出了经过 UKF 算法之后的车辆-轨道振动估计值与真实值之间的差异。

表 4-7　各参数估计值与真实值之间的标准差

参数	与真实值之间的标准差	参数	与真实值之间的标准差
车体振动加速度	0.3082m/s²	转向架振动加速度	1.3990m/s²
轮对振动加速度	8.5561m/s²	轮轨力	9.6788kN
钢轨振动加速度	9.6788m/s²	轨枕振动加速度	2.3493m/s²
道床振动加速度	2.0865m/s²	钢轨位移	0.0388mm
轨枕位移	1.9696×10⁻²mm	道床位移	1.5526×10⁻²mm

从图 4-65 和表 4-7 可以看出，经过无迹卡尔曼滤波后车辆–轨道的振动响应结果明显优于未滤波前的结果，滤波前后与真实值的标准差比较如表 4-8 所示。

表 4-8　滤波前后标准差比较

参数	滤波前	滤波后	参数	滤波前	滤波后
车体振动加速度/(m/s²)	0.3254	0.3082	转向架振动加速度/(m/s²)	1.3869	1.3990
轮对振动加速度/(m/s²)	44.3486	8.5561	轮轨力/kN	46.73	9.6788
钢轨振动加速度/(m/s²)	676.5999	9.6788	轨枕振动加速度/(m/s²)	11.9291	2.3493
道床振动加速度/(m/s²)	2.4122	2.0865	钢轨位移/mm	0.1146	0.0388
轨枕位移/mm	2.0792×10⁻²	1.9696×10⁻²	道床位移/mm	1.5175×10⁻²	1.5526×10⁻²

图 4-66 为经过 UKF 算法优化后的轨道动态不平顺结果，滤波之后的动态不平顺估计值与真实值之间的标准差为 0.3201mm，比使用 UKF 算法之前误差减小了 23%，而轮对加速度、钢轨加速度、轮轨力要远远优于滤波前，因此该算法也为根据车辆动态响应获知轨道响应提供了一种方法。

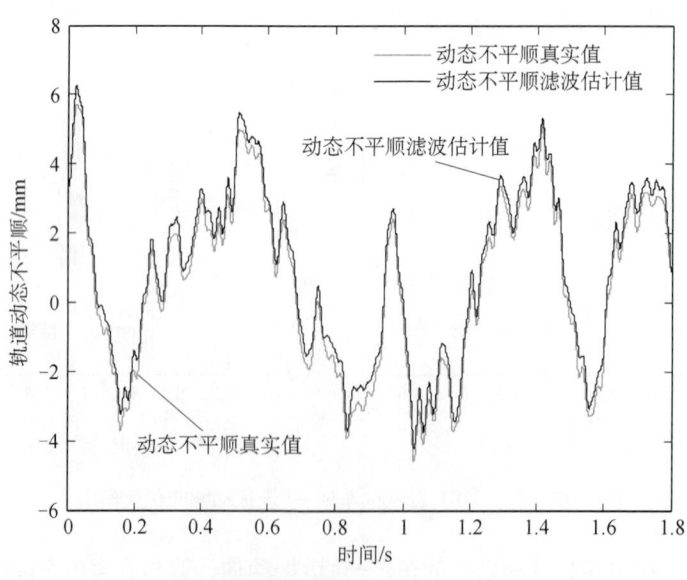

图 4-66　经过 UKF 算法优化后的轨道动态不平顺结果

2) 基于 GA 与 UKF 嵌套算法的轨道动态不平顺估计

在多列车多次通过相同线路时，可获得多次车辆动态响应的测量值，根据误差理论、利用多次测量值、根据静态不平顺估计原理可提高轨道静态不平顺的估计精度。本节在以上研究基础上，构建了一种 GA 与 UKF 相嵌套的轨道不平顺估计模型，将已获得的静态不平顺作为下一车辆遗传算法种群中的一个解，同时在轨道静态不平顺估计和车辆-轨道动态响应的求解时，构建 GA 与 UKF 嵌套算法，基本原理如图 4-67 所示。

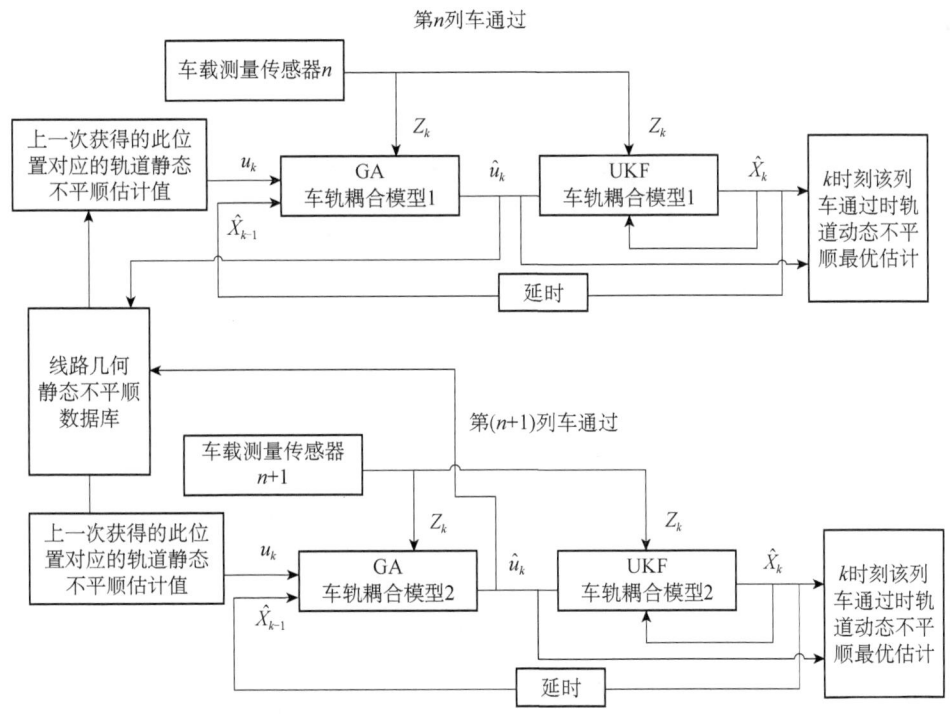

图 4-67　基于 GA 与 UKF 嵌套算法的轨道动态不平顺估计原理图

首先，将第一次基于遗传算法和车辆-轨道耦合模型估计的轨道静态不平顺存入线路几何不平顺数据库，下一列车运行时 (图 4-67 中第 n 列车) 车载测量传感器将测量值输入遗传算法中，同时将已获得的轨道几何静态不平顺作为遗传算法种群的一个个体，将轨道静态不平顺输入车辆-轨道耦合模型，得到车辆-轨道动态响应，经 UKF 算法后得到车辆-轨道动态响应的最佳估计值，该最佳估计值同时给遗传算法计算目标函数使用，减小了模型误差，同时得到的最优轨道几何静态不平顺与钢轨动态位移最佳估计值之和便是该列车通过时的轨道动态不平顺。经过 GA 与 UKF 嵌套算法得到的新的轨道几何静态不平顺幅值按照位置坐标再存入线路几何不平顺数据库，以便用下一列车的车辆动态响应估计轨道动态不平顺时使用。以上过程假设轨下基础设施不存在缺陷，未考虑轨道刚度不平顺。正常使用时应先根据车辆动态响应利用支持向量机进行轨道刚度突变识别，在此基础上构建较为真实的轨道模型，同时要根据运行车辆的型号修改车辆-轨道模型中的车辆参数，第 n 列车与第 (n+1) 列车运行速度可以不同，车辆-轨道耦合模型中会体现运行速度的影响。由以上过程便可估计不同列车以不同速度通过线路时的轨道动态不平顺估计。

在轨道静态几何不平顺的估计结果基础上，利用提速车辆在相同线路上(中国三大干线)的运行仿真结果，基于 GA 与 UKF 嵌套算法的轨道几何静态不平顺结果如图 4-68 所示。三条曲线分别是已知的轨道几何静态不平顺(书中称为真实值)，第一次估计值和第二次估计值，第二次估计值与真实值之间标准差为 0.2925mm，与第一次估计值相比误差减小了 26%。

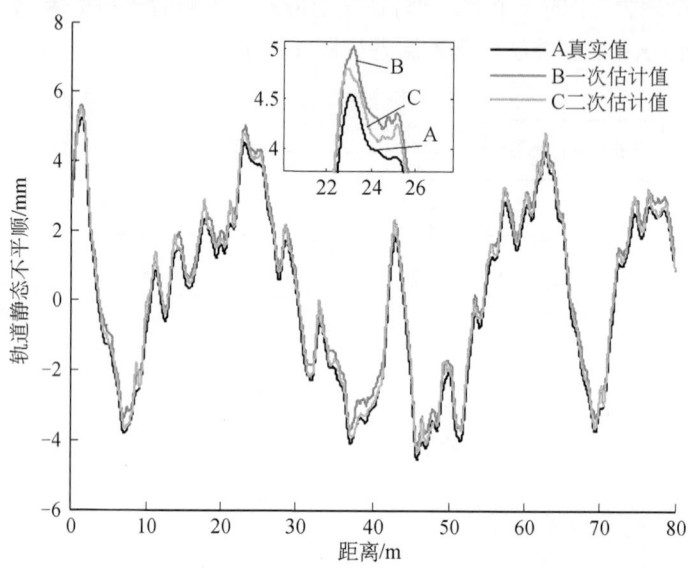

图 4-68　基于 GA 与 UKF 嵌套算法的轨道几何静态不平顺估计结果

3. 小结

由于车辆-轨道耦合系统和测量模型之间都存在误差，因此为了准确获得列车经过时产生的轨道动态不平顺，本节提出了一种基于 UKF 算法的车辆-轨道振动响应优化方案，通过建立系统状态模型和测量模型，由于系统模型中的轮轨关系使系统呈现非线性特性，通过 UKF 算法中 UT 解决非线性滤波问题，实现了利用前面状态信息和当前测量信息优化当前车辆-轨道状态响应的功能，仿真结果表明，该方法有效地提高了车辆-轨道振动响应的估计精度。在此基础上，构建了 GA 与 UKF 嵌套算法的轨道动态不平顺估计模型，利用多辆车动态响应数据提高轨道不平顺的估计精度。

4.3　轨道刚度参数突变识别算法

4.3.1　基于支持向量机和车辆动态响应的轨道刚度不平顺估计

轨道刚度不平顺是指由于轨下基础结构发生变化或存在缺陷所引起的轨道沿纵向产生的弹性不均匀现象。这些基础结构发生变化或缺陷从表面上来看很难发现，但当运营车辆高速通过这些路段时，就会发生不同于正常线路区段的轨道变形及冲击。时间一长，这种冲击会使轨道发生永久形变，从而使轨道几何不平顺恶化，反过来加剧轮轨力、增大车辆振动。

概括来说，轨道刚度不平顺的起因大体包括轨枕失效或扣件松脱、道床暗坑或空吊板、道床板结或松散，以及轨道过渡段(路桥、路涵、路隧过渡段及有砟轨道-无砟轨道过渡段)等方面。目前对轨道过渡段的刚度不平顺研究较多，而对轨下基础结构缺陷研究较为空白。本节利用支持向量机对轨下基础结构缺陷进行识别，对行车安全有十分重要的意义。

1. 支持向量机基本理论

支持向量机(Support Vector Machines，SVM)是由 Vapnik 等根据统计学习理论中结构风险最小化原则提出的。支持向量机在解决非线性高维模式识别或小样本模式识别中都有很多优势。因为其可以根据有限的样本信息，通过统计学理论，在模型的复杂性和学习能力之间寻求折中，来获得最好的推广能力。支持向量机将学习训练过程转化为一个二次规划问题，与神经网络等其他人工智能方法相比，可以很好地克服小样本、维数灾难、局部极小点以及过学习等问题。支持向量机是一个凸二次优化问题，能够保证找到的极值解就是全局最优解。这些特点使得支持向量机成为一种优秀的基于数据的机器学习算法。近年来，支持向量机被广泛应用于故障分类、模式识别等领域。

1)传统机器学习的经验

基于数据的机器学习是人工智能领域的一个重要研究领域。由于其可以从一组观测数据出发，将观测数据之间的复杂关系简化为机器学习机，从而利用训练好的机器学习机对一些关系复杂的数据或无法观测到的数据进行预测估计。经过几十年的研究，以 BP 神经网络、RBF 神经网络等各种神经网络为代表的传统机器学习方法已经取得了很大的成就，在众多领域取得了广泛的应用。但是由于其理论基础的原因，传统机器学习理论多数停留在理论可行，而在实际应用中的表现不尽如人意。其主要原因如下。

(1)小样本问题。

传统机器学习方法的重要的理论基础之一是统计学，其本质是基于经验风险最小化原则的，所研究的内容主要是样本趋于无穷大时的渐进理论，当训练数据趋于无穷多时，经验风险才收敛于实际风险，因此传统的机器学习隐含地使用了训练样本足够多的假设条件，然而在实际中，应用机器学习训练样本足够多很难满足，因此传统机器学习经常会出现过学习或欠学习的现象，导致学习机推广能力差。因此在工程实际应用中，对小样本机器学习问题的有效解决有着迫切需求。

(2)高维问题。

传统机器学习由于其神经网络往往收敛于局部极值，因此在高维情况下往往无法工作。其局部极值之间差距很大且有多个极值，因此神经网络的解为随机出现的。另外，高维问题与小样本问题是紧密联系的。样本数的多少是相对的，相同多的样本数可较全面地描述低维样本空间，但是来描述高维空间就显得不足了。且在特征空间维数空间增高的情况下，神经网络的运算量急剧增加，使得训练、测试时间过长。因此，传统的学习理论在实际应用过程中，往往需要将数据压缩到低维空间才能进行较为有效的学习。

(3)结构选择问题。

学习机器的结构选择目前是一个难点问题。学习机器的结构很大程度上决定了学习机器的优劣性。学习机器的结构越复杂学习能力就越强，反映在训练结果上即经验风险越小，但推广能力即泛化能力不一定很好，容易产生过学习现象。相反，如果结构简单，学习能力不足，容易产生欠学习现象。然而学习机器结构选择目前没有通用的理论，往往取决于要解决的实际问题和研究人员的经验。

(4)局部极值问题。

传统神经网络常用梯度修正算法来实现其优化过程。然而梯度修正算法本身只能保证找到目标函数的局部极值，使计算过程往往陷于局部最优解。

2)统计学习理论概述

(1)学习机的 VC 维。

统计学习理论定义了一系列有关函数集学习性能的指标来研究学习过程一致收敛的速度和推广性，其中，VC 维是最重要的。函数集的学习能力通过 VC 维准确反映出来，VC 维越大，需要用来表示该函数的学习机器就越复杂。目前尚没有通用的关于任意函数的 VC 维计算的理论。

(2)推广性的界。

各种类型函数集存在的经验风险和实际风险之间的关系被统计学习中的理论系统地进行了研究，即推广性的界。在有限训练样本下，学习机器的 VC 维越高，则置信范围越大。在模型高度符合训练数据时，尽管经验风险很小，仍然会导致真实风险与经验风险之间的差别较大。机器学习不但要使经验风险最小，还要使 VC 维尽量地小，以缩小置信范围，即对未来样本有较好的推广范围。

(3)结构风险最小化。

要最小化实际风险就要同时最小化经验风险和置信范围。图 4-69 为结构风险最小化示意图。

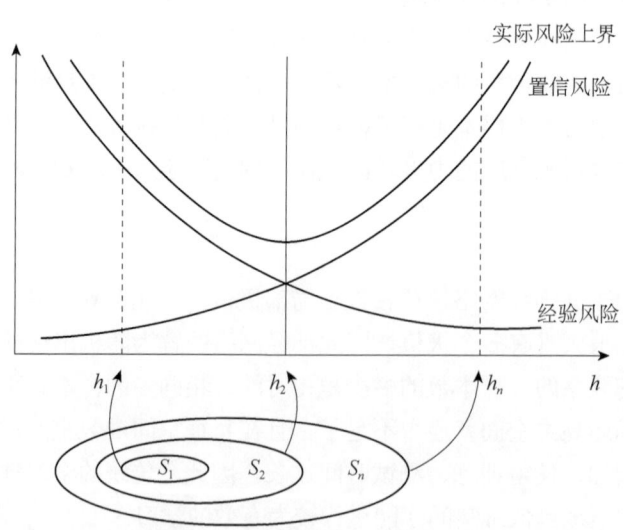

图 4-69　结构风险最小化示意图

支持向量机实现实际风险最小的方法是：设计函数集的某种结构使每个子集中都能取得最小的经验风险，即经验风险固定，然后只需选择适当的子集，使得置信范围最小，就可以使实际风险最小。

3) 支持向量机的二分类原理

支持向量机是统计学习理论的重要内容，是一种较好地实现结构风险最小化思想的方法。在处理小样本、高维数据分类时有较好的效果。

(1) 线性支持向量机。

设样本及其标记为 $D_i = (x_i, y_i)$，其中，x_i 为包含样本的向量；y_i 为 1 或 -1 来表示函数属于 C_1 还是 C_2。

设分类函数为：$g(x) = wx_i + b$，使得 $g(x_i) > 0 \rightarrow C_1$，$g(x_i) < 0 \rightarrow C_2$。则有

$$\delta_i = y_i(wx_i + b) > 0 \Rightarrow \delta_i = |wx_i + b| = |g(x_i)| \tag{4-99}$$

对式 (4-99) 进行归一化，用 $\dfrac{w}{\|w\|}$ 代替 w，用 $\dfrac{b}{\|w\|}$ 代替 b，则有

$$\delta_i = \frac{1}{\|w\|}|g(x_i)| \tag{4-100}$$

即一个样本空间到超平面的距离。δ 就是平面间隔。若想要 δ 几何间隔最大，即要求 $\min\|w\|$，为了计算方便可以将目标函数换为 $\min\dfrac{1}{2}\|w\|^2$。支持向量机求解问题转换成为一个求解最优点集的过程。

$$\min \frac{1}{2}\|w\|^2$$
$$\text{s.t. } y_i[(wx_i) + b] - 1 \geqslant 0 \tag{4-101}$$

利用松弛变量将不等式转化为等式，构造拉格朗日函数，转化为无约束的优化问题：

$$L(w, b, \alpha) = \frac{1}{2}\|w\|^2 - \sum_{i=1}^{n}\alpha_i\left\{y_i\left[(wx_i) + b\right] - 1\right\} \tag{4-102}$$

其中，$\alpha_i \geqslant 0$ 为拉格朗日乘子。分别对 w 和 b 求偏导并另它们等于 0，有

$$\begin{cases} \dfrac{\partial L(w, b, \alpha)}{\partial w} = 0 \Rightarrow w = \sum_{i=1}^{n}\alpha_i y_i x_i \\ \dfrac{\partial L(w, b, \alpha)}{\partial b} = 0 \Rightarrow \sum_{i=1}^{n}\alpha_i y_i = 0 \end{cases} \tag{4-103}$$

将式 (4-103) 代入式 (4-102)，有

$$\begin{aligned} L(w, b, \alpha) &= \frac{1}{2}\|w\|^2 - \sum_{i=1}^{n}\alpha_i\left\{y_i[(wx_i) + b] - 1\right\} \\ &= \frac{1}{2}\sum_{i=1}^{n}\sum_{j=1}^{n}\alpha_i\alpha_j y_i y_j(x_i \cdot x_j) - \sum_{i=1}^{n}\sum_{j=1}^{n}\alpha_i\alpha_j y_i y_j(x_i \cdot x_j) + \sum_{i=1}^{n}\alpha_i \\ &= \sum_{i=1}^{n}\alpha_i - \frac{1}{2}\sum_{i=1}^{n}\sum_{j=1}^{n}\alpha_i\alpha_j y_i y_j(x_i \cdot x_j) \end{aligned}$$

这样就得到了拉格朗日函数的对偶形式。

因此构建最优超平面的问题就可以转化为一个较简单的对偶二次规划问题：

$$\max_{\alpha} \sum_{i=1}^{n} \alpha_i - \frac{1}{2} \sum_{i=1}^{n} \sum_{j=1}^{n} \alpha_i \alpha_j y_i y_j (x_i \cdot x_j)$$

$$\text{s.t.} \begin{cases} \sum_{i=1}^{n} \alpha_i y_i = 0 \\ \alpha_i \geqslant 0 \quad (i = 1, 2, \cdots, n) \end{cases} \tag{4-104}$$

这是一个不等式约束下的凸二次规划问题，存在唯一解。

式(4-104)中至少存在一个 $\alpha_i^* > 0$。取值不为 0 的 α_i^* 所对应的使得 $y_i[(wx_i) + b] - 1 \geqslant 0$ 等号成立的样本都位于标准超平面上，称为支持向量，即两类样本中最能提供信息的数据(样本)，它们通常只是全体样本中的很少一部分，这就使支持向量机具有的一个非常重要的性质——稀疏性。因此，支持向量机具有稀疏性对于大大降低模型的复杂性有着非常重要的意义。

根据 K-T 条件，该优化问题还需满足：

$$\alpha_i^* [y_i (w^* x_i + b) - 1] = 0 \tag{4-105}$$

求解上述问题后得到的最优分类函数为

$$f(x) = \text{sgn} \left[\sum_{i=1}^{n} \alpha_i^* y_i (x_i \cdot x) + b^* \right] \tag{4-106}$$

对于线性可分情况，采用上述的最优分类超平面算法，就可以获得经验风险误差最小，同时使得分类间隔最大，即保证推广性的界的置信范围最小，从而最终可以使得真实风险最小。

(2)非线性支持向量机。

对于非线性情况，支持向量机通过运算将非线性映射至一个高维可分的特征空间，再在这个空间中构造最优线性分类超平面。在数据升维的过程中，变换往往不易实现，SVM 通过核函数变换解决了这一问题。

在最优分类平面中采用适当的内积函数 $K(x_i, x_j)$，可以实现某一非线性变换后的线性分类，而计算复杂程度却没有增加。此时，目标函数变为

$$Q(\alpha) = \sum_{i=1}^{n} \alpha_i - \frac{1}{2} \sum_{j=1}^{n} \alpha_i \alpha_j y_i y_j K(x_i, x_j) \tag{4-107}$$

相应的分类函数变为

$$f(x) = \text{sgn} \left[\sum_{i=1}^{n} \alpha_i^* y_i K(x_i \cdot x) + b^* \right] \tag{4-108}$$

函数 K 称为点积核函数，可以理解为在数据样本之间定义的一种距离。在构造判别函数时在输入空间求点积或某种距离运算，然后再对结果做非线性变换。

(3)核函数的选择。

SVM 的核函数的选取是 SVM 训练的关键。常用的核函数有线性核函数、多项式核函数、高斯径向基核函数(RBF)、Sigmoid 型核函数。线性核函数是核函数中的一个特例，常用于寻找最优泛化性的线性分类器。多项式核函数属于全局核函数，但是当函数的 VC 维升高，学习机复杂性大大提高，SVM 的推广能力降低，容易出现"过拟合"现象，因此不可

用于高维数据分类。RBF 核函数是局部性强的核函数，其外推能力随参数的增大而减弱。Sigmoid 型核函数使得支持向量机实现多层感知器神经网络的作用，但是在实际应用过程中受到限制。

2. 基于支持向量机的轨道刚度不平顺估计

根据轨下存在基础结构缺陷时车辆-轨道耦合系统的振动响应的分析，本节提出一种利用车辆转向架振动响应来识别轨下基础结构缺陷的方法，以实现在运营车辆上安装振动加速度传感器，构建车载测量模型进行轨下基础结构缺陷的检测，模拟轨道长度100m。

1) 基于支持向量机的轨道缺陷诊断方案

(1) 训练测试样本集的选取。

本节所用样本数据均为加有随机轨道不平顺车辆-轨道耦合模型车辆转向架加速度。样本情况如下：车体速度 160km/h；车辆模型参数采用 CRH2 动车组拖车参数；功率谱为中国三大干线谱，轨道参数选择提速干线线路参数。车辆模型参数及轨道模型参数见表 4-4 和表 4-5。设置不同的轨道基础结构缺陷来获得训练样本集及测试样本集，见表 4-9。每个样本数据时域共 368 维。为便于支持向量机训练学习，为样本进行预处理，求其功率谱，将时域数据转换为频域数据。

表 4-9　支持向量机训练、测试数据

	特征	训练集个数	测试集个数
第一类	轨枕失效，即 $K_{pi}=0, C_{pi}=0$	90	30
第二类	空吊板，即 $K_{bi}=0, C_{bi}=0$	90	30
第三类	道床板结，即 $K_{bi}'=5 \times K_{bi}, C_{bi}'=5 \times C_{bi}$	90	30
第四类	道床松散，$K_{bi}'=0.5 \times K_{bi}, C_{bi}'=0.5 \times C_{bi}$	90	30
第五类	正常	90	30

(2) 核函数的选择。

支持向量机核函数的选择是支持向量机训练能否成功的关键因素。RBF 核函数是一个非常特殊的函数，具有许多良好的性能，在模式识别、神经网络等许多问题中已得到广泛的应用，并且取得了良好的效果。以 RBF 为核函数的 SVM 学习机无论对低维、高维、小样本、大样本等情况均可以适用，且其有较宽的收敛域。但是大量数值实验表明，RBF 核函数 $K(x, y) = \exp(-\|x - y\|^2 / \delta^2)$ 中的参数 δ 选取对 SVM 的性能影响很大。如果 δ 选取不合适，就会出现"过学习"或者"欠学习"现象；而当 δ 选取较好时，支持向量的个数明显减少，具有很好的学习能力和推广能力。

(3) 模型参数的选择。

在确定了核函数类型后，需要对模型中的参数进行进一步的确定。对于核函数为 RBF 的支持向量机需要对惩罚系数 C 及核函数参数 δ 进行选择。目前对选择 C、δ 的没有很好的理论支持，一般根据经验试凑或使用网格搜索法暴力搜索最恰当的 C、δ。

RBF 函数在模式识别等很多问题中得到广泛的应用，并取得了很好的效果。以 RBF 为核函数的 SVM 也表现出了很多很好的特性，其学习能力强，是目前在支持向量机中最广泛应用的一个核函数。

规则化参数 C 起到调节对错分样本惩罚程度的作用，对经验风险与置信范围这两者进行折中，即在确定的数据子空间中调节学习机器置信范围和经验风险在风险边界中的比例，实现较小的经验风险与较大的推广能力的折中与统一。C 的取值范围比较大，一般可取 $0\sim\infty$。如果 $C=0$，意味着得到的最优分类超平面具有最大的推广性，而不考虑分类错误率达到最小。如果 $C=\infty$，则得到的经验风险为 0，而没有考虑推广能力达到最大，此时支持向量机从结构风险最小化变成了经验风险最小化。在实际情况中，过小的 C 使样本拟合精度太小，影响预测误差；而过大的 C 会降低支持向量机的推广能力，且增加网络的复杂性和训练时间。因此在实际应用中，在保证精度的前提下，选择尽量小的 C。

利用网格搜索法对 C 和 δ 进行选择是经常选用的方法。网格搜索法的基本原理是把各个参数变量值的分布区间，划分为一系列的小区间，利用计算机算出对应各参数变量值组合，根据误差目标值逐一比较择优，从而求得该区间内最小目标值及其对应的最佳特定参数值。这种估值方法可保证所得的搜索解收敛到全局最优解，可避免重大误差。

2）支持向量机的应用

车辆–轨道耦合模型是一个高维非线性系统，再加上轨道动态不平顺、轨下缺陷等耦合作用，通过车辆动态响应的二维数据空间直接找出轨下基础结构缺陷是不容易的。介于支持向量机能解决小样本、非线性、高维模式识别等众多优势，作者提出了利用支持向量机和车辆测量模型进行轨道刚度不平顺的识别方案，其流程图如图 4-70 所示。

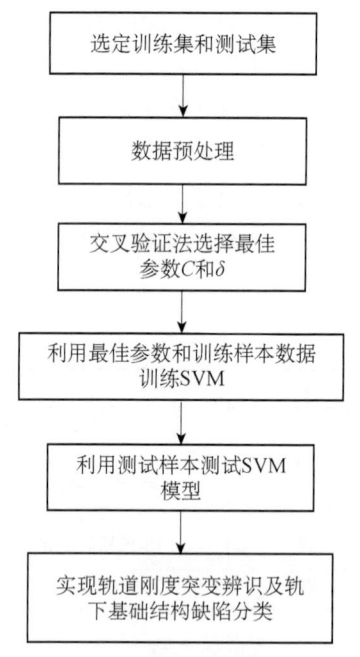

图 4-70　基于支持向量机的轨道不平顺识别方案流程图

表 4-10 为随机选择惩罚系数 C 及核函数参数 δ 时对轨枕失效、轨枕空吊和正常三种情况的分类准确率。

表 4-10　随机选择参数下的分类准确率

项目	第一组	第二组	第三组	第四组
C	1	100	200	182
δ	1	100	200	150
准确率	18.667%	46.667%	36.667%	60.000%

可见随机选择参数进行 SVM 训练不可行，误差大，无法达到要求，选择常用的网格搜索法进行参数选择，C 与 δ 取值为 $2^{-20}\sim2^{20}$，其结果如图 4-71 所示，分类如图 4-72 所示。

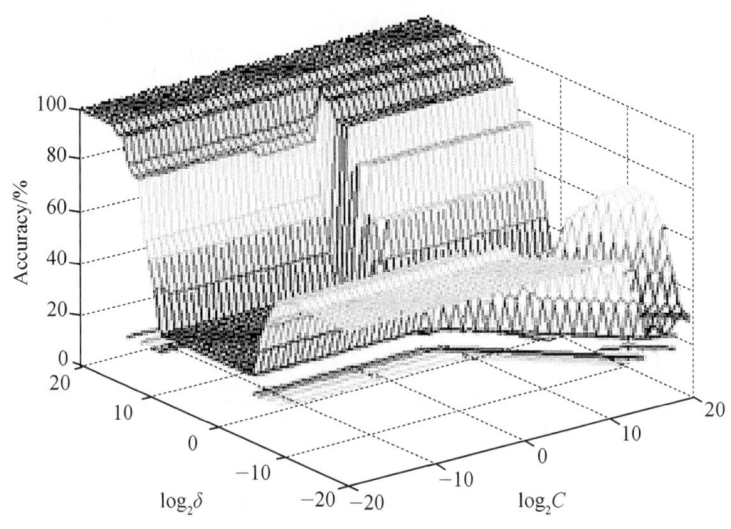

图 4-71　网格搜索法寻找 SVM 最优参数

经过网格搜索法搜索惩罚系数 C =0.95367、δ =376.4055 进行分类，此时 CV 准确率为 100%，利用上述参数取值设计 RBF 核函数支持向量机分类器，得到轨道刚度突变识别结果如图 4-72 所示，其中 0 为正常轨道，1 为轨枕失效，2 为轨枕空吊，3 为道床松散，4 为道床板结，分类准确率为 91.333%(137/150)，用时 21131.34s。其中漏检率为 2.5%(3/120)，可以满足检测要求。如果提高参数寻优过程的精度可以提高分类准确率，但是运算时间将呈指数倍增长，甚至会内存溢出。

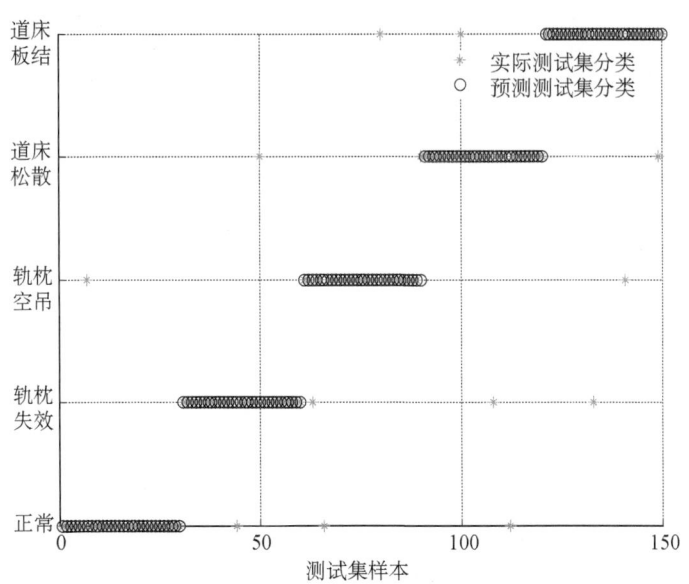

图 4-72　基于网格搜索法的支持向量机分类

为验证支持向量机的有效性，利用同样的数据采用 BP 神经网络进行训练、测试，所得结果如图 4-73 所示。

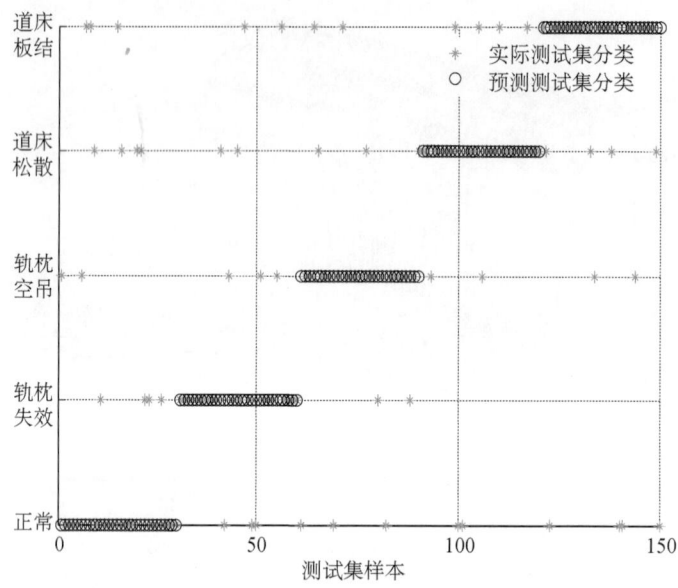

图 4-73　BP 神经网络对轨道几何不平顺的分类

从图 4-73 中可以看出 BP 分类效果非常差，准确率 65.333%（98/150），由此可见，相比 BP 神经网络，支持向量机对于解决轨道缺陷识别有非常大的优势。

3. 改进支持向量机在轨道缺陷故障诊断中的应用

利用网格搜索法可以获得效果较好的 SVM 参数选择，但是其耗时长，不能达到实际工程要求，因此需要研究效率更高的参数优化算法。关于 SVM 参数的优化选取，国际上没有公认统一的最好方法。本节使用粒子群优化算法、遗传算法对参数进行优化，并比较优化结果。

1）粒子群优化算法改进支持向量机

（1）基本算法介绍。

粒子群优化算法是模拟鸟类捕食行为的群体智能算法。由于 PSO 算法容易实现，需要调整的参数少，一经提出就广泛应用于各个领域。

其通俗的解释为：一群鸟在随机搜寻食物，在这个区域里只有一块食物，所有的鸟都不知道这个食物在哪，但是它们知道当前的位置距离食物有多远，找食物的最优策略是搜索目前离食物最近的鸟的周围区域。在基本 PSO 算法中，将每个个体看作是在 n 维搜索空间中的一个没有重量和体积的微粒，并在搜索空间中以一定的速度飞行。该飞行速度由个体的飞行经验和群体飞行经验进行动态调整。

（2）改进的 PSO 支持向量机。

利用 PSO 对 SVM 参数 C、δ 进行选择的流程图如图 4-74 所示。

PSO 算法速度更新公式中的主要参数包括：惯性因子 w、加速因子 c_1、c_2、种群大小 N 和粒子的最大速度 $v_{\max}$。

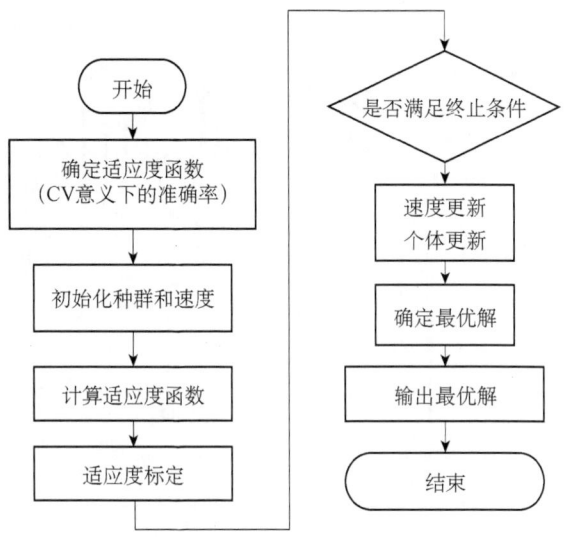

图 4-74 PSO 算法流程图

惯性因子 w 可以很好地控制粒子是搜索范围，w 值越大，全局搜索能力越强，w 值越小，局部搜索能力越强。w 可设为常数，在最大速度不是太小的情况下（$v_{max} \geqslant 3$），惯性因子 $w = 0.8$ 是一个比较好的选择。

群体规模 N 大小的选择没有明确的公式依据，一般采用 20～60，对较复杂问题可以取到 100～200。实验表明，过分增大 N 对改善算法的收敛精度效果不明显，而计算复杂度却随着 N 的增大而极大增大。

加速因子 c_1、c_2 代表每个粒子堆推向个体极值和全局极值位置的统计加速项权值。当 $c_1=c_2=0$ 时，粒子将一直以当前速度飞行，直至边界，很难找到最优解。一般 c_1、c_2 在[0,4]取值可以取得较好的解。

取加速因子 c_1=1.5，c_2=1.7，终止代数 200，种群数量 N=200，惯性因子 $w = 0.8$，可以得到较好的效果，如图 4-75 所示。

PSO 选择 C、δ 的结果，CV 准确率可以达到 96.667%，说明分类器分类效果非常好。

（3）实验结果。

利用 PSO 进行 C、δ 选择可以提高支持向量机的分类效率，其结果如图 4-76 所示。

测试样本同上面网格搜索法进行 SVM 分类数据集相同，正确率为 92.6666%（139/150），其中故障项诊断率为 100%（30/30），无故障项误报率为 13.3333%，诊断时间为 815.989036s，可以达到系统要求。且故障项诊断率 100%可以使得所有故障都被诊断出来，避免了漏报，使轨道安全性得到了保证。

根据 PSO 选择的最佳参数：C=52.299，δ=934.2489，CV 准确率达到了 96.667%，可以达到检测要求。

2）遗传算法改进支持向量机

（1）基本算法介绍。

遗传算法是受生物进化说和遗传学说的启发而发展起来的，借用生物进化和遗传的规律，

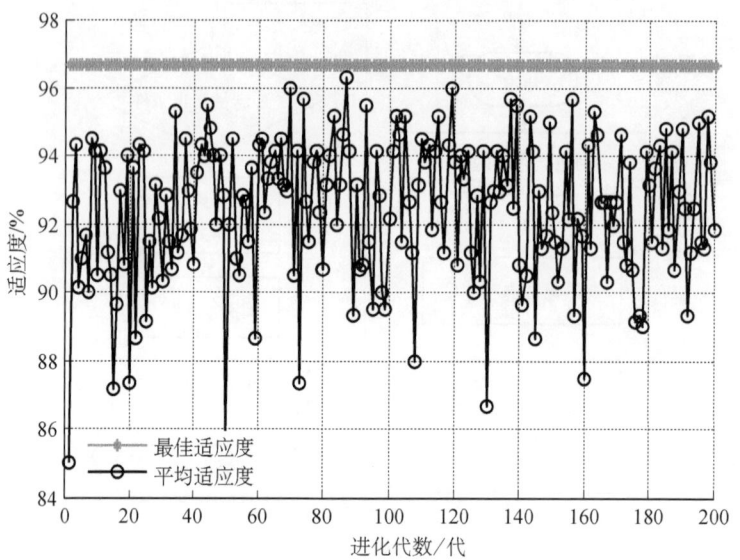

图 4-75　PSO 选择参数结果

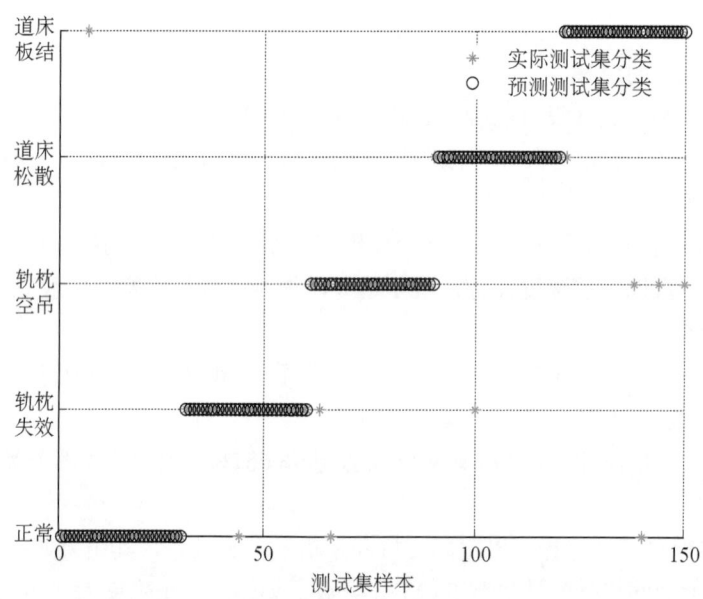

图 4-76　PSO 优化支持向量机对轨道基础结构缺陷的识别

通过繁殖、遗传、变异、竞争，实现优胜劣汰的随机优化方法。作为一种通用的优化算法，遗传算法具有编码和遗传操作简单的特点，其全局搜索能力也使其在几乎需要使用优化算法的领域得到了成功的应用。

（2）改进的 GA 支持向量机。

改进的 GA 支持向量机流程图如图 4-77 所示。

基于 GA 改进的支持向量机的参数设置见表 4-11。

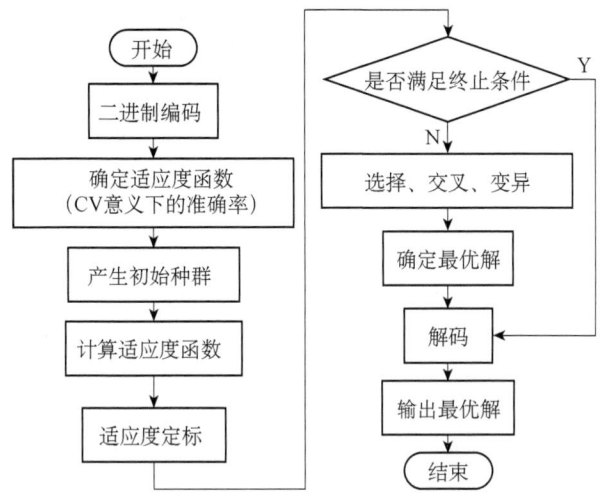

图 4-77　GA 支持向量机流程图

表 4-11　GA 改进的支持向量机参数设置

参数	含义	默认值	一般取值范围	本实验取值
maxgen	最大的进化代数	100	[100,500]	100
sizepop	种群最大数量	20	[20,100]	20
pCrossover	交叉概率	0.4	[0.4,0.99]	0.4
pMutation	变异概率	0.01	[0.001,0.1]	0.01
cbound	c 的变化范围	—	[0.1,100]	[0.1,100]
gbound	g 的变化范围	—	[0.01,1000]	[0.01,1000]
v	CV 参数	3	—	3

按照表 4-11 中实验取值对 SVM 中参数进行选择，可以得到较好的分类器，分类器的最佳分辨率 95.8332%，实验结果如图 4-78 所示。

(3)实验结果。

利用 GA 进行 C、δ 选择可以提高支持向量机的分类效率，其结果如图 4-79 所示。

测试样本为正负样本各 30 个，正确率=91.3333%(137/150)，诊断时间为 1027.989932s，比网格搜索法用时短。故障漏检率为 2.5%，漏检率低，故障基本可以被检测出来，提高了轨道安全性。根据 GA 选择的最佳参数：C=17.9604，δ=88.7822，其 CV 准确率为 98.148%。

3)改进支持向量机效果对比

本节利用粒子群优化算法、遗传算法对支持向量机的参数 C、δ 进行选择，并和网格搜索法进行比较。

网格搜索法由于计算量很大，需要对全局每一对 C、δ 进行试验选择，可以取得全局最优点，但是如果搜索范围较小，精度无法达到要求。如果想提高精度，需要扩大搜索范围，但是计算时间会大大增加，无法满足要求。

使用 PSO 算法优化参数选择，其 CV 准确率略低于网格搜索法，但可以达到检测要求，实际检测结果也与网格搜索法检测结果准确率相近。PSO 算法选择参数比网格搜索法选择参

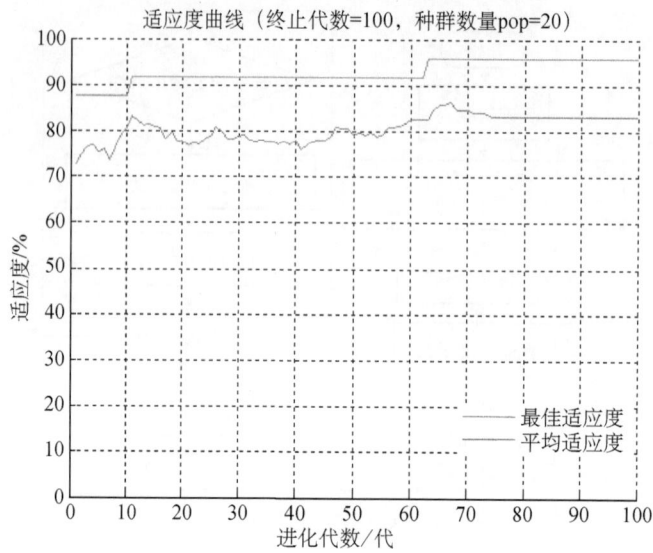

图 4-78　GA 选择 SVM 参数结果

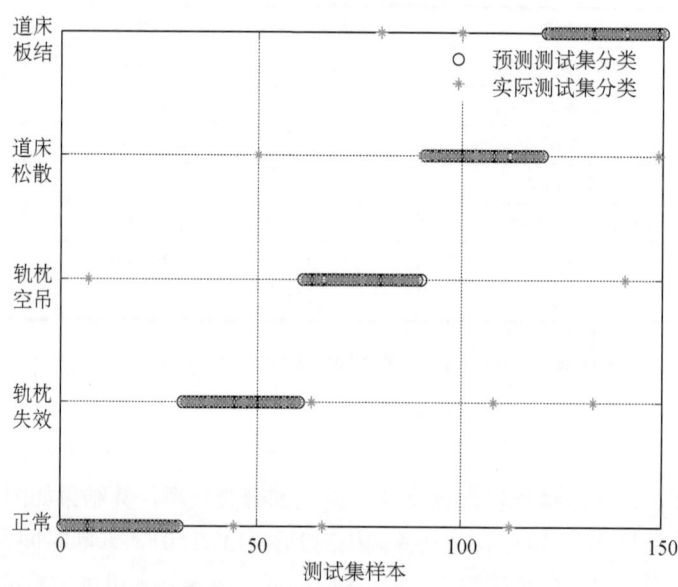

图 4-79　GA 选择 SVM 参数对轨道故障诊断结果

数速度快。

　　使用遗传算法优化参数选择，其 CV 准确率也略低于网格搜索法，但比 PSO 算法的 CV 准确率略高，所花时间也略长。

　　因此选择 PSO 选择 SVM 参数进行之后的仿真实验。

　　4. 不同条件下轨道基础结构缺陷识别

　　当车速不同、轨道功率谱不同、车型不同时由车辆–轨道耦合模型计算得到的振动响应是不一样的，为了验证基于支持向量机的轨道基础缺陷识别的可行性，对上述不同情况下的轨道缺陷识别进行测试。模拟 100m 轨道(142 组数据)上设置 4 种轨道基础缺陷进行仿真。经过验证,基于粒子群算法的改进支持向量机对轨道基础结构缺陷识别的效果具有普遍推广性。

　1)不同车速下对轨道基础结构缺陷的识别

　　轨道谱是一种强迫振动输入,其激振频率会随列车运行速度的提高而线性增加,具体关系为 $f=v/\lambda$。其中,v 为列车运行速度;λ 为轨道不平顺波长。随着列车运行速度的提高,车辆和轨道的动态响应都相应地增大。选择车速为 160km/h、200km/h 做对比。除车速不同外,其他仿真情况相同,均使用中国三大干线功率谱、CRH2 拖车模型、线路条件为中国提速线路。利用粒子群改进支持向量机对故障进行识别,识别结果见图 4-80 及表 4-12。

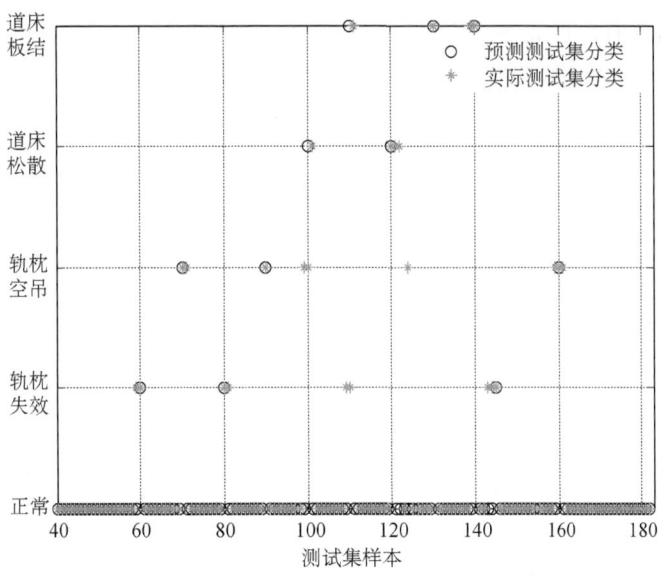

(a) CRH2-T,中国三大干线,车速160km/h

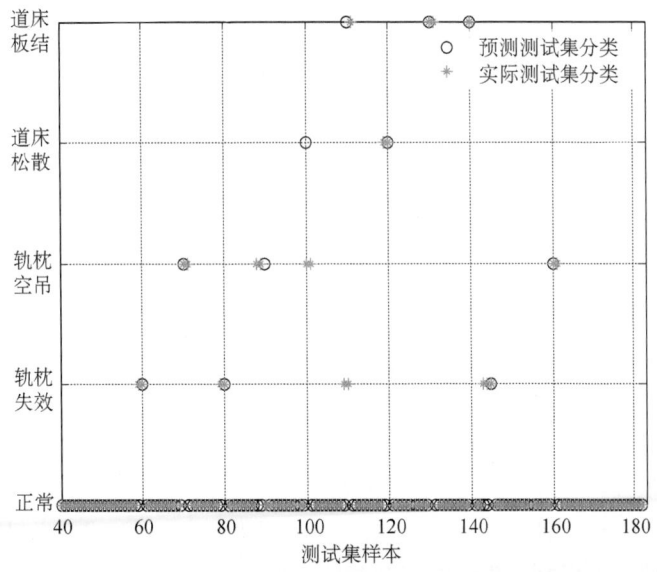

(b) CRH2-T,中国三大干线,车速200km/h

图 4-80　根据不同车速的振动响应对轨道基础结构缺陷的识别结果

表 4-12 不同车速下轨道基础结构缺陷识别结果

轨道状态	故障设置	车速 160km/h 识别结果	车速 200km/h 识别结果
正常情况	131 处	116 处	119 处
轨枕失效	3 处(60、80、145)	9 处(<u>59</u>、60、80、<u>81</u>、<u>109</u>、<u>110</u>、<u>143</u>、144、145)	9 处(<u>59</u>、60、<u>79</u>、80、<u>109</u>、<u>110</u>、<u>143</u>、<u>144</u>、145)
轨枕空吊	3 处(70、90、160)	9 处(70、<u>71</u>、90、<u>99</u>、<u>100</u>、<u>124</u>、<u>159</u>、160、<u>161</u>)	8 处(70、<u>71</u>、<u>88</u>、<u>89</u>、<u>100</u>、<u>101</u>、160、<u>161</u>)
道床松散	2 处(100、120)	4 处(<u>101</u>、120、<u>121</u>、<u>122</u>)	2 处(<u>119</u>、120)
道床板结	3 处(110、130、140)	4 处(<u>111</u>、130、<u>139</u>、140)	4 处(<u>111</u>、130、<u>131</u>、140)

为了便于数据分析，计算各组识别结果的缺陷识别率(正确分类的样本数量/所有测试样本的数量)、漏报率(未检测出的故障数量/设置故障数量)及故障错分率(故障识别错误的数量/设置故障的数量)共 3 个指标。

车速为 160km/h 情况下轨道缺陷识别准确率为 88.02%(125/142)，其中，漏报率为 0%，即所有故障均检测出来，故障错分率为 27.27%(3/11)。

车速为 200km/h 情况下轨道缺陷识别准确率为 91.55%(130/142)，其中，漏报率为 9.1%(1/11)，故障错分率为 9.1%(1/11)。

根据识别结果分析，车速 200km/h 与车速 160km/h 识别准确率相近，在故障点前后，由于使用一段加速度，包含车辆经过轨道基础缺陷部分发生变化的加速度的频率成分，因此支持向量机会出现误判，但对于故障检测来说，这个误判是基本没有影响的，在报警点周围寻找轨道故障即可。当车速增加时，故障分类错误的概率变大，但是对故障点还是可以识别出来的。漏报故障点其前两个点报告故障，因此此类漏报影响不大。

从故障分类错误点分析，轨枕失效情况与道床板结引起的变化比较相近，轨枕空吊与道床松散引起的变化相近。支持向量机在分类时会将道床板结误认为轨枕失效，将道床松散误认为轨枕空吊。

2)不同轨道功率谱下对轨道基础结构缺陷的识别

各种常用的功率谱一般有中国三大干线功率谱、德国高速谱、德国低速谱以及美国六级谱四种，逆傅里叶变换(IFFT)方法将该四种功率谱转化为时域后对在不同功率谱下的车辆经过轨道基础缺陷时的振动响应进行识别，以检测在不同轨道条件下，基于粒子群优化算法的支持向量机对轨道基础缺陷的识别是有效的。

除功率谱不同外，车速均为 160km/h，CRH2 拖车模型，提速线路。仿真轨道 100m 被离散为 142 个点(实际运行长度为 100~20.5m)。中国三大干线故障识别结果见图 4-80(a)，德国低速谱、德国高速谱、美国六级谱故障识别结果见图 4-81。识别结果总结见表 4-13。

计算各组识别结果的缺陷识别率、漏报率及故障错分率共 3 个指标。

中国三大干线谱结果利用前面车速 160km/h 的数据，轨道缺陷识别准确率为 88.02%(125/142)，其中漏报率为 0%，即所有故障均检测出来，故障错分率为 27.27%(3/11)。

德国低速谱轨道缺陷识别率为 88.7%(126/142)，漏报率为 9.09%(1/11)，故障错分率为 0%。

德国高速谱轨道缺陷识别率为 90.08%(129/142)，漏报率为 36.36%(4/11)，故障错分率为 0%。

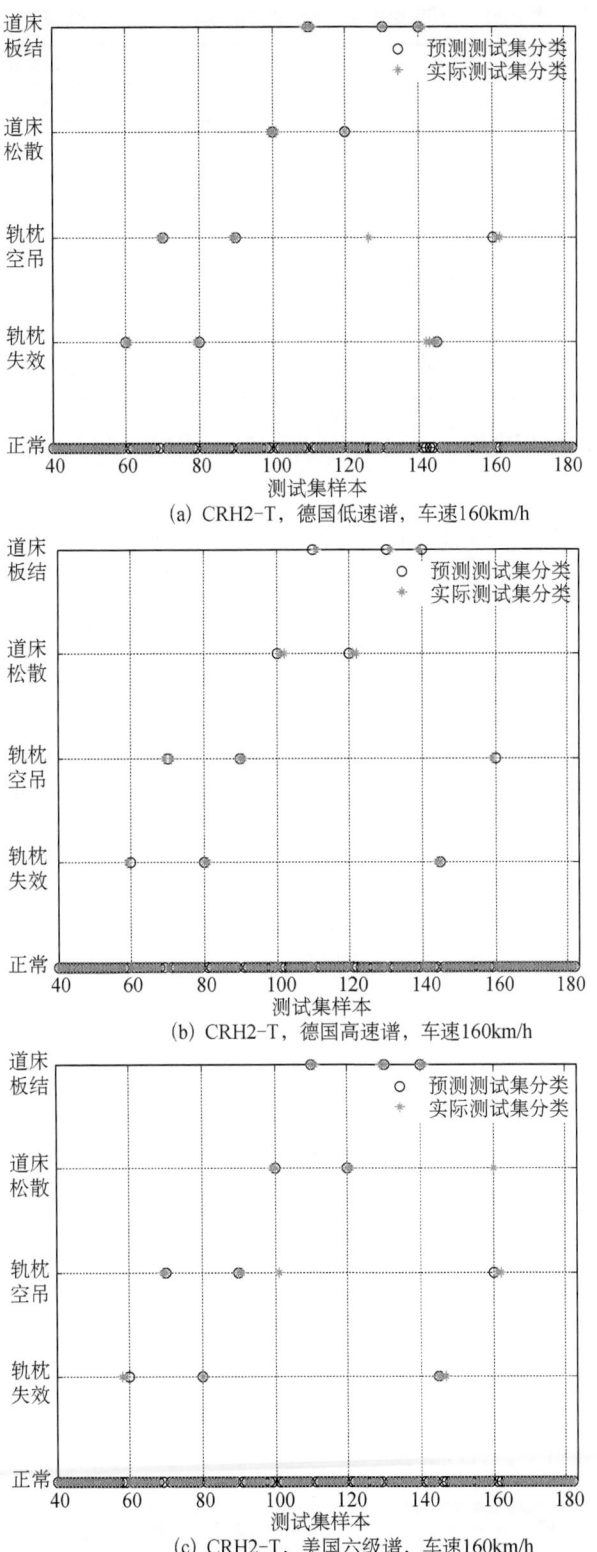

(a) CRH2-T，德国低速谱，车速160km/h

(b) CRH2-T，德国高速谱，车速160km/h

(c) CRH2-T，美国六级谱，车速160km/h

图 4-81　不同功率谱下支持向量机对轨道基础缺陷的识别结果

表 4-13　不同功率谱下轨道基础结构缺陷识别结果

轨道状态	故障设置	中国三线	德国低速	德国高速	美国六级
正常情况	131 处	116 处	117 处	124 处	117 处
轨枕失效	3 处(60、80、145)	9 处(<u>59</u>、60、80、<u>81</u>、<u>109</u>、<u>110</u>、<u>143</u>、<u>144</u>、145)	8 处(60、<u>61</u>、<u>79</u>、80、<u>142</u>、<u>143</u>、<u>144</u>、145)	6 处(<u>59</u>、80、<u>81</u>、<u>144</u>、145)	6 处(<u>58</u>、<u>59</u>、80、145、<u>146</u>、<u>147</u>)
轨枕空吊	3 处(70、90、160)	9 处(70、<u>71</u>、90、<u>99</u>、<u>100</u>、<u>124</u>、<u>159</u>、160、<u>161</u>)	7 处(<u>69</u>、70、<u>89</u>、90、<u>126</u>、<u>161</u>、<u>162</u>)	5 处(<u>69</u>、<u>71</u>、90、<u>91</u>、<u>159</u>)	7 处(<u>69</u>、70、90、<u>91</u>、<u>101</u>、<u>161</u>、<u>162</u>)
道床松散	2 处(100、120)	4 处(<u>101</u>、120、<u>121</u>、<u>122</u>)	4 处(<u>99</u>、100、<u>101</u>、120)	4 处(<u>101</u>、<u>102</u>、<u>121</u>、<u>122</u>)	5 处(<u>99</u>、100、120、<u>121</u>、160)
道床板结	3 处(110、130、140)	4 处(<u>111</u>、130、<u>139</u>、140)	6 处(<u>109</u>、110、<u>111</u>、<u>130</u>、140、<u>141</u>)	3 处(<u>111</u>、<u>131</u>、<u>139</u>)	6 处(110、<u>111</u>、<u>129</u>、130、140、<u>141</u>)

　　美国六级谱轨道缺陷识别率为 90.14%(128/142)，漏报率为 9.09%(1/11)，故障错分率为 9.09%(1/11)。

　　分析四种不同功率谱，其轨道缺陷识别率基本相同，虽然德国高速谱漏报率高，但是漏报点周围均被检测出故障，在实际运营维护时，判断出故障大致区域即可。且本仿真实验采用较为极端方式，两故障之间间隔较近，前后故障会互相略有影响。在本仿真情况下也可较为准确地识别出轨道基础结构缺陷，所以不同功率谱对轨道基础结构缺陷的识别基本没有影响。

　　3) 不同车型下对轨道基础结构缺陷的识别

　　目前我国线上车辆种类有许多种，由于不同车型的车辆参数不同，特别是质量不同，对车辆-轨道耦合模型的振动响应会产生较大影响。为测试不同车型对轨道基础结构缺陷的识别的影响，选择三种车型进行仿真实验，分别是 CRH2 动车模型、CRH2 拖车模型和提速客车模型。三种车型具体参数见表 4-14。对三种车型在中国三线功率谱下的振动响应进行轨道基础结构缺陷的识别，车速选择 160km/h，仿真轨道与前两节相同，设置相同的故障点来进行比较。其中 CRH2 拖车模型故障识别结果见图 4-80(a)，CRH2 动车模型及提速客车模型的故障识别见图 4-82 和表 4-15。

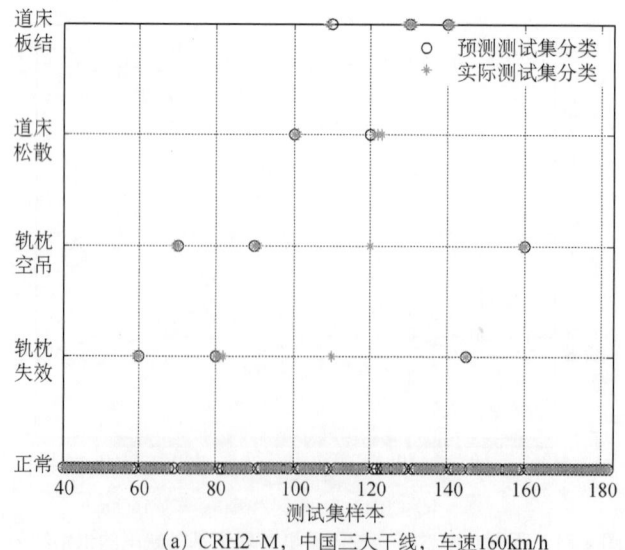

(a) CRH2-M，中国三大干线，车速160km/h

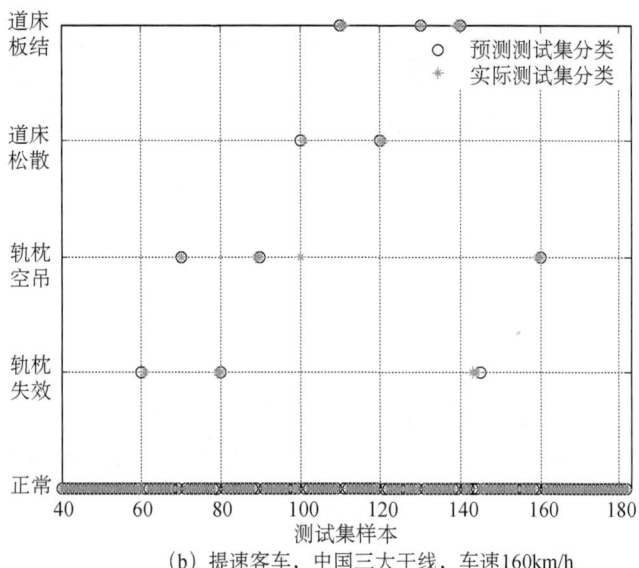

（b）提速客车，中国三大干线，车速160km/h

图 4-82　不同车型下支持向量机对轨道几何缺陷的识别结果

表 4-14　三种车型具体参数

项目	物理量表示	CRH2-T	CRH2-M	提速客车模型
车体质量	M_c/kg	26100	31600	39500
构架质量	M_t/kg	2600	3200	2200
轮对质量	M_w/kg	2100	2000	1900
车体点头惯量	J_c/(kg·m²)	1278900	1548400	2310000
构架点头惯量	J_t/(kg·m²)	1423.76	1752.32	2200
一系悬挂刚度	K_{pz}/(N/m)	1176000	1176000	2130000
二系悬挂刚度	K_{sz}/(N/m)	990800	1145600	800000
一系悬挂阻尼	C_{pz}/(N·s/m)	196000	196000	120000
二系悬挂阻尼	C_{sz}/(N·s/m)	1015300	1174000	217000
车辆定距之半	l_c/m	8.75	8.75	9
转向架轴距之半	l_t/m	1.25	1.25	1.2
车轮滚动圆半径	R/m	0.43	0.43	0.458

表 4-15　不同车型的轨道基础结构缺陷识别结果

轨道状态	故障设置	CRH2-T	CRH2-M	提速客车
正常情况	131 处	116 处	117 处	124 处
轨枕失效	3 处(60、80、145)	9 处(<u>59</u>、60、80、<u>81</u>、109、110、<u>143</u>、<u>144</u>、145)	7 处(<u>59</u>、60、80、<u>81</u>、<u>82</u>、110、145)	5 处(<u>61</u>、<u>79</u>、80、<u>143</u>、<u>144</u>)
轨枕空吊	3 处(70、90、160)	9 处(70、<u>71</u>、90、<u>99</u>、<u>100</u>、124、<u>159</u>、160、<u>161</u>)	7 处(<u>69</u>、70、90、<u>91</u>、120、<u>159</u>、160)	6 处(70、<u>89</u>、90、<u>100</u>、<u>159</u>、160)

轨道状态	故障设置	CRH2-T	CRH2-M	提速客车
道床松散	2 处(100、120)	4 处(<u>101</u>、120、<u>121</u>、<u>122</u>)	5 处(100、<u>101</u>、<u>121</u>、<u>122</u>、<u>123</u>)	4 处(<u>101</u>、120、<u>121</u>)
道床板结	3 处(110、130、140)	4 处(<u>111</u>、130、<u>139</u>、140)	6 处(<u>109</u>、<u>129</u>、130、<u>131</u>、140、141)	5 处(110、<u>111</u>、130、<u>139</u>、140)

分析不同车型的轨道基础缺陷识别数据,计算缺陷识别率、漏报率及故障错分率共 3 个指标。

CRH2 拖车模型结果利用前面车速 160km/h 的数据,轨道缺陷识别准确率为 88.02%(125/142),其中漏报率为 0%,故障错分率为 27.27%(3/11)。

CRH2 动车模型轨道缺陷识别准确率为 89.44%(127/142),漏报率为 18.18%(2/11),故障错分率为 0%。

提速客车缺陷识别率为 92.25%(131/142),漏报率为 18.18%(2/11),故障错分率为 0%。

分析上述根据不同车型获得的转向架振动响应所检测的轨道基础缺陷识别结果,不同车型对检测结果影响不大,错检主要发生在故障前后的点,分类基本正确,因此基于粒子群算法的改进支持向量机可以应用于不同车型的轨道基础结构检测中。

5. 小结

本节详细分析了支持向量机的工作过程,根据支持向量机对轨道基础缺陷进行了识别。通过对比 SVM 与 BP 检测结果可知,在轨道缺陷检测中,支持向量机比 BP 神经网络效果好。研究了改进支持向量机,通过粒子群优化算法可以提高支持向量机的故障识别效率及准确率。故障识别率可达到 90% 左右,错分率低且计算时间较短,可以实现对轨道基础缺陷的识别。

本节还对不同速度、不同功率谱、不同车型的车辆-轨道耦合模型仿真数据进行了测试,利用不同的仿真数据,通过支持向量机均可对轨道基础结构缺陷进行识别,且识别效果相近。识别时故障点的前后点会被错误归类至故障点,但在实际检修中只要知道轨道的大概故障位置即可,因此对轨道的实际检修有着重要意义。

4.3.2 基于车辆动态响应的 CA 砂浆脱空智能检测

1. CA 砂浆脱空检测研究现状

水泥沥青(Cement Asphalt,CA)砂浆作为板式无砟轨道的关键组成部分,是高速铁路板式无砟轨道的刚性轨道板与混凝土道床之间的调平减振结构层材料。CA 砂浆是由水泥、乳化沥青、细骨料、水和多种外加剂等原材料组成,经水泥水化硬化与沥青破乳胶结共同作用而形成的一种新型有机无机复合材料。使用 CA 砂浆填充材料主要有如下功能:①全面均匀支承轨道板,消除轨道板与底座之间的差异;②填充轨道板与混凝土底座之间的空隙,保证轨道的平稳;③当下部结构发生变形或破坏时,可以进行修补。CA 砂浆作为板式无砟轨道弹性调整层的关键组成部分，其性能好坏直接影响板式无砟轨道使用的耐久性和维护工作量。

通过考察石武客运专线及部分遂渝线沿线砂浆层劣化情况，发现由于施工质量的不易控制以及运营过程中的多种载荷效应等原因，许多地段的 CA 砂浆调整层均遭遇到不同程度的劣化甚至破损。常见的劣化现象主要有三种：①砂浆层边缘碎裂，甚至严重开裂与脱落；②砂浆层局部甚至大面积碎裂，导致轨道板支承不均；③整个砂浆层与轨道板界面脱离，即离缝。CRTS Ⅱ 型轨道板与 CA 砂浆层之间的离缝现象是轨道结构常见的动态不平顺之一。在高速列车载荷作用下，没有离缝现象时，轨道板是全支承受力状态。若存在离缝现象，轨道板的受力状态会变成两种情况：一种情况是无列车荷载时离缝区轨道板与 CA 砂浆不接触，当有列车载荷作用时，离缝区轨道板与 CA 砂浆接触；另一种情况是无论有无列车载荷作用，离缝区轨道板与 CA 砂浆层均不接触，第二种情况的离缝又称为脱空。

目前，我国高速铁路运营里程有万余公里，无砟轨道伤损也日显突出，其中，CA 砂浆伤损最严重。CA 砂浆缺陷如果不能及时识别和处理，在运营中受到高速列车冲击、振动载荷的作用，会加速轨道结构破坏，严重时影响行车安全。因此，及时掌握线路 CA 砂浆的状态对及时养护维修保证线路的平顺性、保证列车运行安全及制定合理的维修计划有着重要意义。

我国开展板式轨道结构与 CA 砂浆的研究和试验工作已有 50 多年，为了对国外引进先进技术的再创新工作，铁道科学技术研究院、中南大学、西南交通大学等单位先后结合秦沈客运专线建设和铁道部科技研究开发计划项目等课题对 CA 砂浆开展了研究。

在 CA 砂浆劣化影响研究方面，中南大学向俊等基于高速列车-板式轨道系统空间振动分析理论，研究了 CA 砂浆脱空对板式轨道振动响应的影响；西南交通大学汪力等采用有限元方法，分析了 CA 砂浆调整层边缘劣化以及砂浆层与轨道板长距离脱空这两种劣化现象分别对轨道板的几何形位、受力情况等的静态影响以及对轨道结构振动模态的影响；蔡世昱等分析了正常状态和砂浆层与轨道板间出现脱空时框架型板式轨道在温度梯度载荷作用下的受力情况，并针对板端横向全部脱空和板边纵向全部脱空两种常见脱空形式进行了分析；朱浩等基于有限元理论，建立了路基上 CRTS Ⅱ 型板式轨道模型，研究轨道板与 CA 砂浆层离缝长度和离缝高度对 CRTS Ⅱ 型板式轨道受力与变形的影响；李培刚等分析了 CA 砂浆不同脱空情况下对车辆和轨道结构的动力响应的影响，其结果表明当脱空长度超过 0.8m 时，由脱空引起的轨道动态不平顺对轮轨相互作用起主导作用，各种动力响应明显加剧；杨俊斌等以轮轨力，钢轨位移及加速度，轨道板位移、拉应力及加速度，车辆加速度为评价指标，分析了不同离缝长度和高度工况下上述指标的变化规律。

在 CA 砂浆劣化检测研究方面，石家庄铁道大学张春毅等采用瞬态机械阻抗法对 CRTS Ⅱ 型无砟轨道 CA 砂浆脱空进行了检测试验研究，其结果表明导纳频谱曲线和平均导纳值可以对轨道板底的支撑情况做出检测识别，反映 CA 砂浆的离隙和脱空状况；西南交通大学胡志鹏采取曲率模态法和冲击回波法相结合的方法对 CA 砂浆脱空进行了识别，其结果表明轨道板各阶模态下的高斯曲率指标可以确定 CA 砂浆的伤损区域，通过冲击回波法可较准确定位伤损深度；上海交通大学汤政等基于弹性波在多层线下结构中的传播特性评价了 CA 砂浆缺陷的位置及空间分布，其结果表明在高速铁路多层线下结构病害监测中全波长无损检测方法效果较好，并有巨大的发展空间。

综上所述，现有的 CA 砂浆缺陷检测的技术手段主要是通过脉冲锤击试验的局部检测，效率低，且识别效果不是很好，因此需要简便快捷、准确性可靠的检测方法。

2. 车辆-无砟轨道-路基垂向改进模型

传统的无砟轨道动力学方程中 CA 砂浆被简化为沿轨道板连续分布的弹簧和阻尼，不能仿真任意长度 CA 砂浆脱空对轨道动力特性的影响。将 CA 砂浆以车辆一个仿真步长走过的距离为单元进行离散，每个单元的 CA 砂浆被简化为集中到一点的弹簧和阻尼，使轨道板振动微分方程中 CA 砂浆对轨道板的分布力转换为集中力，建立车辆-无砟轨道-路基耦合系统垂向改进模型。

如图 4-83 所示，车辆-无砟轨道-路基系统垂向耦合模型包括车辆模型、轨道模型及轮轨接触模型。根据翟-孙模型，车辆被模拟成一个以速度 v 运行于轨道结构上的多刚体系统，包括车体、前后转向架及轮对。轨道被模拟为三层梁系统，包括钢轨、轨道板及混凝土支承层。车辆系统与轨道系统的垂向耦合作用是通过轮轨垂向接触而实现的，具体表现为轮轨之间的垂向作用力，采用最经典有效的 Hertz 非线性弹性接触模型。

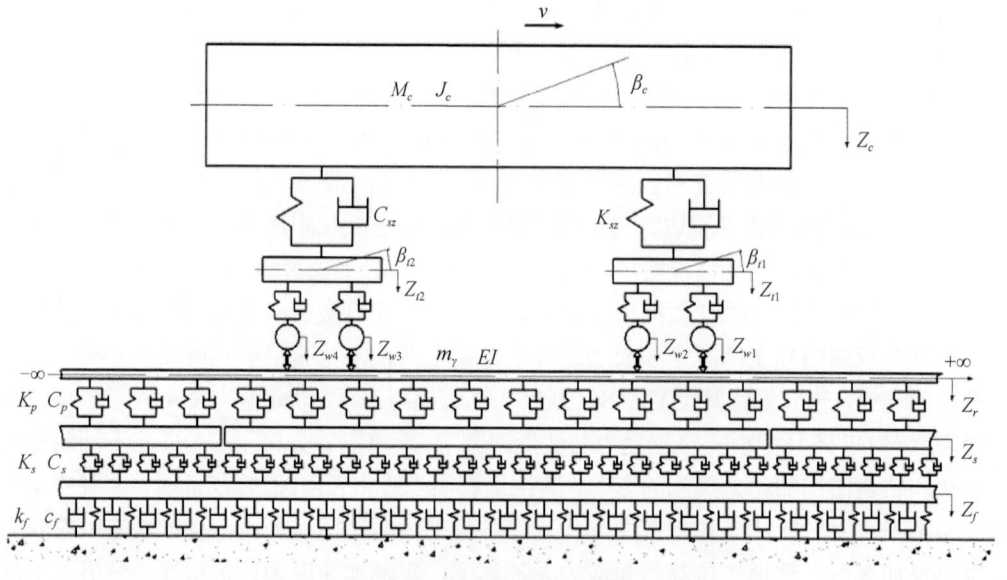

图 4-83　车辆-无砟轨道-路基系统垂向耦合模型

1) 车辆模型

车辆为一个车体、两个转向架和四个轮对组成的多刚体结构。转向架与轮对之间的弹簧阻尼系统统一称为一系悬挂系统，车体与转向架之间的弹簧阻尼系统称为二系悬挂系统。在垂向模型中，考虑车体垂向运动、点头运动，两个转向架垂向运动、点头振动，四个轮对的垂向振动，共 10 个自由度。

车辆系统一般形式的运动方程可以表示为

$$[M_V]\{\ddot{Z}_V\} + [C_V]\{\dot{Z}_V\} + [K_V]\{Z_V\} = \{P_V\} \tag{4-109}$$

其中，V 为车辆；$\{Z_V\}$、$\{\dot{Z}_V\}$、$\{\ddot{Z}_V\}$ 分别为车辆系统的广义位移、广义速度和广义加速度；$[M_V]$、$[C_V]$、$[K_V]$ 分别为车辆系统的质量矩阵、阻尼矩阵和刚度矩阵；$\{P_V\}$ 为车辆系统的广义载荷。

2) 轨道改进模型

钢轨的二阶振动微分方程为

$$\ddot{q}_k(t) + \sum_{i=1}^{N} C_{pi} Y_k(x_i) \sum_{h=1}^{NM} Y_h(x_i)\dot{q}_h(t) + \frac{EI}{m_r}\left(\frac{k\pi}{l}\right)^4 q_k(t) + \sum_{i=1}^{N} K_{pi} Y_k(x_i) \sum_{h=1}^{NM} Y_h(x_i)q_h(t)$$
$$- \sum_{i=1}^{N} C_{pi} Y_k(x_i)\dot{Z}_{si}(t) - \sum_{i=1}^{N} K_{pi} Y_k(x_i)Z_{si}(t) = \sum_{j=1}^{4} p_j(t)Y_k(x_{wj}) \quad (k = 1 \sim NM) \tag{4-110}$$

其中，$F_{rsi}(t) = K_{pi}[Z_r(x_i, t) - Z_{si}(t)] + C_{pi}[\dot{Z}_r(x_i, t) - \dot{Z}_{si}(t)]$；$Z_r(x, t)$ 表示钢轨的垂向振动位移（m）；$F_{rsi}(t)$ 表示扣件对钢轨的支撑力（N）；K_{pi}、C_{pi} 分别表示每个扣件对应的轨下垫层的刚度（N/m）和阻尼（N·s/m）；$q_k(t)$ 表示钢轨的振型坐标；NM 表示所截取的钢轨模态阶数。

在车辆-轨道耦合模型中模拟 CA 砂浆脱空，可将模型中相应位置的弹簧阻尼单元的刚度系数和阻尼都设置为 0，通过设置不同的长度来反映脱空的范围。传统的板式轨道模型把 CA 砂浆简化为沿轨道板连续分布的弹簧和阻尼，其对轨道板的作用力在动力学方程中以分布力的形式体现。因此，只能通过改变整个轨道板底下的 CA 砂浆刚度阻尼值来模拟整个轨道板 CA 砂浆层的脱空，而不能模拟任意长度。作者将 CA 砂浆模型进行离散化，使轨道板振动微分方程中 CA 砂浆对轨道板的分布力转换为集中力，建立车辆-板式无砟轨道垂向 CA 砂浆离散模型。

将 CA 砂浆按速度为 v 的车辆一个步长 Δt 走过的长度 $\Delta l = v\Delta t$ 分离成离散单元，每个单元的 CA 砂浆简化为集中到一点的弹簧和阻尼。这样，每块轨道板就有 $L_s / \Delta l$ 个单元，每个单元的集中刚度和集中阻尼分别为 $k_{sp} = k_s\Delta l$、$c_{sp} = c_s\Delta l$。

改进模型轨道板振动分析模型如图 4-84 所示，CA 砂浆离散化后轨道板微分方程为

$$E_s I_s \frac{\partial^4 Z_s(x,t)}{\partial x^4} + \frac{M_s}{L_s} \frac{\partial^2 Z_s(x,t)}{\partial t^2} + \sum_{p=1}^{m_0} F_{sfp}(t)\delta(x - x_p) = \sum_{i=1}^{n_0} F_{rsi}(t)\delta(x - x_i) \tag{4-111}$$

其中，$F_{rsi}(t) = K_{pi}[Z_r(x_i, t) - Z_s(x_i, t)] + C_{pi}[\dot{Z}_r(x_i, t) - \dot{Z}_s(x_i, t)]$；$F_{sfp}(t) = K_{sp}\left[Z_s(x_p, t) - Z_f(x_p, t)\right] + C_{sp}\left[\dot{Z}_s(x_p, t) - \dot{Z}_f(x_p, t)\right]$；下标 s 表示轨道板；下标 f 表示混凝土支承层；$E_s I_s$ 为轨道板的抗弯刚度；$Z_s(x, t)$ 为轨道板的振动位移（m）；$Z_f(x, t)$ 为混凝土支承层的振动位移（m）；

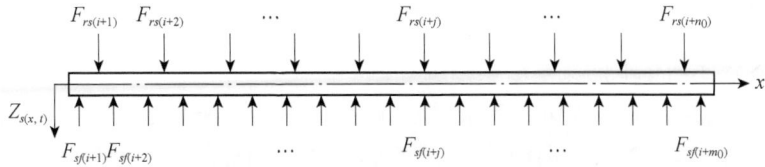

图 4-84　改进模型轨道板振动分析模型

M_s 为轨道板质量(kg)；L_s 为轨道板长度(m)；$F_{sfp}(t)$ 表示 CA 砂浆离散单元对轨道板的支撑力(N)；K_{sp}、C_{sp} 分别表示每个 CA 砂浆离散单元对应的的刚度(N/m)和阻尼(N·s/m)；n_0 为一块轨道板上钢轨的扣结点数；m_0 为一块轨道板上 CA 砂浆的离散单元数。

同样，采用 Ritz 法，引入自由梁正交函数系 $\{X_n\}$ ($n=1\sim$NMS)，选取 NMS 个广义坐标 $T_n(t)$，$\{X_n\}$ 的值按自由梁模态给出。

则轨道板的垂向位移可近似表示为

$$Z_s(x,t) = \sum_{n=1}^{NMS} X_n(x)T_n(t) \tag{4-112}$$

将式(4-112)代入式(4-111)，并在等式两边同乘 $X_p(x)(p=1\sim$NMS)，然后在轨道板全长范围内对 x 积分，由于 δ 函数的性质模态正交性：

$$\begin{cases} \int_0^{L_s} X_r(x)X_s(x)\mathrm{d}x = 0 \\ \int_0^{L_s} X_r(x)\dfrac{\mathrm{d}^4 X_s(x)}{\mathrm{d}x^4}\mathrm{d}x = 0 \end{cases} \quad (r \neq s) \tag{4-113}$$

可得

$$\frac{M_s}{L_s}\ddot{T}_n(t)\int_0^{L_s} X_n^2(x)\mathrm{d}x + E_s I_s T_n(t)\int_0^{L_s} X_n(x)\frac{\mathrm{d}^4 X_n(x)}{\mathrm{d}x^4}\mathrm{d}x + \sum_{q=1}^{m_0} F_{sfq}(t)X_n(x_q)$$

$$= \sum_{i=1}^{n_0} F_{rsi}(t)X_n(x_i) \tag{4-114}$$

因为

$$\int_0^{L_s} X_n^2(x)\mathrm{d}x = L_s \tag{4-115}$$

$$\int_0^{L_s} X_n(x)\frac{\mathrm{d}^4 X_n(x)}{\mathrm{d}x^4}\mathrm{d}x = L_s B \tag{4-116}$$

其中，$B = \omega_s^2 M_s / (E_s I_s L_s)$，$\omega_s$ 为轨道板的固有圆频率(rad/s)。

所以，式(4-114)可化简为

$$\ddot{T}_n(t) + \frac{E_s I_s B}{M_s}L_s T_n(t) + \sum_{p=1}^{m_0}\frac{F_{sfp}(t)}{M_s}X_n(x_p) = \sum_{i=1}^{n_0}\frac{F_{rsi}(t)}{M_s}X_n(x_i) \tag{4-117}$$

此即轨道板改进模型的动力学方程。

类似地，混凝土支承层采用 Euler 梁模型，支承层的二阶常微分方程为

$$\ddot{q}_m(t) + \frac{c_f}{m_f}\dot{q}_m(t) + \frac{k_f + E_f I_f}{m_f}\left(\frac{m\pi}{l}\right)^4 q_m(t) = \sum_{p=1}^{m_0} F_{sfp}(t)Y_m(x_p) \quad (m=1\sim\text{NMSS}) \tag{4-118}$$

其中，$E_f I_f$ 为混凝土支承层的抗弯刚度(N·m²)；m_f 为单位长度支承层质量(kg)；k_f、c_f 分别为支承层下路基沿长度方向的分布刚度(N/m²)和分布阻尼(N·s/m²)；$q_m(t)$ 为支承层的振型坐标；NMSS 表示所截取的支承层模态阶数。

式(4-109)、式(4-110)、式(4-117)和式(4-118)构成了车辆-轨道-路基耦合系统改进模型的动力学方程，通过编制 MATLAB 程序，采用基于 Newmark 的多步预测-校正法即可获得车辆轨道的振动响应，求解过程中步长为 0.0001s。

3) 模型验证

当轨道长度大于 100m 之后,计算结果几乎不受影响。因此钢轨长度选择 104m 。车辆在轨道左端振荡 1s 达到稳态后,以 300km/h 的速度开始运行。

采用 CRH2 动车组拖车,其参数见表 4-4,高速线路轨道参数见表 4-16。

表 4-16　高速线路轨道参数

参数	数值	参数	数值
钢轨弹性模量	$2.059×10^{11}$N/m^2	轨道板弹性模量	$3.9×10^4$MPa
钢轨截面惯量	$3.217×10^{-5}$m^4	CA 砂浆截面高度	0.03m
钢轨质量	60.64kg/m	CA 砂浆密度	2590kg/m^3
轨下胶垫刚度	$6×10^7$N/m	CA 砂浆弹性模量	$7×10^3$MPa
轨下胶垫阻尼	$7.5×10^4$N·s/m	支承层截面高度	0.3m
扣件间距	0.65m	支承层密度	2500kg/m^3
轨道板长度	6.45m	支承层弹性模量	$5×10^3$MPa
轨道板截面高度	0.2m	路基刚度	$1.25×10^9$N/m^2
轨道板密度	2500kg/m^3	路基阻尼	$1.0×10^5$N·s/m^2

轨道静态不平顺采用德国低干扰谱,根据德国低干扰谱功率谱密度用 IFFT 方法仿真出来的时域不平顺,如图 4-85 所示。

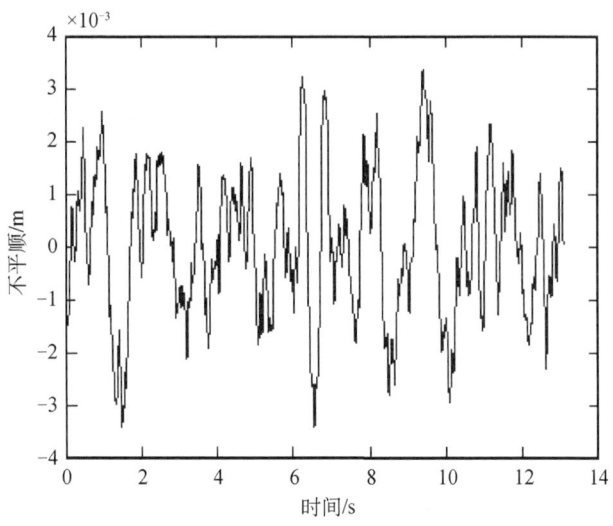

图 4-85　德国低干扰谱不平顺时域波形

为了验证模型的有效性,将改进模型与经典的翟-孙模型进行仿真结果的对比。传统的板式轨道模型把 CA 砂浆简化为沿轨道板连续分布的弹簧和阻尼,其振动微分方程为

$$E_s I_s \frac{\partial^4 Z_s(x,t)}{\partial x^4} + \frac{M_s}{L_s} \frac{\partial^2 Z_s(x,t)}{\partial t^2} + c_s \frac{\partial Z_s(x,t)}{\partial t} + k_s Z_s(x,t) = \sum_{j=1}^{n} F_{rsj}(t)\delta(x-x_j) \qquad (4-119)$$

采用 Ritz 法引入轨道板振型坐标 $X_n(t)$ 可得到轨道板二阶常微分方程为

$$\ddot{T}_n(t) + \frac{c_s L_s}{M_s}\dot{T}_n(t) + \frac{k_s + E_s I_s \beta_n^4}{M_s}L_s T_n(t) = \sum_{j=1}^{n_0}\frac{F_{rsj}(t)}{M_s}X_n(x_j) \tag{4-120}$$

改进模型与经典的翟-孙原模型正常线路下车辆、轨道振动响应的对比，如图 4-86 所示。由响应的时域波形可以看出，两种模型的仿真结果很接近，改进模型动态响应的幅值稍微大点。为了具体研究两种方法的差异，表 4-17 列出了动态响应的归一化标准差。

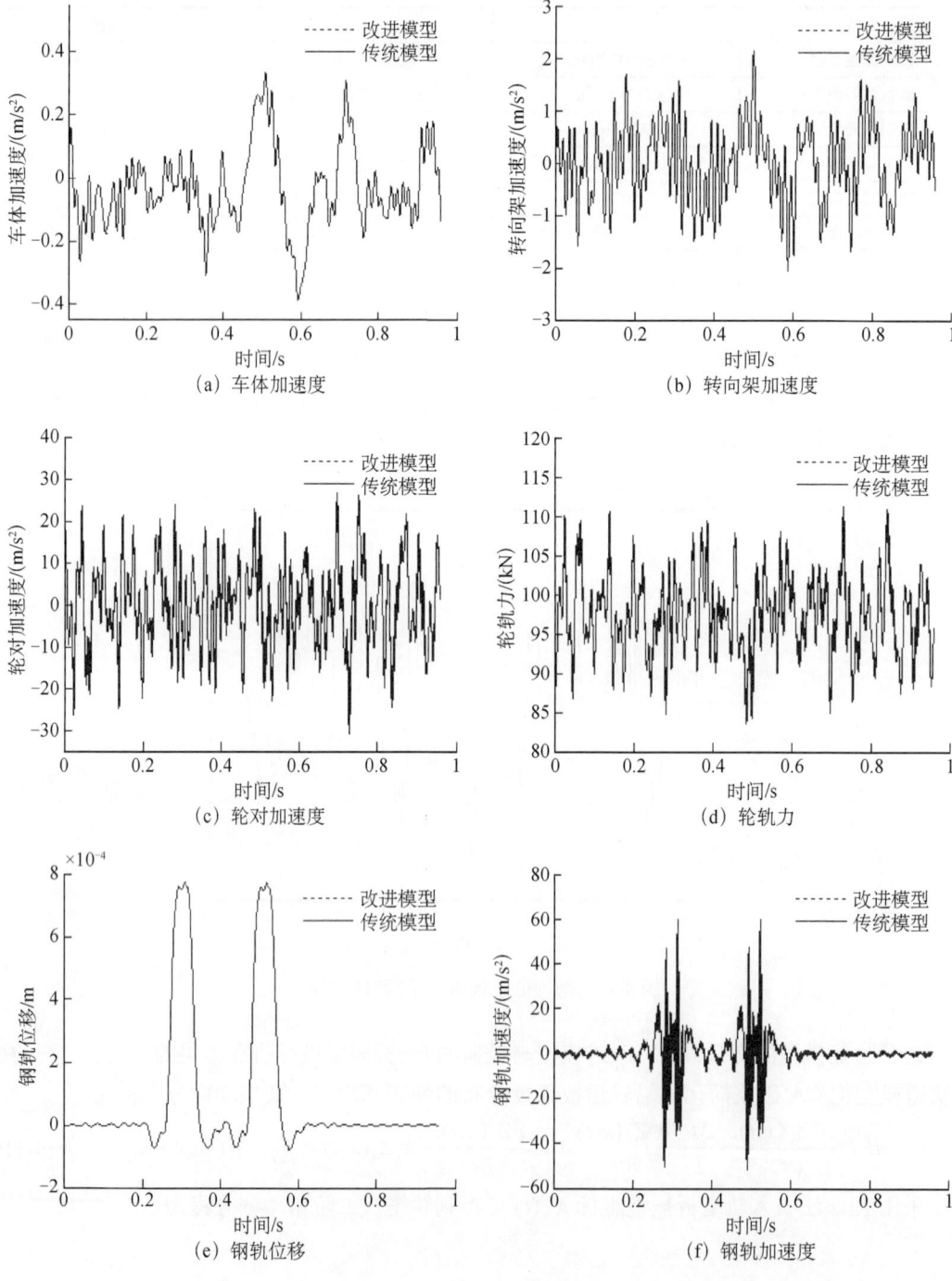

(a) 车体加速度

(b) 转向架加速度

(c) 轮对加速度

(d) 轮轨力

(e) 钢轨位移

(f) 钢轨加速度

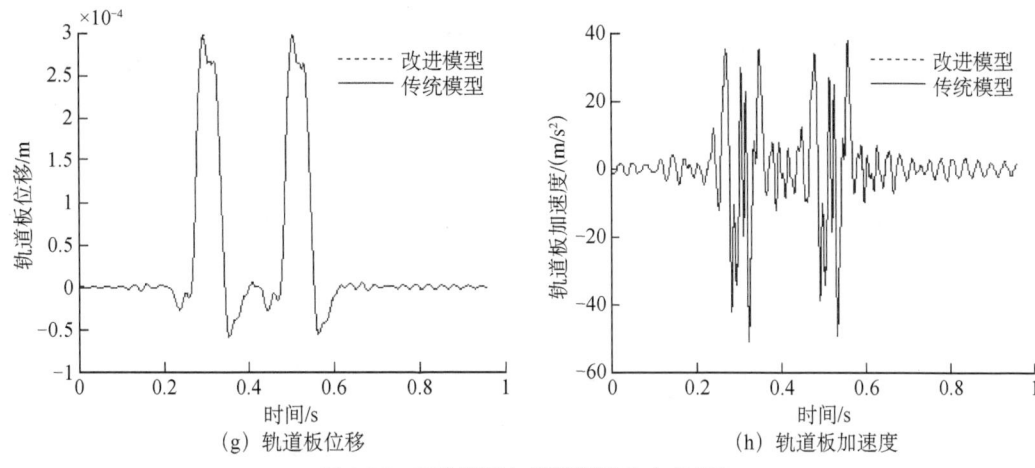

（g）轨道板位移　　　　　　　　　　（h）轨道板加速度

图 4-86　改进模型与原模型振动响应对比

由表 4-17 可以看出，两种模型车辆、轨道所有动态响应的归一化标准差均在 0.002 以下，表明改进模型和传统模型仿真结果基本一致。由此可见，改进模型是有效的，可用来进行车辆-轨道耦合系统 CA 砂浆脱空的仿真。

表 4-17　改进模型与原模型动态响应的归一化标准差

振动响应	归一化标准差	振动响应	归一化标准差
车体加速度	0.0006	钢轨位移	0.0003
转向架加速度	0.0008	钢轨加速度	0.0002
轮对加速度	0.0011	轨道板位移	0.0008
轮轨力	0.0010	轨道板加速度	0.0006

3. CA 砂浆脱空对无砟轨道动力学特性的影响

利用改进模型进行 CA 砂浆脱空的仿真。CA 砂浆层失效情况设置在轨道中间两个扣件长度 1.3m 第八块轨道板下，图 4-87 为 CA 砂浆脱空对轨道振动响应的影响。

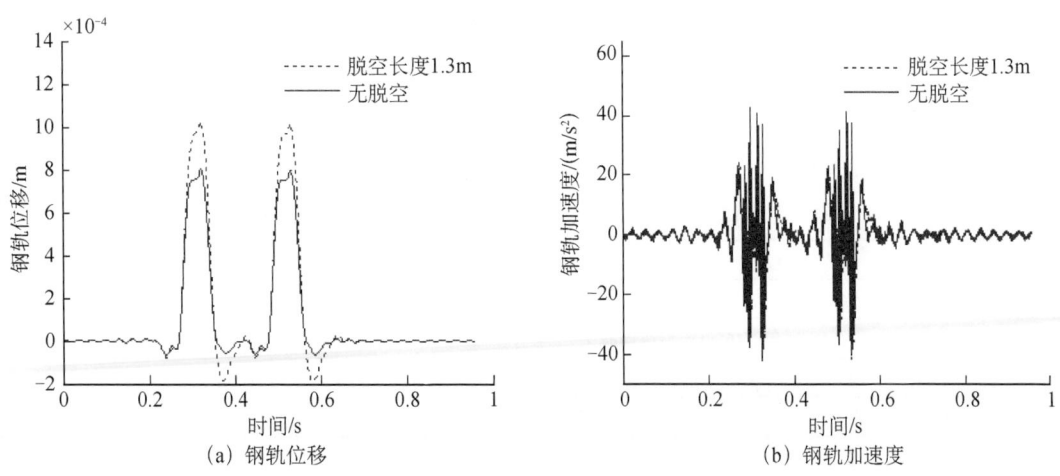

（a）钢轨位移　　　　　　　　　　（b）钢轨加速度

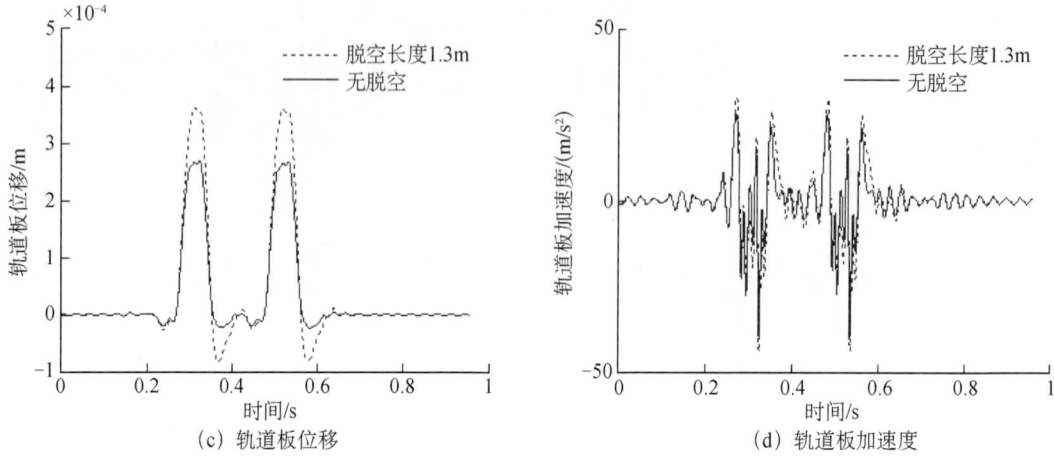

图 4-87　CA 砂浆脱空对轨道振动响应的影响

由图 4-87 可知，钢轨、轨道板的位移和加速度在 CA 砂浆脱空路段相比正常线路幅值增大。其中，在脱空长度 1.3m 工况下，钢轨位移为 1mm，比无脱空时增加了 25%；轨道板位移为 0.38mm，比无脱空时增加了 41%。由此可以看出，CA 砂浆脱空使轨道结构振动现象明显增强，从而加速轨道结构破坏。

通过仿真分析 CA 砂浆脱空对无砟轨道动力学特性的影响，为进一步 CA 砂浆脱空检测提供了理论依据。

4. 基于车辆动态响应的 CA 砂浆脱空智能检测

根据 CA 砂浆脱空缺陷时车辆-轨道耦合系统振动响应的分析，本节提出一种利用车辆轮对振动响应来识别 CA 砂浆脱空缺陷的方法，以实现在运营车辆上安装振动加速度传感器构建车载测量模型进行 CA 砂浆脱空缺陷的检测，模拟轨道长度 195m。

1）基于支持向量机的 CA 砂浆缺陷检测方案

本节所用样本数据均为加有随机轨道不平顺的车辆-轨道耦合改进模型车辆轮对加速度。样本情况如下：车体速度 300km/h；车辆模型参数采用 CRH2 动车组拖车参数；功率谱为德国低干扰谱，轨道参数选择高速线路参数。车辆模型参数及轨道模型参数见表 4-4 和表 4-16。模拟无砟轨道长度 195m，以车辆通过一块轨道板长度的轮对加速度作为一个样本数据，设置不同纵向长度的随机位置的 CA 砂浆脱空缺陷来获得训练样本数据及测试样本数据，见表 4-18。通过输入不同的德国低干扰谱，每种工况仿真得到 120 个样本，其中，90 个作为训练集，30 个作为测试集。

表 4-18　支持向量机训练样本数据、测试样本数据

	特征	训练集个数	测试集个数
第一类	无脱空	90	30
第二类	0.65m 长度纵向脱空	90	30
第三类	1.3m 长度纵向脱空	90	30
第四类	1.95m 长度纵向脱空	90	30

核函数选择径向基核函数，惩罚系数 C 及核函数参数 δ 的选择采用粒子群优化算法。

2）基于支持向量机的 CA 砂浆缺陷检测应用

选择 PSO 算法对 RBF-SVM 进行参数选择，取加速因子 c_1=1.5，c_2=1.7，终止代数 100，种群数量 N=20，惯性因子 w=0.8，C 与 δ 优化结果如图 4-88（a）所示。经过 PSO 优化算法搜索惩罚系数 C=691604.421，δ =10^{-6} 进行分类，此时 CV 准确率为 96.94%，利用上述参数取值设计 RBF 核函数支持向量机分类器，得到无砟轨道 CA 砂浆脱空识别结果如图 4-88（b）所示，分类准确率为 97.5%（117/120）。其中漏检率为 1.11%（1/90），可以满足检测要求。

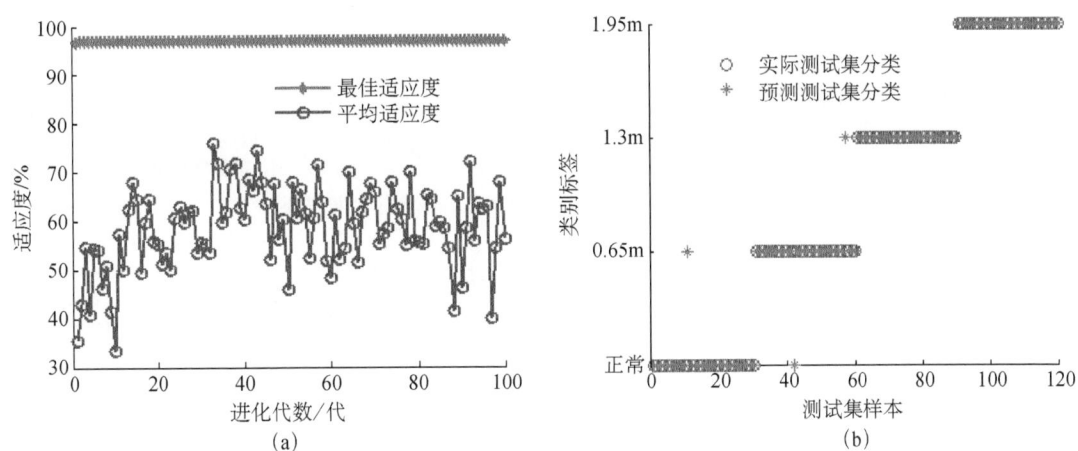

图 4-88　PSO 优化支持向量机对 CA 砂浆脱空缺陷的识别结果

4.4　基于车轨动态响应的钢轨应力识别算法

针对长大线路钢轨的真实应力难以获取的问题，本节提出一种基于车辆–轨道动态响应的钢轨纵向温度应力估计方法。根据第 2 章的理论分析，车轨动态响应的低频段对应力的变化更敏感。通过测量低频区域振动响应，开展应力检测的问题时，轮轨动态响应对轨下支撑条件、轨下刚度、不平顺比较敏感，需要根据特定线路结构做针对性的标定研究。本节以高架桥结构的动态响应为例，通过选取车轨响应中的部分对应力敏感的变量，经过时域频域特征提取，利用支持向量机进行应力评估模型的训练，以实现对应力等级的估计。

从第 2 章的仿真例子中截取部分时域和频域响应计算结果如图 4-89 和图 4-90 所示。由于车辆自身悬挂的影响，车体响应对轨下变化并不敏感，而轮对和钢轨的响应是比较直观的。在纵向力作用下，轮对位移的振动幅度整体上得到了增强，钢轨振动的峰值也变大。从图 4-90 中可以看出，轮对位移 100Hz 附近的主振动动能随应力增强向低频区域下移，而钢轨振动则是越高频段能量增强就越明显。这些特征可以作为被用于识别应力等级的依据。

1. 样本特征选取

对于轮对振动响应，选取轮对通过钢轨上采样点前后三个轨枕间距的响应作为样本，试验中，车速是 200km/h，采样间隔是 10^{-4}s，样本时长是 687ms。对于钢轨振动响应，选取钢轨

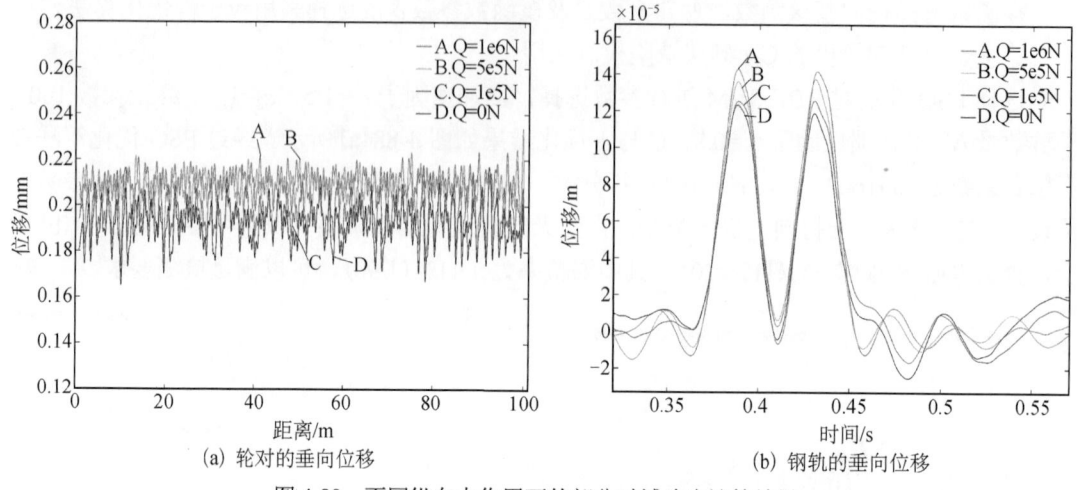

图 4-89　不同纵向力作用下的部分时域响应计算结果

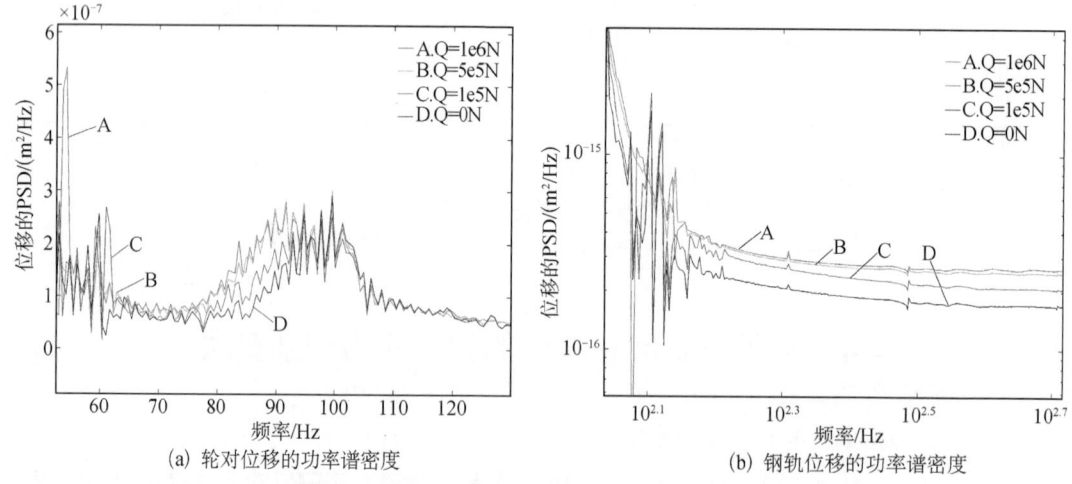

图 4-90　不同纵向力作用下的部分频域响应计算结果

上采样点在轮对通过前后的振动响应。钢轨采样点选在相邻扣件中间的轨腰处。

　　频域和时域的样本区间如图 4-91 和图 4-92 所示。时域的样本可以选取第一轮对通过前后的振动幅值，作为一个特征。频域的样本选取 10～200Hz 的功率谱作为特征向量。由于受采样时长的影响，受不同应力条件影响下轮对响应的变化不如钢轨响应明显。高车速情况下，采样时长太短导致轮对响应的功率谱密度分辨率不够，特征不够明显。而且在同样条件的不同样本之间低频区域功率值浮动较大，高频区域的功率谱密度的变化趋势较小。对于轮对响应，选取中频段 90～200Hz 作为频率特征量，记入训练样本。

　　2. 参数优化

　　对分类模型的参数 C 和 δ 进行优化选择，分别采用了网格搜索交叉验证法、粒子群算法、遗传算法三种方法。目标分类分成 0N、5×10^5N、10^6N 三种应力程度。利用轮对位移的频域样本，得到的分类准确率结果如表 4-19 所示。

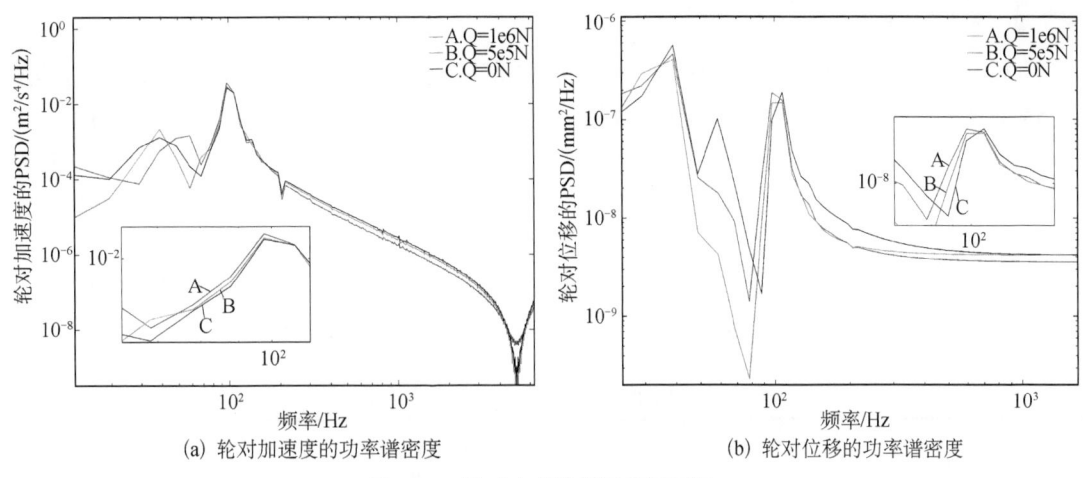

(a) 轮对加速度的功率谱密度　　　　　　　　(b) 轮对位移的功率谱密度

图 4-91　轮对响应的频域采样区间

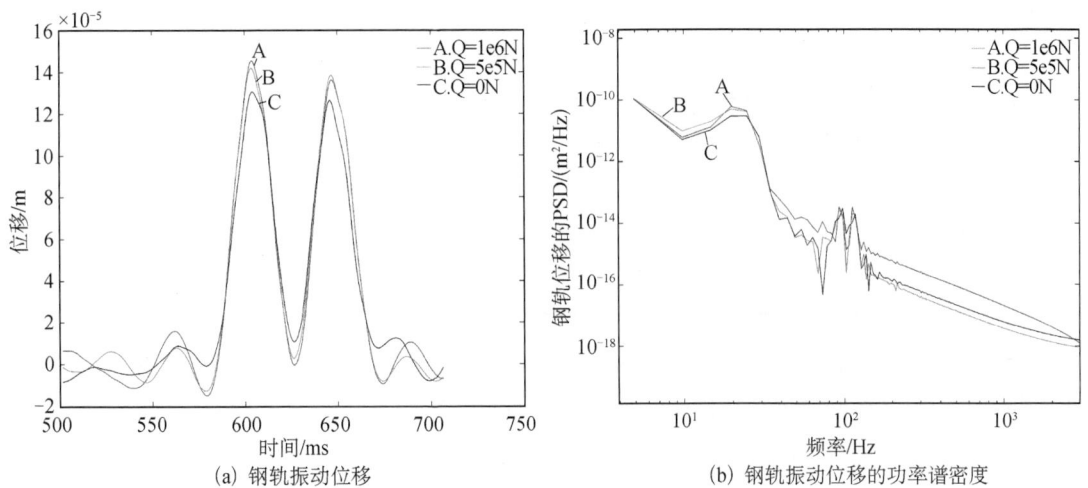

(a) 钢轨振动位移　　　　　　　　(b) 钢轨振动位移的功率谱密度

图 4-92　钢轨响应的时域采样区间

表 4-19　三种方法参数优化结果的比较

参数	网格搜索交叉验证法	遗传算法	粒子群算法
分类准确率/%	79.3	80.46	74.71
计算时长/s	4.49	21.03	13.81
参数值	$C=79.31$ $\delta=147.03$	$C=107.63$ $\delta=1.18$	$C=64.81$ $\delta=0.91$

网格搜索法需要对全局范围内 C 和 δ 进行试算，计算量很大，若减小搜索步长，可以使搜索时间缩短，但是精度无法达到要求。PSO 算法优化参数的精度很高，但是计算时间相对较长。综合考虑遗传算法优化的精度和计算时间都是可以接受的。

3. 分类结果

试验中将采集样本按所施加应力大小从 0~10^6N，等间隔分成 11 个等级，每一等级跨度约 5℃的温度力，每一等级的采样样本数相同，均为 96 个，作为训练集。测试集为每个应力等级含 36 个样本。分类目标越多，计算时长就越长。如果减小应力等级的类别，仅按 10℃的温度力跨度分级，则将应力等级分为 6 个等级。温度力等级划分越少，分类准确性也会相应提高。

分别使用轮对位移、加速度的时域频域样本和钢轨位移、加速度的时域频域样本，各自作为训练集代入模型训练，预测的平均准确率对比如表 4-20 所示。

表 4-20　不同样本类型的预测平均准确率对比

样本类型	样本维度	分类准确率/% （11 种应力等级下）	分类准确率/% （6 种应力等级下）
轮对位移的时域响应	295	64.04	77.19
轮对加速度的时域响应	295	57.01	63.15
轮对位移的频域响应	256	54.38	66.66
轮对加速度的频域响应	256	58.77	61.40
钢轨位移的时域响应	515	94.73	49.12（87）
钢轨加速度的时域响应	515	87.72	100
钢轨位移的频域响应	512	78.07	84.21
钢轨加速度的频域响应	512	64.03	98.85

表 4-20 中，以钢轨位移为样本分 6 类时，参数优化过程中出现了过划分，预测准备率为 49.12%，模型中支持向量数目达到了训练集样本数目比例的 100%，在重新选择优化参数方法后，分类准确率达到 87%。

从表 4-20 中可以看出，使用时域样本的预测准确率好于频域样本。可能是因为仿真试验的条件中没有其他环境因素干扰，时域信号最大限度地保留了各种实验加载条件的影响。频域样本则仅提取了中频段的信息，完整性上不如时域信号。而在实际信号中，时域信号通常包含更多的噪声干扰，实际的准确率一般不如对频域信号进行滤波的结果。

钢轨的时域信号比较长，若直接用于分类，维数过多，计算时间比较长，还容易出现过分类的现象。可以通过综合考虑钢轨与轮对在同一纵向坐标处的响应，来提高预测的准确性。

将轮对位移 PSD 特征样本与钢轨上采样点位移 PSD 的部分数据分别归一化以后合并再降维，作为新的样本训练集输入训练模型。图 4-93 显示的是用遗传算法进行 SVM 核参数优化（最佳的适应度为 87.35%，C 为 1.4920，δ 为 0.0186），在测试集上的 GA 最佳适应度、平均适应度随进化代数增加的试验结果数据图。从表 4-21 采用合成样本的分类结果可以看出，相比于仅用轮对样本的分辨率，添加了钢轨信息的模型训练结果的预测准确度更高，且 11 分类准确率更加接近 6 分类的准确率。

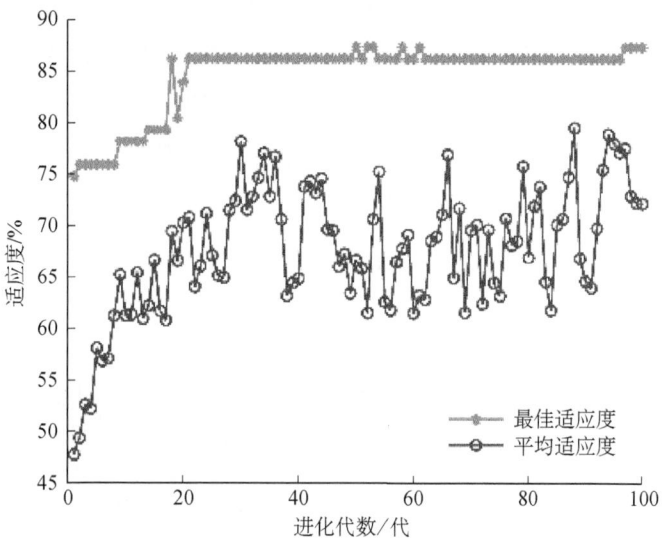

图 4-93　11 分类中运用遗传算法进行参数优化的适应度曲线

表 4-21　采用合成样本的分类结果

分类数	准确率/%	计算时间/s	支持向量数目/训练集样本数目/%
11 分类	75.31	348.27	66.67
6 分类	77.19	68.19	65.51

在实际的长线路应力检测中，由于布点检测覆盖度不够，利用车辆和轨道的响应快速估计应力等级可以作为一项对精度要求不高的补充检测手段。从分类效果可以看出，仅利用轮对响应对应力等级分类的准确率并不高。钢轨响应能较准确地反映应力等级，但是采集样本需要的采样时间较长，特征量维度较高，计算时间较长，且实际中受布点数量限制。在实际测量中需要根据线路测点布设情况结合多种样本，以提高预测准确率。由于实际测量中不同轨道结构之间响应差别较大，对应力的估计只能反映趋势变化，要得到具体的数值还需要事先通过线下检测手段对轨道应力进行标定。

4. 利用遗传算法和车轨动态响应的应力估计

由于轨道不平顺对车轨动态响应的影响很大，进而对轨道应力引起的变化形成干扰。在车轨响应中，滤除不平顺引起的变化，突出应力的作用就是一种研究思路。前面提出利用微种群遗传算法和车轨耦合模型进行轨道不平顺估计的方法，在此基础上，将应力等级作为耦合模型的其中一个参数，同样利用非线性系统参数估计的方法，同时估计轨道不平顺和应力等级，就是一种解决方法。

根据前面的车轨耦合模型，可以将系统动力学方程改写成：

$$\begin{cases} [M]\{\ddot{X}\} + [C]\{\dot{X}\} + [K]\{X\} = \{P\} \\ \{P\} = f(\{\ddot{X}\}, \{\dot{X}\}, \{X\}, \{Z_0\}, Q) \end{cases} \tag{4-121}$$

其中，$\{Z_0\}$ 表示静态不平顺；Q 表示平均钢轨应力的大小。从式(4-121)可以看出，将不平顺和钢轨应力一同视作车轨系统的输入，则通过比较系统输出的车轨动态响应与测量模型的结果作为指标函数来估计。依据最小二乘估计准则建立的指标函数进一步改写成：

$$\Delta E^{\mathrm{T}} \Delta E = \|\Delta E\|^2 = \left(L(\tilde{Z}_0, \tilde{Q}) - X' \right)^{\mathrm{T}} \left(L(\tilde{Z}_0, \tilde{Q}) - X' \right) = \min$$

其中，X' 表示动态响应的测量值；$\tilde{Z}_0$ 和 $\tilde{Q}_0$ 分别为轨道静态不平顺与应力的估计值；$L(\tilde{Z}_0, \tilde{Q})$ 表示经过系统模型的输出。遗传算法的计算过程与 4.2.1 节相同。

参 考 文 献

蔡世昱，阙显廷，杨荣山. 2013. CA 砂浆脱空对框架型轨道板翘曲的影响分析. 铁道标准设计，(1)：21-24.

陈念贻，陆文聪，叶晨洲. 2002. 支持向量机及其核函数算法在化学计量学中的应用. 计算机与应用化学，19(6).

杜灿谊，杨翠丽，潘威. 2012. 支持向量机在汽车自动变速器故障识别中的应用. 汽车工程，3：241-244.

宫海鹏. 2012. 浅谈 CRTS Ⅱ型轨道板砂浆离缝的成因及预防措施. 上海铁道科技，(3)：27-28.

郭琛，黄明，梁旭. 2008. 新自适应方式双倍体遗传算法求解作业车间调度问题. 大连交通大学学报，29(3)：78-81.

胡志鹏. 2015. 基于模态曲率和冲击回波法识别无砟轨道混凝土结构内部伤损. 成都：西南交通大学.

李培刚，刘学毅，黎国清. 2014. CA 砂浆脱空对桥上单元板式轨道动力特性的影响研究. 中国铁道科学，35(3)：20-27.

李涛. 2003. 非线性滤波方法在导航系统中的应用研究. 长沙：国防科学技术大学.

林继鹏，刘君华. 2005. 基于支持向量机的多组分气体分析. 西安交通大学学报，39(6)：586-589.

林玉森. 2001. 轨道不平顺激励下高速铁路桥上列车走行性研究. 成都：西南交通大学出版社.

刘嘉. 2014. 车桥耦合振动及其智能控制的研究. 武汉：武汉理工大学出版社.

秦侠，沈兰荪. 2002. 基于小波变换的卡尔曼滤波法在 ICP-AES 中的应用. 光谱学与光谱分析，22(6)：1009-1012.

秦永元. 2006. 惯性导航. 北京：科学出版社.

史红梅. 2012. 基于车辆动态响应的轨道不平顺智能感知算法研究. 北京：北京交通大学.

汤政，车爱兰，冯少孔. 2015. 高铁多层线下结构病害全波场无损检测方法与技术. 上海交通大学学报，49(7)：1017-1022.

汪丹，张亚非. 2005. SVM 和 BP 算法在气体识别中的对比研究. 传感技术学报，18(1)：201-204.

汪力，王平，吴仁义. 2012. CRTS Ⅱ型板砂浆层的常见劣化现象及其对轨道结构的影响分析. 铁道标准设计，(11)：11-14.

王定成. 2009. 支持向量机建模预测与控制. 北京：气象出版社.

王涛. 2008. 高速板式无砟轨道 CA 砂浆的研究与应用. 武汉：武汉理工大学.

王万良. 人工智能导论. 2005. 北京：高等教育出版社.

吴浩扬，常炳国，朱长纯. 2000. 基于模拟退火机制的多种群并行遗传算法. 软件学报，11(3)：416-420.

夏学文，谢世浩. 1991. 用时序分析法建立轨道谱. 铁道学报，3(9)：65-76.

向俊，赫丹，曾庆元. 2009. 水泥沥青砂浆劣化对板式轨道动力学性能的影响. 中南大学学报：自然科学版，40(3)：791-796.

杨俊斌，刘学毅，刘永孝，等. 2014. CRTS Ⅰ型轨道板端离缝对轨道结构及车辆动力特性的影响. 西南交通大学学报，49(3)：432-437.

于希宁，李亮，范瑾. 2008. 改进遗传算法在 CFB 锅炉热工过程建模中的应用. 系统仿真学报，20(17)：4427-4430.

余祖俊. 2008. 轨道交通线路几何安全状态动态检测技术研究. 北京：北京交通大学.

余祖俊，朱力强，赵洁婷. 2007. 轨道交通线路全断面车载式动态检测系统研究. 北京交通大学学报，31(6)：1-5.

翟婉明. 2007. 车辆–轨道耦合动力学. 北京：科学出版社.

张春毅，田秀淑，张旭，等. 2015. CRTS Ⅱ型无砟轨道 CA 砂浆层脱空的瞬态机械阻抗法检测试验研究. 国防交通科学与技术，13(6)：26-29.

张广义. 2013. 砂浆充填层劣化对 CRTS Ⅱ型板式无砟轨道力学特性影响的研究. 长沙：中南大学.

张煜东，吴乐南，王水花. 2012. 基于遗传算法与模式搜索的混合优化算法. 南京信息工程大学学报，4(1)：34-39.

郑军，诸静. 2003. 基于自适应遗传算法的图像匹配. 浙江大学学报，37(6)：689-692.

中华人民共和国交通部. 1999. 中华人民共和国铁路技术管理规程. 北京：中国铁道出版社.

朱浩，徐浩，谢铠泽，等. 2013. CA 砂浆离缝对 CRTS Ⅱ型板式轨道的影响研究. 铁道标准设计，(12)：35-39.

Acikbas S, Soylemez M T. 2008. Coasting point optimisation for mass railtransit lines using artificial neural networksand genetic algorithms. IET Electric Power Applications, 2(3): 172-182.

Barshan B, Durrant-Whyte H F. 1993. An inertial navigation system for mobile robot. Proceeding of 1993 IEEE / RSJ International Conference on Intelligent Robots and Systems. Yokohama, Japan, 2243-2247.

Caballero-Gil P Fúster-sabater A. 2003. A wide family of nonlinear filter functions with a large linear span. Information Sciences, 164 (124): 197-207.

Doucet A, De Freitas J F G, Gordon N J. 2001. An Introduction to Sequential Monte Carlo methods. New York: Springer-Verlag.

Garg V K, Dukkipai R V. 1984. Dynamics of railway vehicle system. Academic Press, 21(9):102-108.

Gualdron O, Brezmes J, Llobet E. 2007. Variable selection for support vector machine based multisensor systems. Sensors and Actuators B-chemical, 122(1): 259-268.

Habib B, Houcine R. 2008. Optimization of the railway vehicle's characteristics in transverse stability and in circulationin curve using the genetic algorithm. Mecanique and Industries, 9(4): 347-363.

Iltis R A. 2003. Λ sequential Monte Carlo filter for joint linear/nonlinear state estimation with application to DS-CDMA. IEEE Transactions on Signal Processing, 51(20): 417-426.

Ingemar P, Rickard N, Ulf B. 2010. Use of a genetic algorithm to improve the rail profile on Stockholm underground. Vehicle System Dynamics, 37(2): 89-104.

Krishnakumar K. 1989. Micro-genetic algorithms for stationary and non-stationary function optimization. SPIE Conference on Intelligent Control and Adaptive Systems, Philadelphia, PA, USA, 1196-1228.

Kushner H. 1967. Dynamical equations for optimum nonlinear filtering. J of Differential Equations, 26(3): 179-190.

Liu J S, Chen R. 1998. Sequential Monte Carlo methods for dynamical systems. J. Amer. Statist. Assoc., 93: 1032-1044.

Llinas J, Waltz E. 1990. Multisensor Data Fusion. Norwood, Massachusetts: Artech House.

Margarita N, Alfonso O, Bugarin M R. 2006. A genetic algorithm application in railway engineering. Proceedings of 10th World Multi-conference on Systemics, Cybernetics and Informatics. Orlando, FL, 117-122.

Shin K S, Lee T S, Kim H J. 2005. An application of support vector machines in bankruptcy prediction model. Expert Systems with Applications, 28(1): 127-135.

Wan E A, Rudolph V M. 2000. The unscented kalman filter for nonlinear estimation. The Proceedings of IEEE symposium on adaptive systems for signal processing communications and control, Lake Louise, Alberta Canada: 153-158.

Zhao G H, Shen W H, Wu M L. 2009. Ultra-wideband antenna design using FDTD and double population genetic algorithm. Microwave and Optical Technology Letters, 51(2): 361-364.